한국산업 인력공단

6급

NCS + 한국사 + 영어 + 모의고사 5회

SD에듀
(주)시대고시기획

2024 최신판 SD에듀 All-New 한국산업인력공단 6급
NCS+한국사+영어+모의고사 5회+무료NCS특강

Always **with you**

사람의 인연은 길에서 우연하게 만나거나 함께 살아가는 것만을 의미하지는 않습니다.
책을 펴내는 출판사와 그 책을 읽는 독자의 만남도 소중한 인연입니다.
SD에듀는 항상 독자의 마음을 헤아리기 위해 노력하고 있습니다. 늘 독자와 함께하겠습니다.

기업과 근로자의 인적자원개발을 지원하는 사업을 종합적으로 수행하는 한국산업인력공단은 2024년에 일반직 6급 신규직원을 채용할 예정이다. 한국산업인력공단의 채용절차는 「입사지원서 접수 ➡ 필기시험 ➡ 면접시험 ➡ 최종 합격자 발표」 순서로 이루어지며, 필기시험은 일반 행정의 경우 직업능력, 한국사, 영어로 진행된다. 그중 직업능력은 조직이해능력, 의사소통능력, 수리능력, 문제해결능력, 직업윤리, 자원관리능력 총 6개의 영역을 평가하며, 2023년에는 PSAT형으로 진행되었다. 따라서 필기시험에서 고득점을 받기 위해 다양한 유형에 대한 폭넓은 학습과 문제풀이능력을 높이는 등 철저한 준비가 필요하다.

한국산업인력공단 일반직 6급 합격을 위해 SD에듀에서는 기업별 NCS 시리즈 누적 판매량 1위의 출간 경험을 토대로 다음과 같은 특징을 가진 도서를 출간하였다.

도서의 특징

❶ 기출복원문제를 통한 출제 유형 확인!
- 2023년 주요 공기업 NCS 기출복원문제를 통해 공기업별 출제경향을 파악할 수 있도록 하였다.
- 한국산업인력공단 3개년(2023~2021년) 기출복원문제를 통해 산인공 필기 유형을 파악할 수 있도록 하였다.

❷ 출제 영역 맞춤 문제를 통한 실력 상승!
- NCS 직업능력 출제유형분석&실전예제를 수록하여 유형별로 꼼꼼히 대비할 수 있도록 하였다.
- 한국사 및 영어 적중예상문제를 수록하여 필기시험 전반에 완벽하게 대비할 수 있도록 하였다.

❸ 최종점검 모의고사를 통한 완벽한 실전 대비!
- 철저한 분석을 통해 실제 유형과 유사한 최종점검 모의고사를 2회분 수록하여 자신의 실력을 최종 점검할 수 있도록 하였다.

❹ 다양한 콘텐츠로 최종 합격까지!
- 한국산업인력공단 채용 가이드와 면접 기출질문을 수록하여 채용 전반에 대비할 수 있도록 하였다.
- 온라인 모의고사 3회분을 무료로 제공하여 필기시험을 준비하는 데 부족함이 없도록 하였다.

끝으로 본 도서를 통해 한국산업인력공단 6급 채용을 준비하는 모든 수험생 여러분이 합격의 기쁨을 누리기를 진심으로 기원한다.

SDC(Sidae Data Center) 씀

미션

> 우리는 인적자원개발을 통해 함께 잘사는 나라를 만든다

비전

> K-HRD를 짓는 글로벌 인적자원개발 파트너

핵심가치

미래　상생　청렴　안전

인재상

1	사회人	▶	Human(인간답고)
2	창조人	▶	Reformative(창조적이며)
3	행동人	▶	Dynamic(열정적인)
4	학습人	▶	Knowledge based Learner(지식 기반 학습인)

○ 경영목표 및 전략과제

중장기 경영목표	전략과제
능력개발 연간 3만 개 기업	• 강소기업 확대를 위한 기업성장형 훈련 지원 • 디지털 · 신기술 인력 양성을 위한 일자리 맞춤형 훈련 강화 • 전국민 직무역량 성장을 위한 HRD 인프라 확대
NCS 기반 국가기술자격 취득 연간 50만 명	• 과학적 품질관리체계 도입으로 국가자격 공신력 회복 • 국가자격 디지털 전환 완성으로 국민편의 제고 • NCS 기반 자격체계 혁신으로 자격 활용성 확대
글로벌 취업인력 연간 11만 명	• 산업현장 대응 외국인력 종합지원으로 중소기업 성장 견인 • 글로벌 네트워크 연계 해외 취업 내실화
고객만족도 95점 청렴도 1등급	• 효율적 경영관리로 탄탄한 업무수행 기반 확립 • 국민체감 공공서비스 혁신으로 성과 창출 • 業 기반 ESG 실천으로 지속가능경영 지원

○ 캐릭터

이루미	해냄이

신입 채용 안내 INFORMATION

⟳ 지원자격(공통)

❶ 최종합격자 발표 후 임용 즉시 근무 가능한 자(불가능 시 합격 취소)

❷ 공단 인사규정 제24조의 결격사유에 해당하지 않는 자로서, 남자의 경우 병역을 필하였거나 면제된 자

❸ 성별 및 연령 제한 없음

※ 단, 공단 인사규정 제48조에 따라 만 60세 이상자는 지원할 수 없음

⟳ 필기시험

모집단위		평가영역(문항 수)	총 문항 수	시험시간	비고
일반직 6급	일반행정	직업능력(40), 한국사(20), 영어(20)	80문항	80분	객관식 5지 택일형
	기록물관리				
	정보기술	직업능력(20), 한국사(20), 전산학(40)	80문항		
	데이터분석	직업능력(20), 한국사(20), 데이터분석(40)	80문항		
	인쇄	직업능력(20), 한국사(20), 인쇄(40)	80문항		
	산업안전	직업능력(20), 한국사(20), 산업안전(40)	80문항		

※ 직업능력 : 조직이해능력, 의사소통능력, 수리능력, 문제해결능력, 직업윤리, 자원관리능력 및 직무수행능력(직무 상황에 대한 처리, 대응능력 등)을 평가

※ 한국사 : 전 범위

※ 영어 : 문법, 어휘, 독해, 비즈니스 영어 등

⟳ 면접시험

구분	방식	내용
직무수행능력 면접	NCS 기반 복합형 면접 (직무수행능력과 토론면접)	직무적합성과 조직적합성 등
	다(多) 대 다(多) 방식	

❖ 위 채용 안내는 2023년 채용공고를 기준으로 작성하였으므로 세부사항은 확정된 채용공고를 확인하기 바랍니다.

2023년 기출분석 ANALYSIS

2023년 한국산업인력공단 6급 필기시험은 5지선다 PSAT형으로 진행되었다. 전체적으로 자료 해석과 자원관리능력의 비중이 높았으며, 난이도는 중상이었다는 후기가 많았으므로 다양한 유형의 문제를 접하고 응용하는 훈련이 필요하다.

조직이해능력

출제 특징	• 한국산업인력공단 조직도를 활용한 문제가 출제됨

수리능력

출제 특징	• 가평균, 어림산, 분수, 백분율 등 다양한 유형의 문제가 출제됨

자원관리능력

출제 특징	• 출장 교통편, 성과급 등을 묻는 문제가 출제됨

한국사

출제 키워드	• 균역법, 미송리식 토기/빗살무늬 토기, 근초고왕 사료, 발해의 학술기관, 태조 즉위, 공산전투, 진성여왕 원종 · 애노의 난, 석기시대, 왕건의 업적, 의금부, 애국계몽단체, 과거제도, 한일협약, 도병마사 등

영어

출제 키워드	• 어법(자동사/타동사, 동의어, 접속부사 등) • 독해(백남준/이이남, 데카르트, 형이상학, 내선번호 개수 등)

PSAT형

※ 다음은 K공단의 국내 출장비 지급 기준에 대한 자료이다. 이어지는 질문에 답하시오. **[15~16]**

〈국내 출장비 지급 기준〉

① 근무지로부터 편도 100km 미만의 출장은 공단 차량 이용을 원칙으로 하며, 다음 각호에 따라 "별표 1"에 해당하는 여비를 지급한다.
  ㉠ 일비
    ⓐ 근무시간 4시간 이상 : 전액
    ⓑ 근무시간 4시간 미만 : 1일분의 2분의 1
  ㉡ 식비 : 명령권자가 근무시간이 모두 소요되는 1일 출장으로 인정한 경우에는 1일분의 3분의 1 범위 내에서 지급
  ㉢ 숙박비 : 편도 50km 이상의 출장 중 출장일수가 2일 이상으로 숙박이 필요할 경우, 증빙자료 제출 시 숙박비 지급
② 제1항에도 불구하고 공단 차량을 이용할 수 없어 개인 소유 차량으로 업무를 수행한 경우에는 일비를 지급하지 않고 이사장이 따로 정하는 바에 따라 교통비를 지급한다.
③ 근무지로부터 100km 이상의 출장은 "별표 1"에 따라 교통비 및 일비는 전액을, 식비는 1일분의 3분의 2 해당액을 지급한다. 다만, 업무 형편상 숙박이 필요하다고 인정할 경우에는 출장기간에 대하여 숙박비, 일비, 식비 전액을 지급할 수 있다.

〈별표 1〉

구분	교통비				일비 (1일)	숙박비 (1박)	식비 (1일)
	철도임	선임	항공임	자동차임			
임원 및 본부장	1등급	1등급	실비	실비	30,000원	실비	45,000원
1, 2급 부서장	1등급	2등급	실비	실비	25,000원	실비	35,000원
2, 3, 4급 부장	1등급	2등급	실비	실비	20,000원	실비	30,000원
4급 이하 팀원	2등급	2등급	실비	실비	20,000원	실비	30,000원

1. 교통비는 실비를 기준으로 하되, 실비 정산은 국토해양부장관 또는 특별시장·광역시장·도지사·특별자치도지사 등이 인허한 요금을 기준으로 한다.
2. 선임 구분표 중 1등급 해당자는 특등, 2등급 해당자는 1등을 적용한다.
3. 철도임 구분표 중 1등급은 고속철도 특실, 2등급은 고속철도 일반실을 적용한다.
4. 임원 및 본부장의 식비가 위 정액을 초과하였을 경우 실비를 지급할 수 있다.
5. 운임 및 숙박비의 할인이 가능한 경우에는 할인 요금으로 지급한다.
6. 자동차임 실비 지급은 연료비와 실제 통행료를 지급한다.
  (연료비)=[여행거리(km)]×(유가)÷(연비)
7. 임원 및 본부장을 제외한 직원의 숙박비는 70,000원을 한도로 실비를 정산할 수 있다.

특징 ▶ 대부분 의사소통능력, 수리능력, 문제해결능력을 중심으로 출제(일부 기업의 경우 자원관리능력, 조직이해능력을 출제)
▶ 자료에 대한 추론 및 해석 능력을 요구

대행사 ▶ 엑스퍼트컨설팅, 커리어넷, 태드솔루션, 한국행동과학연구소(행과연), 휴노 등

모듈형

| 대인관계능력

60 다음 자료는 갈등해결을 위한 6단계 프로세스이다. 3단계에 해당하는 대화의 예로 가장 적절한 것은?

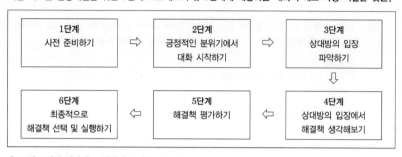

① 그럼 A씨의 생각대로 진행해 보시죠.

특징
- 이론 및 개념을 활용하여 푸는 유형
- 채용 기업 및 직무에 따라 NCS 직업기초능력평가 10개 영역 중 선발하여 출제
- 기업의 특성을 고려한 직무 관련 문제를 출제
- 주어진 상황에 대한 판단 및 이론 적용을 요구

대행사
- 인트로맨, 휴스테이션, ORP연구소 등

피듈형(PSAT형 + 모듈형)

| 문제해결능력

60 P회사는 직원 20명에게 나눠 줄 추석 선물 품목을 조사하였다. 다음은 유통업체별 품목 가격과 직원들의 품목 선호도를 나타낸 자료이다. 이를 참고하여 P회사에서 구매하는 물품과 업체를 바르게 연결한 것은?

〈업체별 품목 금액〉

구분		1세트당 가격	혜택
A업체	돼지고기	37,000원	10세트 이상 주문 시 배송 무료
	건어물	25,000원	
B업체	소고기	62,000원	20세트 주문 시 10% 할인
	참치	31,000원	
C업체	스팸	47,000원	50만 원 이상 주문 시 배송 무료
	김	15,000원	

〈구성원 품목 선호도〉

특징
- 기초 및 응용 모듈을 구분하여 푸는 유형
- 기초인지모듈과 응용업무모듈로 구분하여 출제
- PSAT형보다 난도가 낮은 편
- 유형이 정형화되어 있고, 유사한 유형의 문제를 세트로 출제

대행사
- 사람인, 스카우트, 인크루트, 커리어케어, 트리피, 한국사회능력개발원 등

주요 공기업 적중 문제 TEST CHECK

순서 찾기 ▶ 유형

06 H씨는 진찰을 받기 위해 병원에 갔다. 진찰 대기자는 H씨를 포함하여 총 5명이 있다. 이들의 순서가 〈조건〉을 모두 만족한다고 할 때, H씨는 몇 번째로 진찰을 받을 수 있는가?

조건
- A는 B의 바로 앞에 이웃하여 있다.
- A는 C보다 뒤에 있다.
- K는 A보다 앞에 있다.
- K와 D 사이에는 2명이 있다.

① 첫 번째　　　　　　　　　② 두 번째
③ 세 번째　　　　　　　　　④ 네 번째
⑤ 다섯 번째

성과급 ▶ 키워드

03 같은 해에 입사한 동기 A ~ E 다섯 명은 모두 H전자 소속으로 서로 다른 부서에서 일하고 있다. 이들이 근무하는 부서와 해당 부서의 성과급은 다음과 같다. 부서배치에 대한 조건, 휴가에 대한 조건을 참고했을 때, 다음 중 항상 옳은 것은?

〈부서별 성과급〉

비서실	영업부	인사부	총무부	홍보부
60만 원	20만 원	40만 원	60만 원	60만 원

※ 각 사원은 모두 각 부서의 성과급을 동일하게 받는다.

〈부서배치 조건〉
- A는 성과급이 평균보다 적은 부서에서 일한다.
- B와 D의 성과급을 더하면 나머지 세 명의 성과급 합과 같다.
- C의 성과급은 총무부보다는 적지만 A보다는 많이 받는다.
- C와 D 중 한 사람은 비서실에서 일한다.
- E는 홍보부에서 일한다.

〈휴가 조건〉
- 영업부 직원은 비서실 직원보다 휴가를 더 늦게 가야 한다.
- 인사부 직원은 첫 번째 또는 제일 마지막으로 휴가를 가야 한다.
- B의 휴가 순서는 이들 중 세 번째이다.
- E는 휴가를 반납하고 성과급을 두 배로 받는다.

국민연금공단

시간 계산 ▶ 유형

35 욕조에 물을 채우는 데 A관은 30분, B관은 40분이 걸린다. 이 욕조에 채운 물을 배수하는 데는 20분이 걸린다. A관과 B관을 동시에 틀고, 동시에 배수할 때, 욕조가 가득 채워질 때까지 걸리는 시간은?

① 60분　　　　　　　　　　　② 80분
③ 100분　　　　　　　　　　 ④ 120분

책임의식 ▶ 키워드

57 다음 사례에서 찾아볼 수 없는 직업윤리의 덕목은?

〈사례〉

김사원은 그동안의 경력 상 홍보부서로의 발령을 원했지만, 한 번도 해보지 않은 경영부서로 발령이 떨어지면서 착잡하고 심란하였다. 하지만, 김사원은 이를 하늘이 주신 배움의 기회라 여기고 긍정적으로 생각하기로 다짐했다. 또 비록 원하던 부서가 아니어서 의욕은 떨어졌지만, 경영부서 역시 우리 회사의 중요한 역할이고 전문성이 있어야만 할 수 있는 일이라 생각하고 성실하게 책임을 갖고 배우기 시작했다. 하지만 해본 적이 없을뿐더러 관심도 없었던 일이었기에 김사원의 적성과는 너무 맞지 않아 김사원은 하루하루 지쳐갔다.

① 소명의식　　　　　　　　　 ② 천직의식
③ 직분의식　　　　　　　　　 ④ 책임의식

국민건강보험공단

그래프 계산 ▶ 유형

※ 다음은 한 사람이 하루에 받는 스팸 수신량을 그래프로 나타낸 것이다. 이어지는 질문에 답하시오.
[35~37]

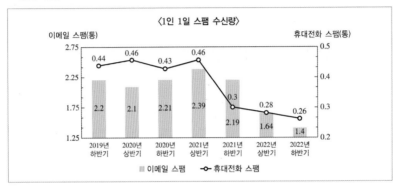

〈1인 1일 스팸 수신량〉

이메일 스팸(통)   휴대전화 스팸(통)

■ 이메일 스팸 ―○― 휴대전화 스팸

35 전체 스팸 수신량이 가장 많은 때와 가장 적은 때의 차이는 얼마인가?

① 1.18

② 1.28

③ 1.29

④ 1.19

질병 ▶ 키워드

03 다음 글의 빈칸에 들어갈 내용으로 가장 적절한 것은?

알레르기는 도시화와 산업화가 진행되는 지역에서 매우 빠르게 증가하고 있는데, 알레르기의 발병 원인에 대한 20세기의 지배적 이론은 알레르기는 병원균의 침입에 의해 발생하는 감염성 질병이라는 것이다. 하지만 1989년 영국 의사 S는 이 전통적인 이론에 맞서 다음 가설을 제시했다. ＿＿＿＿＿＿＿＿＿＿＿＿ S는 1958년 3월 둘째 주에 태어난 17,000명 이상의 영국 어린이를 대상으로 그들이 23세가 될 때까지 수집한 개인 정보 데이터베이스를 분석하여, 이 가설을 뒷받침하는 증거를 찾았다. 이들의 가족 관계, 사회적 지위, 경제력, 거주 지역, 건강 등의 정보를 비교 분석한 결과, 두 개 항목이 꽃가루 알레르기와 상관관계를 가졌다. 첫째, 함께 자란 형제자매의 수이다. 외동으로 자란 아이의 경우 형제가 서넛인 아이에 비해 꽃가루 알레르기에 취약했다. 둘째, 가족 관계에서 차지하는 서열이다. 동생이 많은 아이보다 손위 형제가 많은 아이가 알레르기에 걸릴 확률이 낮았다.

S의 주장에 따르면 가족 구성원이 많은 집에 사는 아이들은 가족 구성원, 특히 손위 형제들이 집안으로 끌고 들어오는 온갖 병균에 의한 잦은 감염 덕분에 장기적으로는 알레르기 예방에 오히려 유리하다. S는 유년기에 겪은 이런 감염이 꽃가루 알레르기를 비롯한 알레르기성 질환으로부터 아이들을 보호해 왔다고 생각했다.

① 알레르기는 유년기에 병원균 노출의 기회가 적을수록 발생 확률이 높아진다.

② 알레르기는 가족 관계에서 서열이 높은 가족 구성원에게 더 많이 발생한다.

③ 알레르기는 성인보다 유년기의 아이들에게 더 많이 발생한다.

④ 알레르기는 도시화에 따른 전염병의 증가로 인해 유발된다.

근로복지공단

비용 계산 ▶ 유형

63 H팀은 정기행사를 진행하기 위해 공연장을 대여하려 한다. H팀의 상황을 고려하여 공연장을 대여 한다고 할 때, 총비용은 얼마인가?

〈공연장 대여비용〉

구분	공연 준비비	공연장 대여비	소품 대여비	보조진행요원 고용비
단가	50만 원	20만 원(1시간)	5만 원(1세트)	5만 원(1인, 1시간)
할인	총비용 150만 원 이상 : 10%	2시간 이상 : 3% 5시간 이상 : 10% 12시간 이상 : 20%	3세트 : 4% 6세트 : 10% 10세트 : 25%	2시간 이상 : 5% 4시간 이상 : 12% 8시간 이상 : 25%

※ 할인은 각 품목마다 개별적으로 적용된다.

〈H팀 상황〉

A : 저희 총예산은 수입보다 많으면 안 됩니다. 티켓은 4만 원이고, 50명 정도 관람할 것으로 예상 됩니다.

B : 공연은 2시간이고, 리허설 시간으로 2시간이 필요하며, 공연 준비 및 정리를 하려면 공연 앞뒤로 1시간씩은 필요합니다.

C : 소품은 공연 때 2세트 필요한데, 예비로 1세트 더 준비하도록 하죠.

D : 진행은 저희끼리 다 못하니까 주차장을 관리할 인원 1명을 고용해서 공연 시간 동안과 공연 앞뒤 1시간씩 공연장 주변을 정리하도록 합시다. 총예산이 모자라면 예비 소품 1세트 취소, 보조진행요원 미고용, 리허설 시간 1시간 축소 순서로 줄이도록 하죠.

근로자 ▶ 키워드

02 다음 글의 내용으로 적절하지 않은 것은?

최저임금제도는 정부가 근로자들을 보호하고 일자리의 질을 향상시키기 위해 근로자들이 임금을 일 정 수준 이하로 받지 않도록 보장하여 경제적인 안정성을 제공하는 제도이다.

최저임금제도는 일자리의 안정성과 경제의 포용성을 촉진한다. 일정 수준 이상으로 설정된 최저임 금은 근로자들에게 최소한의 생계비를 보장하고 근로 환경에서의 안정성을 확보할 수 있게 한다. 이는 근로자들의 생활의 질과 근로 만족도를 향상시키는 데 기여한다.

최저임금제도는 불공정한 임금구조를 해소하고 경제적인 격차를 완화하는 데 도움을 준다. 일부 기 업에서는 경쟁력 확보나 이윤 극대화를 위해 근로자들에게 낮은 임금을 지불하는 경우가 있다. 최저 임금제도는 이런 부당한 임금 지급을 방지하고 사회적인 형평성을 증진시킨다.

또한 최저임금제도는 소비 활성화와 경기 부양에도 기여한다. 근로자들이 안정된 임금을 받게 되면 소비력이 강화되고, 소비 지출이 증가한다. 이는 장기적으로 기업의 생산과 판매를 촉진시켜 경기를 활성화한다.

그러나 최저임금제도는 일부 기업들에게 추가적인 경제적 부담으로 다가올 수 있다. 인건비 인상으 로 인한 비용 부담 증가는 일자리의 제약이나 물가 상승으로 이어질 수 있다. 그러므로 정부는 적절 한 최저임금 수준을 설정하고 기업의 경쟁력을 고려하여 적절한 대응 방안을 모색해야 한다.

이와 같이 최저임금제도는 노동자 보호와 경제적 포용성을 위한 중요한 정책 수단이다. 그러나 최저 임금제도만으로는 모든 경제적 문제를 해결할 수 없으며 근로시간, 근로조건 등 다른 노동법과의 조화가 필요하다.

도서 200% 활용하기 STRUCTURES

1 기출복원문제로 출제경향 파악

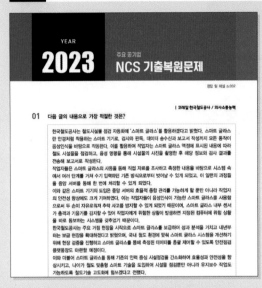

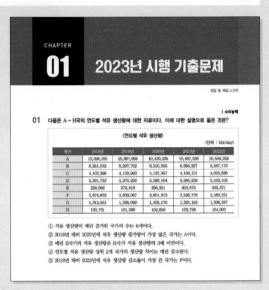

▶ 2023년 주요 공기업 NCS 기출복원문제를 수록하여 공기업별 출제경향을 파악할 수 있도록 하였다.
▶ 한국산업인력공단 3개년(2023~2021년) 기출복원문제를 통해 산인공 필기 유형을 파악할 수 있도록 하였다.

2 출제유형분석 + 실전예제로 필기시험 완벽 대비

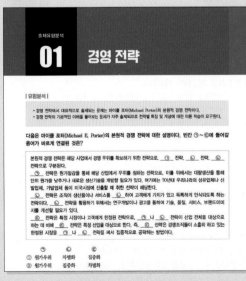

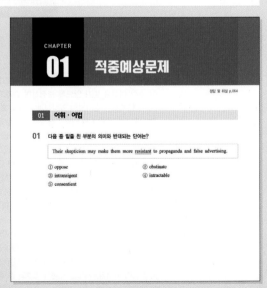

▶ NCS 직업능력 출제유형분석&실전예제를 수록하여 유형별로 꼼꼼히 대비할 수 있도록 하였다.
▶ 한국사 및 영어 적중예상문제를 수록하여 필기시험 전반에 완벽하게 대비할 수 있도록 하였다.

3 최종점검 모의고사 + OMR을 활용한 실전 연습

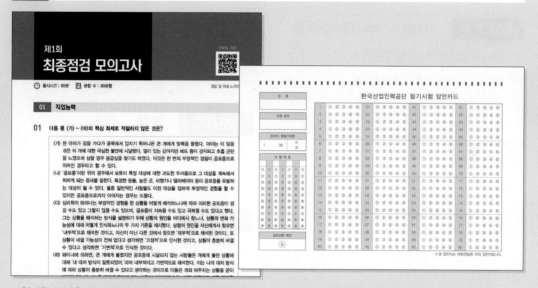

▸ 철저한 분석을 통해 실제 시험과 유사한 최종점검 모의고사를 2회분 수록하여 실력을 높일 수 있도록 하였다.

▸ 모바일 OMR 답안채점/성적분석 서비스를 통해 필기시험에 대비할 수 있도록 하였다.

4 인성검사부터 면접까지 한 권으로 최종 마무리

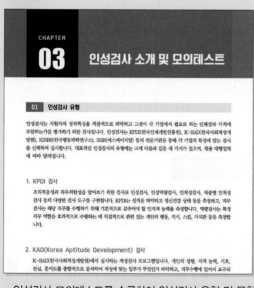

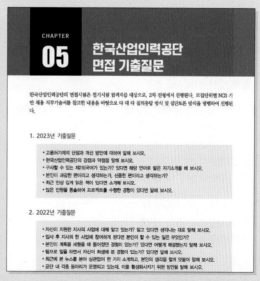

▸ 인성검사 모의테스트를 수록하여 인성검사 유형 및 문항을 확인할 수 있도록 하였다.

▸ 한국산업인력공단 면접 기출질문을 수록하여 면접에서 나오는 질문을 미리 파악하고 대비할 수 있도록 하였다.

이 책의 차례 CONTENTS

Add+

2023년 주요 공기업
NCS 기출복원문제

정답 및 해설 p.002

| 코레일 한국철도공사 / 의사소통능력

01 다음 글의 내용으로 가장 적절한 것은?

> 한국철도공사는 철도시설물 점검 자동화에 '스마트 글라스'를 활용하겠다고 밝혔다. 스마트 글라스란 안경처럼 착용하는 스마트 기기로, 검사와 판독, 데이터 송수신과 보고서 작성까지 모든 동작이 음성인식을 바탕으로 작동한다. 이를 활용하여 작업자는 스마트 글라스 액정에 표시된 내용에 따라 철도 시설물을 점검하고, 음성 명령을 통해 시설물의 사진을 촬영한 후 해당 정보와 검사 결과를 전송해 보고서로 작성한다.
>
> 작업자들은 스마트 글라스의 사용을 통해 직접 자료를 조사하고 측정한 내용을 바탕으로 시스템 속에서 여러 단계를 거쳐 수기 입력하던 기존 방식으로부터 벗어날 수 있게 되었고, 이 일련의 과정들을 중앙 서버를 통해 한 번에 처리할 수 있게 되었다.
>
> 이와 같은 스마트 기기의 도입은 중앙 서버의 효율적 종합 관리를 가능하게 할 뿐만 아니라 작업자의 안전성 향상에도 크게 기여하였다. 이는 작업자들이 음성인식이 가능한 스마트 글라스를 사용함으로써 두 손이 자유로워져 추락 사고를 방지할 수 있게 되었기 때문이며, 스마트 글라스 내부 센서가 충격과 기울기를 감지할 수 있어 작업자에게 위험한 상황이 발생하면 지정된 컴퓨터에 위험 상황을 바로 통보하는 시스템을 갖추었기 때문이다.
>
> 한국철도공사는 주요 거점 현장을 시작으로 스마트 글라스를 보급하여 성과 분석을 거치고 내년부터는 보급 현장을 확대하겠다고 밝혔으며, 국내 철도 환경에 맞춰 스마트 글라스 시스템을 개선하기 위해 현장 검증을 진행하고 스마트 글라스를 통해 측정된 데이터를 총괄 제어할 수 있도록 안전점검 플랫폼망도 마련할 예정이다.
>
> 이와 더불어 스마트 글라스를 통해 기존의 인력 중심 시설점검을 간소화하여 효율성과 안전성을 향상시키고, 나아가 철도 맞춤형 스마트 기술을 도입하여 시설물 점검뿐만 아니라 유지보수 작업도 가능하도록 철도기술 고도화에 힘쓰겠다고 전했다.

① 작업자의 음성인식을 통해 철도시설물의 점검 및 보수 작업이 가능해졌다.

② 스마트 글라스의 도입으로 철도시설물 점검의 무인작업이 가능해졌다.

③ 스마트 글라스의 도입으로 철도시설물 점검 작업 시 안전사고 발생 횟수가 감소하였다.

④ 스마트 글라스의 도입으로 철도시설물 작업 시간 및 인력이 감소하고 있다.

⑤ 스마트 글라스의 도입으로 작업자의 안전사고 발생을 바로 파악할 수 있게 되었다.

02 다음 글에 대한 설명으로 적절하지 않은 것은?

> 2016년 4월 27일 오전 7시 20분경 임실역에서 익산역으로 향하던 열차가 전기 공급 중단으로 멈추는 사고가 발생해 약 50여 분간 열차 운행이 중단되었다. 바로 전차선에 지어진 까치집 때문이었는데, 까치가 집을 지을 때 사용하는 젖은 나뭇가지나 철사 등이 전선과 닿거나 차로에 떨어져 합선과 단전을 일으킨 것이다.
>
> 비록 이번 사고는 단전에서 끝났지만, 고압 전류가 흐르는 전차선인 만큼 철사와 젖은 나뭇가지만으로도 자칫하면 폭발사고로 이어질 우려가 있다. 지난 5년간 까치집으로 인한 단전사고는 한 해 평균 3~4건 발생해 왔으며, 한국철도공사는 사고방지를 위해 까치집 방지 설비를 설치하고 설비가 없는 구간은 작업자가 육안으로 까치집 생성 여부를 확인해 제거하고 있는데, 이렇게 제거해 온 까치집 수가 연평균 8,000개에 달한다. 하지만 까치집은 빠르면 불과 4시간 만에 완성되어 작업자들에게 큰 곤욕을 주고 있다.
>
> 이에 한국철도공사는 전차선로 주변 까치집 제거의 효율성과 신속성을 높이기 위해 인공지능(AI)과 사물인터넷(IoT) 등 첨단 기술을 활용하기에 이르렀다. 열차 운전실에 영상 장비를 설치해 달리는 열차에서 전차선을 촬영한 화상 정보를 인공지능으로 분석함으로써 까치집 등의 위험 요인을 찾아 해당 위치와 현장 이미지를 작업자에게 실시간으로 전송하는 '실시간 까치집 자동 검출 시스템'을 개발한 것이다. 하지만 시속 150km로 빠르게 달리는 열차에서 까치집 등의 위험 요인을 실시간으로 판단해 전송하는 것이다 보니 그 정확도는 65%에 불과했다.
>
> 이에 한국철도공사는 전차선과 까치집을 정확하게 식별하기 위해 인공지능이 스스로 학습하는 '딥러닝' 방식을 도입했고, 전차선을 구성하는 복잡한 구조 및 까치집과 유사한 형태를 빅데이터로 분석해 이미지를 구분하는 학습을 실시한 결과 까치집 검출 정확도는 95%까지 상승했다. 또한 해당 이미지를 실시간 문자메시지로 작업자에게 전송해 위험 요소와 위치를 인지시켜 현장에 적용할 수 있다는 사실도 확인했다. 현재는 이와 더불어 정기열차가 운행하지 않거나 작업자가 접근하기 쉽지 않은 차량 정비 시설 등에 드론을 띄워 전차선의 까치집을 발견 및 제거하는 기술도 시범 운영하고 있다.

① 인공지능도 학습을 통해 그 정확도를 향상시킬 수 있다.

② 빠른 속도에서 인공지능의 사물 식별 정확도는 낮아진다.

③ 사람의 접근이 불가능한 곳에 위치한 까치집의 제거도 가능해졌다.

④ 까치집 자동 검출 시스템을 통해 실시간으로 까치집 제거가 가능해졌다.

⑤ 인공지능 등의 스마트 기술 도입으로 까치집 생성의 감소를 기대할 수 있다.

03 다음 글을 이해한 내용으로 적절하지 않은 것은?

> 열차 내에서의 범죄가 급격하게 증가함에 따라 한국철도공사는 열차 내 범죄 예방과 안전 확보를
> 위해 2023년까지 현재 운행하고 있는 열차의 모든 객실에 CCTV를 설치하고, 모든 열차 승무원에
> 게 바디캠을 지급하겠다고 밝혔다.
> CCTV는 열차 종류에 따라 운전실에서 비상시 실시간으로 상황을 파악할 수 있는 '네트워크 방식'과
> 각 객실에서의 영상을 저장하는 '개별 독립 방식'이라는 2가지 방식으로 사용 및 설치가 진행될 예
> 정이며, 객실에는 사각지대를 없애기 위해 4대 가량의 CCTV가 설치된다. 이 중 2대는 휴대물품
> 도난 방지 등을 위해 휴대물품 보관대 주변에 위치하게 된다.
> 이에 따라 한국철도공사는 CCTV 제품 품평회를 가져 제품의 형태와 색상, 재질 등에 대한 의견을
> 나누고 각 제품이 실제로 열차 운행 시 진동과 충격 등에 적합한지 시험을 거친 후 도입할 예정이다.

① 현재는 모든 열차의 객실 전부에 CCTV가 설치되어 있진 않을 것이다.

② 과거에 비해 승무원에 대한 승객의 범죄행위 증거 취득이 유리해질 것이다.

③ CCTV 설치를 통해 인적 피해와 물적 피해 모두 예방할 수 있을 것이다.

④ CCTV 설치를 통해 실시간으로 모든 객실을 모니터링할 수 있을 것이다.

⑤ CCTV의 내구성뿐만 아니라 외적인 디자인도 제품 선택에 영향을 줄 수 있을 것이다.

04 작년 K대학교에 재학 중인 학생 수는 6,800명이고 남학생과 여학생의 비는 8 : 9이었다. 올해 남학
생과 여학생의 비가 12 : 13만큼 줄어들어 7 : 8이 되었다고 할 때, 올해 K대학교의 전체 재학생
수는?

① 4,440명   ② 4,560명

③ 4,680명   ④ 4,800명

⑤ 4,920명

05 다음 자료에 대한 설명으로 가장 적절한 것은?

- KTX 마일리지 적립
  - KTX 이용 시 결제금액의 5%가 기본 마일리지로 적립됩니다.
  - 더블적립(×2) 열차로 지정된 열차는 추가로 5%가 적립됩니다(결제금액의 총 10%).
    ※ 더블적립 열차는 홈페이지 및 코레일톡 애플리케이션에서만 승차권 구매 가능
  - 선불형 교통카드 Rail+(레일플러스)로 승차권을 결제하는 경우 1% 보너스 적립도 제공되어 최대 11% 적립이 가능합니다.
  - 마일리지를 적립받고자 하는 회원은 승차권을 발급받기 전에 코레일 멤버십카드 제시 또는 회원번호 및 비밀번호 등을 입력해야 합니다.
  - 해당 열차 출발 후에는 마일리지를 적립받을 수 없습니다.
- 회원 등급 구분

구분	등급 조건	제공 혜택
VVIP	• 반기별 승차권 구입 시 적립하는 마일리지가 8만 점 이상인 고객 또는 기준일부터 1년간 16만 점 이상 고객 중 매년 반기 익월 선정	• 비즈니스 회원 혜택 기본 제공 • KTX 특실 무료 업그레이드 쿠폰 6매 제공 • 승차권 나중에 결제하기 서비스 　(열차 출발 3시간 전까지)
VIP	• 반기별 승차권 구입 시 적립하는 마일리지가 4만 점 이상인 고객 또는 기준일부터 1년간 8만 점 이상 고객 중 매년 반기 익월 선정	• 비즈니스 회원 혜택 기본 제공 • KTX 특실 무료 업그레이드 쿠폰 2매 제공
비즈니스	• 철도 회원으로 가입한 고객 중 최근 1년간 온라인에서 로그인한 기록이 있거나, 회원으로 구매실적이 있는 고객	• 마일리지 적립 및 사용 가능 • 회원 전용 프로모션 참가 가능 • 열차 할인상품 이용 등 기본서비스와 멤버십 제휴서비스 등 부가서비스 이용
패밀리	• 철도 회원으로 가입한 고객 중 최근 1년간 온라인에서 로그인한 기록이 없거나, 회원으로 구매실적이 없는 고객	• 멤버십 제휴서비스 및 코레일 멤버십 라운지 이용 등의 부가서비스 이용 제한 • 휴면 회원으로 분류 시 별도 관리하며, 본인 인증 절차로 비즈니스 회원으로 전환 가능

- 마일리지는 열차 승차 다음날 적립되며, 지연료를 마일리지로 적립하신 실적은 등급 산정에 포함되지 않습니다.
- KTX 특실 무료 업그레이드 쿠폰 유효기간은 6개월이며, 반기별 익월 10일 이내에 지급됩니다.
- 실적의 연간 적립 기준일은 7월 지급의 경우 전년도 7월 1일부터 당해 연도 6월 30일까지 실적이며, 1월 지급은 전년도 1월 1일부터 전년도 12월 31일까지의 실적입니다.
- 코레일에서 지정한 추석 및 설 명절 특별수송기간의 승차권은 실적 적립 대상에서 제외됩니다.
- 회원 등급 조건 및 제공 혜택은 사전 공지 없이 변경될 수 있습니다.
- 승차권 나중에 결제하기 서비스는 총 편도 2건 이내에서 제공되며, 3회 자동 취소 발생(열차 출발 전 3시간 내 미결제) 시 서비스가 중지됩니다. 리무진+승차권 결합 발권은 2건으로 간주되며, 정기권, 특가상품 등은 나중에 결제하기 서비스 대상에서 제외됩니다.

① 코레일에서 운행하는 모든 열차는 이용 때마다 결제금액의 최소 5%가 KTX 마일리지로 적립된다.
② 회원 등급이 높아져도 열차 탑승 시 적립되는 마일리지는 동일하다.
③ 비즈니스 등급은 기업회원을 구분하는 명칭이다.
④ 6개월간 마일리지 4만 점을 적립하더라도 VIP 등급을 부여받지 못할 수 있다.
⑤ 회원 등급이 높아도 승차권을 정가보다 저렴하게 구매할 수 있는 방법은 없다.

※ 다음 자료를 보고 이어지는 질문에 답하시오. [6~8]

〈2023년 한국의 국립공원 기념주화 예약 접수〉

• 우리나라 자연환경의 아름다움과 생태 보전의 중요성을 널리 알리기 위해 K공사는 한국의 국립공원 기념주화 3종(설악산, 치악산, 월출산)을 발행할 예정임
• 예약 접수일 : 3월 2일(목) ~ 3월 17일(금)
• 배부 시기 : 2023년 4월 28일(금)부터 예약자가 신청한 방법으로 배부
• 기념주화 상세

화종	앞면	뒷면
은화Ⅰ – 설악산		
은화Ⅱ – 치악산		
은화Ⅲ – 월출산		

• 발행량 : 화종별 10,000장씩 총 30,000장
• 신청 수량 : 단품 및 3종 세트로 구분되며 단품과 세트에 중복신청 가능
  – 단품 : 1인당 화종별 최대 3장
  – 3종 세트 : 1인당 최대 3세트
• 판매 가격 : 액면금액에 판매 부대비용(케이스, 포장비, 위탁판매수수료 등)을 부가한 가격
  – 단품 : 각 63,000원(액면가 50,000원+케이스 등 부대비용 13,000원)
  – 3종 세트 : 186,000원(액면가 150,000원+케이스 등 부대비용 36,000원)
• 접수 기관 : 우리은행, 농협은행, K공사
• 예약 방법 : 창구 및 인터넷 접수
  – 창구 접수
    신분증[주민등록증, 운전면허증, 여권(내국인), 외국인등록증(외국인)]을 지참하고 우리·농협은행 영업점을 방문하여 신청
  – 인터넷 접수
    ① 우리·농협은행의 계좌를 보유한 고객은 개시일 9시부터 마감일 23시까지 홈페이지에서 신청
    ② K공사 온라인 쇼핑몰에서는 가상계좌 방식으로 개시일 9시부터 마감일 23시까지 신청
• 구입 시 유의사항
  – 수령자 및 수령지 등 접수 정보가 중복될 경우 단품별 10장, 3종 세트 10세트만 추첨 명단에 등록
  – 비정상적인 경로나 방법으로 접수할 경우 당첨을 취소하거나 배송을 제한

---

06 다음 중 한국의 국립공원 기념주화 발행 사업의 내용으로 옳은 것은?

① 국민들을 대상으로 예약 판매를 실시하며, 외국인에게는 판매하지 않는다.

② 1인당 구매 가능한 최대 주화 수는 10장이다.

③ 기념주화를 구입하기 위해서는 우리·농협은행 계좌를 사전에 개설해 두어야 한다.

④ 사전예약을 받은 뒤, 예약 주문량에 맞추어 제한된 수량만 생산한다.

⑤ K공사를 통한 예약 접수는 온라인에서만 가능하다.

07 외국인 A씨는 이번에 발행되는 기념주화를 예약 주문하려고 한다. 다음 상황을 참고했을 때 A씨가 기념주화 구매 예약을 할 수 있는 방법으로 옳은 것은?

〈외국인 A씨의 상황〉

• A씨는 국내 거주 외국인으로 등록된 사람이다.
• A씨의 명의로 국내은행에 개설된 계좌는 총 2개로, 신한은행, 한국씨티은행에 1개씩이다.
• A씨는 우리은행이나 농협은행과는 거래이력이 없다.

① 여권을 지참하고 우리은행이나 농협은행 지점을 방문한다.

② K공사 온라인 쇼핑몰에서 신용카드를 사용한다.

③ 계좌를 보유한 신한은행이나 한국씨티은행의 홈페이지를 통해 신청한다.

④ 외국인등록증을 지참하고 우리은행이나 농협은행 지점을 방문한다.

⑤ 우리은행이나 농협은행의 홈페이지에서 신청한다.

08 다음은 기념주화를 예약한 5명의 신청내역이다. 이 중 가장 많은 금액을 지불한 사람의 구매 금액은?

(단위 : 세트, 장)

구매자	3종 세트	단품		
		은화 I – 설악산	은화 II – 치악산	은화 III – 월출산
A	2	1	-	-
B	-	2	3	3
C	2	1	1	-
D	3	-	-	-
E	1	-	2	2

① 558,000원   ② 561,000원

③ 563,000원   ④ 564,000원

⑤ 567,000원

척추는 신체를 지탱하고, 뇌로부터 이어지는 중추신경인 척수를 보호하는 중요한 뼈 구조물이다. 보통 사람들은 허리에 심한 통증이 느껴지면 허리디스크(추간판탈출증)를 떠올리는데, 디스크 이외에도 통증을 유발하는 척추 질환은 다양하다. 특히 노인 인구가 증가하면서 척추관협착증(요추관협착증)의 발병 또한 늘어나고 있다. 허리디스크와 척추관협착증은 사람들이 혼동하기 쉬운 척추 질환으로, 발병 원인과 치료법이 다르기 때문에 두 질환의 차이를 이해하고 통증 발생 시 질환에 맞춰 적절하게 대응할 필요가 있다.

허리디스크는 척추 뼈 사이에 쿠션처럼 완충 역할을 해주는 디스크(추간판)에 문제가 생겨 발생한다. 디스크는 찐득찐득한 수핵과 이를 둘러싸는 섬유륜으로 구성되는데, 나이가 들어 탄력이 떨어지거나, 젊은 나이에도 급격한 충격에 의해서 섬유륜에 균열이 생기면 속의 수핵이 빠져나오면서 주변 신경을 압박하거나 염증을 유발한다. 허리디스크가 발병하면 초기에는 허리 통증으로 시작되어 점차 허벅지에서 발까지 찌릿하게 저리는 방사통을 유발하고, 디스크에서 수핵이 흘러나오는 상황이기 때문에 허리를 굽히거나 앉아 있으면 디스크에 가해지는 압력이 높아져 통증이 더욱 심해진다. 허리디스크는 통증이 심한 질환이지만, 흘러나온 수핵은 대부분 대식세포에 의해 제거되고, 자연치유가 가능하기 때문에 병원에서는 주로 통증을 줄이고, 안정을 취하는 방법으로 보존치료를 진행한다. 하지만 염증이 심해져 중앙 척수를 건드리게 되면 하반신 마비 등의 증세가 나타날 수 있는데, 이러한 경우에는 탈출된 디스크 조각을 물리적으로 제거하는 수술이 필요하다.

반면, 척추관협착증은 대표적인 척추 퇴행성 질환으로, 주변 인대(황색 인대)가 척추관을 압박하여 발생한다. 척추관은 척추 가운데 신경 다발이 지나갈 수 있도록 속이 빈 공간인데, 나이가 들면서 척추가 흔들리게 되면 흔들리는 척추를 붙들기 위해 인대가 점차 두꺼워지고, 척추 뼈에 변형이 생겨 결과적으로 척추관이 좁아지게 된다. 이렇게 오랜 기간 동안 변형된 척추 뼈와 인대가 척추관 속의 신경을 눌러 발생하는 것이 척추관협착증이다. 척추관 속의 신경이 눌리게 되면 통증과 함께 저리거나 당기게 되어 보행이 힘들어지며, 지속적으로 압박받을 경우 척추 신경이 경색되어 하반신 마비 증세로 악화될 수 있다. 일반적으로 서 있을 경우보다 허리를 구부렸을 때 척추관이 더 넓어지므로 허리디스크 환자와 달리 앉아 있을 때 통증이 완화된다. 척추관협착증은 자연치유가 되지 않고 척추관이 다시 넓어지지 않으므로 발병 초기를 제외하면 일반적으로 변형된 부분을 제거하는 수술을 하게 된다.

이와 같이 허리디스크와 척추관협착증은 똑같이 허리 통증을 유발하지만 원인과 증상, 치료법이 상이하다. 비교적 고령인 60대 이상의 사람이 만성적으로 서 있을 때 통증이 나타난다면 ____㉠____ 을/를 의심해야 하며, 비교적 젊은 20 ~ 50대의 사람이 앉아 있을 때 통증이 급작스럽게 나타날 때는 ____㉡____ 을/를 의심해야 한다. 척추는 우리의 몸을 지탱하는 중요한 골격이며, 신경계와 밀접한 관련이 있으므로 통증이 발생한다면 자신의 몸 상태를 잘 파악하고, 초기에 치료를 받는 것이 중요하다.

| 국민건강보험공단 / 의사소통능력

09 다음 중 윗글의 내용으로 적절하지 않은 것은?

① 일반적으로 허리디스크는 척추관협착증에 비해 급작스럽게 증상이 나타난다.

② 허리디스크는 서 있을 때 통증이 더 심해진다.

③ 허리디스크에 비해 척추관협착증은 외과적 수술의 빈도가 높다.

④ 허리디스크와 척추관협착증 모두 증세가 심해지면 하반신 마비의 가능성이 있다.

10 다음 중 빈칸 ㉠과 ㉡에 들어갈 단어가 바르게 연결된 것은?

	㉠	㉡
①	허리디스크	추간판탈출증
②	허리디스크	척추관협착증
③	척추관협착증	요추관협착증
④	척추관협착증	허리디스크

11 다음 문단을 논리적 순서대로 바르게 나열한 것은?

(가) 주장애관리는 장애정도가 심한 장애인이 의원뿐만 아니라 병원 및 종합병원급에서 장애 유형별 전문의에게 전문적인 장애관리를 받을 수 있는 서비스이다. 이전에는 대상 관리 유형이 지체장애, 시각장애, 뇌병변장애로 제한되어 있었으나, 3단계부터는 지적장애, 정신장애, 자폐성장애까지 확대되어 더 많은 중증장애인들이 장애관리를 받을 수 있게 되었다.

(나) 이와 같이 3단계 장애인 건강주치의 시범사업은 기존 1·2단계 시범사업보다 더욱 확대되어 많은 중증장애인들의 참여를 예상하고 있다. 장애인 건강주치의 시범사업에 신청하기 위해서는 국민건강보험공단 홈페이지의 건강IN에서 장애인 건강주치의 의료기관을 찾은 후 해당 의료기관에 방문하여 장애인 건강주치의 이용 신청사실 통지서를 작성해야 한다.

(다) 장애인 건강주치의 제도가 제공하는 서비스는 일반건강관리, 주(主)장애관리, 통합관리로 나누어진다. 일반건강관리 서비스는 모든 유형의 중증장애인이 만성질환 등 전반적인 건강관리를 받을 수 있는 서비스로, 의원급에서 원하는 의사를 선택하여 참여할 수 있다. 1·2단계까지의 사업에서는 만성질환관리를 위해 장애인 본인이 검사비용의 30%를 부담해야 했지만, 3단계부터는 본인부담금 없이 질환별 검사바우처로 제공한다.

(라) 마지막으로 통합관리는 일반건강관리와 주장애관리를 동시에 받을 수 있는 서비스로, 동네에 있는 의원급 의료기관에 속한 지체·뇌병변·시각·지적·정신·자폐성 장애를 진단하는 전문의가 주장애관리와 만성질환관리를 모두 제공한다. 이 3가지 서비스들은 거동이 불편한 환자를 위해 의사나 간호사가 직접 집으로 방문하는 방문 서비스를 제공하고 있으며 기존까지는 연 12회였으나, 3단계 시범사업부터 연 18회로 증대되었다.

(마) 보건복지부와 국민건강보험공단은 2021년 9월부터 3단계 장애인 건강주치의 시범사업을 진행하였다. 장애인 건강주치의 제도는 중증장애인이 인근 지역에서 주치의로 등록 신청한 의사 중 원하는 의사를 선택하여 장애로 인한 건강문제, 만성질환 등 건강상태를 포괄적이고 지속적으로 관리 받을 수 있는 제도로, 2018년 5월 1단계 시범사업을 시작으로 2단계 시범사업까지 완료되었다.

① (다) – (마) – (가) – (나) – (라)
② (다) – (가) – (라) – (마) – (나)
③ (마) – (가) – (라) – (나) – (다)
④ (마) – (다) – (가) – (라) – (나)

12 다음은 K지역의 연도별 건강보험금 부과액 및 징수액에 대한 자료이다. 직장가입자 건강보험금 징수율이 가장 높은 해와 지역가입자의 건강보험금 징수율이 가장 높은 해를 바르게 짝지은 것은?

〈건강보험금 부과액 및 징수액〉

(단위 : 백만 원)

구분		2019년	2020년	2021년	2022년
직장가입자	부과액	6,706,712	5,087,163	7,763,135	8,376,138
	징수액	6,698,187	4,898,775	7,536,187	8,368,972
지역가입자	부과액	923,663	1,003,637	1,256,137	1,178,572
	징수액	886,396	973,681	1,138,763	1,058,943

※ (징수율)$=\dfrac{(징수액)}{(부과액)}\times100$

	직장가입자	지역가입자
①	2022년	2020년
②	2022년	2019년
③	2021년	2020년
④	2021년	2019년

13 다음은 K병원의 하루 평균 이뇨제, 지사제, 진통제 사용량에 대한 자료이다. 이에 대한 설명으로 옳지 않은 것은?

〈하루 평균 이뇨제, 지사제, 진통제 사용량〉

구분	2018년	2019년	2020년	2021년	2022년	1인 1일 투여량
이뇨제	3,000mL	3,480mL	3,360mL	4,200mL	3,720mL	60mL/일
지사제	30정	42정	48정	40정	44정	2정/일
진통제	6,720mg	6,960mg	6,840mg	7,200mg	7,080mg	60mg/일

※ 모든 의약품은 1인 1일 투여량을 준수하여 투여했다.

① 전년 대비 2022년 사용량 감소율이 가장 큰 의약품은 이뇨제이다.

② 5년 동안 지사제를 투여한 환자 수의 평균은 18명 이상이다.

③ 이뇨제 사용량은 증가와 감소를 반복하였다.

④ 매년 진통제를 투여한 환자 수는 이뇨제를 투여한 환자 수의 2배 이하이다.

14 다음은 분기별 상급병원, 종합병원, 요양병원의 보건인력 현황에 대한 자료이다. 분기별 전체 보건인력 중 전체 사회복지사 인력의 비율로 옳지 않은 것은?

<상급병원, 종합병원, 요양병원의 보건인력 현황>

(단위 : 명)

구분		2022년 3분기	2022년 4분기	2023년 1분기	2023년 2분기
상급병원	의사	20,002	21,073	22,735	24,871
	약사	2,351	2,468	2,526	2,280
	사회복지사	391	385	370	375
종합병원	의사	32,765	33,084	34,778	33,071
	약사	1,941	1,988	2,001	2,006
	사회복지사	670	695	700	720
요양병원	의사	19,382	19,503	19,761	19,982
	약사	1,439	1,484	1,501	1,540
	사회복지사	1,887	1,902	1,864	1,862
합계		80,828	82,582	86,236	86,707

※ 보건인력은 의사, 약사, 사회복지사 인력 모두를 포함한다.

① 2022년 3분기 : 약 3.65% 　　　② 2022년 4분기 : 약 3.61%

③ 2023년 1분기 : 약 3.88% 　　　④ 2023년 2분기 : 약 3.41%

15 다음은 건강생활실천지원금제에 대한 자료이다. 〈보기〉의 신청자 중 예방형과 관리형에 해당하는 사람을 바르게 분류한 것은?

〈건강생활실천지원금제〉

• 사업설명 : 참여자 스스로 실천한 건강생활 노력 및 건강개선 결과에 따라 지원금을 지급하는 제도
• 시범지역

지역	예방형	관리형
서울	노원구	중랑구
경기·인천	안산시, 부천시	인천 부평구, 남양주시, 고양일산(동구, 서구)
충청권	대전 대덕구, 충주시, 충남 청양군(부여군)	대전 동구
전라권	광주 광산구, 전남 완도군, 전주시(완주군)	광주 서구, 순천시
경상권	부산 중구, 대구 남구, 김해시, 대구 달성군	대구 동구, 부산 북구
강원·제주권	원주시, 제주시	원주시

• 참여대상 : 주민등록상 주소지가 시범지역에 해당되는 사람 중 아래에 해당하는 사람

구분	조건
예방형	만 20 ~ 64세인 건강보험 가입자(피부양자 포함) 중 국민건강보험공단에서 주관하는 일반건강검진 결과 건강관리가 필요한 사람*
관리형	고혈압·당뇨병 환자

*건강관리가 필요한 사람 : 다음에 모두 해당하거나 ①, ② 또는 ①, ③에 해당하는 사람

① 체질량지수(BMI) $25kg/m^2$ 이상
② 수축기 혈압 120mmHg 이상 또는 이완기 혈압 80mmHg 이상
③ 공복혈당 100mg/dL 이상

보기

신청자	주민등록상 주소지	체질량지수	수축기 혈압 / 이완기 혈압	공복혈당	기저질환
A	서울 강북구	$22kg/m^2$	117mmHg / 78mmHg	128mg/dL	－
B	서울 중랑구	$28kg/m^2$	125mmHg / 85mmHg	95mg/dL	－
C	경기 안산시	$26kg/m^2$	142mmHg / 92mmHg	99mg/dL	고혈압
D	인천 부평구	$23kg/m^2$	145mmHg / 95mmHg	107mg/dL	고혈압
E	광주 광산구	$28kg/m^2$	119mmHg / 78mmHg	135mg/dL	당뇨병
F	광주 북구	$26kg/m^2$	116mmHg / 89mmHg	144mg/dL	당뇨병
G	부산 북구	$27kg/m^2$	118mmHg / 75mmHg	132mg/dL	당뇨병
H	강원 철원군	$28kg/m^2$	143mmHg / 96mmHg	115mg/dL	고혈압
I	제주 제주시	$24kg/m^2$	129mmHg / 83mmHg	108mg/dL	－

※ 단, 모든 신청자는 만 20 ~ 64세이며, 건강보험에 가입하였다.

	예방형	관리형		예방형	관리형
①	A, E	C, D	②	B, E	F, I
③	C, E	D, G	④	F, I	C, H

16 K동에서는 임신한 주민에게 출산장려금을 지원하고자 한다. 출산장려금 지급 기준 및 K동에 거주하는 임산부에 대한 정보가 다음과 같을 때, 출산장려금을 가장 먼저 받을 수 있는 사람은?

〈K동 출산장려금 지급 기준〉

• 출산장려금 지급액은 모두 같으나, 지급 시기는 모두 다르다.
• 지급 순서 기준은 임신일, 자녀 수, 소득 수준 순서이다.
• 임신일이 길수록, 자녀가 많을수록, 소득 수준이 낮을수록 먼저 받는다(단, 자녀는 만 19세 미만의 아동 및 청소년으로 제한한다).
• 임신일, 자녀 수, 소득 수준이 모두 같으면 같은 날에 지급한다.

〈K동 거주 임산부 정보〉

임산부	임신일	자녀	소득 수준
A	150일	만 1세	하
B	200일	만 3세	상
C	200일	만 7세, 만 5세, 만 3세	중
D	200일	만 20세, 만 16세, 만 14세, 만 10세	상

① A임산부   ② B임산부
③ C임산부   ④ D임산부

17 다음 글과 같이 한자어 및 외래어를 순화한 내용으로 적절하지 않은 것은?

> 열차를 타다 보면 한 번쯤은 다음과 같은 안내방송을 들어 봤을 것이다.
> "○○역 인근 '공중사상사고' 발생으로 KTX 열차가 지연되고 있습니다."
> 이때 들리는 안내방송 중 한자어인 '공중사상사고'를 한 번에 알아듣기란 일반적으로 쉽지 않다. 실제로 S교통공사 관계자는 승객들로부터 안내방송 문구가 적절하지 않다는 지적을 받아 왔다고 밝혔으며, 이에 S교통공사는 국토교통부와 협의를 거쳐 보다 이해하기 쉬운 안내방송을 전달하기 위해 문구를 바꾸는 작업에 착수하기로 결정하였다고 전했다.
> 우선 가장 먼저 수정하기로 한 것은 한자어 및 외래어로 표기된 철도 용어이다. 그중 대표적인 것이 '공중사상사고'이다. S교통공사 관계자는 이를 '일반인의 사상사고'나 '열차 운행 중 인명사고' 등과 같이 이해하기 쉬운 말로 바꿀 예정이라고 밝혔다. 이 외에도 열차 지연 예상 시간, 사고복구 현황 등 열차 내 안내방송을 승객에게 좀 더 알기 쉽고 상세하게 전달할 것이라고 전했다.

① 열차 시격 → 배차 간격
② 전차선 단전 → 선로 전기 공급 중단
③ 우회수송 → 우측 선로로의 변경
④ 핸드레일(Handrail) → 안전손잡이
⑤ 키스 앤 라이드(Kiss and Ride) → 환승정차구역

18 다음 글에서 언급되지 않은 내용은?

전 세계적인 과제로 탄소중립이 대두되자 친환경적 운송수단인 철도가 주목받고 있다. 특히 국제에 너지기구는 철도를 에너지 효율이 가장 높은 운송 수단으로 꼽으며, 철도 수송을 확대하면 세계 수송 부문에서 온실가스 배출량이 그렇지 않을 때보다 약 6억 톤이 줄어들 수 있다고 하였다.

특히 철도의 에너지 소비량은 도로의 22분의 1이고, 온실가스 배출량은 9분의 1에 불과해, 탄소 배출이 높은 도로 운행의 수요를 친환경 수단인 철도로 전환한다면 수송 부문 총배출량이 획기적으로 감소될 것이라 전망하고 있다.

이에 발맞춰 우리나라의 S철도공단도 '녹색교통'인 철도 중심 교통체계를 구축하기 위해 박차를 가하고 있으며, 정부 역시 '2050 탄소중립 실현' 목표에 발맞춰 저탄소 철도 인프라 건설·관리로 탄소를 지속적으로 감축하고자 노력하고 있다.

S철도공단은 철도 인프라 생애주기 관점에서 탄소를 감축하기 위해 먼저 철도 건설 단계에서부터 친환경·저탄소 자재를 적용해 탄소 배출을 줄이고 있다. 실제로 중앙선 안동 ~ 영천 간 궤도 설계 당시 철근 대신에 저탄소 자재인 유리섬유 보강근을 콘크리트 궤도에 적용했으며, 이를 통한 탄소 감축효과는 약 6,000톤으로 추정된다. 이 밖에도 저탄소 철도 건축물 구축을 위해 2025년부터 모든 철도건축물을 에너지 자립률 60% 이상(3등급)으로 설계하기로 결정했으며, 도심의 철도 용지는 지자체와 협업을 통해 도심 속 철길 숲 등 탄소 흡수원이자 지역민의 휴식처로 철도부지 특성에 맞게 조성되고 있다.

S철도공단은 이와 같은 철도로의 수송 전환으로 약 20%의 탄소 감축 목표를 내세웠으며, 이를 위해서는 정부의 노력도 필요하다고 강조하였다. 특히 수송 수단 간 공정한 가격 경쟁이 이루어질 수 있도록 도로 차량에 집중된 보조금 제도를 화물차의 탄소배출을 줄이기 위한 철도 전환교통 보조금으로 확대하는 등 실질적인 방안의 필요성을 제기하고 있다.

① 녹색교통으로 철도 수송이 대두된 배경
② 철도 수송 확대를 통해 기대할 수 있는 효과
③ 국내의 탄소 감축 방안이 적용된 설계 사례
④ 정부의 철도 중심 교통체계 구축을 위해 시행된 조치
⑤ S철도공단의 철도 중심 교통체계 구축을 위한 방안

19 다음 글의 주제로 가장 적절한 것은?

지난 5월 아이슬란드에 각종 파이프와 열교환기, 화학물질 저장탱크, 압축기로 이루어져 있는 '조지 올라 재생가능 메탄올 공장'이 등장했다. 이곳은 이산화탄소로 메탄올을 만드는 첨단 시설로, 과거 2011년 아이슬란드 기업 '카본리사이클링인터내셔널(CRI)'이 탄소 포집・활용(CCU) 기술의 실험을 위해서 지은 곳이다.

이곳에서는 인근 지열발전소에서 발생하는 적은 양의 이산화탄소(CO_2)를 포집한 뒤 물을 분해해 조달한 수소(H_2)와 결합시켜 재생 메탄올(CH_3OH)을 제조하였으며, 이때 필요한 열과 냉각수 역시 지열발전소의 부산물을 이용했다. 이렇게 만들어진 메탄올은 자동차, 선박, 항공 연료는 물론 플라스틱 제조 원료로 활용되는 등 여러 곳에서 활용되었다.

하지만 이렇게 메탄올을 만드는 것이 미래 원료 문제의 근본적인 해결책이 될 수는 없었다. 왜냐하면 메탄올이 만드는 에너지보다 메탄올을 만드는 데 들어가는 에너지가 더 필요하다는 문제점에 더하여 액화천연가스(LNG)를 메탄올로 변환할 경우 이전보다 오히려 탄소배출량이 증가하고, 탄소배출량을 감소시키기 위해서는 태양광과 에너지 저장장치를 활용해 메탄올 제조에 필요한 에너지를 모두 조달해야만 하기 때문이다.

또한 탄소를 포집해 지하에 영구 저장하는 탄소포집 저장방식과 달리, 탄소를 포집해 만든 연료나 제품은 사용 중에 탄소를 다시 배출할 가능성이 있어 이에 대한 논의가 분분한 상황이다.

① 탄소 재활용의 득과 실
② 재생 에너지 메탄올의 다양한 활용
③ 지열발전소에서 탄생한 재활용 원료
④ 탄소 재활용을 통한 미래 원료의 개발
⑤ 미래의 에너지 원료로 주목받는 재활용 원료, 메탄올

20 다음은 A ~ C철도사의 연도별 차량 수 및 승차인원에 대한 자료이다. 이에 대한 설명으로 옳지 않은 것은?

<철도사별 차량 수 및 승차인원>

구분	2020년			2021년			2022년		
철도사	A	B	C	A	B	C	A	B	C
차량 수(량)	2,751	103	185	2,731	111	185	2,710	113	185
승차인원 (천 명/년)	775,386	26,350	35,650	768,776	24,746	33,130	755,376	23,686	34,179

① C철도사가 운영하는 차량 수는 변동이 없다.

② 3년간 전체 승차인원 중 A철도사 철도를 이용하는 승차인원의 비율이 가장 높다.

③ A ~ C철도사의 철도를 이용하는 연간 전체 승차인원 수는 매년 감소하였다.

④ 3년간 차량 1량당 연간 평균 승차인원 수는 B철도사가 가장 적다.

⑤ C철도사의 차량 1량당 연간 승차인원 수는 200천 명 미만이다.

21 최대리는 노트북을 사고자 K전자제품 홈페이지에 방문하였다. 노트북 5개를 최종 후보로 선정 후 〈조건〉에 따라 점수를 부여하여 점수가 가장 높은 제품을 고를 때, 최대리가 고른 노트북은?

〈노트북 최종 후보〉

구분	A	B	C	D	E
저장용량 / 저장매체	512GB / HDD	128GB / SSD	1,024GB / HDD	128GB / SSD	256GB / SSD
배터리 지속시간	최장 10시간	최장 14시간	최장 8시간	최장 13시간	최장 12시간
무게	2kg	1.2kg	2.3kg	1.5kg	1.8kg
가격	120만 원	70만 원	135만 원	90만 원	85만 원

조건

- 항목별로 순위를 정하여 5 ~ 1점을 순차적으로 부여한다(단, 동일한 성능일 경우 동일한 점수를 부여한다).
- 저장용량은 클수록, 배터리 지속시간은 길수록, 무게는 가벼울수록, 가격은 저렴할수록 높은 점수를 부여한다.
- 저장매체가 SSD일 경우 3점을 추가로 부여한다.

① A
② B
③ C
④ D
⑤ E

※ K사는 워크숍 진행을 위해 대관할 호스텔을 찾고 있다. 호스텔에 대한 정보가 다음과 같을 때, 이어지는 질문에 답하시오. **[22~23]**

구분	A	B	C	D	E
거리	30km	20km	60km	45km	20km
수용인원	215명	180명	125명	100명	130명
대관료(일 단위)	200만 원	150만 원	100만 원	120만 원	180만 원

❙ 한국수력원자력 / 자원관리능력

22 다음 대화에서 적절하지 않은 의견을 제시한 사람은?

> H과장 : 워크숍 참여 인원이 143명이니 수용인원이 가장 적은 D호스텔은 후보에서 제외해야겠어요.
> C대리 : 예산이 175만 원으로 넉넉지 않으니 가장 비싼 A호스텔도 후보에서 제외해야겠어요.
> T과장 : 그렇다면 가장 저렴한 C호스텔은 어떤가요?
> L차장 : C호스텔은 이곳에서 가장 멀리 있어 불편해할 거예요. 가까운 B호스텔은 어때요?
> I주임 : 그곳이 좋겠어요. 거리도 멀지 않고, 수용인원도 충분하고, 가격도 예산 범위 안이고요.

① H과장
② C대리
③ T과장
④ L차장
⑤ I주임

❙ 한국수력원자력 / 자원관리능력

23 22번의 대화 내용에 따라 선정한 호스텔의 대관료는?

① 100만 원
② 120만 원
③ 150만 원
④ 180만 원
⑤ 200만 원

※ K사는 A ~ E의 5개 팀으로 나누어 각각 다른 발전소로 견학을 가고자 한다. 5대 발전소별 견학 운영 조건이 다음과 같을 때, 이어지는 질문에 답하시오. [24~25]

〈5대 발전소별 견학 운영 조건〉

발전소	견학 시간	제한 인원	견학 장소
고리 발전소	90분	50명	홍보관
새울 발전소	120분	40명	발전시설, 에너지체험관
한울 발전소	90분	50명	발전소 전체
월성 발전소	90분	40명	홍보관, 에너지체험관
한빛 발전소	120분	50명	발전소 전체

※ 발전소 전체는 홍보관, 발전시설, 에너지체험관을 모두 포함한다.

| 한국수력원자력 / 자원관리능력

24 다음 〈조건〉에 따라 A ~ E팀이 견학할 발전소를 정할 때, 팀과 발전소를 바르게 연결한 것은?

> 조건
> • 한 발전소에 두 팀 이상 견학을 갈 수 없다.
> • A, C팀의 견학 희망 인원은 각각 45명이고, B, D, E팀의 견학 희망 인원은 각각 35명이다.
> • A, D팀의 견학 희망 장소는 발전소 전체이다.
> • C팀의 견학 희망 장소는 홍보관이며, B팀은 발전시설 견학을 희망하지 않는다.
> • A, E팀의 견학 희망 시간은 최소 100분이다.
> • 그 외 희망 사항이 없는 팀은 발전소 견학 운영 조건을 따르는 것으로 한다.

① A팀 – 새울 발전소   ② B팀 – 고리 발전소
③ C팀 – 월성 발전소   ④ D팀 – 한울 발전소
⑤ E팀 – 한빛 발전소

| 한국수력원자력 / 자원관리능력

25 다음 〈조건〉에 따라 발전소의 견학 순서를 정할 때, 항상 두 번째로 견학을 가게 되는 발전소는?

> 조건
> • 고리 발전소와 월성 발전소는 한빛 발전소보다 먼저 견학을 간다.
> • 한울 발전소는 새울 발전소보다 먼저 견학간다.
> • 월성 발전소와 새울 발전소 사이에 발전소 한 곳을 견학간다.
> • 새울 발전소는 첫 번째로 견학가는 발전소가 될 수 없다.
> • 한울 발전소는 반드시 짝수 번째로 견학한다.

① 고리 발전소   ② 새울 발전소
③ 한울 발전소   ④ 월성 발전소
⑤ 한빛 발전소

26 다음은 K시의 학교폭력 상담 및 신고 건수에 대한 자료이다. 이에 대한 설명으로 옳지 않은 것은?

〈학교폭력 상담 및 신고 건수〉

(단위 : 건)

구분	2022년 7월	2022년 8월	2022년 9월	2022년 10월	2022년 11월	2022년 12월
상담	977	805	3,009	2,526	1,007	871
상담 누계	977	1,782	4,791	7,317	8,324	9,195
신고	486	443	1,501	804	506	496
신고 누계	486	929	2,430	3,234	3,740	4,236
구분	2023년 1월	2023년 2월	2023년 3월	2023년 4월	2023년 5월	2023년 6월
상담	( )	( )	4,370	3,620	1,004	905
상담 누계	9,652	10,109	14,479	18,099	19,103	20,008
신고	305	208	2,781	1,183	557	601
신고 누계	4,541	4,749	7,530	( )	( )	( )

① 2023년 1월과 2023년 2월의 학교폭력 상담 건수는 같다.

② 학교폭력 상담 건수와 신고 건수 모두 2023년 3월에 가장 많다.

③ 전월 대비 학교폭력 상담 건수가 가장 크게 감소한 월과 학교폭력 신고 건수가 가장 크게 감소한 월은 다르다.

④ 전월 대비 학교폭력 상담 건수가 증가한 월은 학교폭력 신고 건수도 같이 증가하였다.

⑤ 2023년 6월까지의 학교폭력 신고 누계 건수는 10,000건 이상이다.

27 다음은 5년 동안 발전원별 발전량 추이에 대한 자료이다. 이에 대한 설명으로 옳지 않은 것은?

〈2018 ~ 2022년 발전원별 발전량 추이〉

(단위 : GWh)

자원	2018년	2019년	2020년	2021년	2022년
원자력	127,004	138,795	140,806	155,360	179,216
석탄	247,670	226,571	221,730	200,165	198,367
가스	135,072	126,789	138,387	144,976	160,787
신재생	36,905	38,774	44,031	47,831	50,356
유류·양수	6,605	6,371	5,872	5,568	5,232
합계	553,256	537,300	550,826	553,900	593,958

① 매년 원자력 자원 발전량과 신재생 자원 발전량의 증감 추이는 같다.
② 석탄 자원 발전량의 전년 대비 감소폭이 가장 큰 해는 2021년이다.
③ 신재생 자원 발전량 대비 가스 자원 발전량이 가장 큰 해는 2018년이다.
④ 매년 유류·양수 자원 발전량은 전체 발전량의 1% 이상을 차지한다.
⑤ 전체 발전량의 전년 대비 증가폭이 가장 큰 해는 2022년이다.

28 다음 중 〈보기〉에 해당하는 문제해결방법이 바르게 연결된 것은?

> **보기**
>
> ㉠ 중립적인 위치에서 그룹이 나아갈 방향과 주제에 대한 공감을 이룰 수 있도록 도와주어 깊이 있는 커뮤니케이션을 통해 문제점을 이해하고 창조적으로 해결하도록 지원하는 방법이다.
> ㉡ 상이한 문화적 토양을 가진 구성원이 사실과 원칙에 근거한 토론을 바탕으로 서로의 생각을 직설적으로 주장하고 논쟁이나 협상을 통해 의견을 조정하는 방법이다.
> ㉢ 구성원이 같은 문화적 토양을 가지고 서로를 이해하는 상황에서 권위나 공감에 의지하여 의견을 중재하고, 타협과 조정을 통해 해결을 도모하는 방법이다.

	㉠	㉡	㉢
①	하드 어프로치	퍼실리테이션	소프트 어프로치
②	퍼실리테이션	하드 어프로치	소프트 어프로치
③	소프트 어프로치	하드 어프로치	퍼실리테이션
④	퍼실리테이션	소프트 어프로치	하드 어프로치
⑤	하드 어프로치	소프트 어프로치	퍼실리테이션

29 A ~ G 7명은 주말 여행지를 고르기 위해 투표를 진행하였다. 다음 〈조건〉과 같이 투표를 진행하였을 때, 투표를 하지 않은 사람을 모두 고르면?

> **조건**
>
> • D나 G 중 적어도 한 명이 투표하지 않으면, F는 투표한다.
> • F가 투표하면, E는 투표하지 않는다.
> • B나 E 중 적어도 한 명이 투표하지 않으면, A는 투표하지 않는다.
> • A를 포함하여 투표한 사람은 모두 5명이다.

① B, E
② B, F
③ C, D
④ C, F
⑤ F, G

30 다음과 같이 G마트에서 파는 물건을 상품코드와 크기에 따라 엑셀 프로그램으로 정리하였다. 상품 코드가 S3310897이고, 크기가 '중'인 물건의 가격을 구하는 함수로 옳은 것은?

◢	A	B	C	D	E	F
1						
2		상품코드	소	중	대	
3		S3001287	18,000	20,000	25,000	
4		S3001289	15,000	18,000	20,000	
5		S3001320	20,000	22,000	25,000	
6		S3310887	12,000	16,000	20,000	
7		S3310897	20,000	23,000	25,000	
8		S3311097	10,000	15,000	20,000	
9						

① =HLOOKUP(S3310897,$B$2:$E$8,6,0)

② =HLOOKUP("S3310897",$B$2:$E$8,6,0)

③ =VLOOKUP("S3310897",$B$2:$E$8,2,0)

④ =VLOOKUP("S3310897",$B$2:$E$8,6,0)

⑤ =VLOOKUP("S3310897",$B$2:$E$8,3,0)

31 다음 중 Windows Game Bar 녹화 기능에 대한 설명으로 옳지 않은 것은?

① 〈Windows 로고 키〉+〈Alt〉+〈G〉를 통해 백그라운드 녹화 기능을 사용할 수 있다.

② 백그라운드 녹화 시간은 변경할 수 있다.

③ 녹화한 영상의 저장 위치는 변경할 수 없다.

④ 각 메뉴의 단축키는 본인이 원하는 키 조합에 맞추어 변경할 수 있다.

⑤ 게임 성능에 영향을 줄 수 있다.

※ 다음 기사를 읽고 이어지는 질문에 답하시오. [32~33]

N공사가 밝힌 에너지 공급비중을 살펴보면 2022년 우리나라의 발전비중 중 가장 높은 것은 석탄(32.51%)이고, 두 번째는 액화천연가스(27.52%) 즉 LNG 발전이다. LNG는 석탄에 비해 탄소 배출량이 적어 화석연료와 신재생에너지의 전환단계인 교량 에너지로서, 최근 크게 비중이 늘었지만 여전히 많은 양의 탄소를 배출한다는 문제점이 있다. 지구 온난화 완화를 위해 어떻게든 탄소 배출량을 줄여야 하는 상황에서 이에 대한 현실적인 대안으로 수소혼소 발전이 주목받고 있다. _____(가)_____

수소혼소 발전이란 기존의 화석연료인 LNG와 친환경에너지인 수소를 혼합 연소하여 발전하는 방식이다. 수소는 지구에서 9번째로 풍부하여 고갈될 염려가 없고, 연소 시 탄소를 배출하지 않는 친환경에너지이다. 발열량 또한 1kg당 142MJ로, 다른 에너지원에 비해 월등히 높아 같은 양으로 훨씬 많은 에너지를 생산할 수 있다. _____(나)_____

그러나 수소를 발전 연료로서 그대로 사용하기에는 여러 가지 문제점이 있다. 수소는 LNG에 비해 7~8배 빠르게 연소되므로 제어에 실패하면 가스 터빈에서 급격히 발생한 화염이 역화하여 폭발할 가능성이 있다. 또한 높은 온도로 연소되므로 그만큼 공기 중의 질소와 반응하여 많은 질소산화물(NOx)을 발생시키는데, 이는 미세먼지와 함께 대기오염의 주요 원인이 된다. 마지막으로 연료로 사용할 만큼 정제된 수소를 얻기 위해서는 물을 전기분해해야 하는데, 여기에는 많은 전력이 들어가므로 수소 생산 단가가 높아진다는 단점이 있다. _____(다)_____

이러한 수소의 문제점을 해결하기 위한 대안이 바로 수소혼소 발전이다. 인프라적인 측면에서 기존의 LNG 발전설비를 활용할 수 있기 때문에 수소혼소 발전은 친환경에너지로 전환하는 사회적·경제적 충격을 완화할 수 있다. 또한 수소를 혼입하는 비율이 많아질수록 그만큼 LNG를 대체하게 되므로 기술발전으로 인해 혼입하는 수소의 비중이 높아질수록 발전으로 인한 탄소의 발생을 줄일 수 있다. 아직 많은 기술적·경제적 문제점이 남아있지만, 세계의 많은 나라들은 탄소 배출량 저감을 위해 수소혼소 발전 기술에 적극적으로 뛰어들고 있다. 우리나라 또한 2024년 세종시에 수소혼소 발전이 가능한 열병합발전소가 들어설 예정이며, 한화, 포스코 등 많은 기업들이 수소혼소 발전 실현을 위해 사업을 추진하고 있다. _____(라)_____

❚ 한국남동발전 / 의사소통능력

32 다음 중 윗글의 내용으로 적절하지 않은 것은?

① 수소혼소 발전은 기존 LNG 발전설비를 활용할 수 있다.

② 수소를 연소할 때에도 공해물질은 발생한다.

③ 수소혼소 발전은 탄소를 배출하지 않는 발전 기술이다.

④ 수소혼소 발전에서 수소를 더 많이 혼입할수록 탄소 배출량은 줄어든다.

❚ 한국남동발전 / 의사소통능력

33 다음 중 〈보기〉의 문장이 들어갈 위치로 가장 적절한 곳은?

> **보기**
>
> 따라서 수소는 우리나라의 2050 탄소중립을 실현하기 위한 최적의 에너지원이라 할 수 있다.

① (가)   ② (나)

③ (다)   ④ (라)

※ 다음 글을 읽고 이어지는 질문에 답하시오. [34~36]

우리나라에서 500MW 규모 이상의 발전설비를 보유한 발전사업자(공급의무자)는 신재생에너지 공급의무화 제도(RPS; Renewable Portfolio Standard)에 의해 의무적으로 일정 비율 이상을 기존의 화석연료를 변환시켜 이용하거나 햇빛·물·지열·강수·생물유기체 등 재생 가능한 에너지를 변환시켜 이용하는 에너지인 신재생에너지로 발전해야 한다. 이에 따라 공급의무자는 매년 정해진 의무공급비율에 따라 신재생에너지를 사용하여 전기를 공급해야 하는데 의무공급비율은 매년 확대되고 있으므로 여기에 맞춰 태양광, 풍력 등 신재생에너지 발전설비를 추가로 건설하기에는 여러 가지 한계점이 있다. ___㉠___ 공급의무자는 의무공급비율을 외부 조달을 통해 충당하게 되는데 이를 인증하는 것이 신재생에너지 공급인증서(REC; Renewable Energy Certificates)이다. 공급의무자는 신재생에너지 발전사에서 판매하는 REC를 구매하는 것으로 의무공급비율을 달성하게 되며, 이를 이행하지 못할 경우 미이행 의무량만큼 해당 연도 평균 REC 거래가격의 1.5배 이내에서 과징금이 부과된다.

신재생에너지 공급자가 공급의무자에게 REC를 판매하기 위해서는 먼저 「신에너지 및 재생에너지 개발·이용·보급 촉진법(신재생에너지법)」 제12조의7에 따라 공급인증기관(에너지관리공단 신재생에너지센터, 한국전력거래소 등)으로부터 공급 사실을 증명하는 공급인증서를 신청해야 한다. 인증 신청을 받은 공급인증기관은 신재생에너지 공급자, 신재생에너지 종류별 공급량 및 공급기간, 인증서 유효기간을 명시한 공급인증서를 발급해 주는데, 이때 공급인증서의 유효기간은 발급받은 날로부터 3년이며, 공급량은 발전방식에 따라 실제 공급량에 가중치를 곱해 표기한다. 이렇게 발급받은 REC는 공급인증기관이 개설한 거래시장인 한국전력거래소에서 거래할 수 있으며, 거래시장에서 공급의무자가 구매하여 의무공급량에 충당한 공급인증서는 효력을 상실하여 폐기하게 된다.

RPS 제도를 통한 REC 거래는 최근 더욱 확대되고 있다. 시행 초기에는 전력거래소에서 신재생에너지 공급자와 공급의무자 간 REC를 거래하였으나, 2021년 8월 이후 에너지관리공단에서 운영하는 REC 거래시장을 통해 한국형 RE100에 동참하는 일반기업들도 신재생에너지 공급자로부터 REC를 구매할 수 있게 되었고 여기서 구매한 REC는 기업의 온실가스 감축실적으로 인정되어 인센티브 등 다양한 혜택을 받을 수 있게 된다.

| 한국남동발전 / 의사소통능력

34 다음 중 윗글의 내용으로 적절하지 않은 것은?

① 공급의무자는 의무공급비율 달성을 위해 반드시 신재생에너지 발전설비를 건설해야 한다.

② REC 거래를 위해서는 먼저 공급인증기관으로부터 인증서를 받아야 한다.

③ 일반기업도 REC 구매를 통해 온실가스 감축실적을 인정받을 수 있다.

④ REC에 명시된 공급량은 실제 공급량과 다를 수 있다.

35 다음 중 빈칸 ⊙에 들어갈 접속부사로 가장 적절한 것은?

① 한편

② 그러나

③ 그러므로

④ 예컨대

36 다음 자료를 토대로 신재생에너지법상 바르게 거래된 것은?

<REC 거래내역>

(거래일 : 2023년 10월 12일)

설비명	에너지원	인증서 발급일	판매처	거래시장 운영소
A발전소	풍력	2020.10.06	E기업	에너지관리공단
B발전소	천연가스	2022.10.12	F발전	한국전력거래소
C발전소	태양광	2020.10.24	G발전	한국전력거래소
D발전소	수력	2021.04.20	H기업	한국전력거래소

① A발전소

② B발전소

③ C발전소

④ D발전소

※ 다음은 N사 인근의 지하철 노선도 및 관련 정보이다. 이어지는 질문에 답하시오. [37~39]

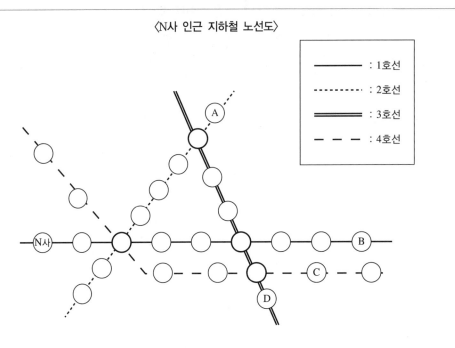

〈N사 인근 지하철 노선도〉

〈N사 인근 지하철 관련 정보〉

• 역간 거리 및 부과요금은 다음과 같다.

열차	역간 거리	기본요금	거리비례 추가요금
1호선	900m	1,200원	5km 초과 시 500m마다 50원 추가
2호선	950m	1,500원	5km 초과 시 1km마다 100원 추가
3호선	1,000m	1,800원	5km 초과 시 500m마다 100원 추가
4호선	1,300m	2,000원	5km 초과 시 1.5km마다 150원 추가

• 모든 노선에서 다음 역으로 이동하는 데 걸리는 시간은 2분이다.
• 모든 노선에서 환승하는 데 걸리는 시간은 3분이다.
• 기본요금이 더 비싼 열차로 환승할 때에는 부족한 기본요금을 추가로 부과하며, 기본요금이 더 저렴한 열차로 환승할 때에는 요금을 추가로 부과하거나 공제하지 않는다.
• 1회 이상 환승할 때의 거리비례 추가요금은 이용한 열차 중 기본요금이 가장 비싼 열차를 기준으로 적용한다.
  예 1호선으로 3,600m 이동 후 3호선으로 환승하여 3,000m 더 이동했다면, 기본요금 및 거리비례 추가요금은 3호선 기준이 적용되어 1,800+300=2,100원이다.

37 다음 중 N사와 A지점을 왕복하는 데 걸리는 최소 이동시간은?

① 28분

② 34분

③ 40분

④ 46분

38 다음 중 N사로부터 이동거리가 가장 짧은 지점은?

① A지점

② B지점

③ C지점

④ D지점

39 다음 중 N사에서 이동하는 데 드는 비용이 가장 적은 지점은?

① A지점

② B지점

③ C지점

④ D지점

SF 영화나 드라마에서만 나오던 3D 푸드 프린터를 통해 음식을 인쇄하여 소비하는 모습은 더 이상 먼 미래의 모습이 아니게 되었다. 2023년 3월 21일 미국의 컬럼비아 대학교에서는 3D 푸드 프린터와 땅콩버터, 누텔라, 딸기잼 등 7가지의 반죽형 식용 카트리지로 7겹 치즈케이크를 만들었다고 국제학술지 'NPJ 식품과학'에 소개하였다. (가) 특히 이 치즈케이크는 베이킹 기능이 있는 레이저와 식물성 원료를 사용한 비건식 식용 카트리지를 통해 만들어졌다. ㉠ 그래서 이번 발표는 대체육과 같은 다른 관련 산업에서도 많은 주목을 받게 되었다.

3D 푸드 프린터는 산업 현장에서 사용되는 일반적인 3D 프린터가 사용자가 원하는 대로 3차원의 물체를 만드는 것처럼 사람이 섭취할 수 있는 페이스트, 반죽, 분말 등을 카트리지로 사용하여 사용자가 원하는 디자인으로 압출·성형하여 음식을 만들어 내는 것이다. (나) 현재 3D 푸드 프린터는 산업용 3D 프린터처럼 페이스트를 층층이 쌓아서 만드는 FDM(Fused Deposition Modeling) 방식, 분말형태로 된 재료를 접착제로 굳혀 찍어내는 PBF(Powder Bed Fusion), 레이저로 굳혀 찍어내는 SLS(Selective Laser Sintering) 방식이 주로 사용된다.

(다) 3D 푸드 프린터는 아직 대중화되지 않았지만, 많은 장점을 가지고 있어 미래에 활용 가치가 아주 높을 것으로 예상되고 있다. ㉡ 예를 들어 증가하는 노령인구에 맞춰 씹고 삼키는 것이 어려운 사람을 위해 질감과 맛을 조정하거나, 개인별로 필요한 영양소를 첨가하는 등 사용자의 건강관리를 수월하게 해 준다. ㉢ 또한 우주와 같이 음식을 조리하기 어려운 곳에서 평소 먹던 음식을 섭취할 수 있게 하는 등 활용도가 무궁무진하다. 특히 대체육 부분에서 주목받고 있는데, 3D 푸트 프린터로 육류를 제작하게 된다면 동물을 키우고 도살하여 고기를 얻는 것보다 환경오염을 줄일 수 있다. (라) 대체육은 식물성 원료를 소재로 하는 것이므로 일반적인 고기보다는 맛은 떨어지게 된다. 실제로 대체육 전문 기업인 리디파인 미트(Redefine Meat)에서는 대체육이 축산업에서 발생하는 일반 고기보다 환경오염을 95% 줄일 수 있다고 밝히고 있다.

㉣ 따라서 3D 푸드 프린터는 개발 초기 단계이므로 아직 개선해야 할 점이 많다. 가장 중요한 것은 맛이다. 3D 푸드 프린터에 들어가는 식용 카트리지의 주원료는 식물성 재료이므로 실제 음식의 맛을 내기까지는 아직 많은 노력이 필요하다. (마) 디자인의 영역도 간과할 수 없는데, 길쭉한 필라멘트(3D 프린터에 사용되는 플라스틱 줄) 모양으로 성형된 음식이 '인쇄'라는 인식과 함께 음식을 섭취하는 데 심리적인 거부감을 주는 것도 해결해야 하는 문제이다. ㉤ 게다가 현재 주로 사용하는 방식은 페이스트, 분말을 레이저나 압출로 성형하는 것이므로 만들 수 있는 요리의 종류가 매우 제한적이며, 전력 소모 또한 많다는 것도 해결해야 하는 문제이다.

40 다음 중 윗글의 내용에 대한 추론으로 적절하지 않은 것은?

① 설탕 케이크 장식 제작은 SLS 방식의 3D 푸드 프린터가 적절하다.

② 3D 푸드 프린터는 식감 등으로 발생하는 편식을 줄일 수 있다.

③ 3D 푸드 프린터는 사용자 맞춤 식단을 제공할 수 있다.

④ 현재 3D 푸드 프린터로 제작된 음식은 거부감을 일으킬 수 있다.

⑤ 컬럼비아 대학교에서 만들어 낸 치즈케이크는 PBF 방식으로 제작되었다.

41 윗글의 (가) ~ (마) 중 삭제해야 할 문장으로 가장 적절한 것은?

① (가) ② (나)

③ (다) ④ (라)

⑤ (마)

42 윗글의 접속부사 ㉠ ~ ㉤ 중 문맥상 적절하지 않은 것은?

① ㉠ ② ㉡

③ ㉢ ④ ㉣

⑤ ㉤

(가) 경영학 측면에서도 메기 효과는 한국, 중국 등 고도 경쟁사회인 동아시아 지역에서만 제한적으로 사용되며 영미권에서는 거의 사용되지 않는다. 기획재정부의 조사에 따르면 메기에 해당하는 해외 대형 가구업체인 이케아(IKEA)가 국내에 들어오면서 청어에 해당하는 중소 가구업체의 입지가 더욱 좁아졌다고 한다. 이처럼 경영학 측면에서도 메기 효과는 제한적으로 파악될 뿐 과학적으로는 검증되지 않은 가설이다.

(나) 결국 과학적으로 증명되진 않았지만 메기 효과는 '경쟁'의 양면성을 보여 주는 가설이다. 기업의 경영에서 위협이 발생하였을 때, 위기감에 의한 성장 동력을 발현시킬 수는 있을 것이다. 그러나 무한 경쟁사회에서 규제 등의 방법으로 적정 수준을 유지하지 못한다면 거미의 등장으로 인해 폐사한 메뚜기와 토양처럼, 거대한 위험이 기업과 사회를 항상 좋은 방향으로 이끌어 나가지는 않을 것이다.

(다) 그러나 메기 효과가 전혀 시사점이 없는 것은 아니다. 이케아가 국내에 들어오면서 도산할 것으로 예상되었던 일부 국내 가구 업체들이 오히려 성장하는 현상 또한 관찰되고 있다. 강자의 등장으로 약자의 성장 동력이 어느 정도는 발현되었다는 것을 보여 주는 사례라고 할 수 있다.

(라) 그러나 최근에는 메기 효과가 과학적으로 검증되지 않았고 과장되어 사용되고 있으며 심지어 거짓이라고 주장하는 사람들이 있다. 먼저 메기 효과의 기원부터 의문점이 있다. 메기는 민물고기로 바닷물고기인 청어는 메기와 관련이 없으며, 실제로 북유럽의 어부들이 수조에 메기를 넣었을 때 청어에게 효과가 있었는지 검증되지 않았다. 이와 비슷한 사례인 메뚜기와 거미의 경우는 과학적으로 검증된 바 있다. 2012년 『사이언스』에서 제한된 공간에 메뚜기와 거미를 두었을 때 메뚜기들은 포식자인 거미로 인해 스트레스의 수치가 증가하고 체내 질소 함량이 줄어들었으며, 죽은 메뚜기에 포함된 질소 함량이 줄어들면서 토양 미생물도 줄어들고 토양은 황폐화되었다.

(마) 우리나라에서 '경쟁'과 관련된 이론 중 가장 유명한 것은 영국의 역사가 아놀드 토인비가 주장했다고 하는 '메기 효과(Catfish Effect)'이다. 메기 효과란 냉장시설이 없었던 과거에 북유럽의 어부들이 잡은 청어를 싱싱하게 운반하기 위하여 수조 속에 천적인 메기를 넣어 끊임없이 움직이게 했다는 것이다. 이 가설은 경영학계에서 비유적으로 사용된다. 다시 말해 기업의 경쟁력을 키우기 위해서는 적절한 위협과 자극이 필요하다는 것이다.

| K-water 한국수자원공사 / 의사소통능력

43 윗글의 문단을 논리적 순서대로 바르게 나열한 것은?

① (가) – (라) – (나) – (다) – (마)　　② (다) – (마) – (가) – (나) – (라)
③ (마) – (가) – (라) – (다) – (나)　　④ (마) – (라) – (가) – (다) – (나)

| K-water 한국수자원공사 / 의사소통능력

44 다음 중 윗글을 이해한 내용으로 적절하지 않은 것은?

① 거대 기업의 출현은 해당 시장의 생태계를 파괴할 수도 있다.
② 메기 효과는 과학적으로 검증되지 않았으므로 낭설에 불과하다.
③ 발전을 위해서는 기업 간 경쟁을 적정 수준으로 유지해야 한다.
④ 메기 효과는 경쟁을 장려하는 사회에서 널리 사용되고 있다.

45 철호는 50만 원으로 K가구점에서 식탁 1개와 의자 2개를 사고, 남은 돈은 모두 장미꽃을 구매하는 데 쓰려고 한다. 판매하는 가구의 가격이 다음과 같을 때, 구매할 수 있는 장미꽃의 수는?(단, 장미꽃은 한 송이당 6,500원이다)

〈K가구점 가격표〉					
종류	책상	식탁	침대	의자	옷장
가격	25만 원	20만 원	30만 원	10만 원	40만 원

※ 30만 원 이상 구매 시 10% 할인

① 20송이   ② 21송이

③ 22송이   ④ 23송이

46 어느 회사에 입사하는 사원 수를 조사하니 올해 남자 사원 수는 작년에 비하여 8% 증가하고 여자 사원 수는 10% 감소했다. 작년의 전체 사원 수는 820명이고, 올해는 작년에 비하여 10명이 감소하였다고 할 때, 올해 여자 사원 수는?

① 378명   ② 379명

③ 380명   ④ 381명

47 K하수처리장은 오수 탱크 한 개를 정수로 정화하는 데 A~E 5가지 공정을 거친다고 한다. 공정당 소요 시간이 다음과 같을 때 탱크 30개 분량의 오수를 정화하는 데 걸리는 최소 시간은?(단, 공정별 소요 시간에는 정비시간이 포함되어 있다)

〈K하수처리장 공정별 소요 시간〉					
공정	A	B	C	D	E
소요 시간	4시간	6시간	5시간	4시간	6시간

① 181시간   ② 187시간

③ 193시간   ④ 199시간

〈시리얼 넘버 부여 방식〉

시리얼 넘버는 [제품 분류] – [배터리 형태][배터리 용량][최대 출력] – [고속충전 규격] – [생산날짜] 순서로 부여한다.

〈시리얼 넘버 세부사항〉

제품 분류	배터리 형태	배터리 용량	최대 출력
NBP : 일반형 보조배터리 CBP : 케이스 보조배터리 PBP : 설치형 보조배터리	LC : 유선 분리형 LO : 유선 일체형 DK : 도킹형 WL : 무선형 LW : 유선+무선	4 : 40,000mAH 이상 3 : 30,000mAH 이상 2 : 20,000mAH 이상 1 : 10,000mAH 이상	A : 100W 이상 B : 60W 이상 C : 30W 이상 D : 20W 이상 E : 10W 이상

고속충전 규격	생산날짜		
P31 : USB – PD3.1 P30 : USB – PD3.0 P20 : USB – PD2.0	B3 : 2023년 B2 : 2022년 … A1 : 2011년	1 : 1월 2 : 2월 … 0 : 10월 A : 11월 B : 12월	01 : 1일 02 : 2일 … 30 : 30일 31 : 31일

48 다음 〈보기〉 중 시리얼 넘버가 잘못 부여된 제품은 모두 몇 개인가?

> **보기**
>
> - NBP – LC4A – P20 – B2102
> - CBP – WK4A – P31 – B0803
> - NBP – LC3B – P31 – B3230
> - CNP – LW4E – P20 – A7A29
> - PBP – WL3D – P31 – B0515
> - CBP – LO3E – P30 – A9002
> - PBP – DK1E – P21 – A8B12
> - PBP – DK2D – P30 – B0331
> - NBP – LO3B – P31 – B2203
> - CBP – LC4A – P31 – B3104

① 2개
② 3개
③ 4개
④ 5개

49 K사 고객지원팀에 재직 중인 S주임은 보조배터리를 구매한 고객으로부터 다음과 같은 전화를 받았다. 해당 제품을 회사 데이터베이스에서 검색하기 위해 시리얼 넘버를 입력할 때, 고객이 보유 중인 제품의 시리얼 넘버로 가장 적절한 것은?

S주임 : 안녕하세요. K사 고객지원팀 S입니다. 무엇을 도와드릴까요?

고객 : 안녕하세요. 지난번에 구매한 보조배터리가 작동을 하지 않아서요.

S주임 : 네, 고객님. 해당 제품 확인을 위해 시리얼 넘버를 알려 주시기 바랍니다.

고객 : 제품을 들고 다니면서 시리얼 넘버가 적혀 있는 부분이 지워졌네요. 어떻게 하면 되죠?

S주임 : 고객님 혹시 구매하셨을때 동봉된 제품설명서를 가지고 계실까요?

고객 : 네, 가지고 있어요.

S주임 : 제품설명서 맨 뒤에 제품 정보가 적혀 있는데요. 순서대로 불러 주시기 바랍니다.

고객 : 설치형 보조배터리에 70W, 24,000mAH의 도킹형 배터리이고, 규격은 USB − PD3.0이고, 생산날짜는 2022년 10월 12일이네요.

S주임 : 확인 감사합니다. 고객님 잠시만 기다려 주세요.

---

① PBP − DK2B − P30 − B1012

② PBP − DK2B − P30 − B2012

③ PBP − DK3B − P30 − B1012

④ PBP − DK3B − P30 − B2012

50 다음 〈보기〉의 전제 1에서 항상 참인 결론을 이끌어 내기 위한 전제 2로 옳은 것은?

보기

• 전제 1 : 흰색 공을 가지고 있는 사람은 모두 검은색 공을 가지고 있지 않다.
• 전제 2 : _____
• 결론 : 흰색 공을 가지고 있는 사람은 모두 파란색 공을 가지고 있다.

① 검은색 공을 가지고 있는 사람은 모두 파란색 공을 가지고 있다.

② 파란색 공을 가지고 있지 않은 사람은 모두 검은색 공도 가지고 있지 않다.

③ 파란색 공을 가지고 있지 않은 사람은 모두 검은색 공을 가지고 있다.

④ 파란색 공을 가지고 있는 사람은 모두 검은색 공을 가지고 있다.

아이들이 답이 있는 질문을 하기 시작하면 그들이 성장하고 있음을 알 수 있다.

- 존 J. 플롬프 -

PART 1

한국산업인력공단
3개년 기출복원문제

정답 및 해설 p.018

┃ 수리능력

01 다음은 A ~ H국의 연도별 석유 생산량에 대한 자료이다. 이에 대한 설명으로 옳은 것은?

<연도별 석유 생산량>

(단위 : bbl/day)

국가	2018년	2019년	2020년	2021년	2022년
A	10,356,185	10,387,665	10,430,235	10,487,336	10,556,259
B	8,251,052	8,297,702	8,310,856	8,356,337	8,567,173
C	4,102,396	4,123,963	4,137,857	4,156,121	4,025,936
D	5,321,753	5,370,256	5,393,104	5,386,239	5,422,103
E	258,963	273,819	298,351	303,875	335,371
F	2,874,632	2,633,087	2,601,813	2,538,776	2,480,221
G	1,312,561	1,335,089	1,305,176	1,325,182	1,336,597
H	100,731	101,586	102,856	103,756	104,902

① 석유 생산량이 매년 증가한 국가의 수는 6개이다.

② 2018년 대비 2022년에 석유 생산량 증가량이 가장 많은 국가는 A이다.

③ 매년 E국가의 석유 생산량은 H국가 석유 생산량의 3배 미만이다.

④ 연도별 석유 생산량 상위 2개 국가의 생산량 차이는 매년 감소한다.

⑤ 2018년 대비 2022년에 석유 생산량 감소율이 가장 큰 국가는 F이다.

02 A씨는 최근 승진한 공무원 친구에게 선물로 개당 12만 원인 수석을 보내고자 한다. 다음 부정청탁 및 금품 등 수수의 금지에 관한 법률에 따라 선물을 보낼 때, 최대한 많이 보낼 수 있는 수석의 수는?(단, A씨는 공무원 친구와 직무 연관성이 없는 일반인이며, 선물은 한 번만 보낸다)

금품 등의 수수 금지(부정청탁 및 금품 등 수수의 금지에 관한 법률 제8조 제1항)
공직자 등은 직무 관련 여부 및 기부·후원·증여 등 그 명목에 관계없이 동일인으로부터 1회에 100만 원 또는 매 회계연도에 300만 원을 초과하는 금품 등을 받거나 요구 또는 약속해서는 아니된다.

---

① 7개   ② 8개
③ 9개   ④ 10개
⑤ 11개

03 S대리는 업무 진행을 위해 본사에서 거래처로 외근을 가고자 한다. 본사에서 거래처까지 가는 길이 다음과 같을 때, 본사에서 출발하여 C와 G를 거쳐 거래처로 간다면 S대리의 최소 이동거리는?(단, 어떤 곳을 먼저 가도 무관하다)

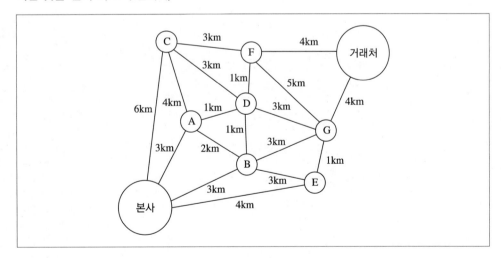

① 8km   ② 9km
③ 13km   ④ 16km
⑤ 18km

04 총무부에 근무하는 A사원이 각 부서에 필요한 사무용품을 조사한 결과, 볼펜 30자루, 수정테이프 8개, 연필 20자루, 지우개 5개가 필요하다고 한다. 다음 〈조건〉에 따라 비품을 구매할 때, 지불할 수 있는 가장 저렴한 금액은?(단, 필요한 비품 수를 초과하여 구매할 수 있고, 지불하는 금액은 배송료를 포함한다)

조건

• 볼펜, 수정테이프, 연필, 지우개의 판매 금액은 다음과 같다(단, 모든 품목은 낱개로 판매한다).

품목	가격(원/1EA)	비고
볼펜	1,000	20자루 이상 구매 시 개당 200원 할인
수정테이프	2,500	10개 이상 구매 시 개당 1,000원 할인
연필	400	12자루 이상 구매 시 연필 전체 가격의 25% 할인
지우개	300	10개 이상 구매 시 개당 100원 할인

• 품목당 할인을 적용한 금액의 합이 3만 원을 초과할 경우, 전체 금액의 10% 할인이 추가로 적용된다.
• 전체 금액의 10% 할인 적용 전 금액이 5만 원 초과 시 배송료는 무료이다.
• 전체 금액의 10% 할인 적용 전 금액이 5만 원 이하 시 배송료 5,000원이 별도로 적용된다.

① 51,500원　　　　　　　　② 51,350원
③ 46,350원　　　　　　　　④ 45,090원
⑤ 42,370원

05 H사는 개발 상품 매출 순이익에 기여한 직원에게 성과급을 지급하고자 한다. 기여도에 따른 성과급 지급 기준과 〈보기〉를 참고하여 성과급을 차등지급할 때, 가장 많은 성과급을 지급받는 직원은? (단, 팀장에게 지급하는 성과급은 기준 금액의 1.2배이다)

〈기여도에 따른 성과급 지급 기준〉

매출 순이익	개발 기여도			
	1% 이상 5% 미만	5% 이상 10% 미만	10% 이상 20% 미만	20% 이상
1천만 원 미만	–	–	매출 순이익의 1%	매출 순이익의 2%
1천만 원 이상 3천만 원 미만	5만 원	매출 순이익의 1%	매출 순이익의 2%	매출 순이익의 5%
3천만 원 이상 5천만 원 미만	매출 순이익의 1%	매출 순이익의 2%	매출 순이익의 3%	매출 순이익의 5%
5천만 원 이상 1억 원 미만	매출 순이익의 1%	매출 순이익의 3%	매출 순이익의 5%	매출 순이익의 7.5%
1억 원 이상	매출 순이익의 1%	매출 순이익의 3%	매출 순이익의 5%	매출 순이익의 10%

보기

직원	직책	매출 순이익	개발 기여도
A	팀장	4,000만 원	25%
B	팀장	2,500만 원	12%
C	팀원	1억 2,500만 원	3%
D	팀원	7,500만 원	7%
E	팀원	800만 원	6%

① A
② B
③ C
④ D
⑤ E

06 황사원은 팀원 5명과 함께 출장 업무를 위해 대전으로 가야 한다. 서울과 대전 간 교통편 및 비용이 다음과 같을 때, 원활한 업무 진행을 위해 편도로 2시간 30분을 초과하는 교통편을 이용할 수 없다면 이용할 수 있는 가장 저렴한 교통편 및 편도 비용은?(단, 출장 출발일은 7월 15일이며 비용은 출발일 기준으로 지불한다)

<table>
<tr><th colspan="5">〈서울 ↔ 대전 교통편 및 비용〉</th></tr>
<tr><th>종류</th><th colspan="2">소요시간(편도)</th><th>비용</th><th>비고</th></tr>
<tr><td rowspan="3">기차</td><td>V호</td><td>1시간 30분</td><td>27,000원/인</td><td>5인 이상 구매 시 5% 할인</td></tr>
<tr><td>G호</td><td>1시간 45분</td><td>18,000원/인</td><td>10인 이상 구매 시 10% 할인</td></tr>
<tr><td>T호</td><td>2시간</td><td>15,000원/인</td><td>할인 없음</td></tr>
<tr><td rowspan="2">고속버스</td><td>L여객</td><td>2시간 45분</td><td>12,000원/인</td><td>20인 이상 구매 시 15% 할인</td></tr>
<tr><td>P여객</td><td>2시간 30분</td><td>16,000원/인</td><td>성수기(7월, 8월) 제외 상시 10% 할인</td></tr>
</table>

	교통편	비용
①	기차 V호	128,250원
②	기차 G호	81,000원
③	기차 T호	75,000원
④	고속버스 L여객	60,000원
⑤	고속버스 P여객	72,000원

07 다음 〈조건〉에 따라 사원 A ~ D가 성과급을 나눠가졌을 때, 총성과급은 얼마인가?

> **조건**
> • A는 총성과급의 3분의 1에 20만 원을 더 받았다.
> • B는 그 나머지 성과급의 2분의 1에 10만 원을 더 받았다.
> • C는 그 나머지 성과급의 3분의 1에 60만 원을 더 받았다.
> • D는 그 나머지 성과급의 2분의 1에 70만 원을 더 받았다.

① 840만 원 ② 900만 원

③ 960만 원 ④ 1,020만 원

⑤ 1,080만 원

08 H기업의 본사는 대전에 있다. C부장은 목포에 있는 물류창고 정기점검을 위하여 내일 오전 10시에 출장을 갈 예정이다. 출장 당일 오후 1시에 물류창고 관리담당자와 미팅이 예정되어 있어 늦지 않게 도착하고자 한다. 주어진 교통편을 고려하였을 때, 다음 중 C부장이 선택할 가장 적절한 경로는?(단, 1인당 출장지원 교통비 한도는 5만 원이며, 도보이동에 따른 소요시간은 고려하지 않는다)

- 본사에서 대전역까지 비용

구분	소요시간	비용	비고
버스	30분	2,000원	–
택시	15분	6,000원	–

- 대전역에서 목포역까지 교통수단별 이용정보

구분	열차	출발시각	소요시간	비용	비고
직통	새마을호	10:00 / 10:50	2시간 10분	28,000원	–
직통	무궁화	10:20 / 10:40 10:50 / 11:00	2시간 40분	16,000원	–
환승	KTX	10:10 / 10:50	20분	6,000원	환승 10분 소요
	KTX	–	1시간 20분	34,000원	
환승	KTX	10:00 / 10:30	1시간	20,000원	환승 10분 소요
	새마을호	–	1시간	14,000원	

- 목포역에서 물류창고까지 비용

구분	소요시간	비용	비고
버스	40분	2,000원	–
택시	20분	9,000원	–

① 버스 – 새마을호(직통) – 버스
② 택시 – 무궁화(직통) – 택시
③ 버스 – KTX / KTX(환승) – 택시
④ 택시 – KTX / 새마을호(환승) – 택시
⑤ 택시 – 새마을호(직통) – 택시

※ 다음 한국산업인력공단의 조직도를 보고 이어지는 질문에 답하시오. [9~10]

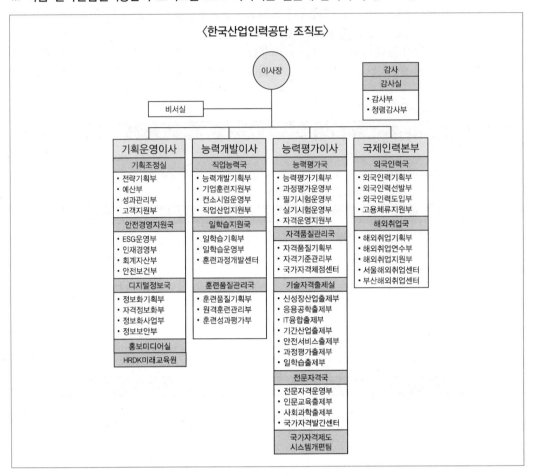

〈한국산업인력공단 조직도〉

이사장

비서실

감사
감사실
• 감사부
• 청렴감사부

기획운영이사

기획조정실
• 전략기획부
• 예산부
• 성과관리부
• 고객지원부

안전경영지원국
• ESG운영부
• 인재경영부
• 회계자산부
• 안전보건부

디지털정보국
• 정보화기획부
• 자격정보화부
• 정보화사업부
• 정보보안부

홍보미디어실

HRDK미래교육원

능력개발이사

직업능력국
• 능력개발기획부
• 기업훈련지원부
• 컨소시엄운영부
• 직업산업지원부

일학습지원국
• 일학습기획부
• 일학습운영부
• 훈련과정개발센터

훈련품질관리국
• 훈련품질기획부
• 원격훈련관리부
• 훈련성과평가부

능력평가이사

능력평가국
• 능력평가기획부
• 과정평가운영부
• 필기시험운영부
• 실기시험운영부
• 자격운영지원부

자격품질관리국
• 자격품질기획부
• 자격기준관리부
• 국가자격체점센터

기술자격출제실
• 신성장산업출제부
• 응용공학출제부
• IT융합출제부
• 기간산업출제부
• 안전서비스출제부
• 과정평가출제부
• 일학습출제부

전문자격국
• 전문자격운영부
• 인문교육출제부
• 사회과학출제부
• 국가자격발간센터

국가자격제도
시스템개편팀

국제인력본부

외국인력국
• 외국인력기획부
• 외국인력선발부
• 외국인력도입부
• 고용체류지원부

해외취업국
• 해외취업기획부
• 해외취업연수부
• 해외취업지원부
• 서울해외취업센터
• 부산해외취업센터

| 조직이해능력

09 다음 중 조직도에 대한 설명으로 옳지 않은 것은?

① 산업인력공단은 3개의 이사와 1개의 본부, 1개의 감사가 있다.

② 지역산업지원부는 직업능력국 산하 부서이다.

③ 자격정보화부는 전문자격국 산하 부서이다.

④ 능력개발 관련 부서와 능력평가 관련 부서는 별도로 분리되어 있다.

⑤ 기획운영이사는 기획조정실, 안전경영지원국, 디지털정보국, 홍보미디어실, HRDK미래교육원을 담당한다.

10 다음 중 〈보기〉의 업무분장에 해당하는 부서는?

> 보기
>
> • 해외취업 정착지원금 지원 및 통계 관리
> • 청년 해외 일경험 지원
> • 해외취업자 고용 유지율 조사
> • 해외취업자 사후관리 지원
> • 해외취업 귀국자 재취업 지원
> • 해외취업 사실확인서 발급 지원
> • 온라인 사후지원센터 운영
> • 해외취업자 경력관리 지원

① 예산부
② 해외취업지원부
③ 외국인인력도입부
④ 능력평가기획부
⑤ 청렴감사부

정답 및 해설 p.021

※ 다음은 한국산업인력공단의 직제규정의 일부이다. 이어지는 질문에 답하시오. **[1~2]**

〈직제규정〉

임원(제3조)
① 공단의 임원으로서 이사장 1명과 상임이사 3명을 포함한 15명 이내의 이사와 감사 1명을 둔다.
② 상임이사는 그 분장업무에 따라 기획운영이사, 능력개발이사, 능력평가이사로 구분한다.

직원(제4조)
① 공단의 직원은 별정직, 일반직, 능력개발직, 출제연구직으로 구분한다.
② 일반직은 1급 내지 6급으로, 능력개발직은 1급 내지 5급으로, 출제연구직은 1급 내지 4급으로 각각 구분한다.

직위 등(제8조)
① 본부・부설기관 및 소속기관에 두는 직위별 직급기준은 이 규정과 시행규칙에서 정하는 바에 따른다.
② 국제인력본부장 및 직무능력표준원장은 별정직(갑)으로 보하며, 경영기획실장, 글로벌숙련기술진흥원장 및 지역본부장은 별정직(을) 또는 일반직 1급으로 보한다.

직무(제10조)
① 이사장은 공단을 대표하며 공단의 업무를 총괄한다.
② 감사는 회계 및 업무에 관한 감사를 관장한다.
③ 기획운영이사는 경영기획실, 총무국, 정보화지원국, 미래전략팀 및 그 업무와 관련되는 소속기관의 업무를 관장한다.
④ 능력개발이사는 지역・산업별지원단, 직업능력국, 일학습지원국, 훈련품질향상센터 및 그 업무와 관련되는 소속기관의 업무를 관장한다.
⑤ 능력평가이사는 직무능력표준원, 기술자격출제실, 전문자격출제실, 능력평가국 및 그 업무와 관련되는 소속기관의 업무를 관장한다.
⑥ 국제인력본부장은 외국인력국, 글로벌일자리지원국 및 그 업무와 관련되는 소속기관의 업무를 관장한다.
⑦ 삭제 〈2015.1.1〉
⑧ 글로벌숙련기술진흥원장은 원 내 팀 업무 및 그 업무와 관련되는 소속기관의 업무를 관장한다.
⑨ 지역본부장은 지역본부 내 각 부서업무를 지도・감독하며, 지역본부 관할 지역에 의한 관할 지역 내 소속기관의 사업을 총괄 지원한다.
⑩ 이사장이 공석 중이거나 불가피한 사유로 인하여 직무를 수행할 수 없을 때에는 제3조 제2항의 규정에 의한 순서에 따라 상임이사가 그 직무를 대행한다.

권한의 위임 등(제11조)
① 이사장은 규칙이 정하는 바에 따라 그 권한의 일부를 임・직원에게 위임할 수 있다.
② 모든 임・직원은 소관업무의 범위 내에서 직무권한을 행사하여야 하며, 권한에 상응하는 책임을 진다.

01 다음은 신입사원이 정리한 한국산업인력공단의 정원표이다. 위의 규정과 비교했을 때, 규정에 어긋나는 부분은 모두 몇 군데인가?

<한국산업인력공단 정원표>

직원 구분	직급	현재 정원
임원	이사장	1명
	감사	2명
	이사	3명
별정직(을) 또는 일반직 1급	국제인력본부장, 직무능력표준원장	2명
일반직	1~5급	895명
능력개발직	1~5급	88명
출제연구직	1~4급	78명

① 1곳

② 2곳

③ 3곳

④ 4곳

⑤ 5곳

02 위의 규정을 참고할 때, 다음 중 옳지 않은 것은?

① 공단의 최대 임원 수는 16명이다.

② 관할 지역 내 소속기관의 사업을 총괄 지원하는 사람은 지역본부장이다.

③ 직급이 6급인 김사원은 일반직의 직원이다.

④ 기술자격출제실의 업무를 관장하는 이사는 능력평가이사이다.

⑤ 이사장이 불가피하게 업무를 진행할 수 없을 때는 능력개발이사가 1순위로 직무를 대행한다.

※ 다음은 H공단 직원의 3일 동안의 근무시간이다. 이어지는 질문에 답하시오. [3~4]

〈H공단 직원 근무시간 및 급여 정보〉

구분	1일차	2일차	3일차	시간당 급여
A과장	09:00 ~ 18:00	09:00 ~ 22:20	09:00 ~ 20:10	21,220원
B대리	10:00 ~ 20:00	09:20 ~ 19:30	09:00 ~ 21:00	18,870원
C주임	09:00 ~ 18:00	09:10 ~ 20:00	09:00 ~ 21:00	17,150원
D사원	09:10 ~ 19:20	09:30 ~ 22:00	09:00 ~ 18:00	15,730원
E사원	09:00 ~ 18:00	09:00 ~ 18:00	09:00 ~ 18:00	14,300원

〈근무 규정〉

• 정규 근무시간은 9시부터 18시까지이며, 점심식사 1시간을 제외하여 하루 8시간 근무한다.
• 초과 근무는 저녁식사 1시간을 제외하고 19시부터 가능하며, 30분마다 초과 근무수당 5천 원을 지급한다
  (단, 초과 근무시간은 당일계산만 인정한다).
• 9시 이후에 출근했을 경우, 초과한 시간만큼 19시 이후에 근무를 해야 하며, 이 경우 초과 근무수당은 지
  급하지 않는다(단, 정규 근무시간인 8시간 이상 근무 시 30분마다 초과 근무수당 5천 원을 지급한다).

┃ 자원관리능력

03 제시된 자료를 참고할 때, 3일간 직원 5명에게 지급할 급여는 모두 얼마인가?

① 2,147,150원
② 2,204,480원
③ 2,321,140원
④ 2,341,000원
⑤ 2,356,780원

┃ 자원관리능력

04 제시된 자료에서 3일 동안 가장 많이 일한 직원과 가장 적게 일한 직원의 급여의 합은 얼마인가?

① 892,480원
② 901,210원
③ 912,140원
④ 944,160원
⑤ 981,200원

※ 다음은 해외기업 인턴 지원자 중 H대학 졸업생에 대한 정보이다. 이어지는 질문에 답하시오. [5~6]

〈해외기업 인턴 지원자 중 H대학 졸업생 정보〉

구분	나이	평균 학점	공인영어점수	관련 자격증 개수	희망 국가
A지원자	26세	4.10점	92점	2개	독일
B지원자	24세	4.25점	81점	0개	싱가포르
C지원자	25세	3.86점	75점	2개	일본
D지원자	28세	4.12점	78점	3개	호주
E지원자	27세	4.50점	96점	1개	영국

▌자원관리능력

05 다음 〈조건〉에 따라 점수를 부여할 때, C지원자는 어떤 국가의 해외기업으로 인턴을 가는가?

조건

- 나이가 어린 사람부터 순서대로 5 ~ 1점을 부여한다.
- 평균 학점이 높은 사람부터 순서대로 5 ~ 1점을 부여한다.
- 공인영어점수의 10%를 점수로 환산한다.
- 관련 자격증은 1개당 3점을 부여한다.
- 총점이 가장 높은 2명은 희망한 국가로, 3번째는 미국, 4번째는 중국, 5번째는 탈락한다.

① 영국　　　　　　　　　　② 중국
③ 미국　　　　　　　　　　④ 인도
⑤ 탈락

▌자원관리능력

06 다음 〈조건〉과 같이 선발 기준이 변경되었을 때, 희망한 국가에 가지 못하는 지원자는 누구인가?

조건

- 나이는 고려하지 않는다.
- 평균 학점은 소수점 첫째 자리에서 반올림하여 점수를 부여한다.
- 공인영어점수의 10%를 점수로 환산한다.
- 관련 자격증은 1개당 2점을 부여한다.
- 총점이 가장 낮은 1명은 탈락하고, 나머지는 각자 희망하는 국가로 인턴을 간다.

① A지원자　　　　　　　　② B지원자
③ C지원자　　　　　　　　④ D지원자
⑤ E지원자

※ 다음은 H사원의 집에서 회사까지의 대중교통 경로이다. 이어지는 질문에 답하시오. **[7~8]**

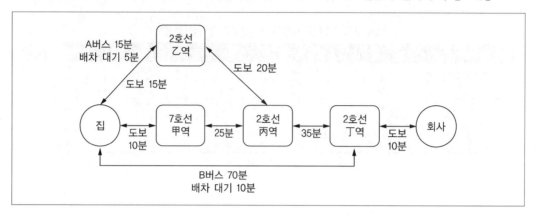

07 새로 입사한 H사원은 대중교통을 이용하여 출근하려고 한다. 다음 〈조건〉에 따라 출근할 때, 가장 빠른 경로의 편도 교통비는 얼마인가?

> **조건**
> • 지하철의 호선이 다르면 환승해야 한다.
> • 지하철에 처음 탑승하거나 환승하는 데 필요한 시간은 5분이다.
> • 버스를 탄다면 이동시간에 배차 대기시간까지 포함하여 계산한다.
> • 경로별 편도 교통비는 다음과 같다.
>   – A버스 → 2호선 乙역 → 2호선 丁역 : 1,500원
>   – 도보 → 2호선 乙역 → 2호선 丁역 : 1,350원
>   – 도보 → 7호선 甲역 → 2호선 丙역 → 2호선 丁역 1,400원
>   – B버스 → 2호선 丁역 : 1,300원

① 1,300원   ② 1,350원
③ 1,400원   ④ 1,450원
⑤ 1,500원

08 H사원은 출장 업무로 K사와 S사를 차례대로 방문해야 한다. K사는 乙역에서 도보로 5분 거리에 있으며, S사는 甲역에서 도보로 5분 거리에 있다. 10시에 회사에서 출발하여 K사에서 1시간 30분 간 미팅 후 S사로 가서 1시간 동안 미팅을 한 후 회사로 돌아올 때, H사원이 회사로 돌아온 시각은?(단, **07**번 문제의 조건에 따르며, 이외의 시간은 고려하지 않는다)

① 15시 25분   ② 15시 30분
③ 15시 35분   ④ 15시 40분
⑤ 15시 45분

09 H공단에서 근무하고 있는 김인턴은 경기본부로 파견 근무를 나가고자 한다. 다음 〈조건〉에 따라 파견일을 결정할 때, 김인턴이 경기본부로 파견 근무를 갈 수 있는 날짜는?

〈12월 달력〉

일	월	화	수	목	금	토
				1	2	3
4	5	6	7	8	9	10
11	12	13	14	15	16	17
18	19	20	21	22	23	24
25	26	27	28	29	30	31

조건
- 김인턴은 12월 중에 경기본부로 파견 근무를 나간다.
- 파견 근무는 2일 동안 진행되며, 이틀 동안 연이어 진행하여야 한다.
- 파견 근무는 주중에만 진행된다.
- 김인턴은 12월 1일부터 12월 7일까지 연수에 참석하므로 해당 기간에는 근무를 진행할 수 없다.
- 김인턴은 12월 27일부터 부서 이동을 하므로, 27일부터는 파견 근무를 포함한 모든 담당 업무를 후임자에게 인계하여야 한다.
- 김인턴은 목요일마다 D본부로 출장을 가며, 출장일에는 파견 근무를 수행할 수 없다.

① 12월 6 ~ 7일
② 12월 11 ~ 12일
③ 12월 14 ~ 15일
④ 12월 20 ~ 21일
⑤ 12월 27 ~ 28일

10 다음은 H공단 서류전형 가산점 기준표의 일부를 나타낸 자료이다. 이를 참고하여 〈보기〉의 가산점 계산 시 가산점이 5점, 4점, 2점인 경우는 각각 몇 가지인가?

<H공단 서류전형 가산점 기준표>

분야		관련 자격증 및 가산점		
		5점	4점	2점
학위		박사학위	석사학위	학사학위
정보처리		• 정보관리기술사 • 전자계산기조직응용기술사	• 정보처리기사 • 전자계산기조직응용기사 • 정보보안기사	• 정보처리산업기사 • 사무자동화산업기사 • 컴퓨터활용능력 1 · 2급 • 워드프로세서 1급 • 정보보안산업기사
전자 · 통신		• 정보통신기술사 • 전자계산기기술사	• 무선설비 · 전파통신 · 전파전자 · 정보통신 · 전자 · 전자계산기기사 • 통신설비기능장	• 무선설비 · 전파통신 · 전파전자 · 정보통신 · 통신선로 · 전자 · 전자계산기산업기사
국어		• 한국실용글쓰기검정 750점 이상 • 한국어능력시험 770점 이상 • 국어능력인증시험 162점 이상	• 한국실용글쓰기검정 630점 이상 • 한국어능력시험 670점 이상 • 국어능력인증시험 147점 이상	• 한국실용글쓰기검정 550점 이상 • 한국어능력시험 570점 이상 • 국어능력인증시험 130점 이상
외국어	영어	• TOEIC 900점 이상 • TEPS 850점 이상 • IBT 102점 이상 • PBT 608점 이상 • TOSEL 880점 이상 • FLEX 790점 이상 • PELT 446점 이상	• TOEIC 800점 이상 • TEPS 720점 이상 • IBT 88점 이상 • PBT 570점 이상 • TOSEL 780점 이상 • FLEX 714점 이상 • PELT 304점 이상	• TOEIC 600점 이상 • TEPS 500점 이상 • IBT 57점 이상 • PBT 489점 이상 • TOSEL 580점 이상 • FLEX 480점 이상 • PELT 242점 이상
	일어	• JLPT 1급 • JPT 850점 이상	• JLPT 2급 • JPT 650점 이상	• JLPT 3급 • JPT 550점 이상
	중국어	• HSK 9급 이상	• HSK 8급	• HSK 7급

※ 자격증 종류에 따라 5점, 4점, 2점으로 차등적으로 부여되며, 점수의 합산을 통해 최대 5점(5점이 넘는 경우도 5점으로 적용)까지만 받을 수 있다.

※ 같은 분야에 포함된 자격증에 대해서는 점수가 높은 자격증만 인정된다.

보기

(가) : 정보관리기술사, 사무자동화산업기사, TOEIC 750점, JLPT 2급

(나) : TOSEL 620점, 워드프로세서 1급, PELT 223점

(다) : 한국실용글쓰기검정 450점, HSK 6급, 정보보안산업기사

(라) : JPT 320점, 석사학위, TEPS 450점

(마) : 무선설비산업기사, JLPT 3급, ITQ OA 마스터

(바) : TOEIC 640점, 국어능력인증시험 180점, HSK 8급

(사) : JLPT 3급, HSK 5급, 한국어능력시험 530점

(아) : IBT 42점, 컴퓨터활용능력 2급, 에너지관리산업기사

	5점	4점	2점
①	2가지	3가지	3가지
②	2가지	4가지	2가지
③	3가지	2가지	3가지
④	3가지	4가지	1가지
⑤	2가지	5가지	1가지

11 H공사에 근무하는 S사원은 부서 워크숍을 진행하기 위하여 다음과 같이 워크숍 장소 후보를 선정하였다. 주어진 〈조건〉을 참고할 때, 워크숍 장소로 가장 적절한 곳은?

〈H공사 워크숍 장소 후보〉

후보	거리(공사 기준)	수용 가능 인원	대관료	이동 시간(편도)
A호텔	40km	100명	40만 원/일	1시간 30분
B연수원	40km	80명	50만 원/일	2시간
C세미나	20km	40명	30만 원/일	1시간
D리조트	60km	80명	80만 원/일	2시간 30분
E호텔	100km	120명	100만 원/일	3시간 30분

조건
- 워크숍은 1박 2일로 진행한다.
- S사원이 속한 부서의 직원은 모두 80명이며 전원 참석한다.
- 거리는 공사 기준 60km 이하인 곳으로 선정한다.
- 대관료는 100만 원 이하인 곳으로 선정한다.
- 이동 시간은 왕복으로 3시간 이하인 곳으로 선정한다.

① A호텔
② B연수원
③ C세미나
④ D리조트
⑤ E호텔

12 다음은 고용노동부에서 제공하는 퇴직금 산정 기준과 H공사 직원 5명의 관련 정보이다. 5명 모두 미사용 연차 일수가 5일일 때, 퇴직금이 두 번째로 적은 직원은?(단, 모든 계산은 소수점 첫째 자리에서 반올림한다)

〈퇴직금 산정 기준〉

- (퇴직금)=(1일 평균임금)$\times 30 \times \dfrac{(근속연수)}{(1년)}$

- (1일 평균임금)=(A+B+C)÷90
  - A=(3개월간의 임금 총액)=[(기본급)+(기타수당)]×3
  - B=(연간 상여금)$\times \dfrac{(3개월)}{(12개월)}$
  - C=(연차수당)×(미사용 연차 일수)$\times \dfrac{(3개월)}{(12개월)}$

〈H공사 직원 퇴직금 관련 정보〉

구분	근속연수	기본급	기타수당	연차수당	연간 상여금
최과장	12년	3,000,000원	–	140,000원	1,800,000원
박과장	10년	2,700,000원	–	115,000원	1,500,000원
홍대리	8년	2,500,000원	450,000원	125,000원	1,350,000원
신대리	6년	2,400,000원	600,000원	97,500원	1,200,000원
양주임	3년	2,100,000원	–	85,000원	900,000원

① 최과장
② 박과장
③ 홍대리
④ 신대리
⑤ 양주임

13 다음은 H사 직무전결표의 일부분이다. 이에 따라 결재한 기안문으로 가장 적절한 것은?

<표 제목>

직무 내용	위임 시 전결권자			대표이사
	부서장	상무	부사장	
주식관리 – 명의개서 및 제신고		○		
기업공시에 관한 사항				○
주식관리에 관한 위탁계약 체결				○
문서이관 접수	○			
인장의 보관 및 관리	○			
4대 보험 관리		○		
직원 국내출장			○	
임원 국내출장				○

〈직무전결표〉

① 신입직원의 고용보험 가입신청을 위한 결재 : 대리 김철민 / 부장 전결 박경석 / 상무 후결 최석우
② 최병수 부장의 국내출장을 위한 결재 : 대리 서민우 / 부장 박경석 / 상무 대결 최석우 / 부사장 전결
③ 임원변경에 따른 기업공시를 위한 결재 : 부장 최병수 / 상무 임철진 / 부사장 대결 신은진 / 대표이사 전결 김진수
④ 주식의 명의개서를 위한 결재 : 주임 신은현 / 부장 전결 최병수 / 상무 후결 임철진
⑤ 박경석 상무의 국내출장을 위한 결재 : 대리 서민우 / 부장 박경석 / 상무 대결 최석우 / 부사장 전결

정답 및 해설 p.024

※ 다음은 H공단에 입사할 신입직원들의 희망부서 및 추천부서에 대한 자료이다. 이어지는 질문에 답하시오.
[1~2]

〈희망부서 및 추천부서〉

구분	1지망	2지망	필기점수	면접점수	추천부서
A사원	개발부	사업부	70	40	홍보부
B사원	개발부	총무부	90	80	사업부
C사원	영업부	개발부	60	70	영업부
D사원	영업부	홍보무	100	50	개발부
E사원	홍보부	총부무	80	90	총무부
F사원	개발부	영업부	80	100	홍보부
G사원	영업부	사업부	50	60	사업부
H사원	총무부	사업부	60	80	영업부
I사원	홍보부	개발부	70	70	총무부
J사원	홍보부	영업부	90	50	총무부

※ 필기점수와 면접점수의 합이 높은 사람이 우선적으로 배정되며, 1지망, 2지망, 추천부서 순으로 진행된다.
※ 동점자일 경우 면접점수가 높은 사원이 먼저 배정된다.
※ 1지망을 우선 결정하고 남은 인원으로 2지망을 결정한 후, 남은 인원은 추천부서로 배정된다.
※ 5개의 부서에 각각 2명씩 배정된다.

┃ 자원관리능력

01 다음 중 B사원이 배정되는 부서는 어디인가?

① 개발부 　　　　　　　　　　② 홍보부
③ 영업부 　　　　　　　　　　④ 총무부
⑤ 사업부

┃ 자원관리능력

02 다음 중 최종적으로 추천부서와 배정부서가 일치하는 사원을 모두 고르면?

① A사원, D사원, I사원 　　　　② B사원, F사원, J사원
③ C사원, G사원, J사원 　　　　④ D사원, H사원, I사원
⑤ E사원, G사원, F사원

※ 다음 H회사의 출장 규정 자료를 보고 이어지는 질문에 답하시오. [3~4]

<출장비 정보>

항공	숙박(1박)	교통비	일비	식비
실비	• 1 · 2급 : 실비 • 3급 : 80,000원 • 4 · 5 · 6급 : 50,000원	• 서울 · 경기지역 : 1일 10,000원 • 나머지 지역 : 1일 15,000원	30,000원/일	20,000원/일

※ 2급 이상 차이 나는 등급과 출장에 동행하게 된 경우, 높은 등급이 묵는 호텔에서 묵을 수 있는 금액을 지원한다.

<직급별 급수>

1급	2급	3급	4급	5급	6급
이사장	이사	부장	차장	과장	대리

※ 출장비는 이사장, 이사>부장>차장>과장>대리의 순서로 차등한다(부장부터 일비 만 원씩 감소).
※ 항공은 외국으로 출장을 갈 경우에 해당한다.

❙ 자원관리능력

03 다음 중 자료에 대한 설명으로 옳은 것은?

① 외국으로 출장을 다니는 A과장이 항상 같은 객실에서 묵는다면 총비용은 언제나 같다.

② 서울 · 경기지역으로 1박 2일 출장을 가는 B차장의 출장비는 20만 원 이상이다.

③ 같은 조건으로 출장을 간다면 이사장이 이사보다 출장비를 많이 받는다.

④ 이사장과 출장을 함께 가게 된 C대리는 이사장과 같은 호텔, 같은 등급의 객실에서 묵을 수 있다.

⑤ 자동차를 이용해 무박으로 지방 출장을 가는 부장과 차장의 출장비는 같다.

❙ 자원관리능력

04 K부장과 P차장이 9박 10일로 함께 제주도 출장을 가게 되었다. 동일한 출장비를 제공하기 위하여 P차장의 호텔을 한 단계 업그레이드할 때, P차장이 원래 묵을 수 있는 호텔보다 얼마가 이득인가?

① 230,000원

② 250,000원

③ 270,000원

④ 290,000원

⑤ 310,000원

※ 다음은 노트북 상품에 대한 자료이다. 이어지는 질문에 답하시오. [5~6]

〈노트북별 정보〉

노트북	가격	속도	모니터	메모리	제조년도
TR-103	150만 원	1.8GHz	13.3인치	4GB	2021년 5월
EY-305	200만 원	1.9GHz	14.5인치	6GB	2021년 4월
WS-508	110만 원	1.7GHz	14인치	3GB	2021년 1월
YG-912	160만 원	2GHz	15인치	5GB	2021년 3월
NJ-648	130만 원	2.1GHz	15인치	2GB	2021년 4월

※ 속도가 높을수록 성능이 좋다.
※ 메모리 용량이 클수록 성능이 좋다.

〈노트북 평가 점수〉

1위	2위	3위	4위	5위
5점	4점	3점	2점	1점

〈노트북 구입 조건〉

• 같은 순위가 있을 경우 동순위로 하고 차순위는 다다음 순위로 한다.
　예 1위가 TR-103, 2위가 EY-305이고 3위가 WS-508와 YG-912로 동점일 때, 마지막 NJ-648는 5위
　　이다.
• 가격은 낮을수록 점수가 높다.
• 속도는 빠를수록 점수가 높다.
• 모니터는 크기가 클수록 점수가 높다.
• 메모리는 용량이 클수록 점수가 높다.
• 제조년도는 최근 것일수록 점수가 높다.
• 순위가 높은 순서대로 점수를 높게 측정한다.

┃ 자원관리능력

05 A사원은 평가 점수의 합이 가장 높은 노트북을 구입하려고 한다. 다음 중 어떤 노트북을 구입하겠
　　는가?

① TR-103　　　　　　　　② EY-305
③ WS-508　　　　　　　　④ YG-912
⑤ NJ-648

06 한국산업인력공단은 총 600만 원의 예산으로 5대의 노트북을 구입하려 한다. 노트북 구입 시 모니터 크기 대신 노트북 무게를 기준으로 삼는다고 할 때, 노트북의 무게는 YG-912, TR-103, NJ-648, EY-305, WS-508 순서로 가볍다. 무게가 가벼울수록 점수가 높을 경우, 공단에서 구입할 노트북은?(단, 5대 이상의 노트북을 구입할 경우 노트북별 할인율에 따라 할인을 제공한다)

〈할인율〉				
TR-103	EY-305	WS-508	YG-912	NJ-648
10%	할인 없음	10%	10%	30%

① TR-103
② EY-305
③ WS-508
④ YG-912
⑤ NJ-648

07 Q운송업체는 A ~ I지점에서 물건을 운반한다. 본사에서 출발하여 B지점과 D지점에서 물건을 수거하고, 본사로 돌아와 물건을 하차하는 데 걸리는 최소시간은?(단, 모든 지점을 다 거칠 필요는 없다)

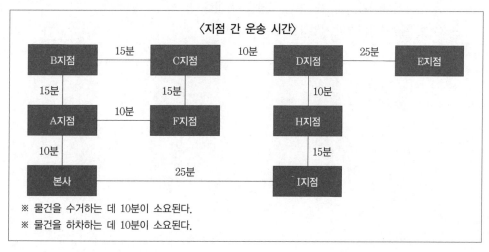

① 1시간 50분
② 2시간
③ 2시간 5분
④ 2시간 10분
⑤ 2시간 15분

08 다음은 한국산업인력공단의 일학습병행 운영규칙이다. 이에 대한 설명으로 옳지 않은 것은?

〈일학습병행 운영규칙〉

정의(제2조)

이 규칙에서 사용하는 용어의 뜻은 다음과 같다.

1. '사업주'란 고용보험 성립신고 적용 단위의 학습기업 사업주를 말하며, 개인 또는 법인이 될 수 있다.
2. '사업장'이란 고용보험 성립신고 적용 개별 단위사업장으로서 학습기업의 지정단위가 되며 동일한 사업주하에 2개 이상의 사업장이 존재할 수 있다.
3. '훈련과정'이란 학습기업으로 지정된 이후 법 제11조 제1항에 따른 일학습병행을 실시할 수 있는 직종(이하 '일학습병행 직종'이라 한다) 및 해당 직종별 교육훈련기준(이하 '교육훈련기준'이라 한다)을 활용하여 학습기업에 맞게 개발된 규정 제2조 제5호에 따른 일학습병행과정을 말한다.
4. '학습도구'란 학습근로자의 훈련내용, 평가사항 등을 정리하여 제시한 자료를 말한다.
5. '훈련과정 개발·인정시스템(이하 'PDMS'라 한다)'이란 훈련과정 개발신청, 개발, 인정신청, 인정 등 절차를 관리할 수 있도록 운영하는 전산시스템을 말한다.
6. '모니터링'이란 훈련현장 방문, 전화, 면담, 훈련진단, 컨설팅 및 근로자직업능력 개발법 제6조에 따른 직업능력개발정보망(이하 'HRD-Net'이라 한다) 등을 통하여 얻은 훈련 관련 자료의 조사·분석으로 훈련실태 및 직업능력개발훈련 사업의 부정·부실 등 문제점을 파악하고 이를 시정하거나 연구용역·제도개선 등에 활용하는 일련의 업무를 말한다.
7. '일학습병행 지원기관'이란 일학습병행 기업 발굴, 컨설팅, 홍보 등을 지원하는 일학습전문지원센터, 특화업종(특구) 지원센터, 관계부처전담기관을 말한다.

---

① 학습도구에는 학습근로자의 훈련내용이 정리된 자료여야 한다.
② PDMS는 훈련과정 개발신청부터 인정까지 모든 절차를 관리한다.
③ 특화업종(특구) 지원센터는 일학습병행 지원기관에 속한다.
④ 본사와 지사가 있는 사업장은 신청할 수 없다.
⑤ 한 사업주가 4개의 사업장을 가질 수 있다.

09 다음은 한국산업인력공단의 임직원행동강령 제25조의 일부이다. 이를 토대로 바르게 말한 사람을 〈보기〉에서 모두 고르면?

〈임직원행동강령〉

금품 등의 수수(收受) 금지(제25조)

① 임직원은 직무 관련 여부 및 기부·후원·증여 등 그 명목에 관계없이 동일인으로부터 1회에 100만 원 또는 매 회계연도에 300만 원을 초과하는 금품 등을 받거나 요구 또는 약속해서는 아니 된다.

② 임직원은 직무와 관련하여 대가성 여부를 불문하고 제1항에서 정한 금액 이하의 금품 등을 받거나 요구 또는 약속해서는 아니 된다.

③ 제37조의 외부강의 등에 관한 사례금 또는 다음 각 호의 어느 하나에 해당하는 금품 등은 제1항 또는 제2항에서 수수(收受)를 금지하는 금품 등에 해당하지 아니한다.

1. 공공기관의 장이 소속 임직원이나 파견 임직원에게 지급하거나 상급자가 위로·격려·포상 등의 목적으로 하급자에게 제공하는 금품 등

2. 원활한 직무수행 또는 사교·의례 또는 부조의 목적으로 제공되는 음식물·경조사비·선물 등으로서 별표 2-2에서 정하는 가액 범위 안의 금품 등

3. 사적 거래(증여는 제외한다)로 인한 채무의 이행 등 정당한 권원(權原)에 의하여 제공되는 금품 등

4. 임직원의 친족(민법 제777조에 따른 친족을 말한다)이 제공하는 금품 등

5. 임직원과 관련된 직원상조회·동호인회·동창회·향우회·친목회·종교단체·사회단체 등이 정하는 기준에 따라 구성원에게 제공하는 금품 등 및 그 소속 구성원 등 임직원과 특별히 장기적·지속적인 친분관계를 맺고 있는 자가 질병·재난 등으로 어려운 처지에 있는 임직원에게 제공하는 금품 등

6. 임직원의 직무와 관련된 공식적인 행사에서 주최자가 참석자에게 통상적인 범위에서 일률적으로 제공하는 교통, 숙박, 음식물 등의 금품 등

7. 불특정 다수인에게 배포하기 위한 기념품 또는 홍보용품 등이나 경연·추첨을 통하여 받는 보상 또는 상품 등

8. 그 밖에 사회상규(社會常規)에 따라 허용되는 금품 등

④ 임직원은 제3항 제5호에도 불구하고 같은 호에 따라 특별히 장기적·지속적인 친분관계를 맺고 있는 자가 직무관련자 또는 직무관련임직원으로서 금품 등을 제공한 경우에는 그 수수 사실을 별지 제10호 서식에 따라 소속기관의 장에게 신고하여야 한다.

보기

A : 대가성 여부나 직무와 상관없이 매년 300만 원을 초과하는 금품을 받을 수 없어.

B : 장기적·지속적으로 친분관계를 맺고 있고, 같은 공단에 근무하는 친우로부터 개인 질병에 대한 지원금을 400만 원을 받은 경우는 신고하지 않아도 돼.

C : 상업자 G씨에게 1년 동안 단 한 번, 150만 원을 받은 경우에는 문제가 되지 않아.

D : 작년에 같은 공단에 근무하는 사촌을 금전적으로 도와주었고, 지난 달 사촌으로부터 200만 원을 받았어. 그러나 직무와 상관없어 신고하지는 않았어.

① A, B
② A, C
③ A, D
④ B, D
⑤ C, D

10 다음은 한국산업인력공단의 HRD 동향 3월호의 일부이다. 이를 토대로 마련할 수 있는 고용지원 대책으로 옳지 않은 것은?

1. 우선 당장 소득이 없어 생계가 불안정한 취약계층 약 81만 명에게 소득안정지원금을 늦어도 3월 초까지 신속하게 지급하기로 했다. 택배, 배달, 프리랜서 긴급고용안정지원금의 경우 기 수혜자 56.7만 명은 2월 초 지급이 완료됐고, 신규 신청한 17만 명에 대해 소득심사 등을 거쳐 3월 초 일괄 지급할 계획이다.

2. 코로나19 장기화로 고용유지에 어려움을 겪고 있는 사업주를 지원하기 위해 올해 계획된 고용유지지원금 지원인원(78만 명)의 52%(40만 명)를 1분기 내 집중적으로 지원하기로 했다. 아울러 자금 여력 부족으로 무급휴직을 선택한 기업에 종사하는 근로자의 생계안정을 위해 올해 한시로 무급휴직지원금 지급기간을 90일 연장(180 → 270일)하여 지원하는 한편, 파견·용역 및 10인 미만 사업장 등 취약사업장 근로자에 대한 고용유지지원도 강화해 나가기로 했다.

3. 고용충격이 가장 클 1분기에 실업자 등 취약계층 보호를 위해 공공·민간부문 일자리 사업과 직업훈련도 속도감 있게 추진한다. 1분기에 디지털·신기술 분야 2,000명, 국가기간·전략산업 분야 등 11.5만 명에게 직업훈련을 제공하고, 저소득층 생계비 대부(1 → 2천만 원) 및 훈련수당 (11.6 → 30만 원) 확대를 통해 훈련기간 중 저소득층의 생계안정도 함께 지원하기로 했다.

4. 저소득, 청년 등 고용충격 집중계층의 고용안전망 강화도 차질 없이 추진한다. 올해 계획된 국민 취업지원제도 목표인원(59만 명)의 32%(18.9만 명)를 1분기에 신속하게 지원하고, 비경제활동 인구로 유입되는 청년층의 구직활동을 촉진하기 위해 1분기에 청년층 5만 명에게 구직 촉진수당 (50만 원×6개월) 및 일 경험 프로그램 등 맞춤형 취업지원서비스를 적극 제공할 계획이다.

① 중장년층의 일자리를 확대하기 위한 고용정책을 논의해야 한다.
② 당장 소득이 없어 생계가 불안전한 계층을 조사해야 한다.
③ 코로나19의 장기화로 인한 기업의 피해 규모를 파악해야 한다.
④ 실업자에게 맞춤 훈련을 할 수 있는 프로그램을 기획해야 한다.
⑤ 청년들이 구직하는 데 직접적으로 도움이 되는 일자리 마련을 논의해야 한다.

11 다음은 NCS의 정의와 도입 영향에 대한 글이다. 이에 대한 설명으로 옳지 않은 것은?

> • NCS(National Competency Standards : 국가직무능력표준)란?
>   산업현장에서 직무를 수행하는 데 필요한 능력(지식, 기술, 태도)을 국가가 표준화한 것으로, 교육
>   훈련 · 자격에 NCS를 활용하여 현장중심의 인재를 양성할 수 있도록 지원하고 있다.
> • NCS 도입 영향
>   1. 직업훈련으로 이직률이 감소하였다.
>   2. 교육훈련 프로그램으로 숙련도는 증가하였고, 이직률은 감소하였다.
>   3. 교육훈련 프로그램으로 현장기반 실무를 익힐 수 있게 되었고, 로열티를 지급하는 관행을 깰
>   수 있게 되었다.
>   4. NCS를 활용하여 교육과정을 설계함으로써 체계적으로 교육훈련과정을 운영할 수 있고, 이를
>   통해 산업현장에서 필요로 하는 실무형 인재를 양성할 수 있게 되었다.
>   5. 국가기술자격을 직무중심(NCS 활용)으로 개선해서 실제로 그 일을 잘할 수 있는 사람이 자격
>   증을 취득할 수 있도록 도와준다.
>   6. NCS로 직무를 나누고 직무별로, 수준별로 교육하기 시작하면서 신입들의 업무적응력이 눈에
>   띄게 빨라졌다.
>   7. NCS 기반 자격을 설계하여 현장과 교육, 자격의 미스매치가 줄어들었다.

① 높은 이직률을 해소하는 데 도움이 된다.
② 로열티를 지급해야 훈련을 받을 수 있다.
③ 업무에 적합한 실무를 익힐 수 있다.
④ 신입사원 교육이 더 쉬워질 수 있다.
⑤ 실무에 필요한 자격을 취득할 수 있다.

12 한국산업인력공단은 다음과 같은 사유로 부득이하게 필기시험에 응시하지 못한 지원자에게 해당 사유를 증명할 수 있는 서류를 제출하도록 하여 필기시험에 재응시할 수 있는 기회를 부여하였다. 다음 중 필기시험에 재응시할 수 있는 지원자는?

사유	제출 서류
가족의 사망, 장례식	가족관계증명서, 사망입증서
응시자 본인의 수술로 인한 병가	주민등록등본, 입원증명서
국가가 인정하는 전염병 격리 판정	입원증명서, 신분증
국가 위기 단계로 인한 외출 금지	중대장 이상이 발급한 확인서
예견할 수 없는 기후상황	경찰서확인서, 신분증

① 가족의 사망으로 장례식에 가게 되어 사망입증서, 신분증을 제출한 A씨

② 필기시험 기간에 수술을 하게 되어 주민등록등본, 입원증명서를 제출한 B씨

③ 북한의 도발로 인해 시험을 보러 갈 수 없어 경찰서확인서를 제출한 C씨

④ 갑작스런 코로나 감염으로 격리되어 주민등록등본, 신분증을 제출한 D씨

⑤ 태풍으로 인해 모든 교통수단이 마비되어 중대장 이상이 발급한 확인서를 제출한 E씨

13 다음은 외국인근로자 고용지원업무처리규칙의 일부이다. 이에 대한 설명으로 옳은 것은?

〈외국인근로자 고용지원업무처리규칙〉

제1절 한국어능력시험
응시자격(제5조)
① 외국인고용허가제 한국어능력시험의 응시자격은 다음 각 호와 같다.
   1. 만 18세 이상 만 39세 이하인 자(한국어능력시험 접수초일 기준)
   2. 금고형 이상의 범죄경력이 없는 자
   3. 대한민국에서 강제퇴거 또는 강제출국 조치를 당한 경력이 없는 자
   4. 자국으로부터 출국에 제한(결격사유)이 없는 자
② 특별한국어능력시험의 응시자격은 전항의 자격요건을 갖추고 체류만료기간 내 자진 귀국한 외국인근로자로 한다.

시험기준 및 방법(제6조)
① 한국어능력시험은 외국인근로자가 한국생활에서 필요한 기본적인 의사소통능력, 한국문화, 산업안전에 대한 이해를 평가한다.
② 시험문제는 읽기 영역 25문항과 듣기 영역 25문항으로 하며, 객관식 사지선다(四枝選多) 필기시험으로 한다.
③ 시험시간은 읽기 영역 40분, 듣기 영역 30분으로 한다.
④ 한국어능력시험은 시행방법에 따라 지필기반시험(PBT)과 컴퓨터기반시험(CBT)으로 구분한다.

수수료 환불(제20조)
이사장은 접수기간 중 원서접수를 취소하는 자 또는 접수완료 이후 응시 부적격자로 확인(결정)된 자에게는 응시수수료 전액을 환불할 수 있다.

① 만 40세 이상도 외국인고용허가제 한국어능력시험에 응시할 수 있다.
② 한국어능력시험은 컴퓨터기반으로만 볼 수 있다.
③ 응시자격을 갖추고 체류만료기간 내 귀국한 모든 외국인근로자는 특별한국어능력시험에 응시할 수 있다.
④ 접수완료 후 대한민국에서 강제출국 조치를 당했다면 응시수수료 전액을 환불받을 수 있다.
⑤ 시험문제인 읽기 영역과 듣기 영역은 문항 수와 시험시간이 동일하다.

14 다음은 한국산업인력공단의 계약사무처리규정 시행규칙이다. 이에 대한 설명으로 옳은 것은?

〈계약사무처리규정 시행규칙〉

구매요구서의 접수 및 검토(제4조)

① 계약담당은 구매요구서(별지 제1호 서식) 또는 구매계약 요청문서(이하 '구매요구서'라 한다)를 접수하면 다음 각 호의 사항을 10일 이내에 검토하여야 한다.

　1. 품명, 규격(공통사양), 단위, 수량, 시방서, 설계서, 과업지시서, 제안요청서 등

　2. 소요예산 및 예산과목, 예산배정액 유무

　3. 납품장소 및 납품기한

　4. 구매 대상 물품이 정부권장정책상 우선구매대상품목으로 대체구매 가능한지 여부

　5. 기타 필요한 사항

② 제1항의 검토 결과 미비하거나 부적합하다고 인정될 때에는 즉시 구매요구자에게 통보하여 보완 또는 시정하도록 한다.

③ 계약담당은 제1항 제4호에 의거하여 물품, 용역 등을 구매할 경우에는 구매대상 물품 등이 다음 각 호의 공공구매 촉진 제품에 해당되는지 여부를 우선적으로 검토하여야 한다. 다만, 계약의 특성, 중요성 등 부득이한 사유가 있을 경우에는 해당제품 이외의 물품을 구매할 수 있다.

　1. 중소기업 제품

　2. 기술개발 제품

　3. 여성기업 제품

　4. 사회적기업 생산품 및 서비스

　5. 중증장애인 생산품

　6. 국가유공자 자활용사촌 생산품

　7. 녹색제품

　8. 장애인표준사업장 제품

　9. 사회적 협동조합 제품

　10. 장애인기업 제품

④ 구매요구부서장은 제2조 제1항 제3호에 해당하는 계약을 요청하는 경우에는 수의계약사유서가 포함된 계약심의위원회 심의요청서(별지 제30호 서식)를 계약심의위원회에 제출하여야 한다.

⑤ 계약심의위원회에서 심의를 필하지 못한 경우에는 계약부서의 장은 해당사유를 명시하여 계약 심의 종료일로부터 5일 이내에 해당 요청 건을 구매요구부서로 반송하여야 한다.

계약사무의 위임 및 준용(제4조의2)

① 제4조에 따라 각 소관 이사 및 국제인력본부장 및 부설·소속기관의 장(그 보조자를 포함한다)에게 다음 각 호의 계약사무를 위임한다.

　1. 소관사업부서에서 수행하는 것이 효율적이고 당해 사업 목적달성에 유리하다고 판단되는 전문적인 지식이나 특정 기술을 요하는 연구용역 또는 특수목적 기술용역(공단 홍보·방송사업을 위한 언론 등에 관련되는 계약, 비예산이 수반되는 용역계약 포함)

　2. 소관사업부서에서 사업추진과 관련한 각종 협약서, 약정서 체결, 한국어능력시험 문제지 발간계약에 관한 사항, 출제연금 시 보안·경비에 관한 사항, 위탁 또는 재위탁 사업의 사업자 선정 관련 사항

　3. 소관사업부서에서 행사 또는 회의 개최와 관련하여 일정상 계약담당부서에 물품 구매요구 등의 절차를 거쳐 처리 시에는 사업에 원활을 기할 수 없는 경우

① 모든 대기업 제품은 구입할 수 없다.
② 계약심의위원회에서 심의를 통과하지 못한 경우 사유를 명시하여 반송하여야 한다.
③ 납품장소 및 납품기한은 2주 이내에 검토하여야 한다.
④ 계약심의위원회가 구매요구부서장에게 계약심의위원회 심의요청서를 제출하여야 한다.
⑤ 소관사업부서에서 수행하는 추정가격 100만 원 이상의 용역개발은 계약사무를 위임해야 한다.

▮ 수리능력

15 A씨는 기간제로 6년을 일하였고, 시간제로 6개월을 근무하였다. 다음과 같은 연차 계산법을 활용하였을 때, A씨의 연차는 며칠인가?(단, 소수점 첫째 자리에서 올림한다)

〈연차 계산법〉

- 기간제 : [(근무 연수)×(연간 근무 일수)]÷365일×15
- 시간제 : (근무 총시간)÷365
※ 근무는 1개월을 30일, 1년을 365일로, 1일 8시간 근무로 계산한다.

---

① 86일   ② 88일
③ 92일   ④ 94일
⑤ 100일

훌륭한 가정만한 학교가 없고, 덕이 있는 부모만한 스승은 없다.

– 마하트마 간디 –

PART 2

직업능력

CHAPTER 01

조직이해능력

합격 Cheat Key

조직이해능력은 업무를 원활하게 수행하기 위해 조직의 체제와 경영을 이해하고 국제적인 추세를 이해하는 능력이다. 현재 많은 공사·공단에서 출제 비중을 높이고 있는 영역이기 때문에 미리 대비하는 것이 중요하다. 실제 업무 능력에서 조직이해능력을 요구하기 때문에 중요도는 점점 높아질 것이다.

세부 유형은 조직 체제 이해, 경영 이해, 업무 이해, 국제 감각으로 나눌 수 있다. 조직도를 제시하는 문제가 출제되거나 조직의 체계를 파악해 경영의 방향성을 예측하고, 업무의 우선순위를 파악하는 문제가 출제된다.

1 문제 속에 정답이 있다!

경력이 없는 경우 조직에 대한 이해가 낮을 수밖에 없다. 그러나 문제 자체가 실무적인 내용을 담고 있어도 문제 안에는 해결의 단서가 주어진다. 부담을 갖지 않고 접근하는 것이 중요하다.

2 경영·경제학원론 정도의 수준은 갖추도록 하라!

지원한 직군마다 차이는 있을 수 있으나, 경영·경제이론을 접목시킨 문제가 꾸준히 출제되고 있다. 따라서 기본적인 경영·경제이론은 익혀 둘 필요가 있다.

3 지원하는 공사 · 공단의 조직도를 파악하라!

출제되는 문제는 각 공사 · 공단의 세부내용일 경우가 많기 때문에 지원하는 공사 · 공단의 조직도를 파악해 두어야 한다. 조직이 운영되는 방법과 전략을 이해하고, 조직을 구성하는 체제를 파악하고 간다면 조직이해능력에서 조직도가 나올 때 단기간에 문제를 풀수 있을 것이다.

4 실제 업무에서도 요구되므로 이론을 익혀라!

각 공사 · 공단의 직무 특성상 일부 영역에 중요도가 가중되는 경우가 있어서 많은 취업준비생들이 일부 영역에만 집중하지만, 실제 업무 능력에서 직업기초능력 10개 영역이 골고루 요구되는 경우가 많고, 현재는 필기시험에서도 조직이해능력을 출제하는 기관의 비중이 늘어나고 있기 때문에 미리 이론을 익혀 둔다면 모듈형 문제에서 고득점을 노릴수 있다.

01 경영 전략

| 유형분석 |

- 경영 전략에서 대표적으로 출제되는 문제는 마이클 포터(Michael Porter)의 본원적 경쟁 전략이다.
- 경쟁 전략의 기본적인 이해를 물어보는 문제가 자주 출제되므로 전략별 특징 및 개념에 대한 이론 학습이 요구된다.

다음은 마이클 포터(Michael E. Porter)의 본원적 경쟁 전략에 대한 설명이다. 빈칸 ㉠ ~ ㉢에 들어갈 용어가 바르게 연결된 것은?

본원적 경쟁 전략은 해당 사업에서 경쟁 우위를 확보하기 위한 전략으로, ___㉠___ 전략, ___㉡___ 전략, ___㉢___ 전략으로 구분된다.

___㉠___ 전략은 원가절감을 통해 해당 산업에서 우위를 점하는 전략으로, 이를 위해서는 대량생산을 통해 단위 원가를 낮추거나 새로운 생산기술을 개발할 필요가 있다. 여기에는 1970년대 우리나라의 섬유업체나 신발업체, 가발업체 등이 미국시장에 진출할 때 취한 전략이 해당한다.

___㉡___ 전략은 조직이 생산품이나 서비스를 ___㉡___ 하여 고객에게 가치가 있고 독특하게 인식되도록 하는 전략이다. ___㉡___ 전략을 활용하기 위해서는 연구개발이나 광고를 통하여 기술, 품질, 서비스, 브랜드이미지를 개선할 필요가 있다.

___㉢___ 전략은 특정 시장이나 고객에게 한정된 전략으로, ___㉠___ 나 ___㉡___ 전략이 산업 전체를 대상으로 하는 데 비해 ___㉢___ 전략은 특정 산업을 대상으로 한다. 즉, ___㉢___ 전략은 경쟁조직들이 소홀히 하고 있는 한정된 시장을 ___㉠___ 나 ___㉡___ 전략을 써서 집중적으로 공략하는 방법이다.

	㉠	㉡	㉢
①	원가우위	차별화	집중화
②	원가우위	집중화	차별화
③	차별화	집중화	원가우위
④	집중화	원가우위	차별화
⑤	집중화	차별화	원가우위

정답 ①

㉠ 원가우위 : 원가절감을 통해 해당 산업에서 우위를 점하는 전략이다.
㉡ 차별화 : 조직이 생산품이나 서비스를 차별화하여 고객에게 가치가 있고 독특하게 인식되도록 하는 전략이다.
㉢ 집중화 : 한정된 시장을 원가우위나 차별화 전략을 사용하여 집중적으로 공략하는 전략이다.

풀이 전략!

대부분의 기업들은 마이클 포터의 본원적 경쟁 전략을 사용하고 있다. 각 전략에 해당하는 대표적인 기업을 연결하고, 그들의 경영 전략을 상기하며 문제를 풀어보도록 한다.

01 경영이 어떻게 이루어지냐에 따라 조직의 생사가 결정된다고 할 만큼 경영은 조직에 있어서 핵심적인 역할을 한다. 다음 중 경영 전략을 추진하는 과정에 대한 설명으로 적절하지 않은 것은?

① 경영 전략이 실행됨으로써 세웠던 목표에 대한 결과가 나오는데, 그것에 대한 평가 및 피드백 과정도 생략되어서는 안 된다.
② 환경 분석을 할 때는 조직의 내부환경뿐만 아니라 외부환경에 대한 분석도 필수이다.
③ 전략 목표는 비전과 미션으로 구분되는데, 둘 다 있어야 한다.
④ 경영 전략은 조직 전략, 사업 전략, 부문 전략으로 분류된다.
⑤ '환경 분석 → 전략 목표 설정 → 경영 전략 도출 → 경영 전략 실행 → 평가 및 피드백'의 과정을 거쳐 이루어진다.

02 다음 〈보기〉 중 경영 활동을 이루는 구성요소를 감안할 때, 경영 활동을 수행하고 있는 내용으로 적절하지 않은 것은?

> **보기**
>
> (가) 다음 시즌 우승을 목표로 해외 전지훈련에 참여하여 열심히 구슬땀을 흘리고 있는 선수단과 이를 운영하는 구단 직원들
> (나) 자발적인 참여로 뜻을 같이한 동료들과 함께 매주 어려운 이웃을 찾아다니며 봉사활동을 펼치고 있는 S씨
> (다) 교육지원대대장으로서 사병들의 교육이 원활히 진행될 수 있도록 훈련장 관리와 유지에 최선을 다하고 있는 박대령과 참모진
> (라) 영화 촬영을 앞두고 시나리오와 제작 콘셉트를 회의하기 위해 모인 감독 및 스태프와 출연 배우들
> (마) 대기업을 그만두고 가족들과 함께 조그만 무역회사를 차려 손수 제작한 밀짚 가방을 동남아로 수출하고 있는 B씨

① (가)   ② (나)
③ (다)   ④ (라)
⑤ (마)

| 유형분석 |

- 조직 구조 유형에 대한 특징을 물어보는 문제가 자주 출제된다.
- 기계적 조직과 유기적 조직의 차이점과 사례 등을 숙지하고 있어야 한다.
- 조직 구조 형태에 따라 기능적 조직, 사업별 조직으로 구분하여 출제되기도 한다.

다음 중 기계적 조직의 특징으로 옳은 것을 〈보기〉에서 모두 고르면?

보기

ㄱ. 변화에 맞춰 쉽게 변할 수 있다.
ㄴ. 상하 간 의사소통이 공식적인 경로를 통해 이루어진다.
ㄷ. 대표적으로 사내 벤처팀, 프로젝트팀이 있다.
ㄹ. 구성원의 업무가 분명하게 규정되어 있다.
ㅁ. 다양한 규칙과 규제가 있다.

① ㄱ, ㄴ, ㄷ   ② ㄱ, ㄹ, ㅁ
③ ㄴ, ㄷ, ㄹ   ④ ㄴ, ㄹ, ㅁ
⑤ ㄷ, ㄹ, ㅁ

정답 ④

오답분석
ㄱ・ㄷ. 유기적 조직에 대한 설명이다.

- **기계적 조직**
  - 구성원의 업무가 분명하게 규정되어 있고, 많은 규칙과 규제가 있다.
  - 상하 간 의사소통이 공식적인 경로를 통해 이루어진다.
  - 대표적으로 군대, 정부, 공공기관 등이 있다.
- **유기적 조직**
  - 업무가 고전되지 않아 업무 공유가 가능하다.
  - 규제나 통제의 정도가 낮아 변화에 맞춰 쉽게 변할 수 있다.
  - 대표적으로 권한위임을 받아 독자적으로 활동하는 사내 벤처팀, 특정한 과제 수행을 위해 조직된 프로젝트팀이 있다.

풀이 전략!

조직 구조는 유형에 따라 기계적 조직과 유기적 조직으로 나눌 수 있다. 기계적 조직과 유기적 조직은 서로 상반된 특징을 가지고 있으며, 기계적 조직이 관료제의 특징과 비슷함을 파악하고 있다면, 이와 상반된 유기적 조직의 특징도 수월하게 파악할 수 있다.

01 다음 중 대학생인 지수의 일과를 통해 알 수 있는 사실로 가장 적절한 것은?

> 지수는 화요일에 학교 수업, 아르바이트, 스터디, 봉사활동 등을 한다.
> 다음은 지수의 화요일 일과이다.
> • 지수는 오전 11시부터 오후 4시까지 수업이 있다.
> • 수업이 끝나고 학교 앞 프랜차이즈 카페에서 아르바이트를 3시간 동안 한다.
> • 아르바이트를 마친 후 NCS 공부를 하기 위해 스터디를 2시간 동안 한다.

① 비공식적이면서 소규모조직에서 3시간 있었다.
② 공식조직에서 9시간 있었다.
③ 비영리조직이면서 대규모조직에서 5시간 있었다.
④ 영리조직에서 2시간 있었다.
⑤ 비공식적이면서 비영리조직에서 3시간 있었다.

02 다음 중 H사가 해외 시장 개척을 앞두고 기존의 조직 구조를 개편할 경우, 추가해야 할 조직으로 적절하지 않은 것은?

> H사는 몇 년 전부터 자체 기술로 개발한 제품의 판매 호조로 인해 기대 이상의 수익을 창출하게 되었다. 경쟁 업체들이 모방할 수 없는 독보적인 기술력을 앞세워 국내 시장을 공략한 결과, 이미 더 이상의 국내 시장 경쟁자들은 없다고 할 만큼 탄탄한 시장 점유율을 확보하였다. 이러한 H사의 사장은 올 초부터 해외 시장 진출의 꿈을 갖고 필요한 자료를 수집하기 시작하였다. 충분한 자금력을 확보한 H사는 우선 해외 부품 공장을 인수한 후 현지에 생산 기지를 건설하여 국내에서 생산되는 물량의 절반 정도를 현지로 이전하여 생산하고, 이를 통한 물류비 절감으로 주변국들부터 시장을 넓혀가겠다는 야심찬 계획을 가지고 있다. 한국 본사에서는 내년까지 4 ~ 5곳의 해외 거래처를 더 확보하여 지속적인 해외 시장 개척에 매진한다는 중장기 목표를 대내외에 천명해 둔 상태이다.

① 해외관리팀
② 기업회계팀
③ 외환업무팀
④ 국제법무팀
⑤ 통관물류팀

03 다음 중 사업별 조직 구조의 형태로 적절하지 않은 것은?

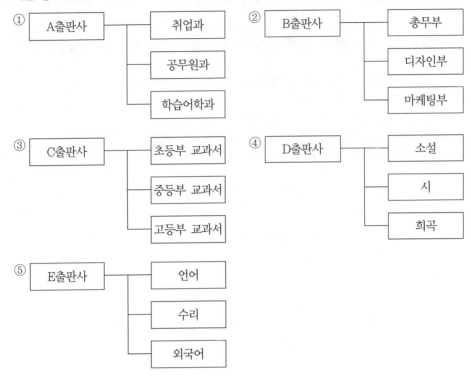

① A출판사 — 취업과 / 공무원과 / 학습어학과

② B출판사 — 총무부 / 디자인부 / 마케팅부

③ C출판사 — 초등부 교과서 / 중등부 교과서 / 고등부 교과서

④ D출판사 — 소설 / 시 / 희곡

⑤ E출판사 — 언어 / 수리 / 외국어

04 새로운 조직 개편 기준에 따라 다음에 제시된 조직도 (가)를 조직도 (나)로 변경하려고 한다. 조직도 (나)의 빈칸에 들어갈 팀으로 적절하지 않은 것은?

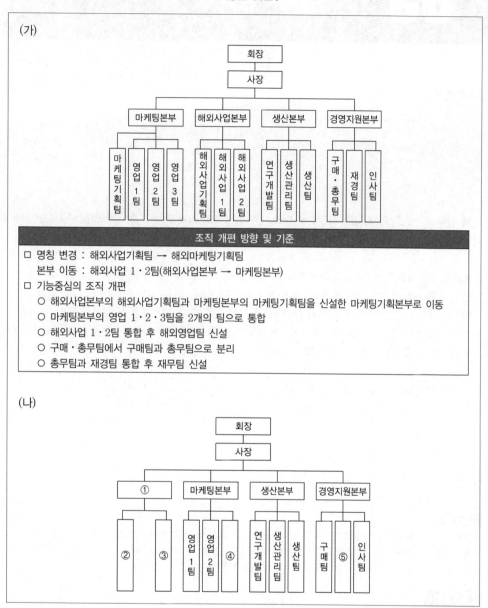

① 마케팅기획본부

② 해외마케팅기획팀

③ 영업 3팀

④ 해외영업팀

⑤ 재무팀

03 업무 종류

| 유형분석 |

- 부서별 주요 업무에 대해 묻는 문제이다.
- 부서별 특징과 담당 업무에 대한 이해가 필요하다.

다음 상황에서 팀장의 지시를 적절히 수행하기 위하여 오대리가 거쳐야 할 부서명을 순서대로 바르게 나열한 것은?

> 오대리, 내가 내일 출장 준비 때문에 무척 바빠서 그러는데 자네가 좀 도와줘야 할 것 같군. 우선 박비서한테 가서 오후 사장님 회의 자료를 좀 가져다 주게나. 오는 길에 지난주 기자단 간담회 자료 정리가 되었는지 확인해 보고 완료됐으면 한 부 챙겨 오고. 다음 주에 승진자 발표가 있을 것 같은데 우리 팀 승진 대상자 서류가 잘 전달되었는지 그것도 확인 좀 해 줘야겠어. 참, 오후에 바이어가 내방하기로 되어 있는데 공항 픽업 준비는 잘 해 두었지? 배차 예약 상황도 다시 한 번 점검해 봐야 할 거야. 그럼 수고 좀 해 주게.

① 기획팀 – 홍보팀 – 총무팀 – 경영관리팀
② 비서실 – 홍보팀 – 인사팀 – 총무팀
③ 인사팀 – 법무팀 – 총무팀 – 기획팀
④ 경영관리팀 – 법무팀 – 총무팀 – 인사팀
⑤ 회계팀 – 경영관리팀 – 인사팀 – 총무팀

정답 ②

우선 박비서에게 회의 자료를 받아와야 하므로 비서실을 들러야 한다. 다음으로 기자단 간담회는 대외 홍보 및 기자단 상대 업무를 맡은 홍보팀에서 자료를 정리할 것이므로 홍보팀을 거쳐야 한다. 또한, 승진자 인사 발표 소관 업무는 인사팀이 담당한다고 볼 수 있으며, 회사의 차량 배차에 대한 업무는 총무팀과 같은 지원부서의 업무로 보는 것이 적절하다.

풀이 전략!

조직은 목적의 달성을 위해 업무를 효과적으로 분배하고 처리할 수 있는 구조를 확립해야 한다. 조직의 목적이나 규모에 따라 업무의 종류는 다양하지만, 대부분의 조직에서는 총무, 인사, 기획, 회계, 영업으로 부서를 나누어 업무를 담당하고 있다. 따라서 5가지 업무 종류에 대해서는 미리 숙지해야 한다.

01 다음 〈보기〉 중 업무배정에 대한 설명으로 적절하지 않은 것을 모두 고르면?

> **보기**
>
> ㄱ. 조직의 업무는 반드시 사전에 직책에 따라 업무분장이 이루어진 대로 수행되어야 한다.
> ㄴ. 근속연수는 구성원 개인이 조직 내에서 책임을 수행하고 권한을 행사하는 기반이 된다.
> ㄷ. 동시간대에 수행하여야 하는 업무들은 하나의 업무로 통합하여 수행하는 것이 효율적이다.
> ㄹ. 직위에 따라 수행해야 할 일정 업무가 할당되고, 그 업무를 수행하는 데 필요한 권한과 책임이 부여된다.

① ㄱ, ㄴ   ② ㄱ, ㄷ

③ ㄴ, ㄷ   ④ ㄴ, ㄹ

⑤ ㄴ, ㄷ, ㄹ

02 다음 상사의 메신저 내용을 보고 A사원이 처리할 첫 업무와 마지막 업무를 바르게 나열한 것은?

> A씨, 우리 팀이 준비하는 프로젝트가 마무리 단계인 건 알고 있죠? 이제 곧 그동안 진행해 온 팀 프로젝트를 발표해야 하는데 A씨가 발표자로 선정되어서 몇 가지 말씀드릴 게 있어요. 9월 둘째 주 월요일 오후 4시에 발표를 할 예정이니 그 시간에 비어있는 회의실을 찾아보고 예약해 주세요. 오늘이 벌써 첫째 주 수요일이네요. 보통 일주일 전에는 예약해야 하니 최대한 빨리 확인하고 예약해 주셔야 합니다. 또 발표 내용을 PPT 파일로 만들어서 저한테 메일로 보내 주세요. 검토 후 수정사항을 회신할 테니 반영해서 최종본 내용을 브로슈어에 넣어 주세요. 최종본 내용을 모두 입력하면 디자인팀 D대리님께 파일을 넘겨줘야 해요. 디자인팀에서 작업 후 인쇄소로 보낼 겁니다. 최종 브로슈어는 1층 인쇄소에서 받아오시면 되는데 원래는 한나절이면 찾을 수 있지만 이번에 인쇄 주문 건이 많아서 다음 주 월요일에 찾을 수 있을 거예요. 아, 그리고 브로슈어 내용 정리 전에 작년에 프로젝트 발표자였던 B주임에게 물어보면 어떤 식으로 작성해야 할지 이야기해 줄 거예요.

① PPT 작성 – D대리에게 파일 전달

② 회의실 예약 – B주임에게 조언 구하기

③ 회의실 예약 – 인쇄소 방문

④ B주임에게 조언 구하기 – 인쇄소 방문

⑤ 회의실 예약 – D대리에게 파일 전달

03 직무전결 규정상 전무이사가 전결인 '과장의 국내출장 건'의 결재를 시행하고자 한다. 박기수 전무이사가 해외출장으로 인해 부재중이어서 직무대행자인 최수영 상무이사가 결재하였다. 〈보기〉 중 적절하지 않은 것을 모두 고르면?

> **보기**
>
> ㄱ. 최수영 상무이사가 결재한 것은 전결이다.
> ㄴ. 공문의 결재표상에는 '과장 최경옥, 부장 김석호, 상무이사 전결, 전무이사 최수영'이라고 표시되어 있다.
> ㄷ. 박기수 전무이사가 출장에서 돌아와서 해당 공문을 검토하는 것은 후결이다.

① ㄱ
② ㄷ
③ ㄱ, ㄴ
④ ㄴ, ㄷ
⑤ ㄱ, ㄴ, ㄷ

04 다음은 최팀장이 김사원에게 남긴 음성메시지이다. 김사원이 가장 먼저 처리해야 할 일로 옳은 것은?

> 지금 업무 때문에 밖에 나와 있는데, 전화를 안 받아서 음성메시지 남겨요. 내가 중요한 서류를 안 가져왔어요. 미안한데 점심시간에 서류 좀 갖다 줄 수 있어요? 아, 그리고 이팀장한테 퇴근 전에 전화 좀 달라고 해 줘요. 급한 건 아닌데 확인할 게 있어서 그래요. 나는 오늘 여기서 퇴근할 거니까 회사로 연락 오는 거 있으면 정리해서 오후에 알려 주고, 오전에 박과장이 문의사항이 있어서 방문하기로 했으니까 응대 잘 할 수 있도록 해요. 박과장이 문의한 사항은 관련 서류 정리해서 내 책상에 두었으니까 미리 읽어 보고 궁금한 사항 있으면 연락 주세요.

① 박과장 응대하기
② 최팀장에게 서류 갖다 주기
③ 회사로 온 연락 최팀장에게 알려 주기
④ 이팀장에게 전화달라고 전하기
⑤ 최팀장 책상의 서류 읽어 보기

05 다음은 H회사의 신제품 관련 회의가 끝난 후 작성된 회의록이다. 이를 이해한 내용으로 적절하지 않은 것은?

회의일시	2024. ○. ○	부서	홍보팀, 영업팀, 기획팀
참석자	홍보팀 팀장, 영업팀 팀장, 기획팀 팀장		
회의안건	신제품 홍보 및 판매 방안		
회의내용	- 경쟁 업체와 차별화된 마케팅 전략 필요 - 적극적인 홍보 및 판매 전략 필요 - 대리점 실적 파악 및 소비자 반응 파악 필요 - 홍보팀 업무 증가에 따라 팀원 보충 필요		
회의결과	- 홍보용 보도 자료 작성 및 홍보용 사은품 구매 요청 - 대리점별 신제품 판매량 조사 실시 - 마케팅 기획안 작성 및 공유 - 홍보팀 경력직 채용 공고		

① 이번 회의안건은 여러 팀의 협업이 필요한 사안이다.
② 기획팀은 마케팅 기획안을 작성하고, 이를 다른 팀과 공유해야 한다.
③ 홍보팀 팀장은 경력직 채용 공고와 관련하여 인사팀에 업무협조를 요청해야 한다.
④ 대리점의 신제품 판매량 조사는 소비자들의 반응을 파악하기 위한 것이다.
⑤ 영업팀은 홍보용 보도 자료를 작성하고, 홍보용 사은품을 구매해야 한다.

CHAPTER 02

의사소통능력

합격 Cheat Key

의사소통능력은 평가하지 않는 공사·공단이 없을 만큼 필기시험에서 중요도가 높은 영역으로, 세부 유형은 문서 이해, 문서 작성, 의사 표현, 경청, 기초 외국어로 나눌 수 있다. 문서 이해·문서 작성과 같은 지문에 대한 주제 찾기, 내용 일치 문제의 출제 비중이 높으며, 문서의 특성을 파악하는 문제도 출제되고 있다.

---

1 문제에서 요구하는 바를 먼저 파악하라!

의사소통능력에서 가장 중요한 것은 제한된 시간 안에 빠르고 정확하게 답을 찾아내는 것이다. 의사소통능력에서는 지문이 아니라 문제가 주인공이므로 지문을 보기 전에 문제를 먼저 파악해야 하며, 문제에 따라 전략적으로 빠르게 풀어내는 연습을 해야 한다.

---

2 잠재되어 있는 언어 능력을 발휘하라!

세상에 글은 많고 우리가 학습할 수 있는 시간은 한정적이다. 이를 극복할 수 있는 방법은 다양한 글을 접하는 것이다. 실제 시험장에서 어떤 내용의 지문이 나올지 아무도 예측할 수 없으므로 평소에 신문, 소설, 보고서 등 여러 글을 접하는 것이 필요하다.

3   상황을 가정하라!

업무 수행에 있어 상황에 따른 언어 표현은 중요하다. 같은 말이라도 상황에 따라 다르게 해석될 수 있기 때문이다. 그런 의미에서 자신의 의견을 효과적으로 전달할 수 있는 능력을 평가하는 것이다. 업무를 수행하면서 발생할 수 있는 여러 상황을 가정하고 그에 따른 올바른 언어표현을 정리하는 것이 필요하다.

4   말하는 이의 입장에서 생각하라!

잘 듣는 것 또한 하나의 능력이다. 상대방의 이야기에 귀 기울이고 공감하는 태도는 업무를 수행하는 관계 속에서 필요한 요소이다. 그런 의미에서 다양한 상황에서 듣는 능력을 평가하는 것이다. 말하는 이가 요구하는 듣는 이의 태도를 파악하고, 이에 따른 판단을 할 수 있도록 언제나 말하는 사람의 입장이 되는 연습이 필요하다.

| 유형분석 |

- 주어진 지문을 읽고 선택지를 고르는 전형적인 독해 문제이다.
- 지문은 주로 신문기사(보도자료 등)나 업무 보고서, 시사 등이 제시된다.
- 공사공단에 따라 자사와 관련된 내용의 기사나 법조문, 보고서 등이 출제되기도 한다.

다음 글의 내용으로 적절하지 않은 것은?

물가 상승률은 일반적으로 가격 수준의 상승 속도를 나타내며, 소비자 물가지수(CPI)와 같은 지표를 사용하여 측정된다. 높은 물가 상승률은 소비재와 서비스의 가격이 상승하고, 돈의 구매력이 감소한다. 이는 소비자들이 더 많은 돈을 지출하여 물가 상승에 따른 가격 상승을 감수해야 함을 의미한다.

물가 상승률은 경제에 다양한 영향을 미친다. 먼저 소비자들의 구매력이 저하되므로 가계소득의 실질 가치가 줄어든다. 이는 소비 지출의 감소와 경기 둔화를 초래할 수 있다. 또한 물가 상승률은 기업의 의사결정에도 영향을 준다. 예를 들어 높은 물가 상승률은 이자율의 상승과 함께 대출 조건을 악화시키므로 기업들은 생산 비용 상승과 이로 인한 이윤 감소에 직면하게 된다.

정부와 중앙은행은 물가 상승률을 통제하기 위해 다양한 금융 정책을 사용하며, 대표적으로 세금 조정, 통화량 조절, 금리 조정 등이 있다.

물가 상승률은 경제 활동에 큰 영향을 주는 중요한 요소이므로 정부, 기업, 투자자 및 개인은 이를 주의 깊게 모니터링하고 전망을 평가하는 데 활용해야 한다. 또한 소비자의 구매력과 경기 상황에 직접적・간접적인 영향을 주므로 경제 주체들은 물가 상승률의 변동에 대응하여 적절한 전략을 수립해야 한다.

① 지나친 물가 상승은 소비 심리를 위축시킨다.
② 정부와 중앙은행이 실행하는 금융 정책의 목적은 물가 안정성을 유지하는 것이다.
③ 중앙은행의 금리 조정으로 지나친 물가 상승을 진정시킬 수 있다.
④ 소비재와 서비스의 가격이 상승하므로 기업의 입장에서는 물가 상승률이 커질수록 이득이다.
⑤ 정부와 기업뿐 아니라 투자자 및 개인 또한 물가 상승률을 모니터링할 필요가 있다.

정답 ④

높은 물가 상승률은 이자율의 상승과 함께 대출 조건을 악화시키므로 기업들은 생산 비용 상승과 이로 인한 이윤 감소에 직면하게 된다.

풀이 전략!

주어진 선택지에서 키워드를 체크한 후, 지문의 내용과 비교해 가면서 내용의 일치 유무를 빠르게 판단한다.

01 다음은 H공단의 여비규칙을 일부 발췌한 것이다. 이를 이해한 내용으로 가장 적절한 것은?

> ⟨여비규칙⟩
>
> **목적(제1조)** 이 규칙은 H공단의 임원 및 직원이 공단업무로 국내외에 여행하거나 전근 명령을 받고 신임지로 부임할 때 지급하는 여비에 관한 사항을 규정함을 목적으로 한다.
>
> **용어의 정의(제3조)** 이 규칙에서 사용하는 용어의 정의는 다음과 같다.
> 1. 일비란 출장 중의 현지 교통비 등 여행 중에 발생하는 기타 경비를 말한다.
> 2. 숙박비란 숙박료와 숙박시설 이용료 및 기타 부대비용 등 숙박에 수반하는 모든 경비를 말한다.
> 3. 운임이란 출발 지점과 종착 지점 간(여행거리)의 철도운임, 항공운임, 선박운임, 자동차운임을 말한다.
> 4. 이전비란 전근, 신규채용 등으로 신임지 부임에 드는 경비를 말한다.
> 5. 근무지 내 국내출장이란 같은 시(특별시 및 광역시를 포함한다. 이하 같다)·군 및 섬(제주특별자치도는 제외한다. 이하 같다) 안에서의 출장이나 시·군·섬을 달리하여도 여행거리가 왕복 12km 미만인 출장을 말한다.
> 6. 시외출장이란 제5호 이외의 지역을 말한다.
> 7. 근무지 내 출장비란 근무지 내 출장에 드는 경비를 말한다.
> 8. 차량운행비란 자동차 운임 중 규칙에서 정한 부득이한 사유로 대중교통이 아닌 자가용차량 이용 승인을 득하였을 경우 지급하는 차량연료비 및 통행료를 말한다.
>
> **여비계산(제5조)**
> ① 여비는 통상의 경로 및 방법에 의하여 이를 계산한다. 다만, 공단업무 형편상 또는 천재지변, 기타 부득이한 사유로 인하여 통상의 경로 및 방법에 의하여 여행하기 곤란한 경우에는 실제로 행한 경로 및 방법에 의하여 계산한다.
> ② 여행일수는 여행을 위하여 실제로 필요한 일수에 따른다. 다만, 공무의 형편상 또는 천재지변 그 밖의 부득이한 사유로 인하여 소요되는 일수는 이에 포함한다.
> ③ 여행 도중 공단 내규나 직위 등의 변경에 따라 여비 계산을 구분하여야 할 필요가 있는 때에는 그 사유가 발생한 날을 기준으로 계산한다. 다만, 당해 공단 임·직원이 이동 중인 경우에는 그 사유가 발생한 후 최초의 목적지에 도착한 날을 기준으로 구분하여 계산하며, 같은 날에 여비액을 달리하여야 할 경우에는 많은 금액을 기준으로 지급한다.
>
> **수행출장 등(제6조)** 직원이 같은 목적으로 임원·별정직·상급직원 또는 외빈을 수행·동행하여 여행할 경우 출장목적 수행상 부득이하다고 인정될 때에는 임원·별정직·상급직원 또는 외빈과 같은 등급의 운임·일비·숙박비·식비를 최소화하여 조정·적용할 수 있다.

① 차량운행비란 출발 지점과 종착 지점 간(여행거리)의 대중교통 및 자가용 운임을 말한다.
② 여비는 기본적으로 실제 행한 경로 및 방법을 기준으로 계산한다.
③ 직원이 외빈을 동행하여 여행할 경우 기존 여비의 1.5배를 가산하여 지급한다.
④ 근무지 내 국내출장이란 제주도를 포함하여 왕복 12km 미만인 출장을 말한다.
⑤ 출장 시 폭설로 인해 고립되어 예정된 일정보다 하루 더 소요되었을 때 총여행일수에 이를 포함한다.

02 다음 글의 내용으로 적절하지 않은 것은?

> 기업은 많은 이익을 남기길 원하고, 소비자는 좋은 제품을 저렴하게 구매하길 원한다. 그 과정에서 힘이 약한 저개발국가의 농민, 노동자, 생산자들은 무역상품의 가격 결정 과정에 참여하지 못하고, 자신이 재배한 식량과 상품을 매우 싼값에 팔아 겨우 생계를 유지한다. 그 결과, 세계 인구의 20% 정도가 우리 돈 약 1,000원으로 하루를 살아가고, 세계 노동자의 40%가 하루 2,000원 정도의 소득으로 살아가고 있다.
>
> 이러한 무역 거래의 한계를 극복하고, 공평하고 윤리적인 무역 거래를 통해 저개발국가 농민, 노동자, 생산자들이 겪고 있는 빈곤 문제를 해결하기 위하여 공정무역이 생겨났다. 공정무역은 기존 관행 무역으로부터 소외당하며 불이익을 받고 있는 생산자와 지속가능한 파트너십을 통해 공정하게 거래하는 것으로, 생산자들과 공정무역 단체의 직거래를 통한 거래 관계에서부터 단체나 제품 등에 대한 인증시스템까지 모두 포함하는 무역을 의미한다.
>
> 이와 같은 공정무역은 국제 사회 시민운동의 일환으로, 1946년 미국의 시민단체 '텐사우전드빌리지 (Ten Thousand Villages)'가 푸에르토리코의 자수 제품을 구매하고, 1950년대 후반 영국의 '옥스팜(Oxfam)'이 중국 피난민들의 수공예품과 동유럽국가의 수공예품을 팔면서 시작되었다. 이후 1960년대에는 여러 시민 단체들이 조직되어 아프리카, 남아메리카, 아시아의 빈곤한 나라에서 본격적으로 활동을 전개하였다. 이 단체들은 가난한 농부와 노동자들이 스스로 조합을 만들어 환경친화적으로 농산물을 생산하도록 교육하고, 이에 필요한 자금 등을 지원했다. 2000년대에는 자본주의의 대안활동으로 여겨지며 공정무역이 급속도로 확산되었고, 공정무역 단체나 회사가 생겨남에 따라 저개발국가 농부들의 농산물이 공정한 값을 받고 거래되었다. 이러한 과정에서 공정무역은 저개발국 생산자들의 삶을 개선하기 위한 중요한 시장 메커니즘으로 주목을 받게 된 것이다.

① 기존 관행 무역에서는 저개발국가의 농민, 노동자, 생산자들이 무역상품의 가격 결정 과정에 참여하지 못했다.

② 세계 노동자의 40%가 하루 2,000원 정도의 소득으로 살아가며, 세계 인구의 20%는 약 1,000원으로 하루를 살아간다.

③ 공정무역에서는 저개발국가의 생산자들과 지속가능한 파트너십을 통해 그들을 무역 거래 과정에서 소외시키지 않는다.

④ 공정무역은 1946년에 시작되었고, 1960년대 조직된 여러 시민 단체들이 본격적으로 활동을 전개하였다.

⑤ 시민 단체들은 조합을 만들어 환경친화적인 농산물을 직접 생산하고, 이를 회사에 공정한 값으로 판매하였다.

03 다음은 임금피크제 운용지침을 발췌한 것이다. 이를 이해한 내용으로 적절하지 않은 것은?

〈임금피크제 운용지침〉

목적(제1조) 이 지침은 보수규정 제5조에 따라 한국산업인력공단의 임금피크제 운용에 관한 제반 사항을 정함을 목적으로 한다.

용어의 정의(제2조) 이 지침에서 사용하는 용어의 정의는 다음과 같다.

1. 임금피크제란 일정 연령의 도달 또는 생산성 등을 고려하여 피크임금의 수준을 결정하고 이를 기준으로 임금을 조정하는 임금체계를 말한다.
2. 임금피크제 대상 직원이란 임금피크제의 적용기준에 도달하는 직원을 말한다.
3. 별도정원이란 임금피크제 대상 직원 중 정년 보장자인 1, 2급 직원은 정년퇴직일 1년 전, 정년연장자인 3급 이하 직원은 정년연장기간인 정년퇴직일 3년 전 기간 동안의 인원으로 별도직무군과 초임직급군 정원을 합한 인원으로 한다.
4. 별도직무군이란 임금피크제 대상 직원 중 기존 정원에서 제외되어 별도정원으로 관리되는 별도 직무를 수행하는 직무군을 말한다.
5. 초임직급군이란 신규채용인원 중 정원으로 편입되지 않고 별도정원으로 관리되는 직급군을 말한다.

적용범위(제3조) 임금피크제 운용에 관해 법령, 정관 및 규정에서 따로 정한 것을 제외하고는 이 지침에 따른다.

임금피크제 적용대상(제4조) 임금피크제의 적용 대상은 정규직 및 무기계약 직원으로 한다.

적용시기(제5조) 임금피크제의 적용 시기는 다음 각 호와 같이 정한다.

1. 정년퇴직예정일 3년 전부터 임금피크제를 적용한다.
2. 정년퇴직예정일이 6월 30일인 경우 3년 전 7월 1일부터, 정년퇴직예정일이 12월 31일인 경우 3년 전 1월 1일부터 임금피크제를 적용한다.

피크임금(제6조)

① 임금피크제 대상 직원의 임금 조정을 위한 피크임금은 제5조의 적용 전 1년간의 급여 총액 중 가족수당, 자녀학비보조금, 직무급(직책급 등 이와 유사항목 포함), 경영평가성과급을 제외한 금액을 말한다.
② 제1항의 급여 총액이라 함은 보수규정 등 취업규칙에서 정한 급여 항목의 지급 총액을 말한다.

임금피크제 적용 임금의 산정 및 지급(제7조)

① 임금피크제 대상 직원에 대해서는 제6조에 따라 산정한 피크임금에서 연봉제 시행규칙 별표 9에서 정한 연차별 감액률을 적용하여 지급한다.
② 임금피크제 적용 임금에 대해서는 매년 공단에서 정한 임금 인상률을 적용한다.

복리후생(제14조) 임금피크제 대상 직원에 대한 복리후생은 관련 규정 등에서 정하는 바에 따라 일반 직원과 동일하게 적용한다.

준용(제15조) 이 지침에서 정하지 아니한 사항은 관련 법령 및 일반 직원에 적용되는 제규정을 적용한다.

---

① 임금피크제 대상 직원에 대한 복리후생은 관련 규정에 따라 일반 직원과 차등을 둔다.
② 임금피크제 적용 대상은 정규직 및 무기계약 직원이다.
③ 정년퇴직예정일이 4월 30인 경우 3년 전 5월 1일부터 임금피크제를 적용한다.
④ 임금피크제 적용 임금은 매년 공단에서 정한 임금 인상률을 적용한다.
⑤ 임금피크제는 일정 연령의 도달 또는 생산성 등을 고려하여 피크임금의 수준을 결정하고 이를 기준으로 임금을 조정하는 임금체계를 말한다.

| 유형분석 |

- 주어진 지문을 파악하여 전달하고자 하는 핵심 주제를 고르는 문제이다.
- 정보를 종합하고 중요한 내용을 구별하는 능력이 필요하다.
- 설명문부터 주장, 반박문까지 다양한 성격의 지문이 제시되므로 글의 성격별 특징을 알아두는 것이 좋다.

다음 글의 주제로 가장 적절한 것은?

> 멸균이란 곰팡이, 세균, 박테리아, 바이러스 등 모든 미생물을 사멸시켜 무균 상태로 만드는 것을 의미한다. 멸균 방법에는 물리적, 화학적 방법이 있으며, 멸균 대상의 특성에 따라 적절한 멸균 방법을 선택하여 실시할 수 있다. 먼저 물리적 멸균법에는 열이나 화학약품을 사용하지 않고 여과기를 이용하여 세균을 제거하는 여과법, 병원체를 불에 태워 없애는 소각법, 100℃에서 10 ~ 20분간 물품을 끓이는 자비소독법, 미생물을 자외선에 직접 노출시키는 자외선 소독법, 160 ~ 170℃의 열에서 1 ~ 2시간 동안 건열 멸균기를 사용하는 건열법, 포화된 고압증기 형태의 습열로 미생물을 파괴시키는 고압증기 멸균법 등이 있다. 다음으로 화학적 멸균법은 화학약품이나 가스를 사용하여 미생물을 파괴하거나 성장을 억제하는 방법으로, E.O 가스, 알코올, 염소 등 여러 가지 화학약품이 사용된다.

① 멸균의 중요성
② 뛰어난 멸균 효과
③ 다양한 멸균 방법
④ 멸균 시 발생할 수 있는 부작용
⑤ 멸균 시 사용하는 약품의 종류

정답 ③

제시문에서는 멸균에 대해 언급하며, 멸균 방법을 물리적·화학적으로 구분하여 다양한 멸균 방법에 대해 설명하고 있다. 따라서 글의 주제로는 ③이 가장 적절하다.

풀이 전략!

'결국', '즉', '그런데', '그러나', '그러므로' 등의 접속어 뒤에 주제가 드러나는 경우가 많다는 것에 주의하면서 지문을 읽는다.

01 다음 글의 제목으로 가장 적절한 것은?

> 사회 방언은 지역 방언과 함께 2대 방언의 하나를 이룬다. 그러나 사회 방언은 지역 방언만큼 일찍부터 방언 학자의 주목을 받지는 못하였다. 어느 사회에나 사회 방언이 없지는 않았으나, 일반적으로 사회 방언 간의 차이는 지역 방언들 사이의 그것만큼 그렇게 뚜렷하지 않기 때문이었다. 가령 20대와 60대 사이에는 분명히 방언차가 있지만 그 차이가 전라도 방언과 경상도 방언 사이의 그것만큼 현저하지는 않은 것이 일반적이며, 남자와 여자 사이의 방언차 역시 마찬가지다. 사회 계층 간의 방언차는 사회에 따라서는 상당히 현격한 차이를 보여 일찍부터 논의의 대상이 되어 왔다. 인도에서의 카스트에 의해 분화된 방언, 미국에서의 흑인 영어의 특이성, 우리나라 일부 지역에서 발견되는 양반 계층과 일반 계층 사이의 방언차 등이 그 대표적인 예들이다. 이러한 사회 계층 간의 방언 분화는 최근 사회 언어학의 대두에 따라 점차 큰 관심의 대상이 되어 가고 있다.

① 2대 방언 – 지역 방언과 사회 방언
② 최근 두드러진 사회 방언에 대한 관심
③ 부각되는 계층 간의 방언 분화
④ 사회 언어학의 대두와 사회 방언
⑤ 사회 방언의 특징

02 다음 글의 주제로 가장 적절한 것은?

> 사대부가 퇴장하고, 시민이 지배세력으로 등장하면서 근대문학이 시작되었다. 염상섭, 현진건, 나도향 등은 모두 서울 중인의 후예인 시민이었기 때문에 근대 소설을 이룩하는 데 앞장설 수 있었다. 이광수, 김동인, 김소월 등 평안도 출신 시민계층도 근대문학 형성에 큰 몫을 담당했다. 근대문학의 주역인 시민은 본인의 계급 이익을 배타적으로 옹호하지 않았다. 그들은 사대부 문학의 유산을 계승하는 한편, 민중문학과 제휴해 중세 보편주의와는 다른 근대 민족주의 문학을 발전시키는 의무를 감당해야 했다.

① 근대문학 형성의 주역들
② 근대문학의 지역문제
③ 민족주의 문학의 탄생과 발전
④ 근대문학의 특성과 의의
⑤ 근대문학과 민족문학

03 다음 글의 제목으로 가장 적절한 것은?

일반적으로 소비자들은 합리적인 경제 행위를 추구하기 때문에 최소 비용으로 최대 효과를 얻으려 한다는 것이 소비의 기본 원칙이다. 그들은 '보이지 않는 손'이라고 일컬어지는 시장 원리 아래에서 생산자와 만난다. 그러나 이러한 일차적 의미의 합리적 소비가 언제나 유효한 것은 아니다. 생산보다는 소비가 화두가 된 소비 자본주의 시대에 소비는 단순히 필요한 재화, 그리고 경제학적으로 유리한 재화를 구매하는 행위에 머물지 않는다. 최대 효과 자체에 정서적이고 사회 심리학적인 요인이 개입하면서, 이제 소비는 개인이 세계와 만나는 다분히 심리적인 방법이 되어버린 것이다. 곧 인간의 기본적인 생존 욕구를 충족시켜 주는 합리적 소비 수준에 머물지 않고, 자신을 표현하는 상징적 행위가 된 것이다. 이처럼 오늘날의 소비문화는 물질적 소비 차원이 아닌 심리적 소비 형태를 띠게 된다.

소비 자본주의의 화두는 과소비가 아니라 '과시 소비'로 넘어간 것이다. 과시 소비의 중심에는 신분의 논리가 있다. 신분의 논리는 유용성의 논리, 나아가 시장의 논리로 설명되지 않는 것들을 설명해 준다. 혈통으로 이어지던 폐쇄적 계층 사회는 소비 행위에 대해 계급에 근거한 제한을 부여했다. 먼 옛날 부족 사회에서 수장들만이 걸칠 수 있었던 장신구에서부터, 제아무리 권문세가의 정승이라도 아흔아홉 칸을 넘을 수 없던 집이 좋은 예다. 권력을 가진 자는 힘을 통해 자기의 취향을 주위 사람들과 분리시킴으로써 경외감을 강요하고, 그렇게 자기 취향을 과시함으로써 잠재적 경쟁자들을 통제한 것이다.

가시적 신분 제도가 사라진 현대 사회에서도 이러한 신분의 논리는 여전히 유효하다. 이제 개인은 소비를 통해 자신의 물질적 부를 표현함으로써 신분을 과시하려 한다.

① '보이지 않는 손'에 의한 합리적 소비의 필요성
② 소득을 고려하지 않은 무분별한 과소비의 폐해
③ 계층별 소비 규제의 필요성
④ 신분사회에서 의복 소비와 계층의 관계
⑤ 소비가 곧 신분이 되는 과시 소비의 원리

04 다음 글의 주제로 가장 적절한 것은?

최근에 사이버공동체를 중심으로 한 시민의 자발적 정치 참여 현상이 많은 관심을 끌고 있다. 이러한 현상과 관련하여 A의 연구가 새삼 주목 받고 있다. A의 연구에 따르면 공동체의 구성원이 됨으로써 얻게 되는 '사회적 자본'이 시민사회의 성숙과 민주주의 발전을 가져오는 원동력이다. A의 이론에서는 공동체에 대한 자발적 참여를 통해 사회 구성원 간의 상호 의무감과 신뢰, 구성원들이 공유하는 규칙과 관행, 사회적 유대 관계와 같은 사회적 자본이 늘어나면 사회 구성원 간의 협조적인 행위가 가능하게 된다고 보았다. 더 나아가 A는 자원봉사자와 같이 공동체 참여도가 높은 사람이 투표할 가능성이 높고 정부 정책에 대한 의견 개진도 활발해지는 등 정치 참여도가 높아진다고 주장하였다.

몇몇 학자들은 A의 이론을 적용하여 면대면 접촉에 따른 인간관계의 산물인 사회적 자본이 사이버공동체에서도 충분히 형성될 수 있다고 보았다. 그리고 사이버공동체에서 사회적 자본의 증가가 정치 참여도 활성화시킬 것으로 기대했다. 하지만 이러한 기대와는 달리 정치 참여는 활성화되지 않았다. 요즘 젊은이들을 보면 각종 사이버공동체에 자발적으로 참여하는 수준은 높지만 투표나 다른 정치 활동에는 무관심하거나 심지어 정치를 혐오하기도 한다. 이런 측면에서 A의 주장은 사이버공동체가 활성화된 오늘날에는 잘 맞지 않는다.

이러한 이유 때문에 오늘날 사이버공동체를 중심으로 한 정치 참여를 더 잘 이해하기 위해서 '정치적 자본' 개념의 도입이 필요하다. 정치적 자본은 사회적 자본의 구성 요소와는 달리 정치 정보의 습득과 이용, 정치적 토론과 대화, 정치적 효능감 등으로 구성된다. 정치적 자본은 사회적 자본과 마찬가지로 공동체 참여를 통해서 획득되지만, 정치 과정에의 관여를 촉진한다는 점에서 사회적 자본과는 구분될 필요가 있다. 사회적 자본만으로는 정치 참여를 기대하기 어렵고, 사회적 자본과 정치 참여 사이를 정치적 자본이 매개할 때 비로소 정치 참여가 활성화된다.

① 사이버공동체를 통해 축적된 사회적 자본에 정치적 자본이 더해질 때 정치 참여가 활성화된다.
② 사회적 자본은 정치적 자본을 포함하기 때문에 그 자체로 정치 참여의 활성화를 가져온다.
③ 사회적 자본이 많은 사회는 정치 참여가 활발하기 때문에 민주주의가 실현된다.
④ 사이버공동체의 특수성으로 인해 시민들의 정치 참여가 어렵게 되었다.
⑤ 사이버공동체에의 자발적 참여 증가는 정치 참여를 활성화시킨다.

03 문단 나열

| 유형분석 |

- 각 문단의 내용을 파악하고 논리적 순서에 맞게 나열하는 복합적인 문제이다.
- 전체적인 글의 흐름을 이해하는 것이 중요하며, 각 문단의 지시어나 접속어에 주의한다.

다음 문단을 논리적 순서대로 바르게 나열한 것은?

> (가) 여기에 반해 동양에서는 보름달에 좋은 이미지를 부여한다. 예를 들어, 우리나라의 처녀귀신이나 도깨비는 달빛이 흐린 그믐 무렵에나 활동하는 것이다. 그런데 최근에는 동서양의 개념이 마구 뒤섞여 보름달을 배경으로 악마의 상징인 늑대가 우는 광경이 동양의 영화에 나오기도 한다.
>
> (나) 동양에서 달은 '음(陰)'의 기운을, 해는 '양(陽)'의 기운을 상징한다는 통념이 자리를 잡았다. 그래서 달을 '태음', 해를 '태양'이라고 불렀다. 동양에서는 해와 달의 크기가 같은 덕에 음과 양도 동등한 자격을 갖춘다. 즉, 음과 양은 어느 하나가 좋고 다른 하나는 나쁜 것이 아니라 서로 보완하는 관계를 이루는 것이다.
>
> (다) 옛날부터 형성된 이러한 동서양 간의 차이는 오늘날까지 영향을 끼치고 있다. 동양에서는 달이 밝으면 달맞이를 하는데, 서양에서는 달맞이를 자살 행위처럼 여기고 있다. 특히 보름달은 서양인들에게 거의 공포의 상징과 같은 존재이다. 예를 들어, 13일의 금요일에 보름달이 뜨게 되면 사람들이 외출조차 꺼린다.
>
> (라) 하지만 서양의 경우는 다르다. 서양에서 낮은 신이, 밤은 악마가 지배한다는 통념이 자리를 잡았다. 따라서 밤의 상징인 달에 좋지 않은 이미지를 부여하게 되었다. 이는 해와 달의 명칭을 보면 알 수 있다. 라틴어로 해를 'Sol', 달을 'Luna'라고 하는데 정신병을 뜻하는 단어 'Lunacy'의 어원이 바로 'Luna'이다.

① (가) – (나) – (라) – (다)
② (나) – (라) – (가) – (다)
③ (나) – (라) – (다) – (가)
④ (다) – (나) – (가) – (라)
⑤ (다) – (나) – (라) – (가)

정답 ③

제시문은 동양과 서양에서 서로 다른 의미를 부여하고 있는 달에 대해 설명하고 있는 글이다. 따라서 (나) 동양에서 나타나는 해와 달의 의미 → (라) 동양과 상반되는 서양에서의 해와 달의 의미 → (다) 최근까지 지속되고 있는 달에 대한 서양의 부정적 의미 → (가) 동양에서의 변화된 달의 이미지의 순서대로 나열하는 것이 적절하다.

풀이 전략!

상대적으로 시간이 부족하다고 느낄 때는 선택지를 참고하여 문단의 순서를 생각해 본다.

※ 다음 문단을 논리적 순서대로 바르게 나열한 것을 고르시오. [1~3]

01

(가) 나무를 가꾸기 위해서는 처음부터 여러 가지를 고려해 보아야 한다. 심을 나무의 생육조건, 나무의 형태, 성목이 되었을 때의 크기, 꽃과 단풍의 색, 식재지역의 기후와 토양 등을 종합적으로 생각하고 심어야 한다. 나무의 생육조건은 저마다 다르기 때문에 지역의 환경조건에 적합한 나무를 선별하여 환경에 적응하도록 해야 한다. 동백나무와 석류, 홍가시나무는 남부지방에 키우기 적합한 나무로 알려져 있지만 지구온난화로 남부수종의 생육한계선이 많이 북상하여 중부지방에서도 재배가 가능한 나무도 있다. 부산의 도로 중앙분리대에서 보았던 잎이 붉은 홍가시나무는 여주의 시골집 마당 양지바른 곳에서 3년째 잘 적응하고 있다.

(나) 더불어 나무의 특성을 외면하고 주관적인 해석에 따라 심었다가는 훗날 낭패를 보기 쉽다. 물을 좋아하는 수국 곁에 물을 싫어하는 소나무를 심었다면 둘 중 하나는 살기 어려운 환경이 조성된다. 나무를 심고 가꾸기 위해서는 전체적인 밑그림을 그려보고 생태적 특징을 살펴본 후에 심는 것이 바람직하다.

(다) 나무들이 밀집해 있으면 나무들끼리의 경쟁은 물론 바람길과 햇빛의 방해로 성장은 고사하고 병충해에 시달리기 쉽다. 또한 나무들은 성장속도가 다르기 때문에 항상 다 자란 나무의 모습을 상상하며 나무들 사이의 공간 확보를 염두에 두어야 한다. 그러나 묘목을 심고 보니 듬성듬성한 공간을 메꾸기 위하여 자꾸 나무를 심게 되는 실수가 종종 일어나고는 한다.

(라) 식재계획의 시작은 장기적인 안목으로 적재적소의 원칙을 염두에 두고 나무를 선정해야 한다. 식물은 햇빛, 물, 바람의 조화를 이루면 잘 산다고 하지 않는가. 그래서 나무의 특성 중에서 햇볕을 좋아하는지 그늘을 좋아하는지, 물을 좋아하는지 여부를 살펴보는 것이 중요하다. 어린 묘목을 심을 경우 실수하는 것은 나무가 자랐을 때의 생육공간을 생각하지 않고 촘촘하게 심는 것이다.

① (가) – (다) – (라) – (나)　　　　② (가) – (라) – (다) – (나)

③ (다) – (라) – (나) – (가)　　　　④ (라) – (나) – (가) – (다)

⑤ (라) – (나) – (다) – (가)

02

(가) 결국 이를 다시 생각하면, 과거와 현재의 문화 체계와 당시 사람들의 의식 구조, 생활상 등을 역추적할 수 있다는 말이 된다. 즉, 동물의 상징적 의미가 문화를 푸는 또 하나의 열쇠이자 암호가 되는 것이다. 그리고 동물의 상징적 의미를 통해 인류의 총체인 문화의 실타래를 푸는 것은 우리는 어떤 존재인가라는 정체성에 대한 답을 하는 과정이 될 수 있다.

(나) 인류는 선사시대부터 생존을 위한 원초적 본능에서 동굴이나 바위에 그림을 그리는 일종의 신앙 미술을 창조했다. 신앙 미술은 동물에게 여러 의미를 부여하기 시작했고, 동물의 상징적 의미는 현재까지도 이어지고 있다. 1억 원 이상 복권 당첨자의 23%가 돼지꿈을 꿨다거나, 황금돼지해에 태어난 아이는 만복을 타고난다는 속설 때문에 결혼과 출산이 줄을 이었고, 대통령 선거에서 '두 돼지가 나타나 두 뱀을 잡아 먹는다.'는 식으로 후보들이 홍보를 하기도 했다. 이렇게 동물의 상징적 의미는 우리 시대에도 여전히 유효한 관념으로 남아 있는 것이다.

(다) 동물의 상징적 의미는 시대나 나라에 따라 변하고 새로운 역사성을 담기도 했다. 예를 들면, 뱀은 다산의 상징이자 불사의 존재이기도 했지만, 사악하고 차가운 간사한 동물로 여겨지기도 했다. 하지만 그리스에서 뱀은 지혜의 신이자, 아테네의 상징물이었고, 논리학의 상징이었다. 그리고 과거에 용은 숭배의 대상이었으나, 상상의 동물일 뿐이라는 현대의 과학적 사고는 지금의 용에 대한 믿음을 약화시키고 있다.

(라) 동물의 상징적 의미가 이렇게 다양하게 변하는 것은 문화가 살아 움직이기 때문이다. 문화는 인류의 지식, 신념, 행위의 총체로서, 동물의 상징적 의미 또한 문화에 속한다. 문화는 항상 현재 진행형이기 때문에 현재의 생활이 바로 문화이며, 이것은 미래의 문화로 전이된다. 문화는 과거, 현재, 미래가 따로 떨어진 게 아니라 뫼비우스의 띠처럼 연결되어 있는 것이다. 다시 말하면 그 속에 포함된 동물의 상징적 의미 또한 거미줄처럼 얽히고설켜 형성된 것으로, 그 시대의 관념과 종교, 사회·정치적 상황에 따라 의미가 달라질 수밖에 없다는 말이다.

① (나) - (가) - (라) - (다)
② (나) - (다) - (라) - (가)
③ (다) - (라) - (나) - (가)
④ (라) - (나) - (다) - (가)
⑤ (라) - (다) - (가) - (나)

03

(가) 베커는 "주말이나 저녁에는 회사들이 문을 닫기 때문에 활용할 수 있는 시간의 길이가 길어지고 이에 따라 특정 행동의 시간 비용이 줄어든다."라고도 지적한다. 시간의 비용이 가변적이라는 개념은, 기대수명이 늘어나서 사람들에게 더 많은 시간이 주어지는 것이 시간의 비용에 영향을 미칠 수 있다는 점에서 의미가 있다.

(나) 베커와 린더는 사람들에게 주어진 시간을 고정된 양으로 전제했다. 1965년 당시의 기대수명은 약 70세였다. 하루 24시간 중 8시간을 수면에 쓰고 나머지 시간에 활동이 가능하다면, 평생 408,800시간의 활동가능 시간이 주어지는 셈이다. 하지만 이 방정식에서 변수 하나가 바뀌면 어떻게 될까? 기대수명이 크게 늘어난다면 시간의 가치 역시 달라져서 늘 시간에 쫓기는 조급한 마음에도 영향을 주게 되지 않을까?

(다) 시간의 비용이 가변적이라고 생각한 이는 베커만이 아니었다. 스웨덴의 경제학자 스테판 린더는 서구인들이 엄청난 경제성장을 이루고도 여유를 누리지 못하는 이유를 논증한다. 경제가 성장하면 사람들의 시간을 쓰는 방식도 달라진다. 임금이 상승하면 직장 밖 활동에 들어가는 시간의 비용이 늘어난다. 일하는 데 쓸 수 있는 시간을 영화나 책을 보는 데 소비하면 그만큼의 임금을 포기하는 것이다. 따라서 임금이 늘어난 만큼 일 이외의 활동에 들어가는 시간의 비용도 함께 늘어난다는 것이다.

(라) 1965년 노벨상 수상자 게리 베커는 '시간의 비용'이 시간을 소비하는 방식에 따라 변화한다고 주장하였다. 예를 들어 수면이나 식사 활동은 영화 관람에 비해 단위 시간당 시간의 비용이 작다. 그 이유는 수면과 식사가 생산적인 활동에 기여하기 때문이다. 잠을 못 자거나 식사를 제대로 하지 못해 체력이 떨어진다면, 생산적인 활동에 제약을 받기 때문에 수면과 식사 활동에 들어가는 시간의 비용이 영화관람에 비해 작다고 할 수 있다.

① (나) – (다) – (가) – (라)

② (나) – (라) – (다) – (가)

③ (라) – (가) – (다) – (나)

④ (라) – (나) – (다) – (가)

⑤ (라) – (다) – (가) – (나)

| 유형분석 |

- 주어진 지문을 바탕으로 도출할 수 있는 내용을 찾는 문제이다.
- 선택지의 내용을 정확하게 확인하고 지문의 정보와 비교하여 추론하는 능력이 필요하다.

다음 글을 읽고 추론한 내용으로 적절하지 않은 것은?

1977년 개관한 퐁피두 센터의 정식명칭은 국립 조르주 퐁피두 예술문화 센터로, 공공정보기관(BPI), 공업창작센터(CCI), 음악·음향의 탐구와 조정연구소(IRCAM), 파리 국립 근현대 미술관(MNAM) 등이 있는 종합문화예술 공간이다. 퐁피두라는 이름은 이 센터의 창설에 힘을 기울인 조르주 퐁피두 대통령의 이름을 딴 것이다.

1969년 당시 대통령이었던 퐁피두는 파리의 중심지에 미술관이면서 동시에 조형예술과 음악, 영화, 서적 그리고 모든 창조적 활동의 중심이 될 수 있는 문화 복합센터를 지어 프랑스 미술을 더욱 발전시키고자 했다. 요즘 미술관들은 미술관의 이러한 복합적인 기능과 역할을 인식하고 변화를 시도하는 곳이 많다. 미술관은 더 이상 전시만 보는 곳이 아니라 식사도 하고 영화도 보고 강연도 들을 수 있는 곳으로, 대중과의 거리 좁히기를 시도하고 있는 것도 그리 특별한 일은 아니다. 그러나 이미 40년 전에 21세기 미술관의 기능과 역할을 미리 내다볼 줄 아는 혜안을 가지고 설립된 퐁피두 미술관은 프랑스가 왜 문화강국이라 불리는지를 알 수 있게 해준다.

① 퐁피두 미술관의 모습은 기존 미술관의 모습과 다를 것이다.
② 퐁피두 미술관을 찾는 사람들의 목적은 다양할 것이다.
③ 퐁피두 미술관은 전통적인 예술작품들을 선호할 것이다.
④ 퐁피두 미술관은 파격적인 예술작품들을 배척하지 않을 것이다.
⑤ 퐁피두 미술관은 현대 미술관의 선구자라는 자긍심을 가지고 있을 것이다.

정답 ③

제시문에 따르면 퐁피두 미술관은 모든 창조적 활동을 위한 공간이므로, 퐁피두가 전통적인 예술작품을 선호할 것이라는 추론은 적절하지 않다.

풀이 전략!

주어진 지문이 어떠한 내용을 다루고 있는지 파악한 후 선택지의 키워드를 확실하게 체크하고, 지문의 정보에서 도출할 수 있는 내용을 찾는다.

01 다음 글을 읽고 추론한 내용으로 가장 적절한 것은?

> 비자발적인 행위는 강제나 무지에서 비롯된 행위이다. 반면에 자발적인 행위는 그것의 실마리가 행위자 자신 안에 있다. 행위자 자신 안에 행위의 실마리가 있는 경우에는 행위를 할 것인지 말 것인지가 행위자 본인에게 달려 있다.
>
> 욕망이나 분노에서 비롯된 행위들을 모두 비자발적이라고 할 수는 없다. 그것들이 모두 비자발적이라면 인간 아닌 동물 중 어떤 것도 자발적으로 행위를 하는 게 아닐 것이며, 아이들조차 그럴 것이기 때문이다. 우리가 욕망하는 것 중에는 마땅히 욕망해야 할 것이 있는데, 그러한 욕망에 따른 행위는 비자발적이라고 할 수 없다. 실제로 우리는 어떤 것들에 대해서는 마땅히 화를 내야 하며, 건강이나 배움과 같은 것은 마땅히 욕망해야 한다. 따라서 욕망이나 분노에서 비롯된 행위를 모두 비자발적인 것으로 보아서는 안 된다.
>
> 합리적 선택에 따르는 행위는 모두 자발적인 행위지만 자발적인 행위의 범위는 더 넓다. 왜냐하면 아이들이나 동물들도 자발적으로 행위를 하긴 하지만 합리적 선택에 따라 행위를 하지는 못하기 때문이다. 또한 욕망이나 분노에서 비롯된 행위는 어떤 것도 합리적 선택을 따르는 행위가 아니다. 이성이 없는 존재는 욕망이나 분노에 따라 행위를 할 수 있지만, 합리적 선택에 따라 행위를 할 수는 없기 때문이다. 또 자제력이 없는 사람은 욕망 때문에 행위를 하지만 합리적 선택에 따라 행위를 하지는 않는다. 반대로 자제력이 있는 사람은 합리적 선택에 따라 행위를 하지, 욕망 때문에 행위를 하지는 않는다.

① 욕망에 따른 행위는 모두 자발적인 것이다.
② 자제력이 있는 사람은 자발적으로 행위를 한다.
③ 자제력이 없는 사람은 비자발적으로 행위를 한다.
④ 자발적인 행위는 모두 합리적 선택에 따른 것이다.
⑤ 마땅히 욕망해야 할 것을 하는 행위는 모두 합리적 선택에 따른 것이다.

02 다음 글을 읽고 추론할 수 있는 내용으로 적절하지 않은 것은?

인류는 청정하고 고갈될 염려가 없는 풍부한 에너지를 기대하며, 신재생에너지인 태양광과 풍력에 너지에 많은 기대를 걸고 있다. 그러나 태양광이나 풍력으로는 화력발전을 통해 생산되는 전력 공급량을 대체하기 어렵고, 기상 환경에 많은 영향을 받는다는 점에서 한계가 있다. 이에 대한 대안으로 많은 전문가들은 '핵융합 에너지'에 기대를 모으고 있다.

핵융합발전은 핵융합 현상을 이용하는 발전 방식으로, 핵융합은 말 그대로 원자의 핵이 융합하는 것을 말한다. 우라늄의 원자핵이 분열하면서 방출되는 에너지를 이용하는 원자력발전과 달리, 핵융합발전은 수소 원자핵이 융합해 헬륨 원자핵으로 바뀌는 과정에서 방출되는 에너지를 이용해 물을 가열하고 수증기로 터빈을 돌려 전기를 생산한다.

핵융합발전이 다음 세대를 이끌어갈 전력 생산 방식이 될 수 있는 이유는 인류가 원하는 에너지원의 조건을 모두 갖추고 있기 때문이다. 우선 연료가 거의 무한대라고 할 수 있을 정도로 풍부하다. 핵융합발전에 사용되는 수소는 일반적인 수소가 아닌 수소의 동위원소로, 지구의 70%를 덮고 있는 바닷물을 이용해서 얼마든지 생산할 수 있다. 게다가 적은 연료로 원자력발전에 비해 훨씬 많은 에너지를 얻을 수 있다. 1g으로 석유 8t을 태워서 얻을 수 있는 전기를 생산할 수 있고, 원자력발전에 비하면 같은 양의 연료로 3~4배의 전기를 생산할 수 있다.

무엇보다 오염물질을 거의 배출하지 않는 점이 큰 장점이다. 미세먼지와 대기오염을 일으키는 오염물질은 전혀 나오지 않고 오직 헬륨만 배출된다. 약간의 방사선이 방출되지만, 원자력발전에서 배출되는 방사성 폐기물에 비하면 거의 없다고 볼 수 있을 정도다.

핵융합발전은 안전 문제에서도 자유롭다. 원자력발전은 수개월 혹은 1년 치 연료를 원자로에 넣고 연쇄적으로 핵분열 반응을 일으키는 방식이라 문제가 생겨도 당장 가동을 멈춰 사태가 악화되는 것을 막을 수 없다. 하지만 핵융합발전은 연료가 아주 조금 들어가기 때문에 문제가 생겨도 원자로가 녹아내리는 것과 같은 대형 재난으로 이어지지 않는다. 문제가 생기면 즉시 핵융합 반응이 중단되고 발전장치가 꺼져버린다. 핵융합 반응을 제어하는 일이 극도로 까다롭기 때문에 오히려 발전장치가 꺼지지 않도록 정밀하게 제어하는 것이 중요하다.

현재 세계 각국은 각자 개별적으로 핵융합발전 기술을 개발하는 한편 프랑스 남부 카다라슈 지역에 '국제핵융합실험로(ITER)'를 건설해 공동으로 실증 실험을 할 준비를 진행하고 있다. 한국과 유럽연합(EU), 미국, 일본, 러시아, 중국, 인도 등 7개국이 참여해 구축하고 있는 ITER는 2025년 12월 완공될 예정이며, 2025년 이후에는 그동안 각국이 갈고 닦은 기술을 적용해 핵융합 반응을 일으켜 상용화 가능성을 검증하게 된다. 불과 10년 내로 세계 전력산업의 패러다임을 바꾸는 역사적인 핵융합 실험이 지구상에서 이뤄지게 되는 것이다.

① 핵융합발전이 태양열발전보다 더 많은 양의 전기를 생산할 수 있을 것이다.
② 핵융합발전과 원자력발전은 원자의 핵을 다르게 이용한다는 점에서 차이가 있다.
③ 같은 양의 전력 생산을 목표로 한다면 원자력발전의 연료비는 핵융합발전의 3배 이상일 것이다.
④ 헬륨은 대기오염을 일으키는 오염물질에 해당하지 않는다.
⑤ 핵융합발전에는 발전장치를 제어하는 사람의 역할이 중요할 것이다.

03 다음 중 밑줄 친 사람들의 주장으로 가장 적절한 것은?

최근 여러 나라들은 화석연료 사용으로 인한 기후 변화를 억제하기 위해, 화석연료의 사용을 줄이고 목재연료의 사용을 늘리고 있다. 다수의 과학자와 경제학자들은 목재를 '탄소 중립적 연료'라고 생각하고 있다. 나무를 태우면 이산화탄소가 발생하지만, 새로 심은 나무가 자라면서 다시 이산화탄소를 흡수하는데, 나무를 베어낸 만큼 다시 심으면 전체 탄소배출량은 '0'이 된다는 것이다. 대표적으로 유럽연합이 화석연료를 목재로 대체하려고 하는데, 2020년까지 탄소 중립적 연료로 전체 전력의 20%를 생산할 계획을 제시한 바 있다. 영국, 벨기에, 덴마크 네덜란드 등의 국가에서는 나무 화력 발전소를 건설하거나 기존의 화력발전소에서 나무를 사용할 수 있도록 전환하는 등의 설비를 갖추고 있다. 우리나라 역시 재생에너지지원을 중요시하면서 나무 펠릿 수요가 증가하고 있다.

하지만 일부 과학자들은 목재가 친환경 연료가 아니라고 주장한다. 이들 주장의 핵심은 지금 심은 나무가 자라는 데에는 수십 ~ 수백 년이 걸린다는 것이다. 즉, 지금 나무를 태워 나온 이산화탄소는 나무를 심는다고 해서 줄어드는 것이 아니라 수백 년에 걸쳐서 천천히 흡수된다는 것이다. 또 화석연료에 비해 발전 효율이 낮기 때문에 같은 전력을 생산하는 데 발생하는 이산화탄소의 양은 더 많아질 것이라고 강조한다. 눈앞의 배출량만 줄이는 것은 마치 지금 당장 지갑에서 현금이 나가지 않는다고 해서 신용카드를 무분별하게 사용하는 것처럼 위험할 수 있다는 생각이다. 이들은 기후 변화 방지에 있어서, 배출량을 줄이는 것이 아니라 배출하지 않는 방법을 택하는 것이 더 낫다고 강조한다.

① 나무의 발전 효율을 높이는 연구가 선행되어야 한다.
② 목재연료를 통한 이산화탄소 절감은 전 세계가 동참해야만 가능하다.
③ 목재연료의 사용보다는 화석연료의 사용을 줄이는 것이 중요하다.
④ 목재연료의 사용보다는 태양광과 풍력 등의 발전효율을 높이는 것이 효과적이다.
⑤ 목재연료의 사용은 현재의 상황에서 가장 합리적인 대책이다.

| 유형분석 |

- 주어진 지문을 바탕으로 빈칸에 들어갈 내용을 찾는 문제이다.
- 선택지의 내용을 정확하게 확인하고 빈칸 앞뒤 문맥을 파악하는 능력이 필요하다.

다음 글의 빈칸에 들어갈 내용으로 가장 적절한 것은?

힐링(Healing)은 사회적 압박과 스트레스 등으로 손상된 몸과 마음을 치유하는 방법을 포괄적으로 일컫는 말이다. 우리보다 먼저 힐링이 정착된 서구에서는 질병 치유의 대체 요법 또는 영적·심리적 치료 요법 등을 지칭하고 있다. 국내에서도 최근 힐링과 관련된 갖가지 상품이 유행하고 있다. 간단한 인터넷 검색을 통해 수천 가지의 상품을 확인할 수 있을 정도이다. 종교적 명상, 자연 요법, 운동 요법 등 다양한 형태의 힐링 상품이 존재한다. 심지어 고가의 힐링 여행이나 힐링 주택 등의 상품도 나오고 있다. 그러나 _____ 우선 명상이나 기도 등을 통해 내면에 눈뜨고, 필라테스나 요가를 통해 육체적 건강을 회복하여 자신감을 얻는 것부터 출발할 수 있다.

① 힐링이 먼저 정착된 서구의 힐링 상품들을 참고해야 할 것이다.
② 많은 돈을 들이지 않고서도 쉽게 할 수 있는 일부터 찾는 것이 좋을 것이다.
③ 이러한 상품들의 값이 터무니없이 비싸다고 느껴지지는 않을 것이다.
④ 자신을 진정으로 사랑하는 법을 알아야 할 것이다.
⑤ 무엇이든 지나치면 독이 되며, 힐링에도 정도가 있다는 것을 알아야 한다.

정답 ②

빈칸의 전후 문장을 통해 내용을 파악해야 한다. 우선 '그러나'라는 접속어를 통해 빈칸에는 앞의 내용에 상반되는 내용이 오는 것임을 알 수 있다. 따라서 수천 가지의 힐링 상품이나 고가의 상품들을 참고하는 것과는 상반된 내용을 찾으면 된다. 또한, 빈칸 뒤의 내용이 주위에서 쉽게 할 수 있는 힐링 방법을 통해 자신감을 얻는 것부터 출발해야 한다는 내용이므로, 빈칸에는 많은 돈을 들이지 않고도 쉽게 할 수 있는 일부터 찾아야 한다는 내용이 담긴 문장이 오는 것이 적절하다.

풀이 전략!

빈칸 앞뒤의 문맥을 파악한 후 선택지에서 가장 어울리는 내용을 찾는다. 빈칸 앞에 접속어가 있다면 이를 활용한다.

※ 다음 글의 빈칸에 들어갈 내용으로 가장 적절한 것을 고르시오. [1~3]

01

미국 대통령 후보 선거제도 중 '코커스'는 정당 조직의 가장 하위 단위인 기초선거구의 당원들이 모여 상위의 전당대회에 참석할 대의원을 선출하는 당원회의이다. 대의원 후보들은 자신이 대통령 후보로 누구를 지지하는지 먼저 밝힌다. 상위 전당대회에 참석할 대의원들은 각 대통령 후보에 대한 당원들의 지지율에 비례해서 선출된다. 코커스에서 선출된 대의원들은 카운티 전당대회에서 투표권을 행사하여 다시 다음 수준인 의회선거구 전당대회에 보낼 대의원들을 선출한다. 여기서도 비슷한 과정을 거쳐 주(州) 전당대회 대의원들을 선출해내고, 거기서 다시 마지막 단계인 전국 전당대회 대의원들을 선출한다. 주에 따라 의회선거구 전당대회는 건너뛰기도 한다.

1971년까지는 선거법에 따라 민주당과 공화당 모두 5월 둘째 월요일까지 코커스를 개최해야 했다. 그런데 민주당 전국위원회가 1972년부터는 대선후보 선출을 위한 전국 전당대회를 7월 말에 개최하도록 결정하면서 1972년 아이오와주 민주당의 코커스는 그 해 1월에 열렸다. 아이오와주 민주당 규칙에 코커스, 카운티 전당대회, 의회선거구 전당대회, 주 전당대회, 전국 전당대회 순서로 진행되는 각급 선거 간에 최소 30일의 시간적 간격을 두어야 한다는 규정이 있었기 때문이다. 이후 아이오와주에서 공화당이 1976년부터 코커스 개최시기를 1월로 옮기면서, ＿＿＿＿＿＿＿＿＿＿

아이오와주의 선거 운영 방식은 민주당과 공화당 간에 차이가 있었다. 공화당의 경우 코커스를 포함한 하위 전당대회에서 특정 대선후보를 지지하여 당선된 대의원이 상위 전당대회에서 반드시 같은 후보를 지지해야 하는 것은 아니었다. 반면 민주당의 경우 그러한 구속력을 부여하였다. 그러나 2016년부터 공화당 역시 상위 전당대회에 참여하는 대의원에게 같은 구속력을 부여함으로써 기층 당원의 대통령 후보에 대한 지지도가 전국 전당대회에 참여할 주(州) 대의원 선출에 반영되도록 했다.

① 아이오와주는 미국의 대선후보 선출 과정에서 선거 운영 방식이 달라진 최초의 주가 되었다.
② 아이오와주는 미국의 대선후보 선출 과정에서 민주당과 공화당 사이에 깊은 골을 남기게 되었다.
③ 아이오와주는 미국의 대선후보 선출 과정에서 코커스의 개정을 요구하는 최초의 주가 되었다.
④ 아이오와주는 미국의 대선후보 선출 과정에서 민주당과 공화당 모두 가장 먼저 코커스를 실시하는 주가 되었다.
⑤ 아이오와주는 미국의 대선후보 선출 과정에서 코커스 제도를 폐지한 최초의 주가 되었다.

02

오늘날 인류가 왼손보다 오른손을 선호하는 경향은 어디서 비롯되었을까? 오른손을 귀하게 여기고 왼손을 천대하는 현상은 어쩌면 산업화 이전 사회에서 배변 후 사용할 휴지가 없었다는 사실과 관련이 있을 법하다. 맨손으로 배변 뒤처리를 하는 것은 불쾌할 뿐더러 병균을 옮길 위험을 수반하는 일이었다. 이런 위험성을 낮추는 간단한 방법은 음식을 먹거나 인사할 때 다른 손을 사용하는 것이었다. 기술 발달 이전의 사회는 대개 왼손을 배변 뒤처리에, 오른손을 먹고 인사하는 일에 사용했다. 나는 이런 배경이 인간 사회에 널리 나타나는 '오른쪽'에 대한 긍정과 '왼쪽'에 대한 반감을 어느 정도 설명해 줄 수 있으리라고 생각했다. 그러나 이 설명은 왜 애초에 오른손이 먹는 일에, 그리고 왼손이 배변 처리에 사용되었는지 설명해주지 못한다. _____ 따라서 근본적인 설명은 다른 곳에서 찾아야 할 것 같다.

한쪽 손을 주로 쓰는 경향은 뇌의 좌우반구의 기능 분화와 관련되어 있는 것으로 보인다. 보고된 증거에 따르면, 왼손잡이는 읽기와 쓰기, 개념적·논리적 사고 같은 좌반구 기능에서 오른손잡이보다 상대적으로 미약한 대신 상상력, 패턴 인식, 창의력 등 전형적인 우반구 기능에서는 상대적으로 기민한 경우가 많다.

나는 이성 대 직관의 힘겨루기, 뇌의 두 반구 사이의 힘겨루기가 오른손과 왼손의 힘겨루기로 표면화된 것이 아닐까 생각한다. 즉 오른손이 원래 왼손보다 더 능숙했기 때문이 아니라 뇌의 좌반구가 인간의 행동을 지배하는 권력을 갖게 되었기 때문에 오른손 선호에 이르렀다는 생각이다.

① 동서양을 막론하고 왼손잡이 사회는 확인된 바 없기 때문이다.
② 기능적으로 왼손이 오른손보다 섬세하기 때문이다.
③ 모든 사람들이 오른쪽을 선호하는 것이 아니기 때문이다.
④ 양손의 기능을 분담시키지 않는 사람이 존재할 수도 있기 때문이다.
⑤ 현대사회에 들어서서 왼손잡이가 늘어나고 있기 때문이다.

03

스마트팩토리는 인공지능(AI), 사물인터넷(IoT) 등 다양한 기술이 융합된 자율화 공장으로, 제품 설계와 제조, 유통, 물류 등의 산업 현장에서 생산성 향상에 초점을 맞췄다. 이곳에서는 기계, 로봇, 부품 등의 상호 간 정보 교환을 통해 제조 활동을 하고, 모든 공정 이력이 기록되며, 빅데이터 분석으로 사고나 불량을 예측할 수 있다. 스마트팩토리에서는 컨베이어 생산 활동으로 대표되는 산업 현장의 모듈형 생산이 컨베이어를 대체하고 IoT가 신경망 역할을 한다. 센서와 기기 간 다양한 데이터를 수집하고, 이를 서버에 전송하면 서버는 데이터를 분석해 결과를 도출한다. 서버는 AI 기계학습 기술이 적용돼 빅데이터를 분석하고 생산성 향상을 위한 최적의 방법을 제시한다.

스마트팩토리의 대표 사례로는 고도화된 시뮬레이션 '디지털 트윈'을 들 수 있다. 디지털 트윈은 데이터를 기반으로 가상공간에서 미리 시뮬레이션하는 기술이다. 시뮬레이션을 위해 빅데이터를 수집하고 분석과 예측을 위한 통신·분석 기술에 가상현실(VR), 증강현실(AR)과 같은 기술을 더한다. 이를 통해 산업 현장에서 작업 프로세스를 미리 시뮬레이션하고, VR·AR로 검증함으로써 실제 시행에 따른 손실을 줄이고, 작업 효율성을 높일 수 있다.

한편 '에지 컴퓨팅'도 스마트팩토리의 주요 기술 중 하나이다. 에지 컴퓨팅은 산업 현장에서 발생하는 방대한 데이터를 클라우드로 한 번에 전송하지 않고, 에지에서 사전 처리한 후 데이터를 선별해서 전송한다. 서버와 에지가 연동해 데이터 분석 및 실시간 제어를 수행하여 산업 현장에서 생산되는 데이터가 기하급수로 늘어도 서버에 부하를 주지 않는다. 현재 클라우드 컴퓨팅이 중앙 데이터센터와 직접 소통하는 방식이라면 에지 컴퓨팅은 기기 가까이에 위치한 일명 '에지 데이터 센터'와 소통하며, 저장을 중앙 클라우드에 맡기는 형식이다. 이를 통해 데이터 처리 지연 시간을 줄이고 즉각적인 현장 대처를 가능하게 한다.

이러한 스마트팩토리의 발전은 _____ 최근 선진국에서 나타나는 주요 현상 중의 하나는 바로 '리쇼어링'의 가속화이다. 리쇼어링이란 인건비 등 각종 비용 절감을 이유로 해외에 나간 자국 기업들이 다시 본국으로 돌아오는 현상을 의미하는 용어이다. 2000년대 초반까지는 국가적 차원에서 세제 혜택 등의 회유책을 통해 추진되어왔지만, 스마트팩토리의 등장으로 인해 자국 내 스마트팩토리에서의 제조 비용과 중국이나 멕시코와 같은 제3국에서 제조 후 수출 비용에 큰 차이가 없어 리쇼어링 현상은 더욱 가속화되고 있다.

① 공장의 제조 비용을 절감시키고 있다.

② 공장의 세제 혜택을 사라지게 하고 있다.

③ 공장의 위치를 변화시키고 있다.

④ 수출 비용을 줄이는 데 도움이 된다.

⑤ 공장의 생산성을 높이고 있다.

06 경청 및 의사표현

| 유형분석 |

- 주로 특정 상황을 제시한 뒤 올바른 의사소통 방법을 묻는 형태의 문제가 출제된다.
- 경청과 관련한 이론에 대해 묻거나 대화문 중에서 올바른 경청 자세를 고르는 문제가 출제되기도 한다.

다음 중 올바른 경청방법으로 적절하지 않은 것은?

① 상대를 정면으로 마주하는 자세는 상대방이 자칫 위축되거나 부담스러워할 수 있으므로 지양한다.

② 손이나 다리를 꼬지 않는 개방적인 자세는 상대에게 마음을 열어놓고 있음을 알려주는 신호이다.

③ 우호적인 눈의 접촉(Eye-Contact)은 자신이 상대방에게 관심을 가지고 있음을 알려준다.

④ 비교적 편안한 자세는 전문가다운 자신만만함과 아울러 편안한 마음을 상대방에게 전할 수 있다.

⑤ 상대방의 마음상태를 이해하며 듣는 것은 바람직한 태도이다.

정답 ①

상대를 정면으로 마주하는 자세는 자신이 상대방과 함께 의논할 준비가 되어있다는 것을 알리는 자세이므로 경청을 하는 데 있어 올바른 자세이다.

풀이 전략!

별다른 암기 없이도 풀 수 있는 문제가 자주 출제되지만, 문제에 주어진 상황에 대한 확실한 이해가 필요하다.

01 A씨 부부는 대화를 하다 보면 사소한 다툼으로 이어지곤 한다. A씨의 아내는 A씨가 자신의 이야기를 제대로 들어주지 않기 때문이라고 생각한다. 다음 사례에 나타난 A씨의 경청을 방해하는 습관은 무엇인가?

> A씨의 아내가 남편에게 직장에서 업무 실수로 상사에게 혼난 일을 이야기하자 A씨는 "항상 일을 진행하면서 꼼꼼하게 확인하라고 했잖아요. 당신이 일을 처리하는 방법이 잘못됐어요. 다음부터는 일을 하기 전에 미리 계획을 세우고 체크리스트를 작성해 보세요."라고 이야기했다. A씨의 아내는 이런 대답을 듣자고 이야기한 것이 아니라며 더 이상 이야기하고 싶지 않다고 말하고는 밖으로 나가 버렸다.

① 짐작하기
② 걸러내기
③ 판단하기
④ 조언하기
⑤ 옳아야만 하기

02 H물류회사에 입사한 B사원은 첫 팀 회의를 앞두고 있다. 다음 중 팀 회의에서의 원활한 의사표현을 위한 방법으로 가장 적절한 것은?

① 상대방이 말하는 동안 어떤 답을 할지 미리 생각해놔야 한다.
② 공감을 보여주는 가장 쉬운 방법은 상대편의 말을 그대로 받아서 맞장구를 치는 것이다.
③ 핵심은 중요하므로 구체적으로 길게 표현해야 한다.
④ 이견이 있거나 논쟁이 붙었을 때는 앞뒤 말의 '논리적 개연성'만 따져보아야 한다.
⑤ 상대의 인정을 얻기 위해 자신의 단점이나 실패 경험보다 장점을 부각해야 한다.

※ 다음은 경청태도에 대한 강연 내용의 일부이다. 이어지는 질문에 답하시오. [3~4]

우리는 회사생활을 하면서 많이 말하기보다 많이 들어야 합니다. 그런데 말 잘하는 법, 발표 잘하는 법에 대한 노하우는 어디서든 찾아볼 수 있지만 잘 듣는 법에 대한 이야기는 별로 없는 것 같아요. 그래서 오늘은 올바른 경청태도에 대해 이야기하고자 합니다. 제가 여러분께 어제 메일로 오늘 강의할 자료를 보내드렸습니다. 혹시 읽어 오신 분 있나요? 네, 거의 없죠. 이해합니다. 그런데 여러분, 이렇게 강연 전 미리 수업계획서나 강의계획서를 미리 읽어두는 것도 효과적인 경청 방법에 해당한다는 사실을 알고 계셨나요? 상대의 말을 잘 알아듣기 위해서는 상대가 말하고자 하는 주제나 용어에 친숙해질 필요가 있으니까요. 이 밖에도 효과적인 경청 방법에는 주의 집중하기가 있습니다. 여러분은 지금 모두 제 말을 아주 집중해서 듣고 계시네요. 모두 좋은 경청 태도를 보이고 계십니다.

경청에 도움을 주는 자세가 있다면 경청을 방해하는 요인들도 있겠죠? 상대방의 말을 듣고 받아들이기보다 자신의 생각에 들어맞는 단서를 찾아 자신의 생각을 확인하는 행동, 상대방에 대한 부정적인 판단 또는 상대방을 비판하기 위해 상대방의 말을 듣지 않는 행동 등이 있죠. 그럼 각각의 사례를 통해 경청을 방해하는 요인에 대해 더 자세히 알아보도록 하겠습니다.

03 다음 중 윗글에서 설명하고 있는 경청의 방해요인을 〈보기〉에서 모두 고르면?

보기

(가) 다른 생각하기   (나) 짐작하기
(다) 판단하기   (라) 걸러내기

① (가), (나)   ② (가), (라)
③ (나), (다)   ④ (나), (라)
⑤ (다), (라)

04 강연을 듣고 윤수, 상민, 서희, 선미는 다음과 같은 대화를 나누었다. 강연 내용에 기반하였을 때, 옳지 않은 말을 하는 사람을 모두 고르면?

> 윤수 : 말하는 것만큼 듣는 것도 중요하구나. 경청은 그저 잘 듣기만 하면 되는 줄 알았는데, 경청에
>   도 여러 가지 방법이 있는지 오늘 처음 알았어.
> 상민 : 맞아. 특히 오늘 강사님이 알려주신 경청을 방해하는 요인은 정말 도움이 되었어. 그동안 나
>   도 모르게 했던 행동들 중에 해당되는 게 많더라고, 특히 내가 대답할 말을 생각하느라 상대
>   의 말에 집중하지 않는 태도는 꼭 고쳐야겠다고 생각이 들었어.
> 서희 : 나도 상대에게 호의를 보인다고 상대의 말에 너무 쉽게 동의하거나 너무 빨리 동의하곤 했는
>   데 앞으로 조심해야겠어. 그러고 보니 강사님께서 경청의 방해 요인은 예시까지 들어주시며
>   자세히 설명해주셨는데, 경청의 올바른 자세는 몇 가지 알려주시지 않아 아쉬웠어. 또 무엇이
>   있을까?
> 선미 : 아, 그건 강사님이 보내주신 강의 자료에 더 자세히 나와 있어. 그런데 서희야, 네가 말한
>   행동은 경청의 올바른 자세니까 굳이 고칠 필요 없어.

① 윤수   ② 상민
③ 서희   ④ 선미
⑤ 상민, 선미

05 다음은 의사표현의 말하기 중 '쉼'에 대한 설명이다. 빈칸에 들어갈 수 있는 내용으로 옳지 않은 것은?

> 쉼이란 대화 도중 잠시 침묵하는 것으로 의도적인 경우도 있고, 비의도적인 경우도 있으며, 의도적
> 으로 할 경우 쉼을 활용하여 논리성, 감성제고, 동질감 등을 얻을 수 있다. 듣기에 좋은 말의 속도는
> 이야기 전체에서 35 ~ 40%가 적당하다는 주장이 있으며, 대화를 할 때 쉼을 하는 경우는 _____
> 등이 있다.

① 이야기가 전이될 때   ② 양해, 동조의 경우
③ 생략, 암시의 경우   ④ 분노, 화냄의 경우
⑤ 여운을 남길 때

| 유형분석 |

- 글의 내용을 파악하고 문맥을 읽을 줄 알아야 한다.
- 문서의 종류에 대한 이해를 묻는 문제가 자주 출제된다.

다음 중 문서의 종류와 작성법이 바르게 연결되지 않은 것은?

① 공문서 : 마지막엔 반드시 '끝' 자로 마무리한다.
② 설명서 : 복잡한 내용은 도표화한다.
③ 기획서 : 상대가 요구하는 것이 무엇인지 고려하여 작성한다.
④ 보고서 : 상대에게 어필해 상대가 채택하게끔 설득력 있게 작성한다.
⑤ 공문서 : 날짜는 연도와 월일을 반드시 함께 언급해야 한다.

정답 ④

기획서에 대한 설명이다. 보고서는 궁금한 점에 대해 질문 받을 것에 대비하고, 업무상 진행과정에서 작성하므로 핵심내용을 구체적으로 제시해야 한다.

풀이 전략!

공문서나 보고서와 같은 자주 출제되는 문서의 작성법을 반드시 숙지해야 하며, 상황이나 대화문이 제시되는 경우 대화의 흐름을 통해 문제에서 묻고 있는 문서의 종류를 빠르게 파악해야 한다.

01 다음 중 문서의 종류에 대한 설명으로 적절하지 않은 것은?

① 공문서는 정부 행정기관에서 대내적 혹은 대외적 공무를 집행하기 위해 작성하는 문서이다.

② 비즈니스 레터는 적극적으로 아이디어를 내고 기획한 하나의 프로젝트를 문서 형태로 만들어, 상대방에게 그 내용을 전달하여 기획을 시행하도록 설득하는 문서이다.

③ 기안서는 회사의 업무에 대한 협조를 구하거나 의견을 전달할 때 작성하며, 흔히 사내 공문서로 불린다.

④ 보도 자료는 정부 기관이나 기업체, 각종 단체 등이 언론을 상대로 자신들의 정보가 기사로 보도되도록 하기 위해 보내는 자료이다.

⑤ 보고서는 특정한 일에 관한 현황이나 그 진행 상황 또는 연구·검토 결과 등을 보고하고자 할 때 작성하는 문서이다.

02 다음 〈보기〉는 문서의 종류에 따른 문서 작성법이다. (가) ~ (라)와 문서의 종류가 바르게 연결된 것은?

> **보기**
>
> (가) 상품이나 제품에 대해 정확하게 기술하기 위해서는 가급적 전문용어의 사용을 삼가고 복잡한 내용은 도표화한다.
>
> (나) 대외문서이고, 장기간 보관되는 문서이므로 정확하게 기술해야 하며, 한 장에 담아내는 것이 원칙이다.
>
> (다) 보통 업무 진행 과정에서 쓰는 경우가 대부분이므로 무엇을 도출하고자 했는지 핵심내용을 구체적으로 제시한다. 이때, 간결하고 핵심적인 내용의 도출이 우선이므로 내용의 중복을 피해야 한다.
>
> (라) 상대가 요구하는 것이 무엇인지 고려하여 설득력을 갖추어야 하며, 제출하기 전에 충분히 검토해야 한다.

	(가)	(나)	(다)	(라)
①	공문서	보고서	설명서	기획서
②	공문서	기획서	설명서	보고서
③	설명서	공문서	기획서	보고서
④	설명서	공문서	보고서	기획서
⑤	기획서	설명서	보고서	공문서

CHAPTER 03

수리능력

합격 Cheat Key

수리능력은 사칙 연산·통계·확률의 의미를 정확하게 이해하고 이를 업무에 적용하는 능력으로, 기초 연산과 기초 통계, 도표 분석 및 작성의 문제 유형으로 출제된다. 수리능력 역시 채택하지 않는 공사·공단이 거의 없을 만큼 필기시험에서 중요도가 높은 영역이다.

특히, 난이도가 높은 공사·공단의 시험에서는 도표 분석, 즉 자료 해석 유형의 문제가 많이 출제되고 있고, 응용 수리 역시 꾸준히 출제하는 공사·공단이 많기 때문에 기초 연산과 기초 통계에 대한 공식의 암기와 자료 해석 능력을 기를 수 있는 꾸준한 연습이 필요하다.

1 응용 수리의 공식은 반드시 암기하라!

응용 수리는 공사·공단마다 출제되는 문제는 다르지만, 사용되는 공식은 비슷한 경우가 많으므로 자주 출제되는 공식을 반드시 암기하여야 한다. 문제에서 묻는 것을 정확하게 파악하여 그에 맞는 공식을 적절하게 적용하는 꾸준한 노력과 공식을 암기하는 연습이 필요하다.

2 자료의 해석은 자료에서 즉시 확인할 수 있는 지문부터 확인하라!

수리능력 중 도표 분석, 즉 자료 해석 능력은 많은 시간을 필요로 하는 문제가 출제되므로, 증가·감소 추이와 같이 눈으로 확인이 가능한 지문을 먼저 확인한 후 복잡한 계산이 필요한 지문을 확인하는 방법으로 문제를 풀이한다면 시간을 조금이라도 아낄 수 있다. 또한, 여러 가지 보기가 주어진 문제 역시 지문을 잘 확인하고 문제를 풀이한다면 불필요한 계산을 생략할 수 있으므로 항상 지문부터 확인하는 습관을 들여야 한다.

3 도표 작성에서 지문에 작성된 도표의 제목을 반드시 확인하라!

도표 작성은 하나의 자료 혹은 보고서와 같은 수치가 표현된 자료를 도표로 작성하는 형식으로 출제되는데, 대체로 표보다는 그래프를 작성하는 형태로 많이 출제된다. 지문을 살펴보면 각 지문에서 주어진 도표에도 소제목이 있는 경우가 대부분이다. 이때, 자료의 수치와 도표의 제목이 일치하지 않는 경우 함정이 존재하는 문제일 가능성이 높으므로 도표의 제목을 반드시 확인하는 것이 중요하다.

| 유형분석 |

- 문제에서 제공하는 정보를 파악한 뒤, 사칙연산을 활용하여 계산하는 전형적인 수리문제이다.
- 문제를 풀기 위한 정보가 산재되어 있는 경우가 많으므로 주어진 조건 등을 꼼꼼히 확인해야 한다.

A씨는 저가항공을 이용하여 비수기에 제주도 출장을 가려고 한다. 1인 기준으로 작년에 비해 비행기 왕복 요금은 20% 내렸고, 1박 숙박비는 15% 올라서 올해의 비행기 왕복 요금과 1박 숙박비 합계는 작년보다 10% 증가한 금액인 308,000원이라고 한다. 이때, 1인 기준으로 올해의 비행기 왕복 요금은?

① 31,000원

② 32,000원

③ 33,000원

④ 34,000원

⑤ 35,000원

정답 ②

작년 비행기 왕복 요금을 x원, 작년 1박 숙박비를 y원이라 하면

$-\dfrac{20}{100}x + \dfrac{15}{100}y = \dfrac{10}{100}(x+y) \cdots ㉠$

$\left(1 - \dfrac{20}{100}\right)x + \left(1 + \dfrac{15}{100}\right)y = 308,000 \cdots ㉡$

㉠, ㉡을 정리하면

$y = 6x \cdots ㉢$

$16x + 23y = 6,160,000 \cdots ㉣$

㉢, ㉣을 연립하면

$16x + 138x = 6,160,000$

$\therefore\ x = 40,000,\ y = 240,000$

따라서 올해 비행기 왕복 요금은 $40,000 - 40,000 \times \dfrac{20}{100} = 32,000$원이다.

풀이 전략!

문제에서 묻는 바를 정확하게 확인한 후, 필요한 조건 또는 정보를 구분하여 신속하게 풀어 나간다. 단, 계산에 착오가 생기지 않도록 유의한다.

01 농도 8%의 소금물 200g에서 한 컵의 소금물을 떠내고 떠낸 양만큼 물을 부었다. 그리고 다시 농도 2%의 소금물을 더 넣었더니 농도 3%의 소금물 320g이 되었다고 할 때, 떠낸 소금물의 양은?

① 100g ② 110g

③ 120g ④ 130g

⑤ 140g

02 지수가 등산을 하는데 올라갈 때는 시속 3km로 걷고, 내려올 때는 올라갈 때보다 5km 더 먼 길을 시속 4km로 걷는다. 올라갔다가 내려올 때 총 3시간이 걸렸다면, 올라갈 때 걸은 거리는 몇 km인가?

① 3km ② 4km

③ 5km ④ 6km

⑤ 7km

03 철도 길이가 570m인 터널이 있다. A기차는 터널을 완전히 빠져나갈 때까지 50초가 걸렸고, 기차 길이가 A기차의 길이보다 60m 짧은 B기차는 23초가 걸렸다. 두 기차가 터널 양 끝에서 동시에 출발하면 $\frac{1}{3}$ 지점에서 만난다고 할 때, A기차의 길이는?(단, 기차의 속력은 일정하다)

① 150m ② 160m

③ 170m ④ 180m

⑤ 190m

04 0 ~ 9까지의 숫자가 적힌 카드를 세 장 뽑아서 홀수인 세 자리의 수를 만들려고 할 때, 가능한 경우의 수는?

① 280가지   ② 300가지

③ 320가지   ④ 340가지

⑤ 360가지

05 주사위를 두 번 던질 때, 두 눈의 합이 10 이상 나올 확률은?

① $\dfrac{1}{2}$ ② $\dfrac{1}{3}$

③ $\dfrac{1}{4}$ ④ $\dfrac{1}{5}$

⑤ $\dfrac{1}{6}$

06 H야구팀의 작년 승률은 40%였고, 올해는 총 120경기 중 65승을 하였다. 작년과 올해의 경기를 합하여 구한 승률이 45%일 때, 작년과 올해 H야구팀이 승리한 총횟수는?

① 151회   ② 152회

③ 153회   ④ 154회

⑤ 155회

07 조각 케이크 1조각을 정가로 팔면 3,000원의 이익을 얻는다. 만일, 장사가 되지 않아 정가에서 20%를 할인하여 5개 팔았을 때 순이익과 조각 케이크 1조각당 정가에서 2,000원씩 할인하여 4개를 팔았을 때의 매출액이 같다면, 이 상품의 정가는 얼마인가?

① 4,000원   ② 4,100원

③ 4,300원   ④ 4,400원

⑤ 4,600원

08 선규와 승룡이가 함께 일하면 5일이 걸리는 일을 선규가 먼저 4일을 진행하고, 승룡이가 7일을 진행하면 끝낼 수 있다고 한다. 승룡이가 이 일을 혼자 한다면 며칠이 걸리겠는가?

① 11일   ② 12일

③ 14일   ④ 15일

⑤ 16일

09 아버지와 어머니의 나이 차는 4세이고, 형과 동생의 나이 차는 2세이다. 또한, 아버지와 어머니의 나이의 합은 형 나이의 6배이다. 형과 동생의 나이의 합이 40세라면 아버지의 나이는 몇 세인가? (단, 아버지가 어머니보다 나이가 더 많다)

① 59세   ② 60세

③ 63세   ④ 65세

⑤ 67세

02 도표 계산

| 유형분석 |

- 주어진 자료를 통해 문제에서 주어진 특정한 값을 찾고, 자료의 변동량을 구할 수 있는지 평가하는 유형이다.
- 각 그래프의 선이 어떤 항목을 의미하는지와 단위를 정확히 확인한다.
- 그림을 통해 계산하지 않고 눈으로 확인할 수 있는 내용(증감추이)이 있는지 확인한다.

다음은 2023년도 H지역 고등학교 학년별 도서 선호 분야 비율에 대한 자료이다. 취업 관련 도서를 선호하는 3학년 학생 수 대비 철학·종교 도서를 선호하는 1학년 학생 수의 비율로 옳은 것은?(단, 모든 계산은 소수점 첫째 자리에서 반올림한다)

〈K지역 고등학교 학년별 도서 선호 분야 비율〉

(단위 : 명, %)

학년	사례 수	장르 소설	문학	자기 계발	취업 관련	예술· 문화	역사· 지리	과학· 기술	정치· 사회	철학· 종교	경제· 경영	기타
소계	1,160	28.9	18.2	7.7	6.8	5.4	6.1	7.9	5.7	4.2	4.5	4.5
1학년	375	29.1	18.1	7.0	6.4	8.7	5.3	7.8	4.1	3.0	6.5	4.0
2학년	417	28.4	18.7	8.9	7.5	3.8	6.3	8.3	8.1	5.0	3.1	1.9
3학년	368	29.3	17.8	7.1	6.6	3.7	6.8	7.6	4.8	4.5	4.1	7.7

① 42%

② 46%

③ 54%

④ 58%

⑤ 72%

정답 ②

취업 관련 도서를 선호하는 3학년 학생 수는 $368 \times 0.066 \fallingdotseq 24$명이고, 철학·종교 도서를 선호하는 1학년 학생 수는 $375 \times 0.03 \fallingdotseq$ 11명이다.

따라서 취업 관련 도서를 선호하는 3학년 학생 수 대비 철학·종교 도서를 선호하는 1학년 학생 수의 비율은 $\frac{11}{24} \times 100 \fallingdotseq 46\%$이다.

풀이 전략!

선택지에 주어진 값의 차이가 크지 않다면 어림값을 활용하는 것이 오히려 풀이 속도를 지연시킬 수 있으므로 주의해야 한다.

01 다음은 공공기관 청렴도 평가 현황 자료이다. 내부청렴도가 가장 높은 해와 낮은 해를 차례대로 나열하면?

<공공기관 청렴도 평가 현황>

(단위 : 점)

구분	2020년	2021년	2022년	2023년
종합청렴도	6.23	6.21	6.16	6.8
외부청렴도	8.0	8.0	8.0	8.1
내부청렴도	( )	( )	( )	( )
정책고객평가	6.9	7.1	7.2	7.3
금품제공률	0.7	0.7	0.7	0.5
향응제공률	0.7	0.8	0.8	0.4
편의제공률	0.2	0.2	0.2	0.2

※ 종합청렴도, 외부청렴도, 내부청렴도, 정책고객평가는 각각 10점 만점으로, 10점에 가까울수록 청렴도가 높다는 의미이다.

※ (종합청렴도)＝[(외부청렴도)×0.6+(내부청렴도)×0.3+(정책고객평가)×0.1]−(감점요인)

※ 금품제공률, 향응제공률, 편의제공률은 감점요인이다.

	가장 높은 해	가장 낮은 해
①	2020년	2022년
②	2021년	2022년
③	2021년	2023년
④	2022년	2023년
⑤	2022년	2021년

02 다음은 H공단에서 발표한 최근 2개년 1/4분기 산업단지별 수출현황을 나타낸 자료이다. (가), (나), (다)에 들어갈 수치가 바르게 연결된 것은?(단, 전년 대비 수치는 소수점 둘째 자리에서 반올림한다)

〈최근 2개년 1/4분기 산업단지별 수출현황〉

(단위 : 백만 달러)

구분	2023년 1/4분기	2022년 1/4분기	전년 대비
국가	66,652	58,809	13.3% 상승
일반	34,273	29,094	(가)% 상승
농공	2,729	3,172	14.0% 하락
합계	(나)	91,075	(다)% 상승

	(가)	(나)	(다)
①	15.8	103,654	13.8
②	15.8	104,654	11.8
③	17.8	102,554	13.8
④	17.8	103,654	11.8
⑤	17.8	103,654	13.8

03 다음은 과일의 종류별 무게에 따른 가격표이다. 종류별 무게를 가중치로 적용하여 가격에 대한 가중평균을 구하면 42만 원이다. 이때 빈칸 ㉠에 들어갈 수치로 옳은 것은?

〈과일 종류별 가격 및 무게〉

(단위 : 만 원, kg)

구분	(가)	(나)	(다)	(라)
가격	25	40	60	㉠
무게	40	15	25	20

① 40

② 45

③ 50

④ 55

⑤ 60

04 다음은 세계 음악시장의 규모에 관한 자료이다. 〈조건〉에 근거하여 2024년의 음악시장 규모를 구하면?(단, 소수점 둘째 자리에서 반올림한다)

<세계 음악시장 규모>

(단위 : 백만 달러)

구분		2019년	2020년	2021년	2022년	2023년
공연음악	후원	5,930	6,008	6,097	6,197	6,305
	티켓 판매	20,240	20,688	21,165	21,703	22,324
	합계	26,170	26,696	27,262	27,900	28,629
음반	디지털	8,719	9,432	10,180	10,905	11,544
	다운로드	5,743	5,986	6,258	6,520	6,755
	스트리밍	1,530	2,148	2,692	3,174	3,557
	모바일	1,447	1,298	1,230	1,212	1,233
	오프라인 음반	12,716	11,287	10,171	9,270	8,551
	합계	30,155	30,151	30,531	31,081	31,640
합계		56,325	56,847	57,793	58,981	60,269

조건

- 2024년 공연음악 후원금은 2023년보다 1억 1천 8백만 달러, 티켓 판매는 2023년보다 7억 4천만 달러가 증가할 것으로 예상된다.
- 스트리밍 시장의 경우 빠르게 성장하는 추세로 2024년 스트리밍 시장 규모는 2019년 스트리밍 시장 규모의 2.5배가 될 것으로 예상된다.
- 오프라인 음반 시장은 점점 감소하는 추세로 2024년 오프라인 음반 시장 규모는 2023년 대비 6% 의 감소율을 보일 것으로 예상된다.

	공연음악	스트리밍	오프라인 음반
①	29,487백만 달러	3,711백만 달러	8,037.9백만 달러
②	29,487백만 달러	3,825백만 달러	8,037.9백만 달러
③	29,685백만 달러	3,825백만 달러	7,998.4백만 달러
④	29,685백만 달러	4,371백만 달러	7,998.4백만 달러
⑤	29,685백만 달러	3,825백만 달러	8,037.9백만 달러

05 다음은 2023년 H시 5개 구 주민의 돼지고기 소비량에 대한 자료이다. 〈조건〉을 이용하여 변동계수가 3번째로 큰 구를 구하면?

〈5개 구 주민의 돼지고기 소비량 통계〉

(단위 : kg)

구분	평균(1인당 소비량)	표준편차
A구	( )	5
B구	( )	4
C구	30	6
D구	12	4
E구	( )	8

※ (변동계수)$=\dfrac{(표준편차)}{(평균)}\times100$

조건
- A구의 1인당 소비량과 B구의 1인당 소비량을 합하면 C구의 1인당 소비량과 같다.
- A구의 1인당 소비량과 D구의 1인당 소비량을 합하면 E구 1인당 소비량의 2배와 같다.
- E구의 1인당 소비량은 B구의 1인당 소비량보다 6kg 더 많다.

① A구
② B구
③ C구
④ D구
⑤ E구

06 다음은 H은행 영업부의 2023년 분기별 영업 실적을 나타낸 그래프이다. 2023년 전체 실적에서 1 ~ 2분기와 3 ~ 4분기가 각각 차지하는 비율을 바르게 나열한 것은?(단, 소수점 둘째 자리에서 반올림한다)

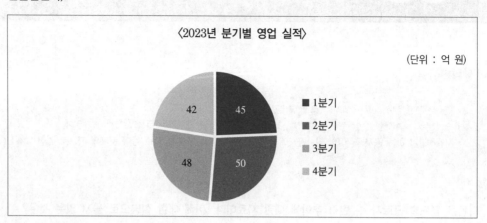

〈2023년 분기별 영업 실적〉

(단위 : 억 원)

	1 ~ 2분기	3 ~ 4분기
①	48.6%	51.4%
②	50.1%	49.9%
③	51.4%	48.6%
④	49.9%	50.1%
⑤	50.0%	50.0%

03 자료 이해

| 유형분석 |

- 제시된 표를 분석하여 선택지의 정답 유무를 판단하는 문제이다.
- 표의 수치 등을 통해 변화량이나 증감률, 비중 등을 비교하여 판단하는 문제가 자주 출제된다.
- 지원하고자 하는 공사공단이나 공사공단에서 진행하는 산업과 관련된 자료 등이 문제의 자료로 많이 다뤄진다.

다음은 연도별 근로자 수 변화 추이에 대한 자료이다. 이에 대한 설명으로 옳지 않은 것은?

〈연도별 근로자 수 변화 추이〉

(단위 : 천 명)

연도	전체	남성	비중	여성	비중
2019년	14,290	9,061	63.4%	5,229	36.6%
2020년	15,172	9,467	62.4%	5,705	37.6%
2021년	15,535	9,633	62.0%	5,902	38.0%
2022년	15,763	9,660	61.3%	6,103	38.7%
2023년	16,355	9,925	60.7%	6,430	39.3%

① 매년 남성 근로자 수가 여성 근로자 수보다 많다.
② 2023년 여성 근로자 수는 전년보다 약 5.4% 증가하였다.
③ 2019년 대비 2023년 근로자 수의 증가율은 여성이 남성보다 높다.
④ 전체 근로자 중 여성 근로자 수의 비중이 가장 큰 해는 2023년이다.
⑤ 2019 ~ 2023년 동안 남성 근로자 수와 여성 근로자 수의 차이는 매년 증가한다.

2019 ~ 2023년의 남성 근로자 수와 여성 근로자 수 차이를 구하면 다음과 같다.

• 2019년 : $9,061-5,229=3,832$천 명
• 2020년 : $9,467-5,705=3,762$천 명
• 2021년 : $9,633-5,902=3,731$천 명
• 2022년 : $9,660-6,103=3,557$천 명
• 2023년 : $9,925-6,430=3,495$천 명

즉, 2019 ~ 2023년 동안 남성 근로자 수와 여성 근로자 수의 차이는 매년 감소한다.

오답분석

① · ④ 제시된 자료를 통해 알 수 있다.

② 2022년 대비 2023년 여성 근로자 수의 증가율 : $\dfrac{6,430-6,103}{6,103}\times100 ≒ 5.4\%$

③ 성별 2019년 대비 2023년 근로자 수의 증가율은 다음과 같다.

  • 남성 : $\dfrac{9,925-9,061}{9,061}\times100 ≒ 9.54\%$

  • 여성 : $\dfrac{6,430-5,229}{5,229}\times100 ≒ 22.97\%$

따라서 여성의 증가율이 더 높다.

풀이 전략!

자료만 보고도 풀 수 있거나 계산이 필요 없는 선택지를 먼저 해결한다.
평소 변화량이나 증감률, 비중 등을 구하는 공식을 알아 두고 있어야 하며, 지원하는 기업이나 산업에 관한 자료 등을 확인하여 비교하는 연습 등을 한다.

01 다음은 2023년 9월 H공항 요일별 통계에 대한 자료이다. 이에 대한 설명으로 옳지 않은 것은?

〈2023년 9월 H공항 요일별 통계〉

(단위 : 편, 명, 톤)

요일	운항			여객			화물		
	도착	출발	합계	도착	출발	합계	도착	출발	합계
월요일	2,043	2,013	4,056	343,499	365,749	709,248	11,715	12,316	24,031
화요일	2,024	2,074	4,098	338,558	338,031	676,589	14,322	16,501	30,823
수요일	2,148	2,129	4,277	356,678	351,097	707,775	17,799	18,152	35,951
목요일	2,098	2,104	4,202	342,374	341,613	683,987	17,622	17,859	35,481
금요일	2,141	2,158	4,299	361,849	364,481	726,330	17,926	18,374	36,300
토요일	2,714	2,694	5,408	478,544	475,401	953,945	23,386	24,647	48,033
일요일	2,710	2,671	5,381	476,258	460,560	936,818	21,615	22,285	43,900
합계	15,878	15,843	31,721	2,697,760	2,696,932	5,394,692	124,385	130,134	254,519

① 운항편이 가장 많은 요일은 여객과 화물에서도 가장 높은 수치를 보이고 있다.

② 9월간 H공항에 도착한 화물 중 일요일에 도착한 화물의 무게는 월요일에 도착한 화물 무게의 1.5배 이상이다.

③ H공항에 도착하는 화물보다 H공항에서 출발하는 화물이 항상 더 많다.

④ 화요일 ~ 일요일 도착 운항편의 전일 대비 증감추이는 같은 기간 출발 여객수의 전일 대비 증감추이와 같다.

⑤ 비행기 1대당 탑승객은 평균적으로 출발편이 도착편보다 많다.

02 다음은 제습기 A ~ E의 습도별 연간소비전력량을 측정한 자료이다. 이에 대한 〈보기〉의 설명 중 옳은 것을 모두 고르면?

〈제습기 A ~ E의 습도별 연간소비전력량〉

(단위 : kWh)

습도 제습기	40%	50%	60%	70%	80%
A	550	620	680	790	840
B	560	640	740	810	890
C	580	650	730	800	880
D	600	700	810	880	950
E	660	730	800	920	970

보기

ㄱ. 습도가 70%일 때 연간소비전력량이 가장 적은 제습기는 A이다.

ㄴ. 습도별로 연간소비전력량이 많은 제습기부터 순서대로 나열하면, 습도가 60%일 때와 70%일 때의 순서는 동일하다.

ㄷ. 습도가 40%일 때 제습기 E의 연간소비전력량은 습도가 50%일 때 제습기 B의 연간소비전력량 보다 많다.

ㄹ. 제습기 각각에서 연간소비전력량은 습도가 80%일 때가 40%일 때의 1.5배 이상이다.

① ㄱ, ㄴ

② ㄱ, ㄷ

③ ㄴ, ㄹ

④ ㄱ, ㄷ, ㄹ

⑤ ㄴ, ㄷ, ㄹ

03 다음은 수도권 지역의 기상실황표이다. 이에 대한 설명으로 옳지 않은 것은?

〈기상실황표〉

지역	시정(km)	현재 기온(℃)	이슬점 온도(℃)	불쾌지수	습도(%)	풍향	풍속(m/s)	기압(hPa)
서울	6.9	23.4	14.6	70	58	동	1.8	1012.7
백령도	0.4	16.1	15.2	61	95	동남동	4.4	1012.6
인천	10.2	21.3	15.3	68	69	서남서	3.8	1012.9
수원	7.7	23.8	16.8	72	65	남서	1.8	1012.9
동두천	10.1	23.6	14.5	71	57	남남서	1.5	1012.6
파주	20.0	20.9	14.7	68	68	남남서	1.5	1013.1
강화	4.2	20.7	14.8	67	67	남동	1.7	1013.3
양평	6.6	22.7	14.5	70	60	동남동	1.4	1013.0
이천	8.4	23.7	13.8	70	54	동북동	1.4	1012.8

① 시정이 가장 좋은 곳은 파주이다.
② 이슬점 온도가 가장 높은 지역은 불쾌지수 또한 가장 높다.
③ 불쾌지수가 70을 초과한 지역은 2곳이다.
④ 현재 기온이 가장 높은 지역은 이슬점 온도와 습도 또한 가장 높다.
⑤ 시정이 가장 좋지 않은 지역은 풍속이 가장 강하다.

04 다음은 H그룹의 주요 경영지표이다. 이에 대한 설명으로 옳은 것은?

〈H그룹 경영지표〉

(단위 : 억 원)

연도	공정자산총액	부채총액	자본총액	자본금	매출액	당기순이익
2018년	2,610	1,658	952	464	1,139	170
2019년	2,794	1,727	1,067	481	2,178	227
2020년	5,383	4,000	1,383	660	2,666	108
2021년	5,200	4,073	1,127	700	4,456	−266
2022년	5,242	3,378	1,864	592	3,764	117
2023년	5,542	3,634	1,908	417	4,427	65

① 자본총액은 꾸준히 증가하고 있다.
② 직전 해의 당기순이익과 비교했을 때, 당기순이익이 가장 많이 증가한 해는 2019년이다.
③ 공정자산총액과 부채총액의 차가 가장 큰 해는 2023년이다.
④ 각 지표 중 총액 규모가 가장 큰 것은 매출액이다.
⑤ 2018 ~ 2021년 사이에 자본총액 중 자본금이 차지하는 비중은 계속 증가하고 있다.

05 다음은 2014 ~ 2023년 범죄별 발생건수에 관한 자료이다. 이에 대한 설명으로 옳은 것은?

〈2014 ~ 2023년 범죄별 발생건수〉

(단위 : 천 건)

구분	2014년	2015년	2016년	2017년	2018년	2019년	2020년	2021년	2022년	2023년
사기	282	272	270	266	242	235	231	234	241	239
절도	366	356	371	354	345	319	322	328	348	359
폭행	139	144	148	149	150	155	161	158	155	156
방화	5	4	2	1	2	5	2	4	5	3
살인	3	11	12	13	13	15	16	12	11	14

① 2014 ~ 2023년 동안 범죄별 발생건수의 순위는 매년 동일하다.

② 2014 ~ 2023년 동안 발생한 방화의 총 발생건수는 3만 건 미만이다.

③ 2015 ~ 2023년까지 전년 대비 사기 범죄건수 증감추이는 폭행의 경우와 반대이다.

④ 2016년 전체 범죄발생건수 중 절도가 차지하는 비율은 50% 이상이다.

⑤ 2014년 대비 2023년 전체 범죄발생건수 감소율은 5% 이상이다.

06 다음은 자동차 생산·내수·수출 현황에 대한 자료이다. 이에 대한 설명으로 옳지 않은 것은?

〈자동차 생산·내수·수출 현황〉

(단위 : 대, %)

구분		2019년	2020년	2021년	2022년	2023년
생산	차량 대수	4,086,308	3,826,682	3,512,926	4,271,741	4,657,094
	증감률	(6.4)	(▽6.4)	(▽8.2)	(21.6)	(9.0)
내수	차량 대수	1,219,335	1,154,483	1,394,000	1,465,426	1,474,637
	증감률	(4.7)	(▽5.3)	(20.7)	(5.1)	(0.6)
수출	차량 대수	2,847,138	2,683,965	2,148,862	2,772,107	3,151,708
	증감률	(7.5)	(▽5.7)	(▽19.9)	(29.0)	(13.7)

① 2019년에는 전년 대비 생산, 내수, 수출이 모두 증가했다.

② 내수가 가장 큰 폭으로 증가한 해에는 생산과 수출이 모두 감소했다.

③ 수출이 증가했던 해는 생산과 내수 모두 증가했다.

④ 내수는 증가했지만 생산과 수출이 모두 감소한 해도 있다.

⑤ 생산이 증가했지만 내수나 수출이 감소한 해가 있다.

| 유형분석 |

- 문제에 주어진 자료를 도표로 변환하는 문제이다.
- 주로 자료에 있는 수치와 그래프 또는 표에 있는 수치가 서로 일치하는지의 여부를 판단한다.

다음은 연도별 제주도 감귤 생산량 및 면적을 나타낸 자료이다. 〈보기〉에서 이를 바르게 나타낸 그래프를 모두 고르면?(단, 그래프의 면적 단위가 만 ha일 때는 백의 자리에서 반올림한다)

〈연도별 제주도 감귤 생산량 및 면적〉

(단위 : 톤, ha)

구분	생산량	면적	구분	생산량	면적
2012년	19,725	536,668	2018년	17,921	480,556
2013년	19,806	600,511	2019년	17,626	500,106
2014년	19,035	568,920	2020년	17,389	558,942
2015년	18,535	677,770	2021년	17,165	554,007
2016년	18,457	520,350	2022년	16,941	573,442
2017년	18,279	655,046	-	-	-

보기

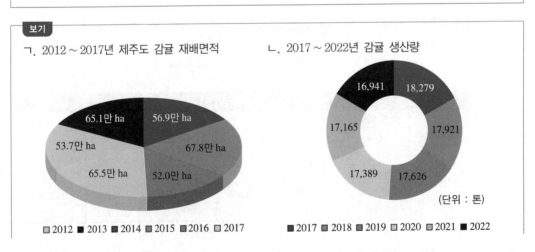

ㄱ. 2012 ~ 2017년 제주도 감귤 재배면적

ㄴ. 2017 ~ 2022년 감귤 생산량

(단위 : 톤)

□2012 ■2013 ■2014 ■2015 ■2016 □2017

■2017 ■2018 ■2019 □2020 ■2021 ■2022

ㄷ. 2012 ~ 2022년 감귤 생산량과 면적 변화

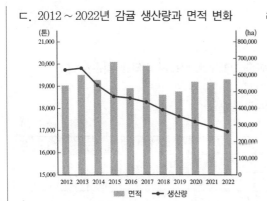

ㄹ. 2014 ~ 2022년 감귤 생산량 전년 대비 감소량

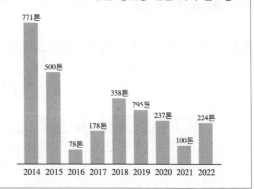

① ㄱ, ㄴ

② ㄱ, ㄷ

③ ㄴ, ㄷ

④ ㄴ, ㄹ

⑤ ㄷ, ㄹ

정답 ③

오답분석

ㄱ. 재배면적 수치가 제시된 표와 다르다.

ㄹ. 2021년 전년 대비 감소량은 2022년 전년 대비 감소량인 224톤과 같다.

풀이 전략!

각 선택지에 있는 도표의 제목을 먼저 확인한다. 그다음 제목에서 어떠한 정보가 필요한지 확인한 후, 문제에서 주어진 자료를 빠르게 확인하여 일치 여부를 판단한다.

01 다음은 우리나라 강수량에 대한 자료이다. 이를 그래프로 바르게 나타낸 것은?

<우리나라 강수량>

(단위 : mm, 위)

구분	1월	2월	3월	4월	5월	6월	7월	8월	9월	10월	11월	12월
강수량	15.3	29.8	24.1	65.0	29.5	60.7	308.0	241.0	92.1	67.6	12.7	21.9
역대순위	32	23	39	30	44	43	14	24	26	13	44	27

①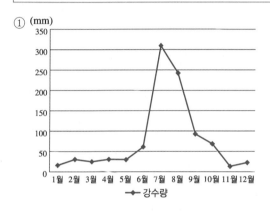

②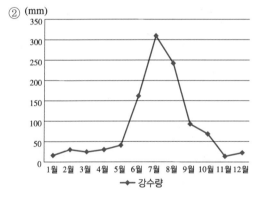

③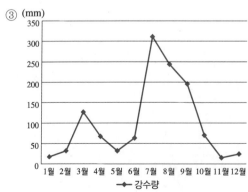

④ (mm)

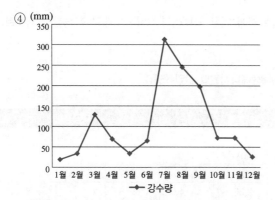

⑤ (mm)

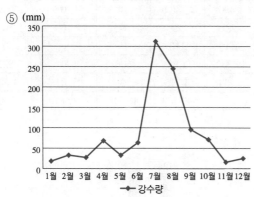

02 다음은 2023년도 신재생에너지 산업통계에 대한 자료이다. 이를 토대로 작성한 그래프로 옳지 않은 것은?

<신재생에너지원별 산업 현황>

(단위 : 억 원)

구분	기업체 수(개)	고용인원(명)	매출액	내수	수출액	해외공장매출	투자액
태양광	127	8,698	75,637	22,975	33,892	18,770	5,324
태양열	21	228	290	290	0	0	1
풍력	37	2,369	14,571	5,123	5,639	3,809	583
연료전지	15	802	2,837	2,143	693	0	47
지열	26	541	1,430	1,430	0	0	251
수열	3	46	29	29	0	0	0
수력	4	83	129	116	13	0	0
바이오	128	1,511	12,390	11,884	506	0	221
폐기물	132	1,899	5,763	5,763	0	0	1,539
합계	493	16,177	113,076	49,753	40,743	22,579	7,966

① 신재생에너지원별 기업체 수(단위 : 개)

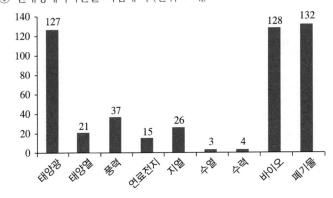

② 신재생에너지원별 고용인원(단위 : 명)

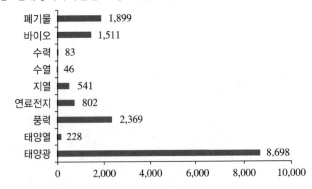

③ 신재생에너지원별 고용인원 비율

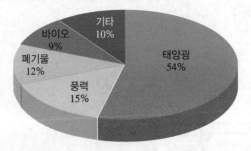

④ 신재생에너지원별 내수 현황(단위 : 억 원)

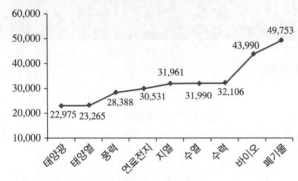

⑤ 신재생에너지원별 해외공장매출 비율

CHAPTER 04

문제해결능력

합격 Cheat Key

문제해결능력은 업무를 수행하면서 여러 가지 문제 상황이 발생하였을 때, 창의적이고 논리적인 사고를 통하여 이를 올바르게 인식하고 적절히 해결하는 능력으로, 하위 능력에는 사고력과 문제처리능력이 있다.

문제해결능력은 NCS 기반 채용을 진행하는 대다수의 공사·공단에서 채택하고 있으며, 다양한 자료와 함께 출제되는 경우가 많아 어렵게 느껴질 수 있다. 특히, 난이도가 높은 문제로 자주 출제되기 때문에 다른 영역보다 더 많은 노력이 필요할 수는 있지만 그렇기에 차별화를 할 수 있는 득점 영역이므로 포기하지 말고 꾸준하게 노력해야 한다.

1 질문의 의도를 정확하게 파악하라!

문제해결능력은 문제에서 무엇을 묻고 있는지 정확하게 파악하여 먼저 풀이 방향을 설정하는 것이 가장 효율적인 방법이다. 특히, 조건이 주어지고 답을 찾는 창의적·분석적인 문제가 주로 출제되고 있기 때문에 처음에 정확한 풀이 방향이 설정되지 않는다면 문제를 제대로 풀지 못하게 되므로 첫 번째로 출제 의도 파악에 집중해야 한다.

2 중요한 정보는 반드시 표시하라!

출제 의도를 정확히 파악하기 위해서는 문제의 중요한 정보를 반드시 표시하거나 메모하여 하나의 조건, 단서도 잊고 넘어가는 일이 없도록 해야 한다. 실제 시험에서는 시간의 압박과 긴장감으로 정보를 잘못 적용하거나 잊어버리는 실수가 많이 발생하므로 사전에 충분한 연습이 필요하다.

3 반복 풀이를 통해 취약 유형을 파악하라!

문제해결능력은 특히 시간관리가 중요한 영역이다. 따라서 정해진 시간 안에 고득점을 할 수 있는 효율적인 문제 풀이 방법을 찾아야 한다. 이때, 반복적인 문제 풀이를 통해 자신이 취약한 유형을 파악하는 것이 중요하다. 정확하게 풀 수 있는 문제부터 빠르게 풀고 취약한 유형은 나중에 푸는 효율적인 문제 풀이를 통해 최대한 고득점을 맞는 것이 중요하다.

│ 유형분석 │

- 주어진 문장을 토대로 논리적으로 추론하여 참 또는 거짓을 구분하는 문제이다.
- 대체로 연역추론을 활용한 명제 문제가 출제된다.
- 자료를 제시하고 새로운 결과나 자료에 주어지지 않은 내용을 추론해 가는 형식의 문제가 출제된다.

아마추어 야구 리그에서 활동하는 A ~ D팀은 빨간색, 노란색, 파란색, 보라색 중에서 매년 상징하는 색을 바꾸고 있다. 다음 〈조건〉을 참고할 때, 반드시 참인 것은?

조건

- 하나의 팀은 하나의 상징색을 갖는다.
- 이전에 사용했던 상징색을 다시 사용할 수는 없다.
- A팀과 B팀은 빨간색을 사용한 적이 있다.
- B팀과 C팀은 보라색을 사용한 적이 있다.
- D팀은 노란색을 사용한 적이 있고, 파란색을 선택하였다.

① A팀은 파란색을 사용한 적이 있어 다른 색을 골라야 한다.

② A팀의 상징색은 노란색이 될 것이다.

③ C팀은 파란색을 사용한 적이 있을 것이다.

④ C팀의 상징색은 빨간색이 될 것이다.

⑤ D팀은 보라색을 사용한 적이 있다.

정답 ④

D팀은 파란색을 선택하였으므로 보라색을 사용하지 않고, B팀과 C팀도 보라색을 사용한 적이 있으므로 A팀은 보라색을 선택한다. B팀은 빨간색을 사용한 적이 있고, 파란색과 보라색은 사용할 수 없으므로 노란색을 선택한다. C팀은 나머지 빨간색을 선택한다.

A팀	B팀	C팀	D팀
보라색	노란색	빨간색	파란색

따라서 항상 참인 것은 ④이다.

오답분석

①·③·⑤ 주어진 조건만으로는 판단하기 힘들다.

② A팀의 상징색은 보라색이다.

█ 풀이 전략!

명제와 관련한 기본적인 논법에 대해서는 미리 학습해 두며, 이를 바탕으로 각 문장에 있는 핵심단어 또는 문구를 기호화하여 정리한 후, 선택지와 비교하여 참 또는 거짓을 판단한다.

01 국제영화제 행사에 참석한 K는 A ~ F영화를 다음 〈조건〉에 맞춰 5월 1일부터 5월 6일까지 하루에 한 편씩 보려고 한다. 이때 반드시 참인 것은?

> **조건**
> • F영화는 3일과 4일 중 하루만 상영된다.
> • D영화는 C영화가 상영된 날 이틀 후에 상영된다.
> • B영화는 C, D영화보다 먼저 상영된다.
> • 첫째 날 B영화를 본다면, 5일에 반드시 A영화를 본다.

① A영화는 C영화보다 먼저 상영될 수 없다.
② C영화는 E영화보다 먼저 상영된다.
③ D영화는 5일이나 폐막작으로 상영될 수 없다.
④ B영화는 1일 또는 2일에 상영된다.
⑤ E영화는 개막작이나 폐막작으로 상영된다.

02 다음 〈조건〉에 따라 교육부, 행정안전부, 보건복지부, 농림축산식품부, 외교부 및 국방부에 대한 국정감사 순서를 정한다고 할 때, 반드시 참인 것은?

> **조건**
> • 행정안전부에 대한 감사는 농림축산식품부와 외교부에 대한 감사 사이에 한다.
> • 국방부에 대한 감사는 보건복지부와 농림축산식품부에 대한 감사보다 늦게 시작되지만, 외교부에 대한 감사보다 먼저 시작되어야 한다.
> • 교육부에 대한 감사는 아무리 늦어도 보건복지부 또는 농림축산식품부 중 적어도 어느 한 부서에 대한 감사보다는 먼저 시작되어야 한다.
> • 보건복지부는 농림축산식품부보다 먼저 감사를 시작한다.

① 교육부는 첫 번째 또는 두 번째에 감사를 시작한다.
② 보건복지부는 두 번째로 감사를 시작한다.
③ 농림축산식품부보다 늦게 감사를 받는 부서의 수가 일찍 받는 부서의 수보다 적다.
④ 국방부는 행정안전부보다 감사를 일찍 시작한다.
⑤ 외교부보다 늦게 감사를 받는 부서가 있다.

03 H베이커리에서는 A~D단체에 우유식빵, 밤식빵, 옥수수식빵, 호밀식빵을 다음 〈조건〉에 따라 한 종류씩 납품하려고 한다. 이때 반드시 참인 것은?

> **조건**
> • 이전에 납품했던 종류의 빵은 다시 납품할 수 없다.
> • 우유식빵과 밤식빵은 A에 납품된 적이 있다.
> • 옥수수식빵과 호밀식빵은 C에 납품된 적이 있다.
> • 옥수수식빵은 D에 납품된다.

① 우유식빵은 B에 납품된 적이 있다.
② 옥수수식빵은 A에 납품된 적이 있다.
③ 호밀식빵은 A에 납품될 것이다.
④ 우유식빵은 C에 납품된 적이 있다.
⑤ 호밀식빵은 D에 납품된 적이 있다.

04 H대학교의 기숙사에 거주하는 A~D는 1층부터 4층에 매년 새롭게 방을 배정받고 있으며, 올해도 방을 배정받는다. 다음 〈조건〉을 참고할 때, 반드시 참인 것은?

> **조건**
> • 한 번 배정받은 층에는 다시 배정받지 않는다.
> • A와 D는 2층에 배정받은 적이 있다.
> • B와 C는 3층에 배정받은 적이 있다.
> • A와 B는 1층에 배정받은 적이 있다.
> • A, B, D는 4층에 배정받은 적이 있다.

① C는 4층에 배정될 것이다.
② D는 3층에 배정받은 적이 있다.
③ C는 1층에 배정받은 적이 있다.
④ C는 2층에 배정받은 적이 있다.
⑤ 기숙사에 3년 이상 산 사람은 A밖에 없다.

05 A~E사원이 강남, 여의도, 상암, 잠실, 광화문 다섯 지역에 각각 출장을 간다. 다음 대화에서 1명은 거짓말을 하고 나머지 4명은 진실을 말하고 있을 때, 반드시 거짓인 것은?

> A : B는 상암으로 출장을 가지 않는다.
> B : D는 강남으로 출장을 간다.
> C : B는 진실을 말하고 있다.
> D : C는 거짓말을 하고 있다.
> E : C는 여의도, A는 잠실로 출장을 간다.

① A사원은 광화문으로 출장을 가지 않는다.
② B사원은 여의도로 출장을 가지 않는다.
③ C사원은 강남으로 출장을 가지 않는다.
④ D사원은 잠실로 출장을 가지 않는다.
⑤ E사원은 상암으로 출장을 가지 않는다.

PART 2

06 어느 호텔 라운지에 둔 화분이 투숙자 중 1명에 의해 깨진 사건이 발생했다. 이 호텔에는 갑, 을, 병, 정, 무 5명의 투숙자가 있었으며, 각 투숙자는 다음과 같이 진술하였다. 5명의 투숙자 중 4명은 진실을 말하고 1명이 거짓말을 하고 있다면, 거짓말을 하고 있는 사람은 누구인가?

> 갑 : '을'은 화분을 깨뜨리지 않았다.
> 을 : 화분을 깨뜨린 사람은 '정'이다.
> 병 : 내가 깨뜨렸다.
> 정 : '을'의 말은 거짓말이다.
> 무 : 나는 깨뜨리지 않았다.

① 갑   ② 을
③ 병   ④ 정
⑤ 무

| 유형분석 |

- 주어진 상황과 규칙을 종합적으로 활용하여 풀어 가는 문제이다.
- 일정, 비용, 순서 등 다양한 내용을 다루고 있어 유형을 한 가지로 단일화하기 어렵다.

갑은 다음 규칙을 참고하여 알파벳을 숫자로 변환하고자 한다. 규칙을 적용한 〈보기〉의 ⑦ ~ ② 알파벳에 부여된 숫자의 규칙에 따를 때, 알파벳 Z에 해당하는 각각의 자연수를 모두 더한 값은?

〈규칙〉

① 알파벳 'A'부터 'Z'까지 순서대로 자연수를 부여한다.
　例 A=2라고 하면 B=3, C=4, D=5이다.
② 단어의 음절에 같은 알파벳이 연속되는 경우 ①에서 부여한 숫자를 알파벳이 연속되는 횟수만큼 거듭제곱한다.
　例 A=2이고 단어가 'AABB'이면 AA는 '2^2'이고, BB는 '3^2'이므로 '49'로 적는다.

보기

⑦ AAABBCC는 100000010201110404로 변환된다.
ⓛ CDFE는 3465로 변환된다.
ⓒ PJJYZZ는 1712126729로 변환된다.
② QQTSR은 625282726으로 변환된다.

① 154　　　　　　　　　　　② 176
③ 199　　　　　　　　　　　④ 212
⑤ 234

정답　④
⑦ A=100, B=101, C=102이다. 따라서 Z=125이다.
ⓛ C=3, D=4, E=5, F=6이다. 따라서 Z=26이다.
ⓒ P가 17임을 볼 때, J=11, Y=26, Z=27이다.
② Q=25, R=26, S=27, T=28이다. 따라서 Z=34이다.
따라서 Z에 해당하는 값을 모두 더하면 125+26+27+34=212이다.

풀이 전략!

문제에 제시된 조건이나 규칙을 정확히 파악한 후, 선택지나 상황에 적용하여 문제를 풀어 나간다.

01 다음은 도서코드(ISBN)에 대한 자료이다. 주문한 도서에 대한 설명으로 옳은 것은?

〈도서코드(ISBN) 예시〉

국제표준도서번호					부가기호		
접두부	국가번호	발행자번호	서명식별번호	체크기호	독자대상	발행형태	내용분류
123	12	1234567		1	1	1	123

※ 국제표준도서번호는 5개의 군으로 나누어지고 군마다 '-'로 구분한다.

〈도서코드(ISBN) 세부사항〉

접두부	국가번호	발행자번호	서명식별번호	체크기호
978 또는 979	한국 89 미국 05 중국 72 일본 40 프랑스 22	발행자번호 – 서명식별번호 7자리 숫자 예 8491 – 208 : 발행자번호가 8491번인 출판사에서 208번째 발행한 책		0 ~ 9

독자대상	발행형태	내용분류
0 교양 1 실용 2 여성 3 (예비) 4 청소년 5 중·고등 학습참고서 6 초등 학습참고서 7 아동 8 (예비) 9 전문	0 문고본 1 사전 2 신서판 3 단행본 4 전집 5 (예비) 6 도감 7 그림책, 만화 8 혼합자료, 점자자료, 전자책, 마이크로자료 9 (예비)	030 백과사전 100 철학 170 심리학 200 종교 360 법학 470 생명과학 680 연극 710 한국어 770 스페인어 740 영미문학 720 유럽사

〈주문 도서 도서코드(ISBN)〉

978 – 05 – 441 – 1011 – 314710

① 한국에서 출판한 도서이다.

② 441번째 발행된 도서이다.

③ 발행자번호는 총 7자리이다.

④ 한 권으로만 출판되지는 않았다.

⑤ 한국어로 되어 있다.

02 H공사는 철도사고가 발생했을 경우 안전하고 신속한 대응태세를 확립하기 위한 비상대응훈련을 실시하고 있다. 이에 따라 철도사고의 종류, 형태, 대상, 위치를 고려하여 비상사고 유형을 분류하고, 이를 코드화하였다. 〈보기〉에 따라 비상대응훈련을 했을 때, 중앙관제센터에 비상사고 코드를 잘못 전송한 것은?

〈비상사고 유형 분류〉

철도사고 종류	철도사고 형태	철도사고 대상	철도사고 위치
충돌사고(C)	1. 열차 정면충돌	1. 전동열차 2. 고속열차 3. 여객열차 4. 여객·위험물 수송열차 5. 시설·전기분야	1. 역내 2. 본선구간 3. 터널 4. 교량
충돌사고(C)	2. 열차 추돌		
충돌사고(C)	3. 열차 측면충돌		
탈선사고(R)	1. 열차 탈선		
화재사고(F)	1. 열차화재		
화재사고(F)	2. 차량화재		
화재사고(F)	3. 역사화재		
위험물(H)	1. 화학공업(유류)		
위험물(H)	2. 화약류(화약, 폭약, 화공품)		
위험물(H)	3. 산류(황산 등)		
위험물(H)	4. 가스류(압축·액화가스)		
위험물(H)	5. 가연성 물질(액체·고체류)		
위험물(H)	6. 산화부식제		
위험물(H)	7. 독물류(방사능물질, 휘산성)		
위험물(H)	8. 특별취급 화공품(타르류 등)		
자연재해(N)	1. 침수(노반 유실)		
자연재해(N)	2. 강설		
자연재해(N)	3. 지진		
테러(T)	1. 독가스 테러		
테러(T)	2. 폭발물 테러		
테러(T)	3. 생화학(탄저균) 테러		
차량 및 시설 장애(I)	1. 차량 고장 및 장애		
차량 및 시설 장애(I)	2. 시설 고장 및 장애		
차량 및 시설 장애(I)	3. 전기 고장 및 장애		

〈비상사고 코드화〉

구분	철도사고 종류	철도사고 형태	철도사고 대상	철도사고 위치
사용문자	알파벳 문자	숫자	숫자	숫자
표기방법	C : 충돌사고 R : 탈선사고 F : 화재사고 H : 위험물 N : 자연재해 T : 테러 I : 차량 및 시설장해	세부적인 사고 유형을 오름차순 숫자로 표현	1. 전동열차 2. 고속열차 3. 여객열차 4. 여객·위험물 열차 5. 시설·전기분야	1. 역내 2. 본선구간 3. 터널 4. 교량

(가) 사고 상황 : ○○터널 내 여객열차 폭발물 테러
(나) 사고 상황 : ○○터널 내 여객열차 탈선
(다) 사고 상황 : ○○터널 내 여객열차 화재
(라) 사고 상황 : ○○터널 내 황산 수송열차 누출 발생
(마) 사고 상황 : 여객열차 본선구간 폭우로 인한 선로 침수로 노반 유실 발생

① (가) : T233

② (나) : R133

③ (다) : F133

④ (라) : H343

⑤ (마) : N134

03 다음 〈조건〉을 근거로 〈보기〉를 계산한 값은?

조건

연산자 A, B, C, D는 다음과 같이 정의한다.
• A : 좌우에 있는 두 수를 더한다. 단, 더한 값이 10 미만이면 좌우에 있는 두 수를 곱한다.
• B : 좌우에 있는 두 수 가운데 큰 수에서 작은 수를 뺀다. 단, 두 수가 같거나 뺀 값이 10 미만이면 두 수를 곱한다.
• C : 좌우에 있는 두 수를 곱한다. 단, 곱한 값이 10 미만이면 좌우에 있는 두 수를 더한다.
• D : 좌우에 있는 두 수 가운데 큰 수를 작은 수로 나눈다. 단, 두 수가 같거나 나눈 값이 10 미만이면 두 수를 곱한다.
※ 연산은 '( )', '[ ]'의 순으로 한다.

보기

$$[(1 A 5) B (3 C 4)] D 6$$

① 10

② 12

③ 90

④ 210

⑤ 360

※ 김대리는 사내 메신저의 보안을 위해 암호화 규칙을 만들어 동료들과 대화하기로 하였다. 이어지는 질문에 답하시오. [4~5]

〈암호화 규칙〉

• 한글 자음은 사전 순서에 따라 바로 뒤의 한글 자음으로 변환한다.
  예 ㄱ → ㄴ … ㅎ → ㄱ
• 쌍자음의 경우 자음 두 개로 풀어 표기한다.
  예 ㄲ → ㄴㄴ
• 한글 모음은 사전 순서에 따라 알파벳 a, b, c …로 변환한다.
  예 ㅏ → a, ㅐ → b … ㅓ → t, ㅣ → u
• 겹받침의 경우 풀어 표기한다.
  예 맑다 → ㅂaㅁㄴㄹa
• 공백은 0으로 표현한다.

---

04 메신저를 통해 김대리가 오늘 점심 메뉴로 'ㄴuㅂㅋuㅊㅊuㄴb'를 먹자고 했을 때, 김대리가 말한 메뉴는?

① 김치김밥
② 김치찌개
③ 계란말이
④ 된장찌개
⑤ 부대찌개

05 김대리는 이번 주 금요일에 사내 워크숍에서 사용할 조별 구호를 '존중과 배려'로 결정하였고, 메신저를 통해 조원들에게 알리려고 한다. 다음 중 김대리가 전달할 구호를 암호화 규칙에 따라 바르게 변환한 것은?

① ㅊiㄷㅊuㅈㄴjㅅbㅁg
② ㅊiㄷㅊnㅈㄴjㅅbㅁg
③ ㅊiㄷㅊnㅈㄴj0ㅅbㅁg
④ ㅊiㄷㅊnㅈㄴia0ㅅbㅁg
⑤ ㅊiㄷㅊuㅈㄴia0ㅅbㅁg

06 H제품을 운송하는 A씨는 업무상 편의를 위해 고객의 주문 내역을 임의의 기호로 기록하고 있다. 다음과 같은 주문전화가 왔을 때, A씨가 기록한 기호로 옳은 것은?

〈임의기호〉

재료	연강	고강도강	초고강도강	후열처리강
	MS	HSS	AHSS	PHTS
판매량	낱개	1묶음	1box	1set
	01	10	11	00
지역	서울	경기남부	경기북부	인천
	E	S	N	W
윤활유 사용	청정작용	냉각작용	윤활작용	밀폐작용
	P	C	I	S
용도	베어링	스프링	타이어코드	기계구조
	SB	SS	ST	SM

※ A씨는 [재료] – [판매량] – [지역] – [윤활유 사용] – [용도]의 순서로 기호를 기록한다.

〈주문전화〉

B씨 : 어이~ A씨. 나야, 나. 인천 지점에서 같이 일했던 B. 내가 필요한 것이 있어서 전화했어. 일단 서울 지점의 C씨가 스프링으로 사용할 제품이 필요하다고 하는데 한 박스 정도면 될 것 같아. 이전에 주문했던 대로 연강에 윤활용으로 윤활유 사용한 제품으로 부탁하네. 나는 이번에 경기도 남쪽으로 가는데 거기에 있는 내 사무실 알지? 거기로 초고강도강 타이어코드 용으로 1세트 보내줘. 밀폐용으로 윤활유 사용한 제품으로 부탁해. 저번에 냉각용으로 사용한 제품은 생각보다 좋진 않았어.

① MS11EISB, AHSS00SSST
② MS11EISS, AHSS00SSST
③ MS11EISS, HSS00SSST
④ MS11WISS, AHSS10SSST
⑤ MS11EISS, AHSS00SCST

03 SWOT 분석

| 유형분석 |

- 상황에 대한 환경 분석결과를 통해 주요 과제를 도출하는 문제이다.
- 주로 3C 분석 또는 SWOT 분석을 활용한 문제들이 출제되고 있으므로 해당 분석도구에 대한 사전 학습이 요구된다.

다음은 중국의 셰일 가스 개발에 대한 SWOT 분석 결과이다. 약점 요인에서 ㉠에 들어갈 내용으로 적절하지 않은 것은?

〈셰일 가스 개발 SWOT 분석 결과〉

S(강점)	W(약점)
• 중국의 셰일 가스 잠재량과 매장량은 미국보다 많음 • 중국의 셰일 층은 두껍고 많은 가스를 함유해 장기간의 안정적인 가스 생산 가능 • 셰일 가스는 석탄 등 다른 연료보다 탄소 배출량이 훨씬 낮음	• 시추 작업에 막대한 양의 물이 소모되는데, 폐수로 인한 지하수 오염 등의 환경 파괴를 초래할 수 있어 폐수 정화·재활용 기술 개발이 시급함 • _____㉠_____
O(기회)	T(위협)
• 중국 정부의 셰일 가스 개발계획 공포 • 중국은 세계적인 에너지 소비국이며, 향후 에너지 수요는 지속적인 증가 예상 • 중국 정부는 시장 경쟁을 촉진하기 위해 셰일 가스 광업권의 독점을 금지하며, 외국 자본 등의 참여를 허용함	• 복잡한 지질학적 조건으로 인한 가채자원량의 급감 가능성 • 셰일 가스의 탐사·개발을 지원하는 장려 정책 등 시스템의 부재

① 중국은 파이프라인 네트워크와 전문 노동자 등 인프라가 부족함
② 중국에서 장비·시설·인력 개발 및 채굴 등에 소모되는 비용이 높음
③ 셰일 가스 개발에 대한 제한적인 투자 및 파이프라인 등 관련 인프라의 미비
④ 시추 등 중국의 핵심 기술 수준은 미국 등의 경쟁국보다 상대적으로 낮은 수준임
⑤ 시추 과정에서 배출되는 메탄 가스는 온실가스로 중국의 평균기온을 높일 수 있음

정답 ③

약점은 목표 달성을 저해하는 내부적 요인, 위협은 목표 달성을 저해하는 외부적 요인을 뜻한다. 제한적인 투자는 개발 가능성을 희박하게 만드는 외부적 요인이며, 인프라의 미비 또한 개발·활용 등 셰일 가스 산업의 발전을 제한하고 시장의 성장을 가로막는 외부적 요인이다. 따라서 제한적인 투자와 관련 인프라의 미비는 약점(W) 요인이 아니라 위협(T) 요인에 해당하는 내용이다.

풀이 전략!

문제에 제시된 분석도구를 확인한 후, 분석결과를 종합적으로 판단하여 각 선택지의 전략 과제와 일치 여부를 판단한다.

01 레저용 차량을 생산하는 H기업에 대한 다음의 SWOT 분석결과를 참고할 때, 〈보기〉 중 각 전략에 따른 대응으로 적절한 것을 모두 고르면?

SWOT 분석은 조직의 외부환경 분석을 통해 기회와 위협 요인을 파악하고, 조직의 내부 역량 분석을 통해서 조직의 강점과 약점을 파악하여, 이를 토대로 강점은 최대화하고 약점은 최소화하며, 기회는 최대한 활용하고 위협에는 최대한 대처하는 전략을 세우기 위한 분석 방법이다.

〈SWOT 분석 매트릭스〉

구분	강점(Strength)	약점(Weakness)
기회(Opportunity)	SO전략 : 공격적 전략 강점으로 기회를 살리는 전략	WO전략 : 방향전환 전략 약점을 보완하여 기회를 살리는 전략
위협(Threat)	ST전략 : 다양화 전략 강점으로 위협을 최소화하는 전략	WT전략 : 방어적 전략 약점을 보완하여 위협을 최소화하는 전략

〈H기업의 SWOT 분석결과〉

강점(Strength)	약점(Weakness)
• 높은 브랜드 이미지・평판 • 훌륭한 서비스와 판매 후 보증수리 • 확실한 거래망, 딜러와의 우호적인 관계 • 막대한 R&D 역량 • 자동화된 공장 • 대부분의 차량 부품 자체 생산	• 한 가지 차종에만 집중 • 고도의 기술력에 대한 과도한 집중 • 생산설비에 막대한 투자 → 차량모델 변경의 어려움 • 한 곳의 생산 공장만 보유 • 전통적인 가족형 기업 운영
기회(Opportunity)	위협(Threat)
• 소형 레저용 차량에 대한 수요 증대 • 새로운 해외시장의 출현 • 저가형 레저용 차량에 대한 선호 급증	• 휘발유의 부족 및 가격의 급등 • 레저용 차량 전반에 대한 수요 침체 • 다른 회사들과의 경쟁 심화 • 차량 안전 기준의 강화

보기

ㄱ. ST전략 : 기술개발을 통하여 연비를 개선한다.
ㄴ. SO전략 : 대형 레저용 차량을 생산한다.
ㄷ. WO전략 : 규제 강화에 대비하여 보다 안전한 레저용 차량을 생산한다.
ㄹ. WT전략 : 생산량 감축을 고려한다.
ㅁ. WO전략 : 국내 다른 지역이나 해외에 공장들을 분산 설립한다.
ㅂ. ST전략 : 경유용 레저 차량 생산을 고려한다.
ㅅ. SO전략 : 해외 시장 진출보다는 내수 확대에 집중한다.

① ㄱ, ㄴ, ㅁ, ㅂ 　　② ㄱ, ㄹ, ㅁ, ㅂ
③ ㄱ, ㄹ, ㅁ, ㅅ 　　④ ㄴ, ㄹ, ㅁ, ㅂ
⑤ ㄴ, ㄹ, ㅂ, ㅅ

02 다음은 H섬유회사에 대한 SWOT 분석 결과이다. 분석에 따른 대응 전략으로 적절한 것을 〈보기〉에서 모두 고르면?

〈H섬유회사 SWOT 분석 결과〉

• 첨단 신소재 관련 특허 다수 보유	• 신규 생산 설비 투자 미흡 • 브랜드의 인지도 부족
S(강점)	**W(약점)**
O(기회)	**T(위협)**
• 고기능성 제품에 대한 수요 증가 • 정부 주도의 문화 콘텐츠 사업 지원	• 중저가 의류용 제품의 공급 과잉 • 저임금의 개발도상국과 경쟁 심화

> **보기**
> ㄱ. SO전략으로 첨단 신소재를 적용한 고기능성 제품을 개발한다.
> ㄴ. ST전략으로 첨단 신소재 관련 특허를 개발도상국의 경쟁업체에 무상 이전한다.
> ㄷ. WO전략으로 문화 콘텐츠와 디자인을 접목한 신규 브랜드 개발을 통해 적극적으로 마케팅 한다.
> ㄹ. WT전략으로 기존 설비에 대한 재투자를 통해 대량생산 체제로 전환한다.

① ㄱ, ㄷ   ② ㄱ, ㄹ
③ ㄴ, ㄷ   ④ ㄴ, ㄹ
⑤ ㄷ, ㄹ

03 H공사의 기획팀 B팀장은 C사원에게 H공사에 대한 마케팅 전략 보고서를 요청하였다. C사원이 B팀장에게 제출한 SWOT 분석 결과가 다음과 같을 때, ㉠~㉤ 중 적절하지 않은 것은?

〈H공사 SWOT 분석 결과〉

강점(Strength)	• 새롭고 혁신적인 서비스 • ㉠ 직원들에게 가치를 더하는 공사의 다양한 측면 • 특화된 마케팅 전문 지식
약점(Weakness)	• 낮은 품질의 서비스 • ㉡ 경쟁자의 시장 철수로 인한 시장 진입 가능성
기회(Opportunity)	• ㉢ 합작회사를 통한 전략적 협력 구축 가능성 • 글로벌 시장으로의 접근성 향상
위협(Threat)	• ㉣ 주력 시장에 나타난 신규 경쟁자 • ㉤ 경쟁 기업의 혁신적 서비스 개발 • 경쟁 기업과의 가격 전쟁

① ㉠   ② ㉡
③ ㉢   ④ ㉣
⑤ ㉤

04 H공사에서 근무하는 A사원은 경제자유구역사업에 대한 SWOT 분석결과와 자료를 토대로, SWOT 분석에 의한 경영전략에 맞추어 〈보기〉와 같이 판단하였다. 다음 중 A사원이 판단한 SWOT 분석에 의한 경영전략의 내용으로 적절하지 않은 것을 모두 고르면?

〈경제자유구역사업에 대한 SWOT 분석결과〉

구분	분석결과
강점(Strength)	• 성공적인 경제자유구역 조성 및 육성 경험 • 다양한 분야의 경제자유구역 입주희망 국내기업 확보
약점(Weakness)	• 과다하게 높은 외자금액 비율 • 외국계 기업과 국내기업 간의 구조 및 운영상 이질감
기회(Opportunity)	• 국제경제 호황으로 인하여 타국 사업지구 입주를 희망하는 해외시장부문의 지속적 증가 • 국내 진출 해외기업 증가로 인한 동형화 및 협업 사례 급증
위협(Threat)	• 국내 거주 외국인 근로자에 대한 사회적 포용심 부족 • 대대적 교통망 정비로 인한 기성 대도시의 흡수효과 확대

〈SWOT 분석에 의한 경영전략〉

• SO전략 : 강점을 활용해 기회를 포착하는 전략
• ST전략 : 강점을 활용해 위협을 최소화하거나 회피하는 전략
• WO전략 : 약점을 보완하여 기회를 포착하는 전략
• WT전략 : 약점을 보완하여 위협을 최소화하거나 회피하는 전략

보기

ㄱ. 성공적인 경제자유구역 조성 노하우를 활용하여 타국 사업지구로의 진출을 희망하는 해외기업을 유인 및 유치하는 전략은 SO전략에 해당한다.

ㄴ. 다수의 풍부한 경제자유구역 성공 사례를 바탕으로 외국인 근로자를 국내주민과 문화적으로 동화시킴으로써 원활한 지역발전의 토대를 조성하는 전략은 ST전략에 해당한다.

ㄷ. 기존에 국내에 입주한 해외기업의 동형화 사례를 활용하여 국내기업과 외국계 기업의 운영상 이질감을 해소하여 생산성을 증대시키는 전략은 WO전략에 해당한다.

ㄹ. 경제자유구역 인근 대도시와의 연계를 활성화하여 경제자유구역 내 국내·외 기업 간의 이질감을 해소하는 전략은 WT전략에 해당한다.

① ㄱ, ㄴ
② ㄱ, ㄷ
③ ㄴ, ㄷ
④ ㄴ, ㄹ
⑤ ㄷ, ㄹ

| 유형분석 |

- 주어진 자료를 해석하고 활용하여 풀어가는 문제이다.
- 꼼꼼하고 분석적인 접근이 필요한 다양한 자료들이 출제된다.

다음 중 정수장 수질검사 현황에 대해 바르게 설명한 사람은?

〈정수장 수질검사 현황〉

급수 지역	항목						검사결과	
	일반세균 100 이하 (CFU/mL)	대장균 불검출 (수/100mL)	NH3-N 0.5 이하 (mg/L)	잔류염소 4.0 이하 (mg/L)	구리 1 이하 (mg/L)	망간 0.05 이하 (mg/L)	적합	기준 초과
함평읍	0	불검출	불검출	0.14	0.045	불검출	적합	없음
이삼읍	0	불검출	불검출	0.27	불검출	불검출	적합	없음
학교면	0	불검출	불검출	0.13	0.028	불검출	적합	없음
엄다면	0	불검출	불검출	0.16	0.011	불검출	적합	없음
나산면	0	불검출	불검출	0.12	불검출	불검출	적합	없음

① A사원 : 함평읍의 잔류염소는 가장 낮은 수치를 보였고, 기준치에 적합하네.

② B사원 : 모든 급수지역에서 일반세균이 나오지 않았어.

③ C사원 : 기준치를 초과한 곳은 없지만 적합하지 않은 지역은 있어.

④ D사원 : 대장균과 구리가 검출되면 부적합 판정을 받는구나.

⑤ E사원 : 구리가 검출되지 않은 지역은 세 곳이야.

정답 ②

오답분석

① 잔류염소에서 가장 낮은 수치를 보인 지역은 나산면(0.12)이고, 함평읍(0.14)은 세 번째로 낮다.

③ 기준치를 초과한 곳도 없고, 모두 적합 판정을 받았다.

④ 함평읍과 학교면, 엄다면은 구리가 검출되었지만 적합 판정을 받았다.

⑤ 구리가 검출되지 않은 지역은 이삼읍과 나산면으로 두 곳이다.

풀이 전략!

문제 해결을 위해 필요한 정보가 무엇인지 먼저 파악한 후, 제시된 자료를 분석적으로 읽고 해석한다.

01 다음 글과 상황을 근거로 판단할 때, 출장을 함께 갈 수 있는 직원들의 조합으로 가능한 것은?

H공사 B지사에서는 5월 10일 회계감사 관련 서류 제출을 위해 본사로 출장을 가야 한다. 오전 8시 정각 출발이 확정되어 있으며, 출발 후 B지사에 복귀하기까지 총 8시간이 소요된다. 단, 비가 오는 경우 1시간이 추가로 소요된다.
• 출장인원 중 한 명이 직접 운전하여야 하며, '운전면허 1종 보통' 소지자만 운전할 수 있다.
• 출장시간에 사내 업무가 겹치는 경우에는 출장을 갈 수 없다.
• 출장인원 중 부상자가 포함되어 있는 경우, 서류 박스 운반 지연으로 인해 30분이 추가로 소요된다.
• 차장은 책임자로서 출장인원에 적어도 한 명은 포함되어야 한다.
• 주어진 조건 외에는 고려하지 않는다.

〈상황〉

• 5월 10일은 하루 종일 비가 온다.
• 5월 10일 당직 근무는 17시 10분에 시작한다.

직원	직위	운전면허	건강상태	출장 당일 사내 업무
갑	차장	1종 보통	부상	없음
을	차장	2종 보통	건강	17시 15분 계약업체 면담
병	과장	없음	건강	17시 35분 관리팀과 회의
정	과장	1종 보통	건강	당직 근무
무	대리	2종 보통	건강	없음

① 갑, 을, 병
② 갑, 병, 정
③ 을, 병, 무
④ 을, 정, 무
⑤ 병, 정, 무

02 귀하는 점심식사 중 식당에 있는 TV에서 정부의 정책에 대한 뉴스가 나오는 것을 보았다. 함께 점심을 먹는 동료들과 뉴스를 보고 나눈 대화의 내용으로 적절하지 않은 것은?

〈뉴스〉

앵커 : 저소득층에게 법률서비스를 제공하는 정책을 구상 중입니다. 정부는 무료로 법률자문을 하겠다고 자원하는 변호사를 활용하는 자원봉사제도, 정부에서 법률 구조공단 등의 기관을 신설하고 변호사를 유급으로 고용하여 법률서비스를 제공하는 유급법률구조제도, 정부가 법률서비스의 비용을 대신 지불하는 법률보호제도 등의 세 가지 정책대안 중 하나를 선택할 계획입니다.

이 정책대안을 비교하는 데 고려해야 할 정책목표는 비용저렴성, 접근용이성, 정치적 실현가능성, 법률서비스의 전문성입니다. 정책대안과 정책목표의 상관관계는 화면으로 보여드립니다. 각 대안이 정책목표를 달성하는 데 유리한 경우는 (+)로, 불리한 경우는 (−)로 표시하였으며, 유·불리 정도는 같습니다. 정책목표에 대한 가중치의 경우, '0'은 해당 정책목표를 무시하는 것을, '1'은 해당 정책목표를 고려하는 것을 의미합니다.

〈정책대안과 정책목표의 상관관계〉

정책목표	가중치		정책대안		
	A안	B안	자원봉사제도	유급법률구조제도	법률보호제도
비용저렴성	0	0	+	−	−
접근용이성	1	0	−	+	−
정치적 실현가능성	0	0	+	−	+
전문성	1	1	−	+	−

① 아마도 전문성 면에서는 유급법률구조제도가 자원봉사제도보다 더 좋은 정책 대안으로 평가받게 되겠군.

② A안에 가중치를 적용할 경우 유급법률구조제도가 가장 적절한 정책대안으로 평가받게 되지 않을까?

③ 반대로 B안에 가중치를 적용할 경우 자원봉사제도가 가장 적절한 정책대안으로 평가받게 될 것 같아.

④ A안과 B안 중 어떤 것을 적용하더라도 정책대안 비교의 결과는 달라지지 않을 것으로 보여.

⑤ 비용저렴성을 달성하기에 가장 유리한 정책대안은 자원봉사제도로군.

03 H공사에서 새로운 기계를 구매하기 위해 검토 중이라는 소문을 B사 영업부 A사원이 입수했다. H공사 구매 담당자는 공사 방침에 따라 실속(가격)이 최우선이며 그다음이 품격(디자인)이고 구매하려는 기계의 제작사들이 비슷한 기술력을 가지고 있기 때문에 성능은 다 같다고 생각하고 있다. 따라서 사후관리(A/S)를 성능보다 우선시하고 있다고 한다. A사원은 오늘 경쟁사와 자사 기계에 대한 종합 평가서를 참고하여 H공사의 구매 담당자를 설득시킬 계획이다. A사원이 할 수 있는 설명으로 적절하지 않은 것은?

〈종합 평가서〉

구분	A사	B사	C사	D사	E사	F사
성능(높은 순)	1	4	2	3	6	5
디자인(평가가 좋은 순)	3	1	2	4	5	6
가격(낮은 순)	1	3	5	6	4	2
A/S 특징(신속하고 철저한 순)	6	2	5	3	1	4

※ 숫자는 순위를 나타낸다.

① A사 제품은 가격은 가장 저렴하나 A/S가 늦고 철저하지 않습니다. 우리 제품을 사면 제품 구매 비용은 A사보다 많이 들어가나 몇 년 운용을 해보면 실제 A/S 지체 비용으로 인한 손실액이 A사보다 적기 때문에 실제로 이익입니다.

② C사 제품보다는 우리 회사 제품이 가격이나 디자인 면에서 우수하고 A/S 또한 빠르고 정확하기 때문에 비교할 바가 안 됩니다. 성능이 우리 것보다 조금 낫다고는 하나 사실 이 기계의 성능은 서로 비슷하기 때문에 우리 회사 제품이 월등하다고 볼 수 있습니다.

③ D사 제품은 먼저 가격에서나 디자인 그리고 A/S에서 우리 제품을 따라올 수 없습니다. 성능도 엇비슷하기 때문에 결코 우리 회사 제품과 견줄 것이 못 됩니다.

④ E사 제품은 A/S 면에서 가장 좋은 평가를 받고 있으나 성능 면에서 가장 뒤처지기 때문에 고려할 가치가 없습니다. 특히 A/S가 잘되어 있다면 오히려 성능이 뒤떨어져서 일어나는 사인이기 때문에 재고할 가치가 없습니다.

⑤ F사 제품은 우리 회사 제품보다 가격은 저렴하지만 A/S나 디자인 면에서 우리 제품이 더 좋은 평가를 받고 있으므로 우리 회사 제품이 더 뛰어납니다.

※ H건설회사에서는 B시에 건물을 신축하고 있다. 다음 자료를 보고 이어지는 질문에 답하시오. [4~5]

B시에서는 친환경 건축물 인증제도를 시행하고 있다. 이는 건축물의 설계, 시공 등의 건설과정이 쾌적한 거주환경과 자연환경에 미치는 영향을 점수로 평가하여 인증하는 제도로, 건축물에 다음과 같이 인증등급을 부여한다.

〈평가점수별 인증등급〉

평가점수	인증등급
80점 이상	최우수
70 ~ 80점 미만	우수
60 ~ 70점 미만	우량
50 ~ 60점 미만	일반

또한 친환경 건축물 최우수, 우수 등급이면서 건축물 에너지효율 1등급 또는 2등급을 추가로 취득한 경우, 다음과 같은 취·등록세액 감면 혜택을 얻게 된다.

〈취·등록세액 감면 비율〉

구분	최우수 등급	우수 등급
에너지효율 1등급	12%	8%
에너지효율 2등급	8%	4%

04 다음 상황에 근거할 때, 〈보기〉에서 옳은 것을 모두 고르면?

〈상황〉

• H건설회사가 신축하고 있는 건물의 예상되는 친환경 건축물 평가점수는 63점이고 에너지효율은 3등급이다.
• 친환경 건축물 평가점수를 1점 높이기 위해서는 1,000만 원, 에너지효율을 한 등급 높이기 위해서는 2,000만 원의 추가 투자비용이 든다.
• 신축 건물의 감면 전 취·등록세 예상액은 총 20억 원이다.
• H건설회사는 경제적 이익을 극대화하고자 한다.
※ 경제적 이익 또는 손실 : (취·등록세 감면액)−(추가 투자액)
※ 기타 비용과 이익은 고려하지 않는다.

보기
ㄱ. 추가 투자함으로써 경제적 이익을 얻을 수 있는 최소 투자금액은 1억 1,000만 원이다.
ㄴ. 친환경 건축물 우수 등급, 에너지효율 1등급을 받기 위해 추가 투자할 경우 경제적 이익이 가장 크다.
ㄷ. 친환경 건축물 우수 등급, 에너지 효율 2등급을 받기 위해 최소로 투자할 경우 경제적 손실이 2,000만 원 발생한다.

① ㄱ
② ㄷ
③ ㄱ, ㄴ
④ ㄴ, ㄷ
⑤ ㄱ, ㄴ, ㄷ

05 H건설회사의 직원들이 신축 건물에 대해 대화를 나누고 있다. 다음 대화 내용 중 옳지 않은 것은?

① 갑 : 현재 우리회사 신축 건물의 등급은 우량 등급이야.

② 을 : 신축 건물 예상평가결과 취·등록세액 감면 혜택을 받을 수 있어.

③ 병 : 추가 투자를 해서 에너지효율을 높일 필요가 있어.

④ 정 : 얼마만큼의 투자가 필요한지 계획하는 것은 예산 관리의 일환이야.

⑤ 무 : 추가 투자에 예산을 배정하기에 앞서 우선순위를 결정해야 해.

06 같은 해에 입사한 동기 A ~ E는 모두 서로 다른 부서에서 일하고 있다. 이들이 근무하는 부서와 해당 부서의 성과급은 다음과 같다. 부서 배치와 휴가에 대한 조건들을 참고했을 때, 옳은 것은?

〈부서별 성과급〉

비서실	영업부	인사부	총무부	홍보부
60만 원	20만 원	40만 원	60만 원	60만 원

※ 각 사원은 모두 각 부서의 성과급을 동일하게 받는다.

〈부서 배치 조건〉

• A는 성과급이 평균보다 적은 부서에서 일한다.
• B와 D의 성과급을 더하면 나머지 3명의 성과급 합과 같다.
• C의 성과급은 총무부보다는 적지만 A보다는 많이 받는다.
• C와 D 중 한 사람은 비서실에서 일한다.
• E는 홍보부에서 일한다.

〈휴가 조건〉

• 영업부 직원은 비서실 직원보다 휴가를 더 늦게 가야 한다.
• 인사부 직원은 첫 번째 또는 제일 마지막으로 휴가를 가야 한다.
• B의 휴가 순서는 이들 중 세 번째이다.
• E는 휴가를 반납하고 성과급을 2배로 받는다.

① A의 3개월 치 성과급은 C의 2개월 치 성과급보다 많다.

② C가 맨 먼저 휴가를 갈 경우, B가 맨 마지막으로 휴가를 가게 된다.

③ D가 C보다 성과급이 많다.

④ 휴가철이 끝난 직후, 급여명세서에 D와 E의 성과급 차이는 3배이다.

⑤ B는 A보다 휴가를 먼저 출발한다.

CHAPTER 05

직업윤리

합격 Cheat Key

직업윤리는 업무를 수행함에 있어 원만한 직업생활을 위해 필요한 태도, 매너, 올바른 직업관이다. 직업윤리는 필기시험뿐만 아니라 서류를 제출하면서 자기소개서를 작성할 때와 면접을 시행할 때도 포함되는 항목으로 들어가지 않는 공사·공단이 없을 정도로 필수 능력으로 꼽힌다.

직업윤리의 세부 능력은 근로 윤리·공동체 윤리로 나눌 수 있다. 구체적인 문제 상황을 제시하여 해결하기 위해 어떤 대안을 선택해야 할지에 관한 문제들이 출제된다.

1 오답을 통해 대비하라!

이론을 따로 정리하는 것보다는 문제에서 본인이 생각하는 모범답안을 선택하고 틀렸을 경우 그 이유를 정리하는 방식으로 학습하는 것이 효율적이다. 암기하기보다는 이해에 중점을 두고 자신의 상식으로 문제를 푸는 것이 아니라 해당 문제가 어느 영역 어떤 하위 능력의 문제인지 파악하는 훈련을 한다면 답이 보일 것이다.

2 직업윤리와 일반윤리를 구분하라!

일반윤리와 구분되는 직업윤리의 특징을 이해해야 한다. 통념상 비윤리적이라고 일컬어지는 행동도 특정한 직업에서는 허용되는 경우가 있다. 그러므로 문제에서 주어진 상황을 판단할 때는 우선 직업의 특성을 고려해야 한다.

3 직업윤리의 하위능력을 파악해 두어라!

직업윤리의 경우 직장생활 경험이 없는 수험생들은 조직에서 일어날 수 있는 구체적인 직업윤리와 관련된 내용에 흥미가 없고 이를 이해하는 데 어려움이 있을 수 있다. 그러나 문제에서는 구체적인 상황·사례를 제시하는 문제가 나오기 때문에 직장에서의 예절을 정리하고 문제 상황에서 적절한 대처를 선택하는 연습을 하는 것이 중요하다.

4 면접에서도 유리하다!

많은 공사·공단에서 면접 시 직업윤리에 관련된 질문을 하는 경우가 많다. 직업윤리 이론 학습을 미리 해 두면 본인의 가치관을 세우는 데 도움이 되고 이는 곧 기업의 인재상 과도 연결되기 때문에 미리 준비해 두면 필기시험에서 합격하고 면접을 준비할 때도 수월 할 것이다.

| 유형분석 |

- 주어진 제시문 속의 비윤리적인 상황에 대하여 원인이나 대처법을 고르는 문제가 출제된다.
- 근면한 자세의 사례를 고르는 문제 또한 종종 출제된다.
- 직장생활 내에서 필요한 윤리적이고 근면한 태도에 대한 문제가 자주 출제된다.

다음 중 직업에서 근면의식의 표출로 적절하지 않은 것은?

① 직업의 현장에서는 능동적인 자세로 임해야 한다.
② 강요에 의한 근면은 노동 행위에 즐거움을 주지 못한다.
③ 즐거운 마음으로 시간을 보내면 궁극적으로 우리의 건강이 증진된다.
④ 노동 현장에서 보수나 진급이 보장되지 않으면 일을 적게 하는 것이 중요하다.
⑤ 일에 지장이 없도록 항상 건강관리에 유의하며, 주어진 시간 내에는 최선을 다한다.

정답 ④

노동 현장에서는 보수나 진급이 보장되지 않더라도 적극적인 노동 자세가 필요하다.

풀이 전략!

근로윤리는 우리 사회가 요구하는 도덕상에 기초하고 있다는 점을 유념하고, 다양한 사례를 익혀 문제에 적응한다.

01 다음 중 근면에 대한 설명으로 옳지 않은 것은?

① 자아실현을 위해 자발적으로 능동적인 근무태도를 보이는 것은 근면에 해당된다.

② 직업에는 귀천이 없다는 점은 근면한 태도를 유지해야 하는 근거로 볼 수 있다.

③ 근면은 게으르지 않고 부지런한 것을 의미한다.

④ 근면은 직업인으로서 마땅히 지녀야 할 태도이다.

⑤ 생계를 위해 어쩔 수 없이 기계적인 노동을 하며 부지런함을 유지하는 것은 근면에 해당되지 않는다.

02 다음 〈보기〉 중 윤리적 가치에 대한 설명으로 옳지 않은 것을 모두 고르면?

> **보기**
>
> ㄱ. 윤리적 규범을 지키는 것은 어떻게 살 것인가에 관한 가치관의 문제와도 관련이 있다.
> ㄴ. 모두가 자신의 이익만을 위하여 행동한다면 사회질서는 유지될 수 있지만, 최선의 결과를 얻기는 어렵다.
> ㄷ. 개인의 행복뿐만 아니라 모든 사람의 행복을 보장하기 위하여 윤리적 가치가 필요하다.
> ㄹ. 윤리적 행동의 당위성은 윤리적 행동을 통해 얻을 수 있는 경제적 이득에 근거한다.

① ㄱ, ㄴ ② ㄱ, ㄷ

③ ㄴ, ㄷ ④ ㄴ, ㄹ

⑤ ㄷ, ㄹ

02 봉사와 책임의식

| 유형분석 |

- 개인이 가져야 하는 책임 의식과 기업의 사회적 책임으로 양분되는 문제이다.
- 봉사의 의미를 묻는 문제가 종종 출제된다.

다음 중 직업윤리의 덕목에 대한 설명으로 옳지 않은 것은?

① 소명 의식 : 자신이 맡은 일은 하늘에 의해 맡겨진 일이라고 생각하는 태도이다.

② 책임 의식 : 직업에 대한 사회적 역할과 책무를 충실히 수행하고 책임을 다하는 태도이다.

③ 천직 의식 : 자신의 일이 자신의 능력과 적성에 꼭 맞는다 여기고 그 일에 열성을 가지고 성실히 임하는 태도이다.

④ 직분 의식 : 자신이 하고 있는 일이 사회나 기업을 위해 중요한 역할을 하고 있다고 믿고 자신의 활동을 수행하는 태도이다.

⑤ 봉사 의식 : 자신의 일이 누구나 할 수 있는 것이 아니라 해당 분야의 지식과 교육을 밑바탕으로 성실히 수행해야만 가능한 것이라 믿고 수행하는 태도이다.

정답 ⑤

봉사 의식은 직업 활동을 통해 다른 사람과 공동체에 대하여 봉사하는 정신을 갖추고 실천하는 태도를 의미한다.

풀이 전략!

직업인으로서 요구되는 봉사 정신과 책임 의식에 관해 숙지하도록 한다.

01 다음 글을 읽고 이해한 내용으로 적절하지 않은 것은?

> 중소기업 영업부에서 수주업무를 담당하는 S과장은 거래처 한 곳에서 큰 프로젝트를 수주할 좋은
> 기회를 얻게 되었고, 이를 위하여 기술부와 영업부 직원 모두가 며칠 동안 밤을 세우며 입찰 서류를
> 준비했다. 드디어 입찰하는 날이 되었고, S과장은 뿌듯한 기분으로 운전을 하며 입찰장소로 향하고
> 있었다. 그런데 S과장은 앞에서 달리고 있던 승용차 한 대가 사람을 친 후 달아나는 것을 목격했다.
> S과장은 출혈도 심하고 의식이 없는 환자를 차에 태우고 인근 병원으로 정신없이 운전하였고, 결국
> 상당한 시간이 지체되었다. 그 후 S과장은 황급히 입찰장소로 향했으나 교통체증이 너무 심했고,
> 현장에 도착하니 입찰은 이미 다 끝나 버린 상태였다.

① 회사의 입장에서 S과장은 좋은 일을 했다고 볼 수 있다.
② S과장의 행동은 직업인으로서 책임과 본분을 망각한 행위이다.
③ S과장은 환자를 태우고 가면서 회사에 상황을 보고했어야 한다.
④ 회사 업무 중에는 공적인 입장에서 판단해야 함을 알 수 있다.
⑤ 사회적 입장에서 S과장은 생명의 은인으로 찬사받을 수 있다.

02 다음 〈보기〉에서 서비스(Service)의 7가지 의미에 해당하는 것은 모두 몇 개인가?

> **보기**
> ㄱ. 고객에게 효과적인 도움을 제공할 수 있어야 한다.
> ㄴ. 고객에게 예의를 갖추고 서비스를 제공하여야 한다.
> ㄷ. 고객에게 좋은 이미지를 심어주어야 한다.
> ㄹ. 고객에게 정서적 감동을 제공할 수 있어야 한다.
> ㅁ. 고객에게 탁월한 수준으로 지원이 제공되어야 한다.

① 1개   ② 2개
③ 3개   ④ 4개
⑤ 5개

CHAPTER 06

자원관리능력

합격 Cheat Key

자원관리능력은 현재 NCS 기반 채용을 진행하는 많은 공사·공단에서 핵심영역으로 자리 잡아, 일부를 제외한 대부분의 시험에서 출제되고 있다.

세부 유형은 비용 계산, 해외파견 지원금 계산, 주문 제작 단가 계산, 일정 조율, 일정 선정, 행사 대여 장소 선정, 최단거리 구하기, 시차 계산, 소요시간 구하기, 해외파견 근무 기준에 부합하는 또는 부합하지 않는 직원 고르기 등으로 나눌 수 있다.

1 시차를 먼저 계산하라!

시간 자원 관리의 대표유형 중 시차를 계산하여 일정에 맞는 항공권을 구입하거나 회의시간을 구하는 문제에서는 각각의 나라 시간을 한국 시간으로 전부 바꾸어 계산하는 것이 편리하다. 조건에 맞는 나라들의 시간을 전부 한국 시간으로 바꾸고 한국 시간과의 시차만 더하거나 빼면 시간을 단축하여 풀 수 있다.

2 선택지를 잘 활용하라!

계산을 해서 값을 요구하는 문제 유형에서는 선택지를 먼저 본 후 자리 수가 몇 단위로 끝나는지 확인해야 한다. 예를 들어 412,300원, 426,700원, 434,100원인 선택지가 있다고 할 때, 제시된 조건에서 100원 단위로 나올 수 있는 항목을 찾아 그 항목만 계산하는 방법이 있다. 또한, 일일이 계산하는 문제가 많다. 예를 들어 640,000원, 720,000원, 810,000원 등의 수를 이용해 푸는 문제가 있다고 할 때, 만 원 단위를 절사하고 계산하여 64, 72, 81처럼 요약하는 방법이 있다.

3 최적의 값을 구하는 문제인지 파악하라!

물적 자원 관리의 대표유형에서는 제한된 자원 내에서 최대의 만족 또는 이익을 얻을 수 있는 방법을 강구하는 문제가 출제된다. 이때, 구하고자 하는 값을 x, y로 정하고 연립방정식을 이용해 x, y 값을 구한다. 최소 비용으로 목표생산량을 달성하기 위한 업무 및 인력 할당, 정해진 시간 내에 최대 이윤을 낼 수 있는 업체 선정, 정해진 인력으로 효율적 업무 배치 등을 구하는 문제에서 사용되는 방법이다.

4 각 평가항목을 비교하라!

인적 자원 관리의 대표유형에서는 각 평가항목을 비교하여 기준에 적합한 인물을 고르거나, 저렴한 업체를 선정하거나, 총점이 높은 업체를 선정하는 문제가 출제된다. 이런 유형은 평가항목에서 가격이나 점수 차이에 영향을 많이 미치는 항목을 찾아 1 ~ 2개의 선택지를 삭제하고, 남은 3 ~ 4개의 선택지만 계산하여 시간을 단축할 수 있다.

01 시간 계획

| 유형분석 |

- 시간 자원과 관련된 다양한 정보를 활용하여 풀어 가는 유형이다.
- 대체로 교통편 정보나 국가별 시차 정보가 제공되며, 이를 근거로 '현지 도착시간 또는 약속된 시간 내에 도착하기 위한 방안'을 고르는 문제가 출제된다.

해외영업부 A대리는 B부장과 함께 샌프란시스코에 출장을 가게 되었다. 샌프란시스코의 시각은 한국보다 16시간 느리고, 비행 시간은 10시간 25분일 때 샌프란시스코 현지 시각으로 11월 17일 오전 10시 35분에 도착하는 비행기를 타려면 한국 시각으로 인천공항에 몇 시까지 도착해야 하는가?

구분	날짜	출발 시각	비행 시간	날짜	도착 시각
인천 → 샌프란시스코	11월 17일		10시간 25분	11월 17일	10:35
샌프란시스코 → 인천	11월 21일	17:30	12시간 55분	11월 22일	22:25

※ 단, 비행기 출발 1시간 전에 공항에 도착해 티켓팅을 해야 한다.

① 12:10

② 13:10

③ 14:10

④ 15:10

⑤ 16:10

정답 ④

인천에서 샌프란시스코까지 비행 시간은 10시간 25분이므로, 샌프란시스코 도착 시각에서 거슬러 올라가면 샌프란시스코 시각으로 00시 10분에 출발한 것이 된다. 이때 한국은 샌프란시스코보다 16시간 빠르기 때문에 한국 시각으로는 16시 10분에 출발한 것이다. 하지만 비행기 티켓팅을 위해 출발 1시간 전에 인천공항에 도착해야 하므로 15시 10분까지 공항에 가야 한다.

풀이 전략!

문제에서 묻는 것을 정확히 파악한다. 특히 제한사항에 대해서는 빠짐없이 확인해 두어야 한다. 이후 제시된 정보(시차 등)에서 필요한 것을 선별하여 문제를 풀어 간다.

01 H공단에서는 K기능사 실기시험을 5월 중에 3일간 진행하려고 한다. 일정은 다른 국가기술자격 실기시험일 또는 행사일에는 할 수 없으며, 필기시험일과는 중복이 가능하다. K기능사 실기시험 일정으로 적절한 것은?

<5월 달력>

일요일	월요일	화요일	수요일	목요일	금요일	토요일
			1	2	3 H공단 체육대회	4
5 어린이날	6	7	8	9 A기술사 필기시험	10	11
12 석가탄신일	13	14 B산업기사 실기시험	15 B산업기사 실기시험	16 B산업기사 실기시험	17	18
19	20	21	22	23	24	25
26	27	28	29	30	31	

※ 실기시험은 월 ~ 토요일에 실시한다.
※ 24 ~ 29일 동안 시험장 보수공사를 실시한다.

① 3 ~ 6일   ② 7 ~ 9일
③ 13 ~ 15일   ④ 23 ~ 25일
⑤ 29 ~ 31일

02 H공사 인사팀에는 팀장 1명, 과장 2명과 A대리가 있다. 팀장 1명과 과장 2명은 4월 안에 휴가를 다녀와야 하고, 팀장이나 과장이 1명이라도 없는 경우, A대리는 자리를 비울 수 없다. 다음 〈조건〉에 따른 A대리의 연수 마지막 날짜는?

> **조건**
> • 4월 1일은 월요일이며, H공사는 주5일제이다.
> • 마지막 주 금요일에는 중요한 세미나가 있어 그 주에는 모든 팀원이 자리를 비울 수 없다.
> • 팀장은 첫째 주 화요일부터 3일 동안 휴가를 신청했다.
> • B과장은 둘째 주 수요일부터 5일 동안 휴가를 신청했다.
> • C과장은 셋째 주에 2일간의 휴가를 마치고 금요일부터 출근할 것이다.
> • A대리는 주말 없이 진행되는 연수에 5일 연속 참여해야 한다.

① 8일   ② 9일
③ 23일   ④ 24일
⑤ 30일

03 다음은 H회사 신제품개발1팀의 하루 업무 스케줄에 대한 자료이다. 신입사원 A씨는 스케줄을 바탕으로 금일 회의 시간을 정하려고 한다. 1시간 동안 진행될 팀 회의의 가장 적절한 시간대는?

〈H회사 신제품개발1팀 스케줄〉

시간	직위별 스케줄				
	부장	차장	과장	대리	사원
09:00 ~ 10:00	업무회의				
10:00 ~ 11:00					비품요청
11:00 ~ 12:00			시장조사	시장조사	시장조사
12:00 ~ 13:00			점심식사		
13:00 ~ 14:00	개발전략수립		시장조사	시장조사	시장조사
14:00 ~ 15:00		샘플검수	제품구상	제품구상	제품구상
15:00 ~ 16:00			제품개발	제품개발	제품개발
16:00 ~ 17:00					
17:00 ~ 18:00			결과보고	결과보고	

① 09:00 ~ 10:00   ② 10:00 ~ 11:00
③ 14:00 ~ 15:00   ④ 16:00 ~ 17:00
⑤ 17:00 ~ 18:00

04 자동차 부품을 생산하는 H기업은 반자동과 자동 생산라인을 하나씩 보유하고 있다. 최근 일본의 자동차 회사와 수출계약을 체결하여 자동차 부품 34,500개를 납품하였다. 다음 H기업의 생산조건을 고려할 때, 일본에 납품할 부품을 생산하는 데 소요된 시간은 얼마인가?

〈자동차 부품 생산조건〉

• 반자동라인은 4시간에 300개의 부품을 생산하며, 그중 20%는 불량품이다.
• 자동라인은 3시간에 400개의 부품을 생산하며, 그중 10%는 불량품이다.
• 반자동라인은 8시간마다 2시간씩 생산을 중단한다.
• 자동라인은 9시간마다 3시간씩 생산을 중단한다.
• 불량 부품은 생산 후 폐기하고 정상인 부품만 납품한다.

---

① 230시간   ② 240시간
③ 250시간   ④ 260시간
⑤ 280시간

PART 2

05 해외로 출장을 가는 김대리는 다음과 같이 이동하려고 계획하고 있다. 연착 없이 계획대로 출장지에 도착했다면, 도착했을 때의 현지 시각은?

• 서울 시각으로 5일 오후 1시 35분에 출발하는 비행기를 타고, 경유지 한 곳을 거쳐 출장지에 도착한다.
• 경유지는 서울보다 1시간 빠르고, 출장지는 경유지보다 2시간 느리다.
• 첫 번째 비행은 3시간 45분이 소요된다.
• 경유지에서 3시간 50분을 대기하고 출발한다.
• 두 번째 비행은 9시간 25분이 소요된다.

---

① 오전 5시 35분   ② 오전 6시
③ 오후 5시 35분   ④ 오후 6시
⑤ 오전 7시

| 유형분석 |

- 예산 자원과 관련된 다양한 정보를 활용하여 풀어 가는 문제이다.
- 대체로 한정된 예산 내에서 수행할 수 있는 업무 및 예산 가격을 묻는 문제가 출제된다.

연봉 실수령액을 구하는 식이 〈보기〉와 같을 때, 연봉이 3,480만 원인 A씨의 연봉 실수령액은?(단, 원 단위는 절사한다)

보기

- (연봉 실수령액)=(월 실수령액)×12
- (월 실수령액)=(월 급여)−[(국민연금)+(건강보험료)+(고용보험료)+(장기요양보험료)+(소득세)+(지방세)]
- (국민연금)=(월 급여)×4.5%
- (건강보험료)=(월 급여)×3.12%
- (고용보험료)=(월 급여)×0.65%
- (장기요양보험료)=(건강보험료)×7.38%
- (소득세)=68,000원
- (지방세)=(소득세)×10%

① 30,944,400원
② 31,078,000원
③ 31,203,200원
④ 32,150,800원
⑤ 32,497,600원

정답 ①

A씨의 월 급여는 3,480÷12=290만 원이다.
국민연금, 건강보험료, 고용보험료를 제외한 금액을 계산하면
290만 원−{290만 원×(0.045+0.0312+0.0065)}
→ 290만 원−(290만 원×0.0827)
→ 290만 원−239,830=2,660,170원
- 장기요양보험료 : (290만 원×0.0312)×0.0738≒6,670원(∵ 원 단위 절사)
- 지방세 : 68,000×0.1=6,800원
따라서 A씨의 월 실수령액은 2,660,170−(6,670+68,000+6,800)=2,578,700원이고,
연봉 실수령액은 2,578,700×12=30,944,400원이다.

풀이 전략!

제한사항인 예산을 고려하여 문제에서 묻는 것을 정확히 파악한 후, 제시된 정보에서 필요한 것을 선별하여 문제를 풀어 간다.

01 수인이는 베트남 여행을 위해 H국제공항에서 환전하기로 하였다. 다음은 H환전소의 당일 환율 및 수수료를 나타낸 자료이다. 수인이가 한국 돈으로 베트남 현금 1,670만 동을 환전한다고 할 때, 수수료까지 포함하여 필요한 돈은 얼마인가?(단, 모든 계산과정에서 구한 값은 일의 자리에서 버림한다)

〈H환전소 환율 및 수수료〉

• 베트남 환율 : 483원/만 동
• 수수료 : 0.5%
• 우대사항 : 50만 원 이상 환전 시 70만 원까지 수수료 0.4%로 인하 적용
　　　　　　100만 원 이상 환전 시 총금액 수수료 0.4%로 인하 적용

---

① 808,840원　　　　　　　　　　② 808,940원
③ 809,840원　　　　　　　　　　④ 809,940원
⑤ 810,040원

02 다음 글을 바탕으로 전세 보증금이 1억 원인 전세 세입자가 월세 보증금 1천만 원에 전월세 전환율 한도 수준까지의 월세 전환을 원할 경우, 월 임대료 지불액은 얼마인가?

나날이 치솟는 전세 보증금! 집주인이 2년 만에 전세 보증금을 올려달라고 하는데 사실 월급쟁이로 생활비를 쓰고 남은 돈을 저축하자면 그 목돈을 마련하지 못해 전세자금 대출을 알아보곤 한다. 그럴 때 생각해 볼 수 있는 것이 반전세나 월세 전환이다. 이렇게 되면 임대인들도 보증금 몇 천만 원에서 나오는 이자보다 월 임대료가 매달 나오는 것이 좋다 보니 먼저 요구하기도 한다. 바로 그것이 '전월세 전환율'이다.

전월세 전환율은 [(월 임대료)×(12개월)/{(전세 보증금)−(월세 보증금)}]×100으로 구할 수 있다. 그렇다면 전월세 전환율 비율의 제한은 어떻게 형성되는 걸까?

우리나라는 「주택임대차보호법」에서 산정률 제한을 두고 있다. 보통 10%, 기준금리 4배수 중 낮은 비율의 범위를 초과할 수 없다고 규정하고 있기 때문에 현재 기준금리가 1.5%로 인상되어 6%가 제한선이 된다.

---

① 450,000원　　　　　　　　　　② 470,000원
③ 500,000원　　　　　　　　　　④ 525,000원
⑤ 550,000원

03 H공사는 연말 시상식을 개최하여 한 해 동안 모범이 되거나 훌륭한 성과를 낸 직원을 독려하고자 한다. 상 종류 및 수상인원, 상품에 대한 정보가 다음과 같을 때, 총상품구입비는 얼마인가?

〈시상내역〉		
상 종류	수상인원	상품
사내선행상	5	인당 금 도금 상패 1개, 식기 1세트
사회기여상	1	인당 은 도금 상패 1개, 신형 노트북 1대
연구공로상	2	인당 금 도금 상패 1개, 안마의자 1개, 태블릿 PC 1대
성과공로상	4	인당 은 도금 상패 1개, 만년필 2개, 태블릿 PC 1대
청렴모범상	2	인당 동 상패 1개, 안마의자 1개

- 상패 제작비용
  - 금 도금 상패 : 개당 55,000원(5개 이상 주문 시 개당 가격 10% 할인)
  - 은 도금 상패 : 개당 42,000원(주문수량 4개당 1개 무료 제공)
  - 동 상패 : 개당 35,000원
- 물품 구입비용(개당)
  - 식기 세트 : 450,000원
  - 신형 노트북 : 1,500,000원
  - 태블릿PC : 600,000원
  - 만년필 : 100,000원
  - 안마의자 : 1,700,000원

① 14,085,000원
② 15,050,000원
③ 15,534,500원
④ 16,805,000원
⑤ 17,200,000원

04 다음 A ~ D 4명이 저녁 식사를 하고 〈조건〉에 따라 돈을 지불했을 때, C가 낸 금액은 얼마인가?

조건
- A는 B, C, D가 지불한 금액 합계의 20%를 지불했다.
- C는 A와 B가 지불한 금액 합계의 40%를 지불했다.
- A와 B가 지불한 금액 합계와 C와 D가 지불한 금액 합계는 같다.
- D가 지불한 금액에서 16,000원을 빼면 A가 지불한 금액과 같다.

① 18,000원
② 20,000원
③ 22,000원
④ 24,000원
⑤ 26,000원

05 H기업은 창고업체를 통해 A ~ C 세 제품군을 보관하고 있다. 각 제품군에 대한 정보를 참고하여 다음 〈조건〉에 따라 H기업이 보관료로 지급해야 할 총금액은 얼마인가?

제품군	매출액(억 원)	용량	
		용적(CUBIC)	무게(톤)
A	300	3,000	200
B	200	2,000	300
C	100	5,000	500

조건
- A제품군은 매출액의 1%를 보관료로 지급한다.
- B제품군은 1CUBIC당 20,000원의 보관료를 지급한다.
- C제품군은 1톤당 80,000원의 보관료를 지급한다.

① 3억 2천만 원
② 3억 4천만 원
③ 3억 6천만 원
④ 3억 8천만 원
⑤ 4억 원

03 품목 확정

| 유형분석 |

- 물적 자원과 관련된 다양한 정보를 활용하여 풀어 가는 문제이다.
- 공정도·제품·시설 등에 대한 가격·특징·시간 정보가 제시되며, 이를 종합적으로 고려하는 문제가 출제된다.

K씨는 로봇청소기를 합리적으로 구매하기 위해 모델별로 성능을 비교·분석하였다. 원하는 조건에 따라 K씨가 선택할 로봇청소기 모델로 옳은 것은?

〈로봇청소기 모델별 성능 분석표〉

모델	청소 성능		주행 성능			소음 방지	자동 복귀	안전성	내구성	경제성
	바닥	카펫	자율주행 성능	문턱 넘김	추락 방지					
A	★★★	★	★★	★★	★★	★★★	★★★	★★★	★★★	★★
B	★★	★★★	★★★	★★★	★	★★★	★★	★★★	★★★	★★
C	★★★	★★★	★★★	★	★★★	★★★	★★★	★★★	★★★	★
D	★★	★★	★★★	★★	★	★★	★★	★★★	★★	★★
E	★★★	★★★	★★	★★★	★★	★★★	★★	★★★	★★★	★★★

※ ★★★ : 적합, ★★ : 보통, ★ : 미흡

> K씨 : 로봇청소기는 내구성과 안전성이 1순위이고 집에 카펫은 없으니 바닥에 대한 청소 성능이 2순위야. 글을 쓰는 아내를 위해서 소음도 중요하겠지, 문턱이나 추락할만한 공간은 없으니 자율주행성능만 좋은 것으로 살펴보면 되겠네. 나머지 기준은 크게 신경 안 써도 될 것 같아.

① A모델
② B모델
③ C모델
④ D모델
⑤ E모델

정답 ③

내구성과 안전성 모두 적합한 로봇청소기 모델은 A, B, C, E이며, 바닥에 대한 청소 성능의 경우 A, C, E가 적합하다. 소음방지의 경우는 A, B, C, E가 적합하고, 자율주행성능은 B, C, D가 적합하다. 따라서 K씨는 내구성, 안전성, 바닥에 대한 청소 성능, 소음방지, 자율주행성능에 모두 적합한 C모델을 선택할 것이다.

풀이 전략!

문제에서 제시한 물적 자원의 정보를 문제의 의도에 맞게 선별하면서 풀어 간다.

01 H공사에서 비품구매를 담당하고 있는 A사원은 비품관리 매뉴얼과 비품현황을 고려해 비품을 구매하려고 한다. 비품별 요청사항이 다음과 같을 때, 가장 먼저 구매해야 하는 비품은?

<PART 2>

〈비품관리 매뉴얼〉

비품관리 우선순위는 다음과 같다.
1. 비품을 재사용할 수 있는 경우에는 구매하지 않고 재사용하도록 한다.
2. 구매요청 부서가 많은 비품부터 순서대로 구매한다.
3. 비품은 빈번하게 사용하는 정도에 따라 등급을 매겨 구매가 필요한 경우 A, B, C 순서대로 구매한다.
4. 필요한 비품 개수가 많은 비품부터 순서대로 구매한다.

〈비품별 요청사항〉

구분	필요 개수 (개)	등급	재사용 가능 여부	구매요청 부서	구분	필요 개수 (개)	등급	재사용 가능 여부	구매요청 부서
연필	5	B	×	인사팀 총무팀 연구팀	커피	10	A	×	인사팀 총무팀 생산팀
볼펜	10	A	×	생산팀	녹차	6	C	×	홍보팀
지우개	15	B	×	연구팀	A4 용지	12	A	×	홍보팀 총무팀 인사팀
메모지	4	A	×	홍보팀 총무팀	문서용 집게	4	B	○	인사팀 총무팀 생산팀 연구팀
수첩	3	C	×	홍보팀	클립	1	C	○	연구팀
종이컵	20	A	×	총무팀	테이프	0	B	×	총무팀

① A4용지
② 커피
③ 문서용 집게
④ 연필
⑤ 테이프

02 H공사에서 근무하는 S사원은 새로 도입되는 교통관련 정책 홍보자료를 만들어서 배포하려고 한다. 다음 중 가장 저렴한 비용으로 인쇄할 수 있는 인쇄소로 옳은 것은?

〈인쇄소별 비용 견적〉

(단위 : 원)

인쇄소	페이지당 비용	표지 가격		권당 제본 비용	할인
		유광	무광		
A	50	500	400	1,500	-
B	70	300	250	1,300	-
C	70	500	450	1,000	100부 초과 시 초과 부수만 총비용에서 5% 할인
D	60	300	200	1,000	-
E	100	200	150	1,000	인쇄 총페이지 5,000페이지 초과 시 총비용에서 20% 할인

※ 홍보자료는 관내 20개 지점에 배포하고, 지점마다 10부씩 배포한다.
※ 홍보자료는 30페이지 분량으로 제본하며, 표지는 유광표지로 한다.

① A인쇄소
② B인쇄소
③ C인쇄소
④ D인쇄소
⑤ E인쇄소

03 K씨는 밤도깨비 야시장에서 푸드 트럭을 운영하기로 계획하고 있다. 순이익이 가장 높은 메인 메뉴 한 가지를 선정하려고 할 때, K씨가 선정할 메뉴로 옳은 것은?

메뉴	예상 월간 판매량(개)	생산 단가(원)	판매 가격(원)
A	500	3,500	4,000
B	300	5,500	6,000
C	400	4,000	5,000
D	200	6,000	7,000
E	150	3,000	5,000

① A
② B
③ C
④ D
⑤ E

04 H회사 마케팅 팀장은 팀원 50명에게 연말 선물을 하기 위해 물품을 구매하려고 한다. 아래는 업체별 품목 가격과 팀원들의 품목 선호도를 나타낸 자료이다. 다음 〈조건〉에 따라 팀장이 구매하는 물품과 업체를 순서대로 바르게 나열한 것은?

〈업체별 품목 가격〉

구분		한 벌당 가격(원)
A업체	티셔츠	6,000
	카라 티셔츠	8,000
B업체	티셔츠	7,000
	후드 집업	10,000
	맨투맨	9,000

〈팀원 품목 선호도〉

순위	품목
1	카라 티셔츠
2	티셔츠
3	후드 집업
4	맨투맨

조건

• 팀원의 선호도를 우선으로 품목을 선택한다.
• 총구매금액이 30만 원 이상이면 총금액에서 5%를 할인해 준다.
• 차순위 품목이 1순위 품목보다 총금액이 20% 이상 저렴하면 차순위를 선택한다.

① 티셔츠, A업체 ② 카라 티셔츠, A업체
③ 티셔츠, B업체 ④ 후드 집업, B업체
⑤ 맨투맨, B업체

05 다음은 H기업의 재고 관리에 대한 자료이다. 금요일까지 부품 재고 수량이 남지 않게 완성품을 만들 수 있도록 월요일에 주문할 부품 A ~ C의 개수가 바르게 연결된 것은?(단, 주어진 조건 이외에는 고려하지 않는다)

〈부품 재고 수량과 완성품 1개당 소요량〉

부품	부품 재고 수량(개)	완성품 1개당 소요량(개)
A	500	10
B	120	3
C	250	5

〈완성품 납품 수량〉

구분	월요일	화요일	수요일	목요일	금요일
완성품 납품 수량(개)	없음	30	20	30	20

※ 부품 주문은 월요일에 한 번 신청하며, 화요일 작업 시작 전에 입고된다.
※ 완성품은 부품 A, B, C를 모두 조립해야 한다.

	A	B	C		A	B	C
①	100개	100개	100개	②	100개	180개	200개
③	500개	100개	100개	④	500개	150개	200개
⑤	500개	180개	250개				

06 H공사는 직원용 컴퓨터를 교체하려고 한다. 다음 〈조건〉을 만족하는 컴퓨터로 옳은 것은?

〈컴퓨터별 가격 현황〉

구분	A컴퓨터	B컴퓨터	C컴퓨터	D컴퓨터	E컴퓨터
모니터	20만 원	23만 원	20만 원	19만 원	18만 원
본체	70만 원	64만 원	60만 원	54만 원	52만 원
세트 (모니터+본체)	80만 원	75만 원	70만 원	66만 원	65만 원
성능평가	중	상	중	중	하
할인혜택	-	세트로 15대 이상 구매 시 총금액에서 100만 원 할인	모니터 10대 초과 구매 시 초과 대수 15% 할인	-	-

조건

- 예산은 1,000만 원이다.
- 교체할 직원용 컴퓨터는 모니터와 본체 각각 15대이다.
- 성능평가에서 '중' 이상을 받은 컴퓨터로 교체한다.
- 컴퓨터 구매는 세트 또는 모니터와 본체 따로 구매할 수 있다.

① A컴퓨터   ② B컴퓨터
③ C컴퓨터   ④ D컴퓨터
⑤ E컴퓨터

07 H사진관은 올해 찍은 사진을 모두 모아서 1개의 USB에 저장하려고 한다. 사진의 용량 및 찍은 사진 장수가 자료와 같을 때, 최소 몇 GB의 USB가 필요한가?(단, 1MB=1,000KB, 1GB=1,000MB이며, USB 용량은 소수점 자리는 버림한다)

〈올해 찍은 사진 자료〉

구분	크기(cm)	용량	장수
반명함	3×4	150KB	8,000장
신분증	3.5×4.5	180KB	6,000장
여권	5×5	200KB	7,500장
단체사진	10×10	250KB	5,000장

① 3GB   ② 4GB
③ 5GB   ④ 6GB
⑤ 7GB

| 유형분석 |

- 인적 자원과 관련된 다양한 정보를 활용하여 풀어 가는 문제이다.
- 주로 근무명단, 휴무일, 업무할당 등의 주제로 다양한 정보를 활용하여 종합적으로 풀어 가는 문제가 출제된다.

어느 버스회사에서 (가)시에서 (나)시를 연결하는 버스 노선을 개통하기 위해 새로운 버스를 구매하려고 한다. 다음 〈조건〉과 같이 노선을 운행하려고 할 때, 최소 몇 대의 버스를 구매해야 하며, 이때 필요한 운전사는 최소 몇 명인가?

> **조건**
>
> - 새 노선의 왕복 시간은 2시간이다(승하차 시간을 포함).
> - 배차시간은 15분 간격이다.
> - 운전사의 휴식시간은 매 왕복 후 30분씩이다.
> - 첫차는 5시 정각에, 막차는 23시 정각에 (가)시를 출발한다.
> - 모든 차는 (가)시에 도착하자마자 (나)시로 곧바로 출발하는 것을 원칙으로 한다.
>   즉, (가)시에 도착하는 시간이 바로 (나)시로 출발하는 시간이다.
> - 모든 차는 (가)시에서 출발해서 (가)시로 복귀한다.

	버스	운전사
①	6대	8명
②	8대	10명
③	10대	12명
④	12대	14명
⑤	14대	16명

정답 ②

왕복 시간이 2시간, 배차 간격이 15분이라면 첫차가 재투입되는 데 필요한 앞차의 수는 첫차를 포함해서 8대이다(∵ 15분×8대=2시간이므로 8대 버스가 운행된 이후 9번째에 첫차 재투입 가능).

운전사는 왕복 후 30분의 휴식을 취해야 하므로 첫차를 운전했던 운전사는 2시간 30분 뒤에 운전을 시작할 수 있다. 따라서 8대의 버스로 운행하더라도 150분 동안 운행되는 버스 150÷15=10대를 운전하기 위해서는 10명의 운전사가 필요하다.

풀이 전략!

문제에서 신입사원 채용이나 인력배치 등의 주제가 출제될 경우에는 주어진 규정 혹은 규칙을 꼼꼼히 확인하여야 한다. 이를 근거로 각 선택지가 어긋나지 않는지 검토하며 문제를 풀어 간다.

01 다음은 H학교의 성과급 기준표이다. 이를 적용해 H학교 교사들의 성과급 배점을 계산하고자 할 때, 〈보기〉의 교사 A ~ E 중 가장 높은 배점을 받을 교사는?

〈성과급 기준표〉

구분	평가사항	배점기준	
수업지도	주당 수업시간	24시간 이하	14점
		25시간	16점
		26시간	18점
		27시간 이상	20점
	수업 공개 유무	교사 수업 공개	10점
		학부모 수업 공개	5점
생활지도	담임 유무	담임교사	10점
		비담임교사	5점
담당업무	업무 곤란도	보직교사	30점
		비보직교사	20점
경력	호봉	10호봉 이하	5점
		11 ~ 15호봉	10점
		16 ~ 20호봉	15점
		21 ~ 25호봉	20점
		26 ~ 30호봉	25점
		31호봉 이상	30점

※ 수업지도 항목에서 교사 수업 공개, 학부모 수업 공개를 모두 진행했을 경우 10점으로 배점하며, 수업 공개를 하지 않았을 경우 배점은 없다.

보기

교사	주당 수업시간	수업 공개 유무	담임 유무	업무 곤란도	호봉
A	20시간	-	담임교사	비보직교사	32호봉
B	29시간	-	비담임교사	비보직교사	35호봉
C	26시간	학부모 수업 공개	비담임교사	보직교사	22호봉
D	22시간	교사 수업 공개	담임교사	보직교사	17호봉
E	25시간	교사 수업 공개, 학부모 수업 공개	비담임교사	비보직교사	30호봉

① A교사
② B교사
③ C교사
④ D교사
⑤ E교사

02 다음은 H기업 직원들의 이번 주 초과근무 계획표이다. 하루에 5명 이상 초과근무를 할 수 없고, 초과근무 시간은 각자 일주일에 10시간을 초과할 수 없다고 한다. 1명만 초과근무 일정을 수정할 수 있을 때, 규칙에 어긋난 요일과 그 날에 속한 사람 중 변경해야 할 직원은 누구인가?(단, 주말은 1시간당 1.5시간으로 계산한다)

<초과근무 계획표>

성명	초과근무 일정	성명	초과근무 일정
김혜정	월요일 3시간, 금요일 3시간	김재건	수요일 1시간
이설희	토요일 6시간	신혜선	수요일 4시간, 목요일 3시간
임유진	토요일 3시간, 일요일 1시간	한예리	일요일 6시간
박주환	목요일 2시간	정지원	월요일 6시간, 목요일 3시간
이지호	화요일 4시간	최명진	화요일 5시간
김유미	금요일 6시간, 토요일 2시간	김우석	목요일 1시간
정해리	월요일 5시간	이상엽	목요일 6시간, 일요일 3시간

	요일	직원		요일	직원
①	월요일	김혜정	②	목요일	정지원
③	목요일	이상엽	④	토요일	임유진
⑤	토요일	김유미			

03 다음 자료에 따라 H회사가 하루 동안 고용할 수 있는 최대 인원은?

<H회사 예산과 고용비 현황>

총예산	본예산	500,000원
	예비비	100,000원
고용비	1인당 수당	50,000원
	산재보험료	(수당)×0.504%
	고용보험료	(수당)×1.3%

① 10명   ② 11명
③ 12명   ④ 13명
⑤ 14명

04 다음은 부서별로 핵심역량가치 중요도를 정리한 표와 신입사원들의 핵심역량평가 결과표이다. 결과표를 바탕으로 한 C사원과 E사원의 부서 배치로 적절한 것은?(단, '−'는 중요도를 고려하지 않는다는 표시이다)

〈핵심역량가치 중요도〉

구분	창의성	혁신성	친화력	책임감	윤리성
영업팀	−	중	상	중	−
개발팀	상	상	하	중	상
지원팀	−	중	−	상	하

〈핵심역량평가 결과표〉

구분	창의성	혁신성	친화력	책임감	윤리성
A사원	상	하	중	상	상
B사원	중	중	하	중	상
C사원	하	상	상	중	하
D사원	하	하	상	하	중
E사원	상	중	중	상	하

	C사원	E사원
①	개발팀	지원팀
②	개발팀	영업팀
③	지원팀	영업팀
④	영업팀	개발팀
⑤	영업팀	지원팀

교육은 우리 자신의 무지를 점차 발견해 가는 과정이다.

- 윌 듀란트 -

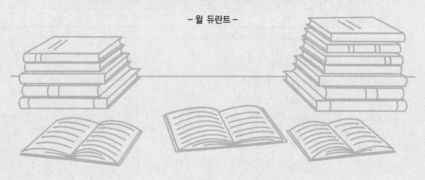

PART 3

한국사

CHAPTER 01 적중예상문제

정답 및 해설 p.058

01 다음에서 설명하고 있는 유물을 대표적으로 사용하는 시대의 특징으로 옳은 것은?

> 검신의 형태가 비파와 비슷해 붙여진 이름으로 중국 요령지방에 주로 분포하기 때문에 요령식 동검으로도 불린다. 검신의 아랫부분은 비파형태를 이루었고, 검신 중앙부에는 돌기부가 있고 돌기부 양쪽으로 날이 약간씩 휘어 들어간 형태이다.

① 빗살무늬토기를 만들어 곡식, 열매 등을 저장하였다.
② 소 등의 가축의 목축이 시작되었다.
③ 조, 보리 등을 경작하였고, 일부 지역에서 벼농사가 시작되었다.
④ 가락바퀴와 뼈바늘을 이용해 옷을 만들기 시작하였다.
⑤ 평등 사회로 무리지어 생활하였다.

02 다음은 통일신라시대의 관리 선발 방식에 대한 설명이다. 이 제도를 실시한 왕대에 일어난 사건으로 옳지 않은 것을 〈보기〉에서 모두 고르면?

> 국학의 기능을 강화하기 위하여 경전의 이해 정도에 따라 상품(上品), 중품(中品), 하품(下品)으로 등급을 나누어 관리를 선발하였다.

보기

㉠ 발해를 외교적 대상 국가로 인식하여 사신을 보냈다..
㉡ 원종·애노의 난이 발생하였다.
㉢ 청해진의 반란을 제압하였다.
㉣ 처음으로 승관(僧官)을 두었다.

① ㉠, ㉡   ② ㉠, ㉢
③ ㉡, ㉢   ④ ㉢, ㉣
⑤ ㉠, ㉡, ㉢

03 다음은 3 · 1 운동 당시 일본 헌병대의 보고서이다. 이러한 투쟁 양상이 나타나게 된 원인으로 가장 적절한 것은?

> 그중 과격한 사람은 낫, 곡괭이, 몽둥이 등을 가지고 전투 준비를 갖추었으며, 군중들은 오직 지휘자의 명령에 따라 마치 훈련받은 정규병처럼 움직였다. 그리고 그들은 집합하자마자 우선 독립 만세를 고창하여 그 기세를 올리고, 나아가 면사무소, 군청 등 비교적 저항력이 약한 데를 습격함으로써 군중의 사기를 고무시킨 다음 마침내 경찰서를 습격하여 무력 투쟁을 전개하였다.
>
> – 「독립 운동사 자료집 6」

① 간도 참변에 자극을 받은 민중들의 봉기
② 자치론자들의 등장에 대한 민중들의 불만 고조
③ 사회주의 계열이 중심이 된 농민과 노동자들의 계급투쟁
④ 사회진화론에 한계를 느낀 독립 운동가의 투쟁 방법 전환
⑤ 토지 조사 사업으로 심한 수탈을 당했던 농민들의 시위 주도

04 다음의 법이 공포된 것에 대해 적절하게 해석한 사람은?

> 국체를 변혁하는 것을 목적으로 결사를 조직하는 자 또는 결사의 임원, 그 외 지도자로서 임무에 종사하는 자는 사형, 무기 또는 5년 이상의 징역 또는 금고에 처한다. 사정을 알고서 결사에 가입하는 자 또는 결사의 목적 수행을 위한 행위를 돕는 자는 2년 이상의 유기 징역 또는 금고에 처한다. 사유 재산 제도를 부인하는 것을 목적으로 결사를 조직하는 자, 결사에 가입하는 자, 또는 결사의 목적 수행을 위한 행위를 돕는 자는 10년 이하의 징역 또는 금고에 처한다.

① 갑 : 이 법의 제정으로 이제 의병 활동은 물 건너갔어.
② 을 : 일본 놈들, 대륙 침략을 감행하더니 드디어 미쳤군.
③ 병 : 요즘 대세인 사회주의 때문에 만들었겠지? 이제 사상 탄압이 더 심해지겠군.
④ 정 : 독립의군부가 국권 반환 요구서를 제출할 것에 대한 대응책이라지.
⑤ 무 : 친일파 재산을 몰수하려 했더니만, 결국 이런 법으로 그들을 보호해 주는 건가.

05 다음 글과 관련이 있는 운동은?

> 미국은 우리가 본래 모르던 나라입니다. 돌연히 타인의 권유로 불러들였다가 그들이 우리의 허점을 보고 어려운 요구를 강요하면 장차 이에 어떻게 대응할 것입니까? …… 러시아는 본래 우리와는 싫어하고 미워할 처지에 있지 않은 나라입니다. 러시아, 미국, 일본은 같은 오랑캐입니다. 그들 사이에 누구는 후하게 대하고 누구는 박하게 대하기는 어려운 일입니다.

① 동학 농민 운동　　　　　　② 애국 계몽 운동
③ 물산 장려 운동　　　　　　④ 국채 보상 운동
⑤ 위정 척사 운동

06 다음은 1911년에 발표된 제1차 조선교육령의 일부이다. 이를 통해 알 수 있는 당시의 교육 정책으로 옳지 않은 것은?

> 제2조. 교육은 충량한 국민을 육성하는 것을 본의로 한다.
> 제5조. 보통 교육은 보통의 지식, 기능을 부여하고, 특히 국민된 성격을 함양하며, 국어를 보급함을 목적으로 한다.
> 제6조. 실업 교육은 농업, 상업, 공업 등에 관한 지식과 기능을 가르치는 것을 목적으로 한다.
> 제28조. 공립 또는 사립의 보통학교, 고등보통학교, 여자고등보통학교, 실업학교 및 전문학교의 설치 또는 폐지는 조선 총독의 허가를 받아야 한다.

① 조선인을 위한 고등 교육 기관을 세우지 않았다.
② 보통 교육의 실시를 통해 일본어를 보급하려 하였다.
③ 사립학교 허가제를 통해 사립학교의 설립을 억제하였다.
④ 조선어와 조선 역사 과목을 폐지하여 금지시켰다.
⑤ 식민지 산업화에 필요한 노동력을 양성하기 위하여 실업 교육을 실시하였다.

07 다음 중 (가), (나)에 들어갈 사건으로 적절하지 않은 것은?

| 강화도 조약 － (가) － 3・1 운동 － (나) － 광복 |

① (가) : 제너럴 셔먼호 사건, (나) : 청산리 대첩
② (가) : 대한매일신보 발간, (나) : 한국광복군 창설
③ (가) : 수신사 파견, (나) : 국채보상운동
④ (가) : 광무개혁, (나) : 물산장려운동
⑤ (가) : 가쓰라 － 태프트 밀약, (나) : 대한민국 임시정부 수립

08 다음은 조선 시대의 한 제도에 대한 내용이다. 이 제도를 시행한 왕의 업적으로 옳지 않은 것은?

> 양역을 절반으로 줄이라고 명하였다. 구전은 한 집안에서 거둘 때 주인과 노비의 명분이 문란해진다. 결포는 정해진 세율이 있어 더 부과하기가 어렵다. 호포나 결포는 모두 문제되는 바가 있다. 이제는 1필로 줄이도록 그 대책을 강구하라.

① 속대전을 편찬하였다.
② 노비종부법을 시행하였다.
③ 서원을 철폐하였다.
④ 신문고를 부활하였다.
⑤ 청계천을 정비하였다.

09 다음 교서가 내려진 당시의 사회 모습에 대한 설명으로 옳은 것을 〈보기〉에서 모두 고르면?

> 만일 지금 재가를 금지하는 법령을 세우지 않는다면 음란한 행동을 막기 어렵다. 이제부터 재가한 여자의 자손은 관료가 되지 못하게 하여 풍속을 바르게 하라.
>
> — 조선 국왕

> **보기**
> ㄱ. 혼인 후 곧바로 남자 집에서 생활하는 경우가 일반화되었다.
> ㄴ. 부계 위주의 족보 편찬이 일반화되었다.
> ㄷ. 여성들의 재혼이 어느 정도 자유로웠다.
> ㄹ. 부인의 덕을 지키지 못한 여자의 자손에게 벼슬을 제한하는 법도 만들었다.

① ㄱ, ㄴ
② ㄴ, ㄷ
③ ㄷ, ㄹ
④ ㄱ, ㄴ, ㄹ
⑤ ㄱ, ㄷ, ㄹ

10 다음 글에서 밑줄 친 '이들'에 대한 설명으로 옳은 것을 〈보기〉에서 모두 고르면?

> 김종직과 그 문인들이 성종 때 중앙에 진출하면서 정치적으로 성장하기 시작했다. <u>이들</u> 대부분은 중소 지주적인 배경을 가지고 있는 성리학에 투철한 지방 사족들로 영남과 기호 지방을 중심으로 성장하였다. 이들은 즉위하면서 중앙에 대거 진출하여 정국을 주도하게 되었다.

> **보기**
> ㄱ. 도덕과 의리의 숭상을 주장하였다.
> ㄴ. 조선 건국에 적극적으로 참여하였다.
> ㄷ. 현량과를 통해 중앙 관료로 대거 등용되었다.
> ㄹ. 중앙 집권과 부국강병을 위해 노력하였다.

① ㄱ, ㄴ
② ㄱ, ㄷ
③ ㄴ, ㄷ
④ ㄴ, ㄹ
⑤ ㄷ, ㄹ

11 다음 글을 통해 조선 전기의 경제생활에 대하여 추론한 내용으로 가장 적절한 것은?

> • 검소한 것은 덕(德)이 함께 하는 것이며, 사치는 악(惡)이 큰 것이니 사치스럽게 사는 것보다는 차라리 검소해야 할 것이다.
> • 농사와 양잠은 의식(衣食)의 근본이니, 왕도 정치에서 우선이 되는 것이다.
> • 우리나라에는 이전에 공상(工商)에 관한 제도가 없어, 백성들이 게으르고 놀기 좋아하는 자들이 수공업과 상업에 종사하였기 때문에 농사를 짓는 백성들이 줄어 들었으며, 말작(末作 : 상업)이 발달하고 본실(本實 : 농업)이 피폐하였다. 이것을 염려하지 않을 수 없다.
>
> — 『조선경국전』

① 유교적인 경제관을 강조하여 상공업이 발달할 수 없었다.
② 국가 재정을 확충하기 위하여 국내 상공업 종사자들을 늘렸다.
③ 농업 생산력 증진에 한계를 느끼고 농업에 대한 투자를 줄이고자 하였다.
④ 상공업에 대한 국가 통제를 축소하여 상품 유통 경제를 발전시키고자 하였다.
⑤ 농민들은 상품 화폐 경제의 원활한 발전을 위하여 저화와 동전을 만들어 사용하였다.

12 다음 그림과 관련하여 당시 대외 관계에 대한 설명으로 옳은 것은?

① 울릉도와 독도 문제 해결을 위해 통신사 및 일본 사신의 파견이 빈번하였다.
② 이종무의 쓰시마 섬 정벌로 인하여 우리나라 사신을 맞는 일본의 태도가 정중하였다.
③ 왜구의 소란으로 조선에서는 3포 개항을 불허하고 일본 사신의 파견만을 허용하였다.
④ 왜란 이후 끌려간 도공과 백성들을 돌려받기 위하여 조선 정부는 매년 통신사를 파견하였다.
⑤ 일본은 조선의 문화를 받아들이고 에도 막부의 권위를 인정받기 위해 통신사 파견을 요청하였다.

13 다음 주장을 한 학자에 대한 설명으로 옳은 것은?

> 하늘에서 본다면 어찌 안과 밖의 구별이 있겠는가? 그러므로 각각 자기 나라 사람을 친밀하게 여기고 자기 임금을 높이며 자기 나라를 지키고 자기 풍속을 좋게 여기는 것은 중국이나 오랑캐나 한 가지이다. 대저 천지가 바뀜에 따라 인물이 많아지고, 인물이 많아짐에 따라 물(物)과 아(我)가 나타나고, 물아가 나타남에 따라 안과 밖이 구분된다.

① 천주교 서적을 읽고 신앙생활을 하였다.

② 우리 풍토에 맞는 약재와 치료 방법을 정리하였다.

③ 서울을 기준으로 천체 운동을 정확하게 계산하였다.

④ 청에 왕래하면서 얻은 경험을 토대로 부국강병을 추구하였다.

⑤ 외국 자료를 참고한 역사서를 지어 민족사 인식의 폭을 넓혔다.

14 다음 지도에서 알 수 있는 시기의 상황으로 옳은 것은?

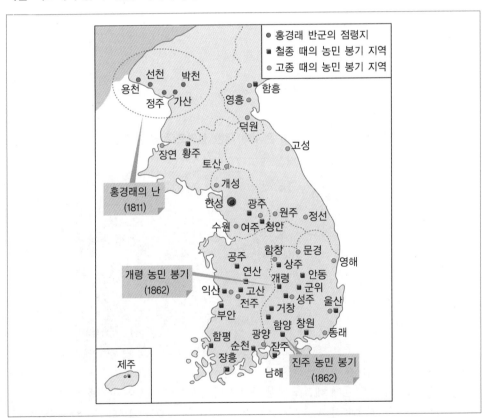

① 집권 무신들의 부정부패 만연　　　② 서인과 남인의 예송 논쟁

③ 문벌 귀족들의 불법적인 대토지 소유　　　④ 세도 정치에 따른 정치 기강의 문란

⑤ 훈구 세력과 사림 세력 간의 정권 다툼

15 다음 글의 밑줄 친 ㉠과 ㉡에 대한 설명으로 옳은 것은?

> 조선 후기에 성리학이 현실 문제를 해결할 수 있는 기능을 상실하자, 이를 비판하면서 민생안정과 부국강병을 목표로 하여 비판적이고 실증적인 논리로 사회 개혁론을 제시한 실학이 등장하게 되었다. 실학자들 가운데는 농업을 중시하고 ㉠ 토지제도의 개혁을 통해 농민들의 생활을 안정시키는 것이 사회 발전의 기초가 된다고 주장하는 사람들과, ㉡ 상공업 활동을 활발히 하고 청의 선진 문물을 받아들여 기술을 개발함으로써 국가의 경제가 발전될 수 있을 것이라고 생각하는 사람들이 있었다.

① ㉠은 농업의 상업적 경영과 기술 혁신을 통해 생산을 높이자고 주장하였다.
② ㉠은 토지 제도의 개혁을 중심으로 자영농 육성을 통한 개혁을 주장하였다.
③ ㉡은 양반 문벌 제도와 화폐 유통의 비생산성을 적극적으로 주장하였다.
④ ㉡은 급진적인 토지 제도 개혁보다는 점진적인 토지 소유의 평등을 주장하였다.
⑤ ㉠은 서인 중심이었으며, ㉡은 남인 중심으로 두 세력은 철저하게 대립하였다.

16 다음과 같이 활동한 단체에 대한 설명으로 옳은 것은?

> **1. 창립**
> 서재필, 윤치호 등 개화 지식인들이 주도
>
> **2. 활동**
> – 고종의 환궁 요구
> – 한·러 은행 폐쇄 요구
> – 구국 선언 상소를 정부에 올림
> – 의회 설립 요구 및 헌의 6조 건의
>
> **3. 해산**
> 황국 협회의 방해, 고종의 군대 동원

① 만세보를 발행하여 민중 계몽에 힘썼다.
② 만민 공동회를 열어 민권 신장을 추구하였다.
③ 대성 학교를 설립하여 교육 활동을 전개하였다.
④ 민립 대학 설립을 위한 모금 운동을 추진하였다.
⑤ 일본에게 진 빚을 갚자는 국채 보상 운동을 주도하였다.

17 흥선 대원군의 집권 시기를 영화로 제작할 때, 다음 중 등장인물로 적절하지 않은 것은?

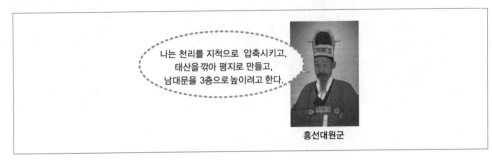

① 정족산성에서 프랑스 군과 전투를 벌이고 있는 양헌수 부대
② 운요호를 보고 놀라는 강화도 백성들
③ 남연군의 묘를 파헤치고 있는 오페르트 일행
④ 광성보에서 미국 군대의 침략에 맞서 싸우는 조선군 수비대
⑤ 척화비를 세우는 조선 정부 관리

18 다음 기사에 보도된 사건 이후의 사실로 옳은 것은?

> **[논설] 헤이그 국제 회의에 우뚝 선 대한 청년**
>
> 헤이그에서 온 전보에 의하면 이위종은 국제 회의에서 기자들이 모인 가운데 을사늑약이 무효인 이유를 프랑스어로 세 시간 동안이나 연설하였다고 한다. 이위종은 진정한 애국지사이며 출중한 인물이다. 오늘날 한국에 이러한 청년들이 수백 수천이 있어 각각 어깨 위에 대한 강토를 걸머지고 있으면 한국이 장차 국권을 회복할 것을 믿어 의심치 않는다.

① 고종이 국외 중립을 선언하였다.
② 김옥균 등 개화 세력이 정변을 일으켰다.
③ 군국기무처를 중심으로 개혁이 추진되었다.
④ 보안회가 일제의 황무지 개간권 요구를 철회시켰다.
⑤ 13도 창의군이 결성되어 서울 진공 작전을 전개하였다.

19 다음 격문을 발표한 항일 운동에 대한 설명으로 옳은 것은?

> 학생 대중아 궐기하자!
> 검거자를 즉시 우리들이 탈환하자!
> ……
> 교내에 경찰권 침입을 절대 반대하자!
> 교우회 자치권을 획득하자!
> 직원회에 생도 대표자를 참석시켜라!
> 조선인 본위의 교육 제도를 확립시켜라!

① 고종의 인산일을 계기로 일어났다.
② 중국의 5·4 운동에 영향을 주었다.
③ 형평사를 중심으로 진주에서 시작되었다.
④ 신간회에서 조사단을 파견하여 지원하였다.
⑤ 일제가 이른바 문화 통치를 실시하는 배경이 되었다.

20 다음 중 (가) ~ (마) 헌법의 내용으로 옳은 것은?

<대한민국 헌법의 주요 변천 과정>

구분	주요 특징
(가) 제헌 헌법(1948)	대통령 간선제
(나) 1차 개헌(1952)	대통령 직선제
(다) 3차 개헌(1960)	의원 내각제
(라) 6차 개헌(1969)	대통령 3선 연임 허용
(마) 9차 개헌(1987)	대통령 임기 5년 단임제

① (가) : 대통령을 통일 주체 국민회의에서 선출하였다.
② (나) : 대통령의 임기를 7년 단임제로 하였다.
③ (다) : 민의원과 참의원의 양원제 국회를 운영하였다.
④ (라) : 대통령 선출 방식으로 간선제를 채택하였다.
⑤ (마) : 개헌 당시 대통령에 한해 중임 제한을 적용하지 않았다.

교육이란 사람이 학교에서 배운 것을 잊어버린 후에 남은 것을 말한다.

– 알버트 아인슈타인 –

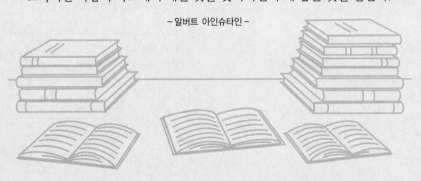

PART 4

영어

CHAPTER 01   적중예상문제

정답 및 해설 p.064

01	어휘 · 어법

01 다음 중 밑줄 친 부분의 의미와 반대되는 단어는?

> Their skepticism may make them more <u>resistant</u> to propaganda and false advertising.

① oppose ② obstinate

③ intransigent ④ intractable

⑤ consentient

02 다음 밑줄 친 부분 중 어법상 옳지 않은 것은?

> I was greeted immediately by a member of the White House's legislative staff and led into the Gold Room, ① <u>where</u> most of the incoming House and Senate members had already gathered. At sixteen hundred hours on the dot, President Bush ② <u>announced</u> and walked to the podium, looking vigorous and fit, with that jaunty, determined walk ③ <u>that</u> suggests he's on a schedule and wants to keep detours to a minimum. For ten or so minutes he spoke to the room, ④ <u>making</u> a few jokes, calling for the country to come together, before inviting us to ⑤ <u>the other</u> end of the White House for refreshments and a picture with him and the First Lady.

03 다음 중 빈칸에 들어갈 단어가 바르게 짝지어진 것은?

A fossil fuel buried deep in the ground, oil is a finite resource that experts concur is fast running out. Greenhouse gas emissions from rampant oil consumption are having a devastating impact on the environment, too. Bio-fuels, however, are far more environmentally-friendly. This is the main reason why many scientists and politicians around the world have begun to promote the production and use of bio-fuels as an (A) <u>alternative / approach / assistance</u> to our reliance on oil. Because bio-fuels are renewable, they can also help ensure greater stability in fuel prices. In spite of the apparent advantages, however, many remain skeptical about the benefits of switching to bio-fuels. In particular, there are fears that, as farmers switch to more profitable fuel crops such as corn, worldwide prices for rice, grain and other basic foods will increase massively. In addition, modern production methods used in growing and producing bio-fuels consume a lot more water than the traditional refining process for fossil fuels. With more and more regions switching to bio-fuel farming, it could (B) <u>aggregate / moderate / exacerbate</u> the growing water management plight.

	(A)	(B)		(A)	(B)
①	assistance	aggregate	②	approach	aggregate
③	alternative	moderate	④	alternative	exacerbate
⑤	assistance	exacerbate			

04 다음 중 밑줄 친 부분의 의미와 가장 가까운 단어는?

Korea Electric Power Corporation will conduct <u>inspections</u> on ground power facilities and construction sites where accidents are feared to occur in order to prevent safety accidents and provide stable electricity.

① maintain   ② examination
③ termination   ④ ruination
⑤ component

05

Are you famous for your short temper? Do you find yourself (A) taking / getting into frequent arguments and fights? Anger is a normal and healthy emotion. When you have been mistreated, it is perfectly normal to feel angry. It only becomes a problem when anger explodes all the time or easily gets out of control. Explosive anger can (B) have / make serious consequences for your relationships, your health, and your state of mind. If you have a hot temper, you may feel like there is little you can do to control it. In fact, controlling your anger is easier than you might think. With some effective anger management technique, you can learn how to express your feelings in healthier ways and keep your temper from getting out of control. When you are able to control yourself and act appropriately, you will not only feel better about yourself but also (C) bring / keep your relationships strong.

	(A)	(B)	(C)
①	getting	have	bring
②	getting	have	keep
③	getting	make	keep
④	taking	have	bring
⑤	taking	make	keep

06

The decline in death rates, which has meant an overall increase in the world population, (A) brought under / brought about the birth control movement. Scientific advances during the eighteenth and nineteenth centuries (B) resulted from / resulted in better food supplies, the control of diseases, and safer work environments for those living in developed countries. These improvements combined with progress in medicine to save and prolong human lives. During the 1800s, the birth rate, which in earlier times had been (C) added to / offset by the death rate, became a concern to many who worried that population growth would outstrip the planet's ability to provide adequate resources to sustain life.

	(A)	(B)	(C)
①	brought under	resulted from	added to
②	brought about	resulted in	added to
③	brought under	resulted in	offset by
④	brought about	resulted in	offset by
⑤	brought under	resulted from	offset by

07

Yi Sun-sin became a military officer in 1576. The Korean military at the time, similar to many others, did not have a separate army and navy. Yi commanded a frontier post on the Yalu River and fought the northern nomads before (A) appointing / being appointed as an admiral by the king. He knew that the greatest threat to Korea was a sea-borne invasion from Japan. He immediately began modifying the Korean fleet. Without Yi Sun-sin, who (B) won / has won every one of his 22 naval battles, Japan would certainly have conquered Korea. Some experts believe Japan could also have overcome China. And if the Japanese had conquered Korea, nothing could have stopped (C) them / themselves from annexing the Philippines.

	(A)	(B)	(C)
①	appointing	won	them
②	being appointed	has won	themselves
③	appointing	has won	themselves
④	being appointed	won	them
⑤	being appointed	has won	them

08 다음 밑줄 친 부분 중 문맥상 단어의 쓰임이 적절하지 않은 것은?

When there is a ① inconsistency between the verbal message and the nonverbal message, the latter typically weighs more in forming a judgement. For example, a friend might react to a plan for dinner with a comment like "that's good," but with little vocal enthusiasm and a muted facial expression. In spite of the ② verbal comment, the lack of expressive enthusiasm suggests that the plan isn't viewed very positively. In such a case, the purpose of the positive comment might be to avoid a disagreement and support the friend, but the lack of a positive expression unintentionally ③ leaks a more candid, negative reaction to the plan. Of course, the muted expressive display might also be strategic and ④ intentional. That is, the nonverbal message is calculated, but designed to let the partner know one's candid reaction ⑤ directly. It is then the partner's responsibility to interpret the nonverbal message and make some adjustments in the plan.

09 다음 밑줄 친 부분 중 어법상 옳지 않은 것은?

In 1881, Pasteur began studying rabies, an agonizing and deadly disease ① spread by the bite of infected animals. Pasteur and his assistant spent long hours in the laboratory, and the determination ② paid off : Pasteur developed a vaccine that prevented the development of rabies in test animals. But on July 6, 1885, the scientists were called on ③ to administer the vaccine to a small boy who had been bitten by a rabid dog. Pasteur hesitated to provide the treatment, but as the boy faced a certain and painful death from rabies, Pasteur proceeded. ④ Followed several weeks of painful injections to the stomach, the boy did not get rabies. Pasteur's treatment was a success. The curative and preventive treatments for rabies we know today ⑤ are based on Pasteur's vaccination, which has allowed officials to control the spread of the disease.

10 다음 중 빈칸에 들어갈 단어가 바르게 짝지어진 것은?

Psychologically, it has been proven over a number of different studies and experiments that the most effective way to memorize material is to study it regularly over a long period of time. The so-called "spacing effect," whereby information is presented at (A) intervals / instances / repetition spread out over time, allows subjects to perform well in tests of free recall, cued-recall, and recognition. In stark contrast, "cramming" — the term used to describe last-minute study — is not as valuable. Using this method of memorization, most people perform poorly on recall and recognition tests even a short time after their (B) extensive / intensive / excessive period of study. Moreover, cramming imparts very little information that actually stays in the medium- term or long-term memory, whereas spaced presentation helps subjects store key details over a much longer time span.

	(A)	(B)		(A)	(B)
①	intervals	extensive	②	intervals	intensive
③	instances	intensive	④	repetition	excessive
⑤	repetition	extensive			

01 다음 중 빈칸에 들어갈 단어가 바르게 짝지어진 것은?

> Most offices do have policies which allow either men or women to take career breaks to look after children. _____(A)_____ not only have very few fathers actually availed themselves of such opportunities, anecdotal evidence also suggests that if they had done so, their careers would have been 'End' for life. Indeed, the knowledge of this may well be a cause of the low take-up of such schemes by men. Offices _____(B)_____ not only need to establish the structures which allow careers to be more flexible, they also need to change attitudes which commonly remain thoroughly traditional.

	(A)	(B)
①	However	Therefore
②	However	Although
③	Otherwise	Therefore
④	Indeed	Eventually
⑤	Indeed	Although

02 다음 중 빈칸에 들어갈 단어로 가장 적절한 것은?

> Newspapers, popular magazines, radio, and television aid consumers. The media play a vital role in warning people about *frauds being practiced locally. They also offer useful advice on investing, health and nutrition, housing, and other topics of special interest to consumers. _____, the media help people resolve consumer complaints. Businesses that might ignore a consumer acting alone respond fast and favorably when a reporter gets involved. This is because they want to avoid unfavorable publicity.
>
> *fraud 사기

① In short　　　　　　　　　② In contrast

③ In addition　　　　　　　　④ As a result

⑤ For example

03 다음 중 빈칸에 들어갈 내용으로 가장 적절한 것은?

Compared to past generations, we are quite well off. In the past fifty years, the average buying power has more than tripled. We own a lot of electronic devices that are designed to make our lives easire, but still, as sociologists are eager to point out, there is no end to the list of things to do in our daily lives. We work as hard as our grandparents did, and the result is flawlessness but not freedom. The curtain edges are free of dirt, the picture hooks on the wall are firmly in place, and our eggs come out just the way we like them. The more we have the more we want. The result is an apparent scarcity of time, a dilemma that seems to grow with each passing year, even though there is plenty of time to go around. _____ is the price we pay for an abundance of options.

① Feeling pressed for time

② Being exposed to danger

③ A widening generation gap

④ Boredom out of convenience

⑤ Economic imbalance among social groups

04 다음 중 빈칸에 들어갈 단어로 가장 적절한 것은?

When you write your university admission essay on your personal achievements, don't fall into the trap of _____ your experiences or the lessons you've learned. Instead, think critically about your topic even if it seems mundane to you, and try to understand and clearly express why that experience was valuable for you. Try to avoid too long-winded sentences that are not based on facts. The more you try to puff yourself up, the less honest you look in admission officers' eyes. Stick with 'factual writing', and you can create a more impressive, memorable essay without embellishing your experiences.

① exaggerating   ② personalizing

③ reorganizing   ④ underestimating

⑤ simplifying

05 다음 글의 흐름으로 보아 〈보기〉의 문장이 들어갈 위치로 가장 적절한 곳은?

There is an interesting relationship between a country's developmental progress and its population structure. ① According to the theory of demographic transition, nations go through several developmental stages. ② The earliest stage is characterized by high birth and death rates and slow growth. ③ As they begin to develop, the birth rate remains high, but the death rate falls. ④ Then, as industrialization peaks, the birth rate falls and begins to approximate the death rate. ⑤ Eventually, population growth slows drastically, reaching a stage of very modest growth which is seen in many European nations today.

> 보기
>
> The result is that the population enters a period of rapid growth.

06 다음 글의 내용을 한 문장으로 요약하고자 한다. 빈칸에 들어갈 단어로 바르게 짝지어진 것은?

We often spend our childhood years testing our physical limits by doing all kinds of team sports. When we become high school students, we go so far as to engage in two or three team sports. That's because we have enough physical strength. By the time we reach adulthood, however, very few of us can compete at the elite level, even though more than half of us still enjoy playing sports. That is, we're finding we're not as physically strong as we used to be. Naturally, we move away from team sports requiring collision, such as football, soccer, or basketball, and toward sports that offer less risk of physical injury or stress on the body. Actually, many people turn to sports for individuals. Thus, team sports become more difficult to organize in an adult world.

↓

Adults tend to ____(A)____ team sports, as their level of ____(B)____ changes with age.

	(A)	(B)
①	avoid	physical fitness
②	avoid	emotional experience
③	organize	emotional experience
④	value	physical fitness
⑤	value	emotional experience

07 다음 중 빈칸에 들어갈 단어로 가장 적절한 것은?

Yousuf Karsh had a gift for capturing the soul of his subjects in his portraits. He once said, "Within every man and woman a secret is hidden, and it is my task to reveal it." To reveal the hidden secret, Karsh communicated with and studied all his subjects before taking their photographs. _____, when he took a picture of a musician, he listened to all his or her music. When he photographed a novelist, he read all the writer's books. As a result, viewers feel as if they have truly seen a moment in a famous person's life.

---

① In fact　　　　　　　　　　　② However

③ Nevertheless　　　　　　　　 ④ Consequently

⑤ Regrettably

08 다음 중 빈칸에 들어갈 내용으로 가장 적절한 것은?

Consider a study of the power of social standards, involving nearly three hundred *households in San-Marcos, California. All of the households were informed about how much energy they had used in previous weeks; they were also given information about the average use of energy by households in their neighborhood. The effects on behavior were both clear and striking. In the following weeks, the above average energy users greatly decreased their energy use; the below average energy users greatly increased their energy use. The latter finding is called a boomerang effect, and it offers an important warning. If you want to encourage people to have socially desirable behavior, do not let them know that their current actions _____.

*household 가구(세대)

---

① have an effect on their career

② result in others' inconvenience

③ lead their neighbors to feel upset

④ are better than the social standard

⑤ are related with what they experienced

09 다음 중 빈칸에 들어갈 내용으로 바르게 짝지어진 것은?

Do you know one of the best remedies for coping with family tension? Two words: "I'm sorry." It's amazing how hard some people find them to say. They think it implies weakness or defeat. Nothing of the kind. In fact, it is exactly the _____(A)_____. Another good way of relieving tension is a *row! The sea is ever so much calmer after a storm. A row has another _____(B)_____. When tempers are raised, unspoken truths usually come out. They may hurt a bit, especially at the time. Yet, at the end, you know each other a bit better. Lastly, most of the tensions and quarrels between children are natural. Even when they seem to be constant, wise parents don't worry too much.

*row 말다툼

	(A)	(B)
①	same	advantage
②	opposite	advantage
③	opposite	disadvantage
④	opposite	disadvantage
⑤	same	disadvantage

10 다음 중 빈칸에 들어갈 내용으로 가장 적절한 것은?

_____ is thought by many experts to contribute to good moods. Ray Castle, 50, from London, has enjoyed gardening since childhood. "When I'm in a bad mood, gardening always cheers me up." he says. "Being outside, or even sitting in a greenhouse surrounded by plants, is instantly relaxing." If getting outside isn't possible, simply spending time near a window where you can see some grass and trees can help. A study shows that workers whose offices were located in a natural setting were more enthusiastic about their jobs and felt less pressured than those whose offices overlooked a car park.

① Enough rest or sleep

② Regular exercise

③ Contact with nature

④ Positive thinking

⑤ Harmonious social life

01 다음 글의 내용으로 적절하지 않은 것은?

The recent spring weather has raised the risk of frequent forest fires. To prepare for this, the Seoul Fire Department said it has stepped up its response posture to prevent forest fires due to carelessness during the spring forest fire period. The forest fire caution period is from February 1 to May 15, and the risk of large-scale fires is high due to dry weather. Therefore, the fire department checks whether the hiking trail is closed or not before hiking. Do not carry firearms such as matches or lighters when hiking. It's a very natural story, but there are many people who don't keep it, so the mountains that need to be protected are burned down and disappear. Do not handle firearm such as burning rice fields and incinerating garbage near forests. Various measures are being pursued, such as not dumping cigarette lights on the floor. In the dry spring season, minor carelessness can lead to large forest fires, so it is most important not to take dangerous actions, especially when hiking.

① 적합한 신고 이후 논밭 두렁 태우기는 산과 인접한 곳에서도 가능하다.
② 산불조심기간은 2월 1일부터 5월 15일까지이다.
③ 봄철의 날씨는 건조해서 산불이 나기 적합하다.
④ 산행 시 불을 일으킬 수 있는 화기물을 소지하지 않아야 한다.
⑤ 봄철 산행 시 화재가 날 수 있는 위험한 행동은 하지 않아야 한다.

02 다음 글에 드러난 Joni의 심경으로 가장 적절한 것은?

Joni went horseback riding with her older sisters. She had a hard time keeping up with them because her pony was half the size of their horses. Her sisters, on their big horses, thought it was exciting to cross the river at the deepest part. They never seemed to notice that Joni's little pony sank a bit deeper. It had rained earlier that week and the river was brown and swollen. As her pony walked into the middle of the river, Joni turned pale, staring at the swirling waters rushing around the legs of her pony. Her heart started to race and her mouth became dry.

① happy
② bored
③ guilty
④ frightened
⑤ grateful

03 다음 글의 목적으로 가장 적절한 것은?

Welcome and thank you for joining the dining club. Our club offers a unique dining experience. You will be trying food from all over the world, but more importantly, you will have the chance to experience each country's dining traditions and customs. In India, for example, they use their hands to eat. If you are used to using forks and knives, you may find this challenging. In France, dinners have many courses, so make sure to schedule enough time for the French meal. In Japan, they don't eat their soup with a spoon, so you have to drink directly from the bowl. These are some of the things you will experience every Saturday evening until the end of August. We hope you will enjoy your dining adventure.

① 식기 사용 방법을 교육하려고
② 음식 맛의 차이를 설명하려고
③ 해외 여행 일정을 공지하려고
④ 식사 문화 체험 행사를 알리려고
⑤ 문화 체험관 개관식에 초대하려고

PART 4

04 다음 글의 주제로 가장 적절한 것은?

In the early 19th century, as long as a dish looked fancy, its taste was not important. Dishes were decorated with pretty toppings, which could not be eaten. Moreover, food was usually served cold and put in huge buffets with more than 100 different dishes. Auguste Escoffire (born in 1846) is a legendary French chef who made cooking trends of that time simple. He believed that food was for eating, not for looking at. When it came to serving food, he changed the practice of large buffet-style meals. The meals were broken down into several courses, with one dish per course. Unlike the huge buffets, each course could be served fresh from the kitchen. This was a revolution in the history of cooking. There was another advantage to Escoffire's style: the food could be served hot. This was an exciting change for those who were used to cold buffets. Escoffier thought that the flavors of food were stronger when meals were served hot. This was not only appealing to his customers' sense of taste, but also pleasing to their sense of smell. The smell of food also helps us prepare to enjoy the meal. Before we taste a bite, we experience it through its smell.

① Auguste Escoffire가 가져온 변화
② Auguste Escoffire가 운영하던 식당의 성공 비결
③ Auguste Escoffire의 시도에 대한 대중의 반응
④ 19세기 초 뷔페 요리의 다양한 가짓수
⑤ 19세기 초 뷔페 고객들의 음식 선호도

05 다음 글의 흐름상 어색한 문장은?

The first cookies were created by bakers as tester cakes and were not meant to be eaten. ① In the 7th century, in the Persian royal bakery, there were no temperature regulators in the ovens. ② The macaroon first came to France from Italy in the 16th century. So when it came time to bake the cakes for the royals, bakers had to find a way to make sure the oven was hot enough. ③ They devised a method of taking a bit of cake batter and placing it in the oven. ④ If it cooked right away, it was time for the cake to go in. People soon realized that these little tester cakes, the size of the most of today's cookies, were actually quite good and shouldn't be thrown away. ⑤ And thus, the cookie was born. There are many different cookies around the globe, and each type of cookie has a different taste, shape, color and texture. Even when the main ingredients are similar, cookies from different places include local ingredients that give them a special taste.

06 다음 글의 제목으로 가장 적절한 것은?

The zoologist and specialist in human behavior, Desmond Morris, says that the reason people start to walk like each other is that they have a subconscious need to show their companions that they agree with them and so fit in with them. This is also a signal to other people that 'we are together, we are acting as one.' Other studies suggest that we adopt the mannerisms of our company as well, especially our superiors, such as crossing our legs in the same direction as others. An example often given is when, in a meeting, the boss scratches his nose and others at the table then follow him without realizing it.

① Why People Mimic Others
② Take a Walk for Your Health
③ Good Manners with Superiors
④ Benefits of Good Companionship
⑤ Differences Between Man and Animals

07 다음 글에 나타난 분위기로 가장 적절한 것은?

It is winter, and outside the night sky is dark and full of stars. This night is windless and, like all such nights, deeply silent. A heavy blanket of new snow covers the ground and bends the limbs of trees. The air smells new. Clustered within a stand of tall spruce trees are a group of birch bark lodges. Within each a fire burns, the firelight shining through the bark coverings and throwing a low orange-yellow glow on the surrounding trees and snow. The only sound that can be heard comes faintly from inside one of the dwellings, a soft aged voice lulling a baby to sleep.

① bleak and gloomy   ② inspired and lonely

③ peaceful and serene   ④ fatigued and isolated

⑤ refreshed and scared

08 다음 글에서 필자가 주장하는 바로 가장 적절한 것은?

Leadership brings with it enormous responsibility. It also exposes one to blame when things go wrong. Given those twin burdens, the question is, Why would anyone want to be a leader? First off, some people like to be leaders because the role offers them access to special information. Organizational and institutional leaders know what's going to happen before anyone else. Second, when things go well, the leader usually gets the credit, and praise is always an appealing reward. But people who aspire to be leaders are also inclined to think they can do a better job than anyone else. An instructor, for instance, may want to become department chairman in order to bring about what he or she considers necessary reforms. Acceptance is yet another motive for leadership. People who don't feel personally successful sometimes convince themselves that becoming a leader in their profession will win them the approval of others. Finally, some people want to become leaders because they like the idea of gaining public recognition. Becoming the president of a company or, for that matter, of the PTA all but guarantees public notice.

① 모든 분야의 지도자는 직업적으로 성공한 사람이다.

② 능력이 뛰어난 사람만이 지도자가 될 수 있다.

③ 사람들은 다양한 이유로 지도자가 되려고 한다.

④ 사람들은 주로 인정받기 위해 지도자가 되려고 한다.

⑤ 지도자가 되는 것은 많은 책임이 따르기 때문에 가치가 있다.

09 다음 글을 쓴 목적으로 가장 적절한 것은?

Sometimes promises made in good faith can't be kept. Even though we strive to be error-free, it's inevitable that problems will occur. Not everything that affects your customer's experience with you is within your control. What should you do when the service promise is broken? When you discover a broken promise or have one pointed out to you, the first thing to do is to apologize. Don't waste time blaming yourself, your company, or your customer. Admit that something has gone wrong, and immediately find out what your customer's needs are.

① 효율적인 여가 시간 활용의 중요성을 강조하려고
② 업무상 약속 불이행 시 대처 방법을 조언하려고
③ 업무 관련 연수의 필요성을 안내하려고
④ 새로운 인사 관리 시스템을 소개하려고
⑤ 동료 간의 협동 정신을 고취하려고

10 다음 글에 드러난 필자의 심경으로 가장 적절한 것은?

There were some places of worship in the city, and the deep notes of their bells echoed over the town from morning until night. The sun was shining brightly and cheerily, and the air was warm. The streams were flowing with bubbling water, and the tender songs of birds came floating in from the fields beyond the city. The trees were already awake and embraced by the blue sky. Everything around the neighborhood, the trees, the sky, and the sun, looked so young and intimate that they were reluctant to break the spell which might last forever.

① sad and gloomy
② calm and peaceful
③ busy and comic
④ scary and frightening
⑤ weird and threatening

※ 다음 글을 읽고 이어지는 질문에 답하시오. **[1~2]**

Jin	: Didn't you come to school yet? I have a question for you. Did you take a management class last year?
Rome	: Yes, I took a class. I think the professor was Miss, Chan. What's going on?
Jin	: My girlfriend took the class this time. Can I borrow your notebook that you were studying?
Rome	: I'm sorry. Another friend borrowed that notebook and is using it now.
Jin	: Then if you give me a moment, can I copy the notebook? Instead, I'll give you 10 meal tickets as a gift.
Rome	: If you need me, I get it. Instead, I'll ask another friend first. When should I give it to you?
Jin	: Please lend me that after lunch. the lunchtime is 13:00 ~ 14:00, right? then I'll copy it right away while you're in class and give it back to your friend.
Rome	: Okay! I'll see you after lunch!

01　다음 중 Rome가 처음에 노트를 빌려주지 않은 이유로 가장 적절한 것은?

① Jin과 친하지 않아서

② Jin의 부탁이 무례하다고 생각해서

③ Jin에게 빌려주기 전 다른 친구에게 빌려줘서

④ 이미 노트를 잃어버려서

⑤ 수업 내용을 제대로 필기하지 않아서

02　다음 중 Rome와 Reon이 만날 수 있는 시간은?

① 11:30　　　　　　　　② 11:45

③ 12:00　　　　　　　　④ 13:00

⑤ 14:00

Many scientific studies on dolphins have shown that they seem to be able to think, understand, and learn things quickly. Then, are they smart like humans, or more like cats or dogs? Dolphins use their brains differently than people do. However, scientists say dolphin intelligence and human intelligence are alike in some way. How? Like humans, every dolphin has its own "name." The name is a special whistle. Each dolphin chooses this specific whistle for itself, usually around its first birthday. Actually scientists think dolphins, like people, "talk" to each other about a lot of things, such as their age, their feelings, or finding food. In addition, like humans, dolphins use a system of sounds and body language to communicate. Nevertheless, understanding their conversations is not easy for humans. No one "speaks dolphin" yet, but some scientists are trying to learn. Dolphins are also social animals. They live in groups called pods, and they often join others from different pods to play games and have fun-just like people. In fact, playing together is something only intelligent animals do.

Dolphins and humans are similar in another way: both make plans to get something thet want. In the seas of southern Brazil, for example, dolphins use an interesting strategy to get food. When fish are near a boat, dolphins signal to the fishermen to put their nets in the water. Using this method, the men can catch a lot of fish. What is the advantage for the dolphins? Why do they assist the men? The fishermen share some of their fish with the dolphins.

03 다음 중 윗글의 주제로 가장 적절한 것은?

① Dolphins are humans' favorite animal.

② Dolphins tend to live solitary lives.

③ Dolphins are proven to be very intelligent.

④ Dolphins live in many different climates.

⑤ Dolphins have a unique way of catching fish.

04 다음 중 윗글의 내용으로 가장 적절한 것은?

① A dolphins gets its name from its mother.

② Dolphins use language to talk about many things.

③ Dolphins whistle, but they don't use body language.

④ Dolphin conversation is easy for humans to understand.

⑤ Dolphins help fishermen catch fish to protect their pods.

(A) While I was walking along the road the other day I happened to notice a small brown leather purse lying on the pavement. I picked it up and opened it to see if I could find out the owner's name. There was nothing inside it except some small change and a rather old photograph — a picture of (a) <u>a woman</u> and a young girl about twelve years old, who looked like the woman's daughter.

(B) Of course she was very surprised when I was able to describe her purse to her. Then I explained that I had recognized her face from the photograph I had found in the purse. My uncle insisted on going round to the police station immediately to claim the purse. As the police sergeant handed it over, he said that it was a remarkable coincidence that I had found not only the purse but also (b) <u>the person</u> who had lost it.

(C) That evening I went to have dinner with an uncle and aunt of mine. They had also invited another person, (c) <u>a young woman</u>, so that there would be four people at table. The young woman's face was familiar, but I could not remember where I had seen it. I was quite sure that we had not met before. In the course of conversation, however, the young woman happened to remark that she had lost her purse that afternoon. I at once remembered where I had seen her face. She was (d) <u>the young girl</u> in the photograph, although she was now much older.

(D) I put the photograph back and took the purse to the police station, where I handed it to the sergeant in charge. Before I left, the sergeant made a note of my name and address in case (e) <u>the owner</u> of the purse wanted to write and thank me.

05 다음 중 (A)에 이어질 내용을 논리적 순서대로 바르게 나열한 것은?

① (B) − (C) − (D)　　　　② (C) − (B) − (D)

③ (C) − (D) − (B)　　　　④ (D) − (B) − (C)

⑤ (D) − (C) − (B)

06 다음 밑줄 친 (a) ~ (e) 중 가리키는 대상이 나머지 넷과 다른 것은?

① (a)　　　　② (b)

③ (c)　　　　④ (d)

⑤ (e)

Locating problems in underground utilities is important, _____. Fixing them is the bulk of the job. Fixing and updating underground utilities in a city is very complicated. It's not just a matter of digging a hole, pulling out bad pipes, and installing good ones. The city and its neighborhoods must continue functioning during the many months it takes to put things right. A company named Insituform has developed technology that can fix a pipe from the inside before it breaks, without any digging. They fill a tube with a special kind of *resin, which is a sticky substance, turn it inside out and send it through the pipe. Then, they heat the water inside the pipe. The resin expands outward, attaches to the interior surface of the pipe, and then hardens. This creates a new pipe inside the old pipe.

The company actually used this technique on the sewers under one of the most famous buildings in the United States, the White House, in Washington, D.C. The pipes dated from around the time of the Civil War (mid 1800s) and needed extensive repair. For security reasons the government decided not to dig up the lawn, but rather to work underground and under tourists' feet.

*resin 수지

07 윗글의 제목으로 가장 적절한 것은?

① Effective Technology to Fix Underground Pipes

② Complexities of Digging Holes and Repairing Old Pipes

③ A Company Named Insituform

④ A Long History of the Sewers of the White House

⑤ Diverse Kinds of Underground Utilities in Cities

08 다음 중 빈칸에 들어갈 내용으로 가장 적절한 것은?

① and it leads to a comfortable digging

② but it's not enough

③ and it makes both ends meet

④ but it makes matters complex

⑤ and it usually continues for a few days

(A) I no longer saw the big figure in the same light. Instead of the dull boy who I had hated for a long time, here was someone like me, the human being who had internal value and worth far beyond any externals. It was amazing what I had learnd from being forced to run hand-in-hand with someone. For the rest of my life I have never raised a hand against another person.

(B) At some point during the course of the obligatory mini-marathon that both of us felt anger about, I remember looking over at the large person beside me. His nose was still bleeding a bit. Tears filled his eyes. His giant body slowed him down. Suddenly it struck me that here was a person, not all that different from myself. I guess my unwilling partner thought the same thing because we both looked at each other and began to laugh. In time, we became good friends.

(C) The gym teacher walked into the room, and recognized that I had been fighting with Matt. He sent us out to the running track. He followed us with a smile on his face and said, "I want both of you to run the track holding each other's hands." The class captain erupted into a roar of laughter, and we were embrrassed beyond belief. Hesitantly, my enemy and I started running. What had earlier been fists were now linked in a strange handshake.

09 다음 중 윗글을 논리적 순서대로 바르게 나열한 것은?

① (A) – (C) – (B)　　　　　　② (B) – (A) – (C)

③ (B) – (C) – (A)　　　　　　④ (C) – (A) – (B)

⑤ (C) – (B) – (A)

10 다음 중 윗글이 시사하는 바로 가장 적절한 것은?

① 화해하는 데는 친구의 역할이 중요하다.
② 규칙적인 운동은 정신 건강에 이롭다.
③ 강제성을 띤 행동 교정은 오히려 역효과를 낳는다.
④ 협동심을 기르는 것이 문제 해결의 열쇠이다.
⑤ 상대방의 내적 가치를 존중하는 자세가 필요하다.

얼마나 많은 사람들이 책 한 권을 읽음으로써 인생에 새로운 전기를 맞이했던가.

- 헨리 데이비드 소로 -

PART 5

최종점검 모의고사

제1회   최종점검 모의고사

제2회   최종점검 모의고사

제1회
최종점검 모의고사

■ 취약영역 분석

| 01 | 직업능력

번호	O/×	영역	번호	O/×	영역	번호	O/×	영역
01		의사소통능력	16		자원관리능력	31		문제해결능력
02		수리능력	17			32		
03		문제해결능력	18		문제해결능력	33		수리능력
04			19			34		조직이해능력
05		자원관리능력	20		의사소통능력	35		
06			21			36		직업윤리
07		수리능력	22		직업윤리	37		수리능력
08			23		수리능력	38		
09			24		조직이해능력	39		자원관리능력
10		직업윤리	25		직업윤리	40		
11		조직이해능력	26		자원관리능력			
12			27					
13		의사소통능력	28		의사소통능력			
14		수리능력	29					
15			30		문제해결능력			

| 02 | 한국사

번호	41	42	43	44	45	46	47	48	49	50	51	52	53	54	55	56	57	58	59	60
O/×																				

| 03 | 영어

번호	61	62	63	64	65	66	67	68	69	70	71	72	73	74	75	76	77	78	79	80
O/×																				

평가문항	80문항	평가시간	80분
시작시간	:	종료시간	:
취약영역			

🕐 응시시간 : 80분 📋 문항 수 : 80문항　　　　　　　　　　　　　　　　　정답 및 해설 p.082

01　다음 중 (가) ~ (마)의 핵심 화제로 적절하지 않은 것은?

> (가) 한 아이가 길을 가다가 골목에서 갑자기 튀어나온 큰 개에게 발목을 물렸다. 아이는 이 일을 겪은 뒤 개에 대한 극심한 불안에 시달렸다. 멀리 있는 강아지만 봐도 몸이 경직되고 호흡 곤란을 느꼈으며 심할 경우 응급실을 찾기도 하였다. 이것은 한 번의 부정적인 경험이 공포증으로 이어진 경우라고 할 수 있다.
>
> (나) '공포증'이란 위의 경우에서 보듯이 특정 대상에 대한 과도한 두려움으로 그 대상을 계속해서 피하게 되는 증세를 말한다. 특정한 동물, 높은 곳, 비행기나 엘리베이터 등이 공포증을 유발하는 대상이 될 수 있다. 물론 일반적인 사람들도 이런 대상을 접하여 부정적인 경험을 할 수 있지만 공포증으로까지 이어지는 경우는 드물다.
>
> (다) 심리학자 와이너는 부정적인 경험을 한 상황을 어떻게 해석하느냐에 따라 이러한 공포증이 생길 수도 있고 그렇지 않을 수도 있으며, 공포증이 지속될 수도 있고 극복될 수도 있다고 했다. 그는 상황을 해석하는 방식을 설명하기 위해 상황의 원인을 어디에서 찾느냐, 상황의 변화 가능성에 대해 어떻게 인식하느냐의 두 가지 기준을 제시했다. 상황의 원인을 자신에게서 찾으면 '내부적'으로 해석한 것이고, 자신이 아닌 다른 것에서 찾으면 '외부적'으로 해석한 것이다. 또 상황이 바뀔 가능성이 전혀 없다고 생각하면 '고정적'으로 인식한 것이고, 상황이 충분히 바뀔 수 있다고 생각하면 '가변적'으로 인식한 것이다.
>
> (라) 와이너에 의하면, 큰 개에게 물렸지만 공포증에 시달리지 않는 사람들은 개에게 물린 상황에 대해 '내 대처 방식이 잘못되었어.'라며 내부적이고 가변적으로 해석한다. 이는 나의 대처 방식에 따라 상황이 충분히 바뀔 수 있다고 생각하는 것이므로 이들은 개와 마주치는 상황을 굳이 피하지 않는다. 그 후 개에게 물리지 않는 상황이 반복되면 '나는 어떤 경우라도 개를 감당할 수 있어.'라며 내부적이고 고정적으로 해석하는 단계로 나아가게 된다.
>
> (마) 반면에 공포증을 겪는 사람들은 개에 물린 상황에 대해 '나는 약해서 개를 감당하지 못해.'라며 내부적이고 고정적으로 해석하거나 '개는 위험한 동물이야.'라며 외부적이고 고정적으로 해석한다. 이는 자신의 힘이 개보다 약하다고 생각하거나 개를 맹수로 여기는 것이므로 이들은 자신이 개에게 물린 것을 당연한 일로 받아들인다. 하지만 공포증에 시달리지 않는 사람들처럼 상황을 해석하고 개를 피하지 않는 노력을 기울이면 공포증에서 벗어날 수 있다.

① (가) : 공포증이 생긴 구체적 상황
② (나) : 공포증의 개념과 공포증을 유발하는 대상
③ (다) : 와이너가 제시한 상황 해석의 기준
④ (라) : 공포증을 겪지 않는 사람들의 상황 해석 방식
⑤ (마) : 공포증을 겪는 사람들의 행동 유형

다음은 청소년의 가공식품 섭취와 가공식품 첨가물 사용 현황 및 1일 섭취 허용량에 대한 자료이다. 평균 체중을 가진 청소년의 1일 평균 섭취량이 1일 섭취 허용량을 초과하는 첨가물끼리 바르게 짝지은 것은?(단, 청소년의 평균 체중은 50kg이다)

〈평균 체중 청소년의 가공식품 섭취 현황〉

(단위 : g)

가공식품	1일 평균 섭취량
음료	60
사탕	3
스낵과자	40
햄버거	50

〈가공식품 첨가물 사용 현황 및 1일 섭취 허용량〉

첨가물	사용 가공식품	가공식품 1g당 사용량(mg/g)	체중 1kg당 1일 섭취 허용량(mg/kg)
바닐린	사탕	100	10
푸마르산	사탕	5	4
	햄버거	40	
글리세린	음료	10	30
	스낵과자	20	
식용색소 적색3호	사탕	4	0.1
	스낵과자	0.2	
식용색소 황색4호	음료	5	10
	스낵과자	4	

① 바닐린, 글리세린
② 바닐린, 식용색소 적색3호
③ 글리세린, 식용색소 황색4호
④ 푸마르산, 식용색소 황색4호
⑤ 푸마르산, 식용색소 적색3호

※ 다음은 자동차에 번호판을 부여하는 규칙이다. 이어지는 질문에 답하시오. **[3~4]**

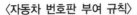

⟨자동차 번호판 부여 규칙⟩

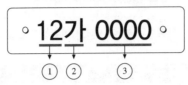

① ② ③

각 숫자는 다음의 사항을 나타낸다.
① 자동차의 종류
② 자동차의 용도
③ 자동차의 등록번호

▶ 자동차의 종류

구분	숫자 기호
승용차	01 ~ 69
승합차	70 ~ 79
화물차	80 ~ 97
특수차	98 ~ 99

▶ 자동차의 용도

구분		문자 기호
비사업용		가, 나, 다, 라, 마, 거, 너, 더, 러, 머, 서, 어, 저, 고, 노, 도, 로, 모, 보, 소, 오, 조, 구, 누, 두, 루, 무, 부, 수, 우, 주
사업용	택시	아, 바, 사, 자
	택배	배
	렌터카	하, 허, 호

▶ 자동차의 등록번호
차량의 고유번호로 임의로 부여

03 A씨는 이사를 하면서 회사와 거리가 멀어져 출퇴근을 위해 새 승용차를 구입하였다. 다음 중 A씨가 부여받을 수 있는 자동차 번호판으로 옳지 않은 것은?

① 23겨 4839
② 67거 3277
③ 42서 9961
④ 31주 5443
⑤ 12모 4839

04 다음 중 나머지와 성격이 다른 자동차 번호판은?

① 80가 8425
② 84배 7895
③ 92보 1188
④ 81오 9845
⑤ 97주 4763

※ 다음 T주임의 해외여행 이동수단에 대한 자료를 보고 이어지는 질문에 답하시오. [5~6]

T주임은 해외여행을 가고자 한다. 현지 유류비 및 렌트카 차량별 정보와 관광지 간 거리는 다음과 같다.

• 현지 유류비

연료	가솔린	디젤	LPG
리터당 가격	1.4달러	1.2달러	2.2달러

• 차량별 연비 및 연료

차량	K	H	P
연비	14km/L	10km/L	15km/L
연료	디젤	가솔린	LPG

※ 연료는 최소 1리터 단위로 주유가 가능하다.

• 관광지 간 거리

구분	A광장	B계곡	C성당
A광장		25km	12km
B계곡	25km		18km
C성당	12km	18km	

05 T주임이 H차량을 렌트하여 A광장에서 출발하여 C성당으로 이동한 후, B계곡으로 이동하고자 한다. T주임이 유류비를 최소화하려고 할 때, A광장에서부터 B계곡으로 이동할 때 소요되는 유류비는?(단, 처음 자동차를 렌트했을 때 차에 연료는 없다)

① 4.2달러　　　　　　　　　② 4.5달러

③ 5.2달러　　　　　　　　　④ 5.6달러

⑤ 8.4달러

06 T주임이 다음 〈조건〉에 따라 여행을 가려고 할 때, T주임이 여행 일정을 완료하기까지 소요되는 총이동시간은?

> **조건**
> • T주임은 P차량을 렌트하였다.
> • T주임은 C성당에서 출발하여 B계곡으로 이동한 후, A광장을 거쳐 C성당으로 다시 돌아오는 여행 일정을 수립하였다.
> • T주임은 C성당에서 A광장까지는 시속 60km로 이동하고, A광장에서 C성당으로 이동할 때에는 시속 40km로 이동하고자 한다.

① 48분　　　　　　　　　　② 52분

③ 58분　　　　　　　　　　④ 1시간 1분

⑤ 1시간 8분

※ 다음은 외국인 직접투자의 투자건수 비율과 투자금액 비율을 투자규모별로 나타낸 자료이다. 이어지는 질문에 답하시오. [7~8]

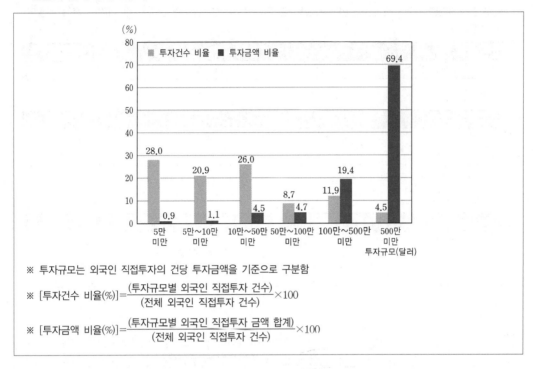

※ 투자규모는 외국인 직접투자의 건당 투자금액을 기준으로 구분함

※ [투자건수 비율(%)]=$\dfrac{\text{(투자규모별 외국인 직접투자 건수)}}{\text{(전체 외국인 직접투자 건수)}} \times 100$

※ [투자금액 비율(%)]=$\dfrac{\text{(투자규모별 외국인 직접투자 금액 합계)}}{\text{(전체 외국인 직접투자 건수)}} \times 100$

07 다음 중 투자규모가 50만 달러 미만인 투자건수 비율은?

① 55.3%   ② 62.8%

③ 68.6%   ④ 74.9%

⑤ 83.6%

08 다음 중 100만 달러 이상의 투자건수 비율은?

① 16.4%   ② 19.6%

③ 23.5%   ④ 26.1%

⑤ 30.7%

09 미주는 백화점에 가기 위해 시속 8km의 속력으로 집에서 출발했다. 미주가 집에서 출발한 지 12분 후에 지갑을 두고 간 것을 발견한 동생이 시속 20km의 속력으로 미주를 만나기 위해 출발했다. 미주와 동생은 몇 분 후에 만나게 되는가?(단, 미주와 동생은 쉬지 않고 일정한 속력으로 움직인다)

① 11분   ② 14분

③ 17분   ④ 20분

⑤ 23분

10 다음 중 바르지 않은 직업관을 가지고 있는 사람은?

① 항공사에서 근무하고 있는 A는 자신의 직업에 대해 긍지와 자부심을 갖고 있다.

② IT 회사에서 개발 업무를 담당하는 B는 업계 최고 전문가가 되기 위해 항상 노력한다.

③ 극장에서 근무 중인 C는 언제나 다른 사람에게 봉사한다는 마음을 가지고 즐겁게 일한다.

④ 화장품 회사에 입사한 신입사원 D는 입사 동기들보다 빠르게 승진하는 것을 목표로 삼았다.

⑤ 회계팀에서 일하는 E는 회사의 규정을 준수하며, 공정하고 투명하게 업무를 처리하려고 노력한다.

11 다음 〈보기〉는 H편집팀의 새로운 도서분야 시장진입을 위한 신간회의 내용이다. 의사결정방법 중 하나인 브레인스토밍을 활용할 때, 이에 적절하지 않은 태도를 보이는 사람을 모두 고르면?

> **보기**
>
> A사원 : 신문 기사를 보니 세분화된 취향을 만족시키는 잡지들이 주목받고 있다고 하던데, 저희 팀에서도 소수의 취향을 주제로 한 잡지를 만들어 보는 건 어떨까요?
>
> B대리 : 그건 수익성은 생각하지 않은 발언인 것 같네요.
>
> C과장 : 아이디어는 많으면 많을수록 좋죠, 더 이야기해 봐요.
>
> D주임 : 요새 직장생활에 관한 이야기를 주제로 독자의 공감을 이끌어 내는 도서들이 많이 출간되고 있습니다. '연봉'과 관련한 실용서를 만들어 보는 건 어떨까요? 신선하고 공감을 자아내는 글귀와 제목, 유쾌한 일러스트를 표지에 실어서 눈에 띄게 만들어 보는 것도 좋을 것 같습니다.
>
> E차장 : 위 두 아이디어 모두 신선하네요. '잡지'의 형식으로 가면서 직장인과 관련된 키워드를 매달 주제로 해 발간해 보면 어떨까요? 창간호 키워드는 '연봉'이 좋겠군요.

① A사원   ② B대리

③ B대리, C과장   ④ B대리, E차장

⑤ A사원, D주임, E차장

12 다음 사례에서 K전자가 TV 시장에서 경쟁력을 잃게 된 주요 원인으로 가장 적절한 것은?

> 평판 TV 시장에서 PDP TV가 주력이 되리라 판단한 K전자는 2007년에 세계 최대 규모의 PDP 생산설비를 건설하기 위해 3조 원 수준의 막대한 투자를 결정하였다. 당시 L전자와 S전자는 LCD와 PDP 사업을 동시에 수행하면서도 성장성이 높은 LCD TV로 전략을 수정하는 상황이었지만 K전자는 익숙한 PDP 사업에 더욱 몰입한 것이다. 하지만 주요 기업들의 투자가 LCD에 집중되면서, 새로운 PDP 공장이 본격 가동될 시점에 PDP의 경쟁력은 이미 LCD에 뒤처지게 됐다.
>
> 결국, 활용가치가 현저하게 떨어진 PDP 생산설비는 조기에 상각함을 고민할 정도의 골칫거리로 전락했다. K전자는 2011년에만 11조 원의 적자를 기록했으며, 2012년에도 10조 원 수준의 적자가 발생되었다. 연이은 적자는 K전자의 신용등급을 투기 등급으로 급락시켰고, K전자의 CEO는 '디지털 가전에서 패배자가 되었음'을 인정하며 고개를 숙였다. TV를 포함한 가전제품 사업에서 K전자가 경쟁력을 회복하기 어려워졌음은 말할 것도 없다.

① 사업 환경의 변화 속도가 너무나 빨라졌고, 변화의 속성도 예측이 어려워져 따라가지 못하였다.

② 차별성을 지닌 새로운 제품을 기획하고 개발하는 것에 대한 성공 가능성이 낮아져 주저했다.

③ 기존 사업영역에 대한 강한 애착으로 신사업이나 신제품에 대해 낮은 몰입도를 보였다.

④ 실패가 두려워 새로운 도전보다 안정적이며 실패 확률이 낮은 제품을 위주로 미래를 준비하였다.

⑤ 외부 환경이 어려워짐에 따라 잠재적 실패를 감내할 수 있는 자금을 확보하지 못하였다.

13 다음 글의 논지를 강화하기 위한 내용으로 적절하지 않은 것은?

뉴턴은 이렇게 말했다. "플라톤은 내 친구이다. 아리스토텔레스는 내 친구이다. 하지만 진리야말로 누구보다 소중한 내 친구이다." 케임브리지에서 뉴턴에게 새로운 전환점을 준 사람이 있다. 수학자이며 당대 최고의 교수였던 아이작 배로우(Isaac Barrow)였다. 배로우는 뉴턴에게 수학과 기하학을 가르치고 그의 탁월함을 발견하여 후원자가 됐다. 이처럼 뉴턴은 타고난 천재가 아니라, 자신의 피나는 노력과 위대한 스승들의 도움을 통해 후천적으로 키워진 것이다.

뉴턴이 시대를 관통하는 천재로 여겨진 것은 "사과는 왜 땅에 수직으로 떨어질까?"라는 질문에서 시작했다. 이 질문을 던진 지 20여 년이 지나고 마침내 모든 물체가 땅으로 떨어지는 것은 지구 중력에 의한 만유인력이라는 개념을 발견한 것이 계기가 되었다. 사과가 떨어지는 것을 관찰하여 온갖 질문을 던지고, 새로운 가설을 만든 후에 그것을 증명하기 위해 오랜 시간 연구하고 실험을 한 결과가 위대한 발견으로 이어진 것이다. 위대한 발명이나 발견은 어느 한 순간 섬광처럼 오는 것이 아니다. 시작 단계의 작은 아이디어가 질문과 논쟁을 통해 점차 다른 아이디어들과 충돌하고 합쳐지면서 숙성의 시간을 갖고, 그런 후에야 세상에 유익한 발명이나 발견이 나오는 것이다.

이전부터 천재가 선천적인 것인지, 후천적인 것인지에 관한 논란은 계속되어 왔다. 과거에는 천재가 신적인 영감을 받아 선천적으로 탄생한다는 주장이 힘을 얻었다. 플라톤의 저서 『이온』에도 음유 시인이 기술이나 지식이 아닌 신적인 힘과 영감을 받는 존재임이 언급된다. 그러나 아리스토텔레스의 『시학』은 『이온』과 조금 다른 관점을 취하고 있다. 기본적으로 시가 모방미학이라는 입장은 같지만, 아리스토텔레스는 이것이 신적인 힘을 모방한 것이 아닌 인간의 모방이라고 믿었다.

최근 연구에 의하면 천재라 불리는 모든 사람들이 선천적으로 타고난 것이 아니고 후천적인 학습을 통해 수준을 점차 더 높은 단계로 발전시켰다고 한다. 선천적 재능과 후천적 학습을 모두 거친 절충적 천재가 각광받는 것이다. 이것이 우리에게 주는 시사점은 비록 지금은 창의적이지 않더라도 꾸준히 포기하지 말고 창의성을 개발하고 실현하는 방법을 배워서 실천한다면 모두가 창의적인 사람이될 수 있다는 교훈이다. 타고난 천재가 아니고 훈련과 노력으로 새롭게 태어나는 창재(창의적인 인재)로 거듭나야 한다.

① 칸트는 천재가 선천적인 것이라고 하였다.

② 세계적인 발레리나 강수진은 고된 연습으로 발이 기형적으로 변해버렸다.

③ 신적인 것보다 연습이 영감을 가져다주는 경우가 있다.

④ 뉴턴뿐만 아니라 아인슈타인 역시 끊임없는 연구와 노력을 통해 천재로 인정받았다.

⑤ 1만 시간의 법칙은 한 분야에서 전문가가 되기 위해서는 최소 1만 시간의 훈련이 필요하다는 것이다.

14 다음은 신재생에너지 산업에 대한 자료이다. 이에 대한 설명으로 옳은 것은?

<신재생에너지원별 산업 현황>

구분	기업체 수 (개)	고용인원 (명)	매출액 (억 원)	내수 (억 원)	수출액 (억 원)	해외공장 매출 (억 원)	투자액 (억 원)
태양광	127	8,698	75,637	22,975	33,892	18,770	5,324
태양열	21	228	290	290	0	0	1
풍력	37	2,369	14,571	5,123	5,639	3,809	583
연료전지	15	802	2,837	2,143	693	0	47
지열	26	541	1,430	1,430	0	0	251
수열	3	47	29	29	0	0	0
수력	4	83	129	116	13	0	0
바이오	128	1,511	12,390	11,884	506	0	221
폐기물	132	1,899	5,763	5,763	0	0	1,539
합계	493	16,178	113,076	49,753	40,743	22,579	7,966

① 태양광에너지 분야의 기업체 수가 가장 많다.

② 태양광에너지 분야에 고용된 인원은 전체 고용인원의 절반 이상을 차지한다.

③ 전체 매출액 중 풍력에너지 분야의 매출액이 차지하는 비율은 15% 이상이다.

④ 바이오에너지 분야의 수출액은 전체 수출액의 1% 미만이다.

⑤ 전체 매출액 대비 전체 투자액의 비율은 7.5% 이상이다.

15 다음은 종이책 및 전자책 성인 독서율에 대한 자료이다. 빈칸 (가)에 들어갈 수치로 옳은 것은?(단, 각 항목의 2023년 수치는 2022년 수치 대비 일정한 규칙으로 변화한다)

〈종이책 및 전자책 성인 독서율〉

(단위 : %)

항목	연도	2022년			2023년		
		사례 수(건)	1권 이상	읽지 않음	사례 수(건)	1권 이상	읽지 않음
전체	소계	5,000	60	40	6,000	72	48
성별	남자	2,000	60	40	3,000	90	60
	여자	3,000	65	35	3,000	65	35
연령별	20대	1,000	87	13	1,000	87	13
	30대	1,000	80.5	19.5	1,100	88.6	21.5
	40대	1,000	75	25	1,200	90	30
	50대	1,000	60	40	1,200	(가)	
	60대 이상	1,000	37	63	1,400	51.8	88.2

① 44

② 52

③ 72

④ 77

⑤ 82

16 H은행 A지점은 M구의 신규 입주아파트 분양업자와 협약체결을 통하여 분양 중도금 관련 집단대출을 전담하게 되었다. A지점에 근무하는 귀하는 한 입주예정자로부터 평일에는 개인사정으로 인해 영업시간 내에 방문하지 못한다는 문의를 받아 근처 다른 지점에 방문하여 대출신청을 진행할 수 있도록 안내하였다. 다음 〈조건〉을 토대로 입주예정자의 대출신청을 완료하는 데까지 걸리는 최소 시간은 얼마인가?[단, 각 지점 간 숫자는 두 영업점 간의 거리(km)를 의미한다]

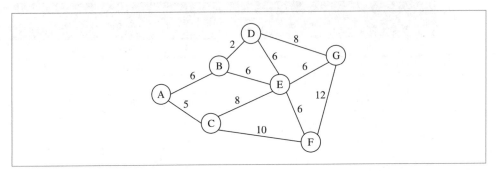

조건
· 입주예정자는 G지점 근처에서 거주하고 있어서 영업시간 내에 언제든지 방문 가능하다.
· 대출과 관련한 서류는 A지점에서 G지점까지 행낭을 통해 전달한다.
· 은행 영업점 간 행낭 배송은 시속 60km로 운행하며, 요청에 따라 배송지 순서는 변경(생략)할 수 있다(단, 연결된 구간으로만 운행 가능).
· 대출신청서 등 대출 관련 서류는 입주예정자 본인 또는 대리인(대리인증명서 필요)이 작성하여야 한다(작성하는 시간은 총 30분이 소요됨).
· 대출신청 완료는 A지점에 입주예정자가 작성한 신청 서류가 도착했을 때를 기준으로 한다.

① 46분   ② 49분
③ 57분   ④ 1시간 2분
⑤ 1시간 5분

17 산업통상자원부에서 다음과 같은 전력수급계획을 발표하였다. 〈조건〉을 고려할 때, 산업통상자원부가 채택하기에 바르지 않은 정책 대안은?

〈전력수급계획〉

올해의 전력수급현황은 다음과 같다.

- 총공급전력량 : 8,600만kW
- 최대전력수요 : 7,300만kW

이에 따라 산업통상자원부는 내년도 전력수급기본계획을 마련하고, 정책목표를 다음과 같이 설정하였다.

- 정책목표 : 내년도 전력예비율을 30% 이상으로 유지한다.

$$\text{[전력예비율(\%)]}=\frac{\text{(총공급전력량)}-\text{(최대전력수요)}}{\text{(최대전력수요)}}\times100$$ (단, 전력예비율의 계산값은 소수점 셋째 자리에서 반올림한다)

조건

- 발전소를 하나 더 건설하면 총공급전력량이 150만kW만큼 증가한다.
- 전기요금을 $a\%$ 인상하면 최대전력수요는 $a\%$ 감소한다.

※ 발전소는 즉시 건설·운영되는 것으로 가정하고, 이외의 다른 변수는 고려하지 않는다.

---

① 발전소를 1개 더 건설하고, 전기요금을 10% 인상한다.
② 발전소를 3개 더 건설하고, 전기요금을 3% 인상한다.
③ 발전소를 6개 더 건설하고, 전기요금을 1% 인상한다.
④ 발전소를 8개 더 건설하고, 전기요금을 동결한다.
⑤ 발전소를 더는 건설하지 않고, 전기요금을 12% 인상한다.

18 H회사는 창립 10주년을 맞이하여 전 직원 단합대회를 준비하고 있다. 이를 위해 사장인 B씨는 여행상품 중 한 가지를 선정하려 하는데, 직원 투표 결과를 통해 결정하려고 한다. 직원 투표 결과와 여행지별 1인당 경비는 다음과 같고, 부서별 고려사항을 참고하여 선택하려고 할 때, 〈보기〉중 옳은 것을 모두 고르면?

〈직원 투표 결과〉

상품내용		투표 결과(표)					
여행상품	1인당 비용(원)	총무팀	영업팀	개발팀	홍보팀	공장1	공장2
A	500,000	2	1	2	0	15	6
B	750,000	1	2	1	1	20	5
C	600,000	3	1	0	1	10	4
D	1,000,000	3	4	2	1	30	10
E	850,000	1	2	0	2	5	5

〈여행상품별 혜택 정리〉

상품	날짜	장소	식사제공	차량지원	편의시설	체험시설
A	5/10 ~ 5/11	해변	○	○	×	×
B	5/10 ~ 5/11	해변	○	○	○	×
C	6/7 ~ 6/8	호수	○	○	○	×
D	6/15 ~ 6/17	도심	○	×	○	○
E	7/10 ~ 7/13	해변	○	○	○	×

〈부서별 고려사항〉

• 총무팀 : 행사 시 차량 지원이 가능함
• 영업팀 : 6월 초순에 해외 바이어와 가격 협상 회의 일정이 있음
• 공장1 : 3일 연속 공장 비가동 시 제품의 품질 저하가 예상됨
• 공장2 : 7월 중순 공장 이전 계획이 있음

보기

㉠ 필요한 여행상품 비용은 총 1억 500만 원이 필요하다.
㉡ 투표 결과, 가장 인기가 좋은 여행상품은 B이다.
㉢ 공장1의 A, B 투표 결과가 바뀐다면 여행상품 선택은 변경된다.

① ㉠   ② ㉠, ㉡
③ ㉠, ㉢   ④ ㉡, ㉢
④ ㉠, ㉡, ㉢

19 투자정보팀에서는 문제기업을 미리 알아볼 수 있는 이상 징후로 다음과 같은 다섯 개의 조건을 바탕으로 투자 여부를 판단하며, 투자 여부 판단 대상기업은 A~E이다. 〈조건〉을 참고할 때, 투자 부적격 기업은?

〈투자 여부 판단 조건〉

㉮ 기업문화의 종교화
㉯ 정책에 대한 지나친 의존
㉱ 인수 합병 의존도의 증가
㉲ 견제 기능의 부재
㉳ CEO의 법정 출입

이 5개의 징후는 다음과 같은 관계가 성립한다.

〈이상 징후별 인과 및 상관관계〉

ⅰ) '기업문화의 종교화'(㉮)와 '인수 합병 의존도의 증가'(㉱)는 동시에 나타난다.
ⅱ) '견제 기능의 부재'(㉲)가 나타나면 '정책에 대한 지나친 의존'(㉯)이 나타난다.
ⅲ) 'CEO의 법정 출입'(㉳)이 나타나면 '정책에 대한 지나친 의존'(㉯)과 '인수 합병의존도의 증가'(㉱)가 나타난다.

투자정보팀은 ㉮~㉳ 중 4개 이상의 이상 징후가 발견될 경우 투자를 하지 않기로 한다.

조건

- ㉮는 A, B, C기업에서만 나타났다.
- ㉯는 D기업에서 나타났고, C와 E기업에서는 나타나지 않았다.
- ㉲는 B기업에서 나타났고, A기업에서는 나타나지 않았다.
- ㉳는 A기업에서 나타나지 않았다.
- 각각의 이상 징후 ㉮~㉳ 중 모든 기업에서 동시에 나타나는 이상 징후는 없었다.

① A
② B
③ B, C
④ D, E
⑤ C, D, E

※ 평소 환경에 관심이 많은 A씨는 인터넷에서 다음과 같은 글을 보았다. 이어지는 질문에 답하시오.
[20~21]

마스크를 낀 사람들이 더는 낯설지 않다. "알프스나 남극 공기를 포장해 파는 시대가 오는 게 아니냐."는 농담을 가볍게 웃어넘기기 힘든 상황이 됐다. 황사·미세먼지·초미세먼지·오존·자외선 등 한 번 외출할 때마다 꼼꼼히 챙겨야 할 것들이 한둘이 아니다. 중국과 인접한 우리나라의 환경오염 피해는 더욱 심각한 상황이다. 지난 4월 3일 서울의 공기품질은 최악을 기록한 인도 델리에 이어 2위라는 불명예를 차지했다. 또렷한 환경오염은 급격한 기후변화의 촉매제가 되고 있다. 지난 1912년 이후 지구의 연평균 온도는 꾸준히 상승해 평균 0.75℃가 올랐다. 우리나라는 세계적으로 유래를 찾아보기 어려울 만큼 연평균 온도가 100여 년간 1.8℃나 상승했으며, 이는 지구 평균치의 2배를 웃도는 수치이다. 기온 상승은 다양한 부작용을 낳고 있다. 1991년부터 2010년까지 20여 년간 폭염일수는 8.2일에서 10.5일로 늘어났고, 열대야지수는 5.4일에서 12.5일로 증가했다. 1920년대에 비해 1990년대 겨울은 한 달이 짧아졌다. 이러한 이상 기온은 우리 농어촌에 악영향을 끼칠 수밖에 없다.

기후변화와 더불어, 세계 인구의 폭발적 증가는 식량난 사태로 이어지고 있다. 일부 저개발 국가에서는 굶주림이 일반화되고 있다. 올해를 기준으로 전 세계 인구수는 81억 1,800만 명을 넘어섰다. 인류 역사상 가장 많은 인류가 지구에 살고 있는 셈이다. 이 추세대로라면 오는 2050년에는 97억 2,500만 명을 넘어설 것으로 전망된다. 한정된 식량 자원과 급증하는 지구촌 인구수의 결과는 불을 보듯 뻔하다. 곧 글로벌 식량위기가 가시화될 전망이다.

우리나라는 식량의 75% 이상을 해외에서 조달하고 있다. 이는 국제 식량가격의 급등이 식량안보의 위협으로 이어질 수도 있음을 뜻한다. 미 국방성은 '수백만 명이 사망하는 전쟁이나 자연재해보다 기후변화가 가까운 미래에 더 심각한 재앙을 초래할 수 있다.'는 내용의 보고서를 발표하였다.

이뿐만 아니라 식량이 부족한 상황에서 식량의 질적 문제도 해결해야 할 과제이다. 삶의 질을 중시하면서 친환경적인 안전 먹거리에 대한 관심과 수요는 증가하고 있지만, 급변하는 기후변화와 부족한 식량 자원은 식량의 저질화로 이어질 가능성을 높이고 있다. 일손 부족 등으로 인해 친환경 먹거리 생산의 대량화 역시 쉽지 않은 상황이다.

20 다음 중 윗글의 주제로 가장 적절한 것은?

① 지구온난화에 의한 기후변화의 징조
② 환경오염에 따른 기후변화가 우리 삶에 미치는 영향
③ 기후변화에 대처하는 자세
④ 환경오염을 예방하는 방법
⑤ 환경오염과 인구증가의 원인

21 다음 중 윗글을 이해한 내용으로 가장 적절한 것은?

① 기후변화는 환경오염의 촉매제가 되어 우리 농어촌에 악영향을 끼치고 있다.

② 알프스나 남극에서 공기를 포장해 파는 시대가 도래하였다.

③ 세계인구의 폭발적인 증가는 저개발 국가의 책임이 크다.

④ 우리나라의 식량자급률의 특성상 기후변화가 계속된다면 식량난이 심각해질 것이다.

⑤ 친환경적인 안전 먹거리는 급변하는 기후 속 식량난을 해결하는 방법의 하나이다.

22 다음 중 성예절을 지키기 위한 자세로 적절하지 않은 것은?

① 성희롱 문제는 개인적인 일이기 때문에 당사자들끼리 해결해야 한다.

② 직장 내에서 여성이 남성과 동등한 지위를 보장받기 위해서 그만한 책임과 역할을 다해야 하며, 조직은 그에 상응하는 여건을 조성해야 한다.

③ 우리 사회에는 뿌리 깊은 남성 위주의 가부장적 문화와 성역할에 대한 과거의 잘못된 인식이 아직도 남아 있기 때문에 남녀 공존의 직장문화를 정착하는 데 남다른 노력을 기울여야 한다.

④ 실정법을 준수하여 회사의 명예와 본인의 품위를 지켜야 하며, 사회적 또는 윤리적으로 비난받을 행위를 하지 않아야 한다.

⑤ 여성의 직업참가율이 비약적으로 높아졌기 때문에 남성과 대등한 동반자 관계로 동등한 역할과 능력 발휘를 한다는 인식을 가질 필요가 있다.

PART 5

23 다음은 한국·중국·일본의 평판 TV 시장점유율 추이를 나타낸 자료이다. 이에 대한 설명으로 옳지 않은 것은?

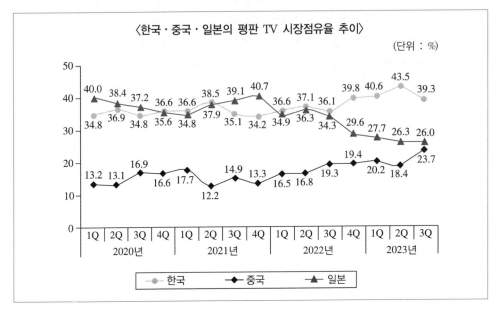

① 15분기 동안 한국이 10번, 일본이 5번 시장점유율 1위를 차지했다.

② 2022년 4분기의 한국과 일본, 일본과 중국의 점유율 차이는 같다.

③ 한국과 중국의 점유율 차이는 매 분기 15%p 이상이다.

④ 2020년 2분기에 중국과 일본의 점유율 차이는 2023년 3분기의 10배 이상이다.

⑤ 중국과 일본의 점유율 차이는 2022년부터 계속 줄어들고 있다.

24 H공사에 근무 중인 B차장은 새로운 사업을 실행하기에 앞서 설문조사를 하려고 한다. 델파이 기법을 이용하려고 할 때, 설문조사 순서를 바르게 나열한 것은?

> 델파이 기법은 전문가들의 의견을 종합하기 위해 고안된 기법으로, 불확실한 상황을 예측하고자 할 경우 사용하는 인문사회과학 분석기법 중 하나이다. 설문지로만 이루어지기 때문에 전문가들의 익명성이 보장되고, 반복적인 설문을 통해 얻은 반응을 수집·요약해 특정한 주제에 대한 전문가 집단의 합의를 도출하는 방식으로 진행된다.

① 설문지 제작 – 발송 – 회수 – 검토 후 결론 도출 – 결론 통보

② 설문지 제작 – 1차 대면 토론 – 중간 분석 – 2차 대면 토론 – 합의 도출

③ 설문지 제작 – 발송 – 회수 – 중간 분석 – 대면 토론 – 합의 도출

④ 설문지 제작 – 발송 – 새 설문지 제작 – 발송 – 회수 – 합의 도출

⑤ 설문지 제작 – 발송 – 회수 – 중간 분석 – 재발송 – 회수 – 합의 도출

25 다음 중 밑줄 친 '이것'의 사례로 적절하지 않은 것은?

> '이것'은 복지 사회를 이루기 위하여 기업이 이윤 추구에만 집착하지 않고 사회의 일원으로서 사회적 책임을 자각하고 실천하여야 할 의무로, 기업의 수익 추구와 밀접한 관련을 맺고 있다고 보는 견해도 있다. 윌리엄 워서(William Werther)와 데이비드 챈들러(David Chandler)는 '이것'을 기업이 제품이나 서비스를 소비자들에게 전달하는 과정인 동시에 사회에서 기업 활동의 정당성을 유지하기 위한 방안이라고 주장하였다.

① A기업은 새로운 IT 계열의 중소벤처기업을 창업한 20대 청년에게 투자하기로 결정하였다.
② B기업은 전염병이 발생하자 의료 물품을 대량으로 구입하여 지역 병원에 기부하였다.
③ C기업은 협력업체 공장에서 폐수를 불법으로 버린 것을 알고 협업과 투자를 종료하였다.
④ D기업은 자사의 제품에서 결함이 발견되자 이에 대한 사과문을 발표하였다.
⑤ E기업은 자사의 직원 복지를 위해 거액의 펀드를 만들었다.

26 A과장은 월요일에 사천연수원에서 진행될 세미나에 참석해야 한다. 세미나는 월요일 낮 12시부터 시작이며, 수요일 오후 6시까지 진행된다. 갈 때는 세미나에 늦지 않게만 도착하면 되지만, 올 때는 목요일 회의 준비를 위해 최대한 일찍 서울로 올라와야 한다. 가능한 한 적은 비용으로 세미나에 참석해야 할 때, 교통비는 얼마가 들겠는가?(단, 기차역과 공항에서 연수원까지는 택시를 이용하며, 반대의 경우도 동일하다)

<KTX>

구분	월요일		수요일		가격
서울 – 사천	08:00 ~ 11:00	09:00 ~ 12:00	08:00 ~ 11:00	09:00 ~ 12:00	65,200원
사천 – 서울	16:00 ~ 19:00	20:00 ~ 23:00	16:00 ~ 19:00	20:00 ~ 23:00	66,200원 (10% 할인 가능)

※ 사천역에서 사천연수원까지 택시비는 22,200원이며, 30분이 소요됨(사천연수원에서 사천역까지의 비용과 시간도 동일하다)

<비행기>

구분	월요일		수요일		가격
서울 – 사천	08:00 ~ 09:00	09:00 ~ 10:00	08:00 ~ 09:00	09:00 ~ 10:00	105,200원
사천 – 서울	19:00 ~ 20:00	20:00 ~ 21:00	19:00 ~ 20:00	20:00 ~ 21:00	93,200원 (10% 할인 가능)

※ 사천공항에서 사천연수원까지 택시비는 21,500원이며, 30분이 소요됨(사천연수원에서 사천공항까지의 비용과 시간도 동일하다)

① 168,280원
② 178,580원
③ 192,780원
④ 215,380원
⑤ 232,080원

27 H사에 근무하는 L주임은 입사할 신입사원에게 지급할 볼펜과 스케줄러를 구매하기 위해 A ~ C 세 도매업체의 판매정보를 다음과 같이 정리하였다. 입사 예정인 신입사원은 총 600명이고 신입사원 1명당 볼펜과 스케줄러를 각각 1개씩 증정한다고 할 때, 가장 저렴하게 구매할 수 있는 업체와 구매가격을 바르게 나열한 것은?

〈도매업체별 상품가격표〉

구분	품목	수량(1SET당)	가격(1SET당)
A업체	볼펜	150개	13만 원
	스케줄러	100권	25만 원
B업체	볼펜	200개	17만 원
	스케줄러	600권	135만 원
C업체	볼펜	100개	8만 원
	스케줄러	300권	65만 원

〈도매업체별 특가상품 정보〉

구분	볼펜의 특가상품 구성	특가상품 구매 조건
A업체	300개 25.5만 원 or 350개 29만 원	스케줄러 150만 원 이상 구입
B업체	600개 48만 원 or 650개 50만 원	스케줄러 100만 원 이상 구입
C업체	300개 23.5만 원 or 350개 27만 원	스케줄러 120만 원 이상 구입

※ 특가상품 구매 조건을 만족했을 때 볼펜을 특가로 구매할 수 있다.
※ 각 물품은 묶음 단위로 판매가 가능하며, 개당 판매는 불가능하다.
※ 업체별 특가상품은 둘 중 한 가지만 선택해 1회 구입 가능하다.

도매업체	구매가격
① A업체	183만 원
② B업체	177.5만 원
③ B업체	183만 원
④ C업체	177.5만 원
⑤ C업체	183만 원

28 다음 글의 제목으로 가장 적절한 것은?

> 사회보장제도는 사회구성원에게 생활의 위험이 발생했을 때 사회적으로 보호하는 대응체계를 가리키는 포괄적 용어로, 크게 사회보험, 공공부조, 사회서비스가 있다. 예를 들면 실직자들이 구직활동을 포기하고 다시 노숙자가 되지 않도록 지원하는 것 등이 이에 해당한다.
>
> 사회보험은 보험의 기전을 이용하여 일반주민들을 질병, 상해, 폐질, 실업, 분만 등으로 인한 생활의 위협으로부터 보호하기 위하여 국가가 법에 의하여 보험가입을 의무화하는 제도로, 개인적 필요에 따라 가입하는 민간보험과 차이가 있다.
>
> 공공부조는 극빈자, 불구자, 실업자 또는 저소득계층과 같이 스스로 생계를 영위할 수 없는 계층의 생활을 그들이 자립할 수 있을 때까지 국가가 재정기금으로 보호하여 주는 일종의 구빈제도이다.
>
> 사회서비스는 복지사회를 건설할 목적으로 법률이 정하는 바에 의하여 특정인에게 사회보장 급여를 국가 재정부담으로 실시하는 제도로, 군경, 전상자, 배우자 사후, 고아, 지적 장애아 등과 같은 특별한 사유가 있는 자나 노령자 등이 해당된다.

① 사회보험제도와 민간보험제도의 차이
② 사회보장제도의 의의
③ 우리나라의 사회보장제도
④ 사회보장제도의 대상자
⑤ 사회보장제도와 소득보장의 차이점

29 다음 문단을 논리적 순서대로 바르게 나열한 것은?

> (가) H공사가 개발하고 있는 차세대 CO_2 분리막 기술은 기존의 이산화탄소 포집 기술과 비교하여 이산화탄소 포집비용 및 부지면적을 최대 절반 이하로 줄일 수 있는 혁신적인 기술로 평가된다.
>
> (나) 또한, 구조가 간단하고 규모를 쉽게 키울 수 있고, 화학·유해물질 사용이 없어 친환경적이라는 큰 장점을 갖고 있으며, 가스정제 등 타 분야까지 사업화 추진이 가능한 차세대 기술로 기대되고 있다.
>
> (다) 이번에 구축된 분리막 생산 공장은 H공사가 국내 중소기업인 아스트로마사가 보유한 분리막 원천기술과 연계하여 국내 최초로 기후변화 대응을 위한 저비용·고효율의 막분리 상용기술을 개발하는 것이다.
>
> (라) 신기후체제 출범에 따라 2030년 국가 온실가스 배출량을 예상치 대비 37% 감축하려는 목표를 위해 전력회사들은 이에 대응하기 위한 기술개발에 한창이며, H공사는 아스트로마사와 '차세대 CO_2 분리막 상용화 개발' 협약을 체결하고 총 180억 원의 예산을 투입하여 공동으로 개발하였다.

① (가) – (다) – (라) – (나)　　　② (가) – (라) – (다) – (나)
③ (라) – (나) – (가) – (다)　　　④ (라) – (다) – (가) – (나)
⑤ (라) – (다) – (나) – (가)

P대리는 스마트폰 제조회사 서비스센터에서 고객 문의 응대 및 A/S 서비스 요금을 정산하는 업무를 맡고 있다. 다음 중 빈칸에 들어갈 답변으로 가장 적절한 것은?

■ A/S 관련 규정
- 제품 구입 후 1년 이내에 정상적인 사용상태에서 발생한 성능 및 기능상의 고장인 경우 무상수리 제공
- 보증기간이 경과되거나 고객의 부주의로 인한 하자는 유상수리로 함
- A/S 서비스 요금은 부품비, 수리비의 합계로 구성되며, 각 요금의 결정은 다음과 같이 합니다.
  - 부품비 : 수리 시 부품교체를 할 경우 소요되는 부품가격으로, 부가세 10%가 부가됩니다.
  - 수리비 : 유상수리 시 부품비를 제외한 기술료를 말하며, 수리 시 소요 시간, 난이도 등을 고려하여 산정한 수리비 기준표를 따릅니다.

■ A/S 진행 시 절차 안내
서비스센터 방문 → 접수(5분) → 수리기사 배정(3분) → 대기(5 ~ 30분) → 제품 진단(5분) → 제품 수리(부품별 상이) → 제품 인도(5분)

〈시간대별 평균 대기시간〉

시간	09:00 ~ 11:00	11:00 ~ 13:00	13:00 ~ 15:00	15:00 ~ 17:00	17:00 ~ 19:00
평균 대기시간	5분	20분	30분	15분	30분

■ A/S 진행 시 수리 공임

구분		부품교체비용 (VAT 제외)	소요 시간	수리비
전면	터치패드	50,000원	5분	• 기본 5,000원 • (#)부품 수리 시 개당 1,000원 추가 청구
	액정	150,000원	5분	
	전방 카메라	20,000원	10분	
내부	내장메모리(#)	130,000원	20분	
	쿼드코어 칩(#)	150,000원	20분	
	블루투스 / 와이파이(#)	10,000원	20분	
	모뎀 칩(#)	5,000원	20분	
	배터리	20,000원	5분	
후면	후방 카메라	30,000원	10분	

[문의 접수시간 : 14시 40분]

고객 : 안녕하세요? 제가 집에 돌아가는 길에 어떤 사람과 부딪혔는데, 그때 스마트폰이 떨어져서 액정이 깨졌습니다. 업무상 스마트폰이 없으면 곤란해서 급히 수리를 받고 싶은데, 시간이 얼마나 걸릴까요? 지금 출발하면 30분 뒤에 서비스센터에 도착할 수 있을 것 같습니다.

P대리 : 네, 고객님. 모든 A/S 절차를 고려하면 _____ 정도 걸릴 것으로 예상됩니다.

① 28분

② 33분

③ 38분

④ 43분

⑤ 53분

31 H사의 기획팀에 근무 중인 A사원은 자사에 대한 마케팅 전략 보고서를 작성하려고 한다. A사원이 SWOT 분석을 한 결과가 다음과 같을 때, 분석 결과에 대응하는 전략과 그 내용의 연결이 옳지 않은 것은?

〈A사원의 SWOT 분석 결과〉

강점(Strength)	약점(Weakness)
• 세계 판매량 1위의 높은 시장 점유율 • 제품의 뛰어난 내구성 • 다수의 특허 확보	• 보수적 기업 이미지 • 타사 제품에 비해 높은 가격 • 경쟁업체 제품과의 차별성 약화
기회(Opportunity)	위협(Threat)
• 경쟁업체 제품의 결함 발생 • 해외 신규시장의 등장 • 인공지능, 사물인터넷 등 새로운 기술 등장	• 중국 업체의 성장으로 가격 경쟁 심화 • 미·중 무역전쟁 등 시장의 불확실성 증가에 따른 소비 위축

① SO전략 : 뛰어난 내구성을 강조한 마케팅 전략 수립
② SO전략 : 확보한 특허 기술을 바탕으로 사물인터넷 기반의 신사업 추진
③ WO전략 : 안정적 기업 이미지를 활용한 홍보 전략으로 해외 신규시장 진출
④ ST전략 : 해외 공장 설립으로 원가 절감을 통한 가격 경쟁력 확보
⑤ WT전략 : 경쟁업체와 차별화된 브랜드 고급화 전략 수립

32 김과장은 건강상의 이유로 간헐적 단식을 시작하였다. 김과장이 선택한 간헐적 단식 방법은 월요일부터 일요일까지 일주일 중에 2일을 선택하여 아침 혹은 저녁 한 끼 식사만 하는 것이다. 다음 〈조건〉에 따라 단식을 했을 때, 김과장이 단식을 시작한 첫 주 월요일부터 일요일까지 한 끼만 먹은 요일과 식사한 시점을 바르게 나열한 것은?

> **조건**
> • 단식을 하는 날 전후로 각각 최소 2일간은 세 끼 식사를 한다.
> • 단식을 하는 날 이외에는 항상 세 끼 식사를 한다.
> • 2주 차 월요일에는 단식을 했다.
> • 1주 차에 먹은 아침식사 횟수와 저녁식사 횟수가 같다.
> • 1주 차 월요일, 수요일, 금요일은 조찬회의에 참석하여 아침식사를 했다.
> • 1주 차 목요일은 업무약속이 있어서 점심식사를 했다.

① 월요일(아침), 목요일(저녁)
② 화요일(아침), 금요일(아침)
③ 화요일(저녁), 금요일(아침)
④ 화요일(저녁), 토요일(아침)
⑤ 수요일(저녁), 금요일(아침)

33 다음은 H공사의 모집단위별 지원자 수 및 합격자 수를 나타낸 자료이다. 이에 대한 설명으로 옳지 않은 것은?

〈모집단위별 지원자 수 및 합격자 수〉

(단위 : 명)

모집단위	남성		여성		합계	
	합격자 수	지원자 수	합격자 수	지원자 수	모집정원	지원자 수
A집단	512	825	89	108	601	933
B집단	353	560	17	25	370	585
C집단	138	417	131	375	269	792
합계	1,003	1,802	237	508	1,240	2,310

※ [경쟁률(%)]= $\dfrac{(지원자 \ 수)}{(모집정원)} \times 100$

※ 경쟁률은 소수점 첫째 자리에서 반올림한다.

① 세 개의 모집단위 중 총 지원자 수가 가장 많은 집단은 A집단이다.

② 세 개의 모집단위 중 합격자 수가 가장 적은 집단은 C집단이다.

③ H공사의 남성 합격자 수는 여성 합격자 수의 5배 이상이다.

④ B집단의 경쟁률은 158%이다.

⑤ C집단에서는 남성의 경쟁률이 여성의 경쟁률보다 높다.

34 다음은 집단(조직)에 대한 자료이다. 이에 대한 내용으로 적절하지 않은 것은?

	구분	공식집단	비공식집단
①	개념	공식적인 목표를 추구하기 위해 조직에서 만든 집단	구성원들의 요구에 따라 자발적으로 형성된 집단
②	집단 간 경쟁의 원인	자원의 유한성, 목표 간의 충돌	
③	집단 간 경쟁의 장점	각 집단 내부의 응집성 강화, 활동 조직화 강화	
④	집단 간 경쟁의 단점	자원 낭비, 비능률	
⑤	예	상설 위원회, 업무 수행을 위한 팀, 동아리	친목회, 스터디 모임, 임시 위원회

35 다음 글을 읽고 C사원이 해야 할 업무를 〈보기〉에서 골라 순서대로 바르게 나열한 것은?

> 상사 : 벌써 2시 50분이네. 3시에 팀장회의가 있어서 지금 업무지시를 할게요. 업무보고는 내일 9시 30분에 받을게요. 업무보고 전 아침에 회의실과 마이크 체크를 한 내용을 업무보고에 반영해 주세요. 내일 있을 3시 팀장회의도 차질 없이 준비해야 합니다. 아, 그리고 오늘 P사원이 아파서 조퇴했으니 P사원 업무도 부탁할게요. 간단한 겁니다. 사업 브로슈어에 사장님의 개회사를 추가하는 건데, 브로슈어 인쇄는 2시간밖에 걸리지 않지만 인쇄소가 오전 10시부터 6시까지 하니 비서실에 방문해 파일을 미리 받아 늦지 않게 인쇄소에 넘겨 주세요. 비서실은 본관 15층에 있으니 가는 데 15분 정도 걸릴 거예요. 브로슈어는 다음날 오전 10시까지 준비되어야 하는 거 알죠? 팀장회의에 사용할 케이터링 서비스는 매번 시키는 D업체로 예약해 주세요. 24시간 전에는 예약해야 하니 서둘러 주세요.

보기

(가) 비서실 방문
(다) 케이터링 서비스 예약
(마) 업무보고

(나) 회의실, 마이크 체크
(라) 인쇄소 방문

① (가) – (다) – (라) – (나) – (마)
② (나) – (가) – (라) – (마) – (다)
③ (다) – (가) – (라) – (나) – (마)
④ (다) – (나) – (가) – (라) – (마)
⑤ (다) – (나) – (라) – (가) – (마)

36 근면에는 외부로부터 강요당한 근면과 스스로 자진해서 하는 근면 두 가지가 있다. 다음 〈보기〉 중 스스로 자진해서 하는 근면을 모두 고르면?

> **보기**
> ㉠ 생계를 유지하기 위해 기계적으로 작업장에서 하는 일
> ㉡ 승진을 위해 외국어를 열심히 공부하는 일
> ㉢ 상사의 명령에 의해 하는 야근
> ㉣ 영업사원이 실적향상을 위해 노력하는 일

① ㉠, ㉡　　　　　　　　　　② ㉠, ㉢
③ ㉡, ㉢　　　　　　　　　　④ ㉡, ㉣
⑤ ㉢, ㉣

37 H기업에서 직원들에게 자기계발 교육비용을 일부 지원하기로 하였다. A ~ E직원이 다음 자료와 같이 교육프로그램을 신청하였을 때, H기업에서 직원들에게 지원하는 총교육비는?

〈자기계발 수강료 및 지원 금액〉

구분	영어회화	컴퓨터 활용	세무회계
수강료	7만 원	5만 원	6만 원
지원 금액 비율	50%	40%	80%

〈신청한 교육프로그램〉

구분	영어회화	컴퓨터 활용	세무회계
A직원	○		○
B직원	○	○	○
C직원		○	○
D직원	○		
E직원		○	

① 307,000원　　　　　　　　② 308,000원
③ 309,000원　　　　　　　　④ 310,000원
⑤ 330,000원

38 다음은 2019년부터 2023년까지 A기업의 매출액과 원가 그리고 판관비를 나타낸 자료이다. 이를 나타낸 그래프로 옳은 것은?

(단위 : 억 원)

구분	2019년	2020년	2021년	2022년	2023년
매출액	1,485	1,630	1,410	1,860	2,055
매출원가	1,360	1,515	1,280	1,675	1,810
판관비	30	34	41	62	38

※ (영업이익)＝(매출액)－[(매출원가)＋(판관비)]
※ (영업이익률)＝(영업이익)÷(매출액)×100

① 2019 ~ 2023년 영업이익

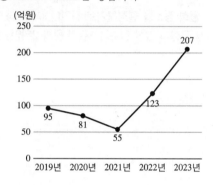

② 2019 ~ 2023년 영업이익

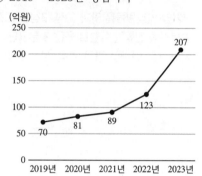

③ 2019 ~ 2023년 영업이익률

④ 2019 ~ 2023년 영업이익률

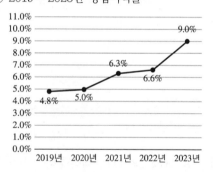

⑤ 2019 ~ 2023년 영업이익률

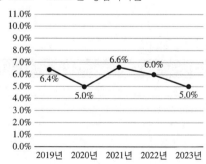

※ H기업에서는 송년회를 개최하려고 한다. 다음 자료를 읽고 이어지는 질문에 답하시오. [39~40]

<표>

〈송년회 후보지별 평가점수〉

구분	가격	거리	맛	음식 구성	평판
A호텔	★★★☆	★★☆	★★★	★★★☆	★★★
B호텔	★★	★★★☆	★★☆	★★★	★★☆
C호텔	★☆	★★	★★	★★★☆	★★★☆
D호텔	★★☆	★☆	★★☆	★★★	★★☆
E호텔	★★★	★★☆	★★★☆	★★☆	★★★☆

※ ★은 하나당 5점이며, ☆은 하나당 3점이다.

39 H기업 임직원들은 맛과 음식 구성을 기준으로 송년회 장소를 결정하기로 하였다. 다음 중 H기업이 송년회를 진행할 호텔로 옳은 것은?(단, 맛과 음식 구성의 합산 점수가 1위인 곳과 2위인 곳의 점수 차가 3점 이하일 경우 가격 점수로 결정한다)

① A호텔 ② B호텔
③ C호텔 ④ D호텔
⑤ E호텔

40 A ~ E호텔의 1인당 식대가 다음과 같고 총식사비용이 가장 저렴한 곳을 송년회 장소로 선정하려 한다. H기업의 송년회 예산이 200만 원이라면, 다음 중 H기업이 송년회를 진행할 호텔로 옳은 것은?(단, H기업의 임직원은 총 25명이다)

〈호텔별 1인당 식대〉

A호텔	B호텔	C호텔	D호텔	E호텔
73,000원	82,000원	85,000원	77,000원	75,000원

※ 총 식사비용이 가장 저렴한 두 곳의 차이가 10만 원 이하일 경우, 맛 점수가 높은 곳으로 선정한다.

① A호텔 ② B호텔
③ C호텔 ④ D호텔
⑤ E호텔

41 다음 중 밑줄 친 '태왕'에 대한 설명으로 옳은 것은?

> 태왕의 유일한 목적은 북방의 강성한 선비를 정벌하여 지금의 봉천, 직예 등의 땅을 차지하는 것이었다. …… 중국 역사상 일대 효웅(梟雄)들이 모두 그 기세가 꺾이어 할 수 없이 수천 리의 토지를 고구려에 넘겨줌으로써, 태왕이 그 시호와 같이 토지를 광개(廣開)함에 이르렀다.

① 태학을 설립하여 인재를 양성하였다.
② 영락이라는 독자적인 연호를 사용하였다.
③ 전진의 순도를 통해 불교를 수용하였다.
④ 당의 침입에 대비하여 천리장성을 쌓았다.
⑤ 평양으로 천도하여 남진 정책을 본격화하였다.

42 다음 중 (가), (나) 사이에 있었던 사실로 옳은 것은?

> (가) 고구려 왕 거련이 몸소 군사를 거느리고 백제를 공격하였다. 백제 왕 경이 아들 문주를 보내 구원을 요청하였다. 왕이 군사를 내어 구해주려 했으나 미처 도착하기도 전에 백제가 이미 무너졌고 경 또한 피살되었다.
> (나) 금관국의 왕인 김구해가 왕비와 세 명의 아들, 즉 큰아들인 노종, 둘째 아들인 무덕, 막내 아들인 무력과 함께 나라의 창고에 있던 보물을 가지고 와서 항복하였다.

① 백제가 웅진으로 천도하였다.
② 신라가 대가야를 멸망시켰다.
③ 고구려가 낙랑군을 축출하였다.
④ 신라가 매소성에서 당을 물리쳤다.
⑤ 신라가 함경도 지역까지 진출하였다.

43 다음 중 밑줄 친 '이들'에 대한 설명으로 옳은 것은?

> **부여풍을 왕으로 추대하다**
> 승려 도침 등이 주류성을 근거지로 부흥의 기치를 내걸자 주변 지역의 200여 성이 열렬히 호응하였다. 이들은 부여풍을 왕으로 받들고 국가체제를 갖추었다.

① 완산주를 도읍으로 정하였다.
② 안동 도호부를 요동으로 몰아냈다.
③ 백강에서 왜군과 함께 당군에 맞서 싸웠다.
④ 중국의 오월과 후당에 외교 사절을 보냈다.
⑤ 신라의 금성을 습격하여 경애왕을 살해하였다.

44 다음 중 빈칸 (가)에 들어갈 단체에 대한 설명으로 옳은 것은?

> _____ (가) _____
> 국선도, 풍월도라고도 한다. 명산 대천을 돌아다니며 도의를 연마하였고, 무예를 수련하여 유사시 전투에 참여하였다. 원광이 제시한 '세속 5계'를 행동 규범으로 삼았으며, 신라가 삼국을 통일하는 데 크게 기여하였다.

① 경당에서 글과 활쏘기를 배웠다.
② 진흥왕 때 국가적인 조직으로 정비되었다.
③ 박사와 조교를 두어 유교 경전을 가르쳤다.
④ 정사암에 모여 국가의 중대사를 결정하였다.
⑤ 귀족들로 구성되어 만장일치제로 운영되었다.

45 다음 밑줄 친 '왕'의 업적으로 옳은 것은?

> 왕이 말하기를, "짐이 정무를 새로이 하게 되어 혹시 잘못된 정치가 있을까 두렵다. 중앙의 5품 이상 관리들은 각자 상서를 올려 정치의 옳고 그름을 논하도록 하라."라고 하였다. 이에 최승로가 왕의 뜻을 받들어 시무 28조를 올렸다.

① 관학의 재정 기반을 마련하고자 양현고를 두었다.
② 빈민을 구제하기 위하여 흑창을 처음 설치하였다.
③ 쌍기의 건의를 받아들여 과거 제도를 실시하였다.
④ 전국의 주요 지역에 12목을 설치하고 지방관을 파견하였다.
⑤ 전민변정도감을 두어 권문세족의 경제 기반을 약화시키고자 하였다.

PART 5

46 다음 중 빈칸 (가) ~ (마)에 들어갈 내용으로 옳은 것은?

〈무신 집권기 주요 기구〉

명칭	성격
중방	(가)
도방	(나)
교정도감	(다)
정방	(라)
서방	(마)

① (가) : 국정 자문을 위한 문신들의 숙위(宿衛) 기구
② (나) : 최우의 집에 설치된 인사 행정 담당 기구
③ (다) : 최씨 무신 정권에서 국정을 총괄한 최고 권력 기구
④ (라) : 치안 유지 및 전투의 임무를 수행한 군사 기구
⑤ (마) : 재신과 추신으로 구성되어 법제와 격식을 논의한 회의 기구

47 다음 중 빈칸 (가)의 침입에 대한 고려의 대응으로 옳은 것은?

> _____(가)_____의 군사들이 곽주로 침입하였다. …… 성이 결국 함락되었다. 적은 군사 6천
> 명을 남겨 지키게 하였다. 양규가 흥화진으로부터 군사 7백여 명을 이끌고 통주까지 와 군사 1천여
> 명을 수습하였다. 밤중에 곽주로 들어가서 지키고 있던 적들을 급습하여 모조리 죽인 후 성 안에
> 있던 남녀 7천여 명을 통주로 옮겼다.

① 별무반을 편성하고 동북 9성을 축조하였다.

② 김윤후의 활약으로 처인성에서 승리하였다.

③ 화포를 이용하여 진포에서 대승을 거두었다.

④ 초조대장경을 만들어 적을 물리치기를 기원하였다.

⑤ 쌍성총관부를 공격하여 철령 이북의 땅을 수복하였다.

48 다음 중 빈칸 (가)에 들어갈 지역에서 있었던 사실로 옳은 것은?

> _____(가)_____의 역사
>
> • 통일신라 : 혈구진 설치
> • 고려 : 대몽 항쟁기 임시 수도
> • 조선 : 정족산 사고(史庫) 설치

① 육영 공원이 설립되었다.

② 최초의 근대적 조약이 체결되었다.

③ 조선 형평사 중앙 총본부가 있었다.

④ 물산 장려 운동이 처음 시작되었다.

⑤ 영국군에 의해 불법으로 점령되었다.

49 다음 중 밑줄 친 '이 역사서'에 대한 설명으로 옳은 것은?

> 이 역사서는 1145년에 김부식 등이 고려 인종의 명을 받아 편찬한 책으로 본기 28권(고구려 10권, 백제 6권, 신라·통일 신라 12권), 지(志) 9권, 표(表) 3권, 열전 10권으로 이루어져 있다.

① 유교 사관에 기초하여 기전체 형식으로 서술하였다.
② 자주적 입장에서 단군의 건국 이야기를 수록하였다.
③ 사초, 시정기 등을 바탕으로 실록청에서 편찬하였다.
④ 불교사를 중심으로 고대의 민간 설화 등을 수록하였다.
⑤ 고구려 건국 시조의 일대기를 서사시 형태로 서술하였다.

50 다음 중 (가) ~ (라) 제도를 시행된 순서대로 바르게 나열한 것은?

> (가) 왕 1년 11월, 처음으로 직관(職官)·산관(散官) 각 품의 전시과를 제정하였다.
> (나) 왕 16년 3월, 중앙과 지방의 여러 관리들에게 매달 주던 녹봉을 없애고 다시 녹읍을 주었다.
> (다) 왕 1년 4월, (대왕대비가) 전지하기를, "직전(職田)의 세는 소재지의 관리로 하여금 감독하여 거두어 주도록 하라." 하였다.
> (라) 왕 3년 5월, 도평의사사에서 왕에게 글을 올려 과전법을 제정할 것을 요청하니 왕이 이 제의를 따랐다.

① (가) – (나) – (다) – (라) 　　② (가) – (나) – (라) – (다)
③ (나) – (가) – (다) – (라) 　　④ (나) – (가) – (라) – (다)
⑤ (다) – (나) – (가) – (라)

51 다음 중 빈칸 (가) 화폐에 대한 설명으로 옳은 것은?

> 조서를 내려 이르기를, "금과 은은 국가의 보물인데, 근래에 간악한 백성들이 구리를 섞어 몰래 주조하고 있다. 지금부터 _____(가)_____ 에 모두 표식을 새겨 이로써 영구한 법식으로 삼도록 하라. 어기는 자는 엄중히 논죄하겠다."라고 하였다. 이것은 은 1근으로 만들어졌는데, 모양은 우리나라의 지형을 본뜨도록 하였다.

① 청과의 교역에 사용되었다.
② 조선 시대에 전국적으로 유통되었다.
③ 우리나라에서 최초로 발행된 화폐였다.
④ 입구가 넓어 활구라고 불리기도 하였다.
⑤ 경복궁 중건의 재원을 마련하고자 발행되었다.

52 다음 중 고려의 토지 제도에 대한 설명으로 옳은 것은?

① 공음전은 5품 이상의 관리에게 지급하였고 세습을 허용하였다.
② 외역전은 관직을 얻지 못한 하급 관리 자제에게 지급하였다.
③ 구분전은 왕실의 경비를 충당하기 위해 지급하였다.
④ 개정 전시과는 관품과 인품을 고려하여 지급하였다.
⑤ 내장전은 중앙과 지방 관청의 경비를 충당하기 위해 지급하였다.

53 다음 사건이 일어난 시기를 바르게 나열한 것은?

> (가) 강조의 정변이 발생했다.
> (나) 별무반을 편성하고 동북 9성을 개척하였다.
> (다) 정중부를 중심으로 한 무신들이 정변을 일으켰다.
> (라) 삼별초 항쟁이 일어났다.

① (가) – (나) – (다) – (라)   ② (가) – (다) – (나) – (라)
③ (나) – (다) – (라) – (가)   ④ (나) – (라) – (가) – (다)
⑤ (라) – (다) – (나) – (가)

54 다음 글에 해당하는 군사 조직에 대한 설명으로 옳은 것은?

> 주상께서 도감을 설치하여 군사를 훈련시키라고 명하시고 나를 도제조로 삼으시므로, 내가 청하기를, "당속미* 1천 석을 군량으로 하되 한 사람 당 하루에 2승씩 준다하여 군인을 모집하면 응하는 자가 사방에 모여들 것입니다."라고 하였다. …… 얼마 안 되어 수천 명을 얻어 조총 쏘는 법과 창칼 쓰는 기술을 가르치고 …… 또 당번을 정하여 궁중을 숙직하게 하고, 국왕의 행차가 있을 때 이들로 호위하게 하니 민심이 점차 안정되었다.
>
> — 『서애집』
>
> *당속미(唐粟米) : 명에서 들여온 좁쌀

① 정조 때 설치된 국왕의 친위 부대였다.
② 정미 7조약에 의해 강제로 해산되었다.
③ 포수, 사수, 살수의 삼수병으로 편제되었다.
④ 이종무의 지휘 아래 대마도 정벌에 참여하였다.
⑤ 양인개병의 원칙에 따라 의무병으로 구성되었다.

55 다음 중 선사시대에 대한 설명으로 옳지 않은 것은?

① 구석기시대에는 뗀석기를 사용하였는데, 처음에는 찍개, 주먹도끼 등과 같이 하나의 도구를 여러 용도로 사용했으나 점차 자르개, 밀개, 찌르개 등 쓰임새가 정해진 도구를 만들어 사용하였다.
② 신석기시대에는 사람들이 돌을 갈아 다양한 모양의 간석기를 만들고 조리나 식량 저장에 사용할 수 있는 토기를 만들었다.
③ 신석기시대부터 도구를 사용하였을 뿐만 아니라 불을 이용하기 시작했고 언어를 구사하였다.
④ 청동기시대에는 일부 지역에서 벼농사가 시작되는 등 농경이 더 발달했으며, 농경의 발달에 따라 토지와 생산물에 대한 사유재산 개념이 발생하면서 빈부의 차가 생기고 계급이 분화되었다.
⑤ 청동 무기의 보급으로 정복 활동이 활발해져 점차 계급 분화가 뚜렷해지고, 막강한 권력과 경제력을 가진 지배자인 군장이 등장하였다.

56 다음 중 밑줄 친 (가), (나) 나라에 대한 설명으로 옳은 것은?

> • __(가)__ 은/는 고구려 개마대산의 동쪽에 있다. 동쪽은 넓은 바다에 맞닿아 있다. …… 북쪽은 읍루·부여와, 남쪽은 예맥과 접하여 있다. …… 사람이 죽으면 가매장을 하는데, 시신만 겨우 묻었다가 피부와 살이 썩어 없어지면 유골을 거두어 곽 안에 안치한다.
> • __(나)__ 은/는 남쪽으로는 진한에 접하였고 …… 동쪽으로는 큰 바다에 닿았으니 오늘날 조선의 동쪽이 모두 그 지역이다. …… 단궁이 그 땅에서 생산되며, 그 바다에서는 반어피가 나고 …… 또한 과하마가 난다.
>
> — 『삼국지』 동이전

① (가) – 10월에 무천이라는 제천 행사를 열었다.
② (가) – 여러 가(加)들이 별도로 사출도를 주관하였다.
③ (나) – 신지, 읍차 등의 지배자가 있었다.
④ (나) – 읍락 간의 경계를 중시하는 책화가 있었다.
⑤ (가), (나) – 제사장인 천군과 신성 지역인 소도가 있었다.

57 다음 중 밑줄 친 '그'에 대한 설명으로 옳은 것은?

> 솜씨가 보통 사람보다 뛰어나므로 태종께서 보호하시었다. 나도 역시 그를 아낀다. … (중략) … 이제 자격루를 만들었는데, 나의 가르침을 받아서 하였지만 그가 아니었으면 만들지 못하였을 것이다. … (중략) … 만대에 이어 전할 기물을 만들었으니 그 공이 작지 아니하므로 호군(護軍)의 관직을 더해주고자 한다.
>
> — 『세종실록』

① 중국으로부터 시헌력을 도입하였다.
② 해시계인 앙부일구 제작에 참여하였다.
③ 폭탄의 일종인 비격진천뢰를 발명하였다.
④ 거중기를 사용해 수원 화성을 축조하였다.
⑤ 전통 의학을 집대성한 동의보감을 편찬하였다.

58 다음과 같은 상황이 발생하게 된 원인으로 가장 적절한 것은?

> 1920년 봉오동 전투 청산리 전투 등에서 독립군에게 참패를 당한 일본은 한국 독립군 토벌 작전을 대대적으로 전개하였다. 이에 따라 한국 독립군은 러시아 영토로 이동하였는데, 이동 중 독립군을 통합·재편성하여 대한 독립군단을 조직하였다. 그 결과 1921년 1월 중순부터 3월 중순에 걸쳐 독립군이 자유시에 집결하였다.

① 일제가 만주 군벌과 미쓰야 협정을 체결하였다.
② 일제가 만주 사변을 일으켜 만주 지역을 점령하였다.
③ 일제가 독립군 색출을 위해 간도 주민을 학살하였다.
④ 사회주의 확산으로 독립군 내부에 노선 대립이 발생하였다.
⑤ 만주 지역 독립군에 대응하기 위해 일본의 국경 수비대가 배치되었다.

59 다음 중 밑줄 친 '국민대표회의'를 전후하여 나타난 사실로 적절하지 않은 것은?

> 대한민국 임시 정부는 1920년대 중엽을 고비로 그 활동에 어려움을 겪게 되었다. 1923년에는 국내외의 독립 운동 상황을 점검하고 새로운 활로를 모색하기 위하여 상하이에서 국민대표회의가 열렸지만, 큰 효과는 없었다.

① 회의를 개최하자 창조파와 개조파로 양분되면서 대립이 격화되었다.
② 국내로부터의 지원이 늘어나면서 각 계파 간의 주도권 갈등이 심화되었다.
③ 이동녕과 김구 등의 노력으로 대한민국 임시 정부의 조직이 유지#정비되었다.
④ 일제의 집요한 감시와 탄압으로 연통제와 교통국의 조직이 철저하게 파괴되었다.
⑤ 사회주의 사상의 유입으로 민족주의 계열과 사회주의 계열 간의 갈등이 증폭되었다.

PART 5

60 다음과 같은 내용의 조약이 맺어진 시기의 상황으로 가장 적절한 것은?

(가) 첫째, 일본은 필리핀에 대한 미국의 지배권을 확인한다.

둘째, 미국은 한국에 대한 일본의 지배권을 확인한다.

셋째, 극동 평화를 위해 미국·영국·일본 세 나라가 실질적으로 동맹 관계를 맺는다.

(나) 제3조, 일본은 한국에 있어서 정치, 군사 및 경제적으로 탁월한 이익을 가지므로 영국은 일본이 그 이익을 옹호 증진시키기 위하여 정당 필요하다고 인정하는 지도, 감리 및 보호의 조치를 한국에 있어서 취할 권리를 승인한다. 단, 이 조치는 항상 열국의 상공업상 기회균등주의에 위배될 수 없다.

(다) 제2조, 러시아 제국 정부는 일본국이 한국에 있어서 정치, 군사, 및 경제적으로 탁월한 이익을 가질 것을 승인하고 일본 제국주의 정부가 한국에 있어서 필요하다고 인정하는 지도, 보호 및 감리의 조치를 취함에 있어 이를 방해하거나 간섭하지 않을 것을 약속한다.

① 일본군의 '남한대토벌'이라는 무자비한 의병 진압 작전이 전개되었다.

② 일제는 한국의 외교권을 박탈하고 통감부를 설치하여 내정을 간섭하였다.

③ 국호를 대한 제국, 연호를 광무라고 발표하여 독립 국가의 체제를 갖추었다.

④ 친일 단체인 일진회는 일제의 사주를 받아 한·일 합방의 여론을 조성하였다.

⑤ 독립협회는 만민공동회를 개최하여 열강들의 이권 침탈에 대한 저항 운동을 전개하였다.

※ 다음 글의 빈칸에 들어갈 단어로 가장 적절한 것을 고르시오. [61~65]

61

A classic stereotype is that men are better at math than women, but there has been little _____ evidence to explain this.

① simultaneous ② suspicious
③ unstable ④ secretive
⑤ solid

62

Many people in southern India have dark skins, but scientists have been _____ to classify them with black Africans because of their Caucasoid facial features and hair forms.

① reluctant ② welcome
③ diffident ④ willing
⑤ sensible

63

The American Academy of Pediatrics suggests that parents _____ their own TV watching, to allow more time to actually talk with their kids.

① prevail ② assimilate
③ bestow ④ decipher
⑤ curb

64

Knute Rockne(1888-1931), a famous football coach at the University of Notre Dame, was probably as well known for his inspiring pep talks as he was for coaching. Likewise, Vince Lombardi, famed as the coach of the New York Giants and the Green Bay Packers, was well known for his _____ ; Lombardi is credited with the now famous: "Winning isn't everything; it's the only thing."

① greed   ② eloquence

③ jealousy   ④ deployment

⑤ oppression

65

When you observe peaceful, relaxed people, you find that when they are feeling good, they are very grateful. They understand that both positive and negative feelings come and go, and that there will come a time when they won't be feeling so good. To happy people, this is okay, it's the way of things. They accept the _____ of passing feelings.

① vengeance   ② indolence

③ inevitability   ④ reluctance

⑤ expulsion

66 다음 밑줄 친 단어의 뜻으로 가장 적절한 것은?

The students in the movement were deceived into thinking they were in the <u>vanguard</u> of a revolution.

① turmoil   ② forefront

③ protection   ④ opposition

⑤ preparation

※ 다음 제시된 단어와 반대되는 의미를 가진 것을 고르시오. [67~70]

67

faithful

① constant
② devoted
③ eager
④ impatient
⑤ disloyal

68

repulse

① deny
② accept
③ enforce
④ ensure
⑤ steal

69

assemble

① collect
② complete
③ conclude
④ scatter
⑤ evaluate

70

lack

① rack
② stack
③ abundance
④ allowance
⑤ provision

71 다음 밑줄 친 단어의 뜻으로 가장 적절한 것은?

> The government concluded that the manufacturers <u>colluded</u> to sell their products to minors.

① collaborated
② proposed
③ pretended
④ intended
⑤ intervened

※ 다음 글의 밑줄 친 부분 중 문맥상 낱말의 쓰임이 적절하지 않은 것을 고르시오. **[72~73]**

72

> It is said that although people laugh in the same way, they don't necessarily laugh at the same things. If this is true of a single community, it is even more true of people who live in different societies, because the topics that people find amusing, and the occasions that are regarded as ① appropriate for joking, can vary enormously from one society to the next. Some styles of humor with silly actions are guaranteed to raise a laugh everywhere. But because of their reliance on shared assumptions, most jokes travel very ② well. This is particularly ③ noticeable in the case of jokes that involve a play on words. They are difficult, and in some cases virtually ④ impossible to translate into other languages. Therefore, this is why people's attempts to tell jokes to ⑤ foreigners are so often met with blank stares.

73

> The traditional American view was that fences were out of place in the American landscape. This notion turned up ① repeatedly in nineteenth-century American writing about the landscape. One author after another severely ② criticized "the Englishman's insultingly inhospitable brick wall topped with broken bottles." Frank J. Scott, an early landscape architect who had a large impact on the look of America's first suburbs, worked tirelessly to ③ rid the landscape of fences. Writing in 1870, he held that to narrow our neighbors' views of the free graces of Nature was ④ unselfish and undemocratic. To drive through virtually any American suburb today, where every lawn steps right up to the street in a gesture of ⑤ openness and welcoming, is to see how completely such views have triumphed.

74

The telephone has become so much a part of our daily life. It is good manners to speak clearly over the telephone. It is not necessary for you to shout. You should be polite to the man with whom you are talking.

① What the telephone does for us

② How to speak over the telephone

③ How the telephone was invented

④ What you talk over the telephone

⑤ Convenience of using the telephone

75

Among the growing number of alternative work styles is flextime. Flextime allows workers to adjust work hours to suit personal needs. The total number of hours in the week remains the same, but the daily schedule varies from standard business hours. Flextime can also mean a change in workdays, such as four 10-hour days and six short days. Workers on flextime schedules include employment agents, claim adjusters, mail clerks, and data entry operators.

① To define flextime

② To describe flexible workers

③ To discuss the alternative work styles

④ To compare different jobs

⑤ To arrange flextime schedules

76

Most successful job interviews follow three basic steps. If you know the steps, you increase your chances of getting the job. Step 1, lasts about three minutes and occurs when you first introduce yourself. In these three minutes, you need to demonstrate that you are friendly and at ease with others. This is the time to shake hands firmly, make eye contact, and smile. During Step 2, you need to explain your skills and abilities. This is your chance to show an employer just how capable you are. Step 3, comes at the end of the interview. Although it lasts only a minute or two, this step is still important. When the employer says, "We'll be in touch." you need to say something like, "I'll check back with you in a few days, if you don't mind." A comment like this indicates your commitment to getting the job.

① How to Show Your Commitment to Getting the Job
② Positive Attitudes during the Job Interview
③ Three Steps in the Successful Job Interview
④ The Importance of Showing Your Ability during the Interview
⑤ How to Make Eye Contact and Smile

77

Although Albert Einstein's Theory of Relativity revolutionized physics, his mathematical models were based on the erroneous assumption that the universe is static – all the components are fixed in time and space. In order to maintain this view, when Einstein's equations predicted a universe in flux, he invented the "cosmological constant" to maintain the supposed constancy of the universe. Within ten years, the astronomer Edwin Hubble discovered that the universe was expanding, causing Einstein to abandon the idea of the cosmological constant. Almost a century later, physicists have discovered that some unknown force is apparently pushing the universe apart, leading some scientists to conclude that Einstein's "cosmological constant" may in fact exist.

① The observations of Hubble severely damaged the Theory of Relativity.
② One of Einstein's most significant discoveries was the cosmological constant.
③ Einstein's Theory of Relativity is fundamentally flawed.
④ The cosmological constant, while erroneously derived, may actually play a part in describing the universe.
⑤ Physicists today still make use of Einstein's cosmological constant to describe the universe.

78 다음 글에서 전체 흐름과 관계없는 문장은?

Music has been called a language, though whether it actually is or not has been the subject of sometimes heated philosophical debate. It depends on the definition that is used. ① If one takes 'language' to mean a medium through which concepts can be symbolized and conveyed, then, for sure, music fails the test. ② Music cannot express the thought that 'The house on the hill has three bedrooms'. ③ However, it can evoke a more or less consistent emotional response in those who compose, perform and listen to it. ④ Because music is a stimulus to our sense of hearing, it is clear that music can, and inevitably does, convey information. ⑤ Hence there is, broadly speaking, common ground in the sense that both language and music are human forms of communication that occur through streams of sound. And in both instances, these streams are 'chunked' in cognition.

79 다음 중 주어진 문장이 들어갈 위치로 가장 적절한 곳은?

The drought that began as a threat to food sources became an electricity problem and, eventually, an even more profound food problem.

In addition to the problems of individual resources, there are increasing links among energy, food, and water. As a result, problems in one area can spread to another, creating a destructive cycle of dependence. (①) For instance, Uganda experienced a prolonged drought in 2004 and 2005, threatening the food supply. (②) The country was using so much water from massive Lake Victoria that the water level fell by a full meter, and Uganda cut back on hydroelectric power generation at the lake. (③) Electricity prices nearly doubled, so Ugandans began to use more wood for fuel. (④) People cut heavily into forests, which degraded the soil. (⑤) Cycles like these can end in political unrest and disasters for whole populations.

80 다음 중 밑줄 친 부분과 뜻이 가장 가까운 것은?

In today's business climate, you've got to be clever enough to come up with ideas that others haven't thought of yet. Take my friend Mr. Kim, an organic apple farmer. Five years ago, his business wasn't making a profit. It was about to <u>go under</u>. Then organic fruit really caught on. Suddenly it seemed that everyone wanted to buy his organic apples! He then ecided to try something new. He set up a mail-order business so his customers could order his apples from home and get them quickly. Sales took off and Mr. Kim made even more money. Now he's thinking about retiring early.

---

① become popular
② break even
③ decrease
④ become bankrupt
⑤ get right down to business

지식에 대한 투자가 가장 이윤이 많이 남는 법이다.

– 벤자민 프랭클린 –

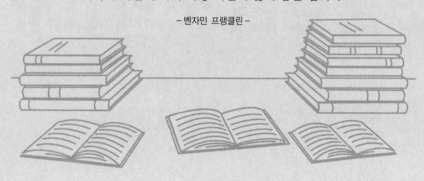

제2회
최종점검 모의고사

■ 취약영역 분석

| 01 | 직업능력

번호	O/×	영역	번호	O/×	영역	번호	O/×	영역
01		의사소통능력	16		자원관리능력	31		문제해결능력
02		수리능력	17		자원관리능력	32		문제해결능력
03		문제해결능력	18		문제해결능력	33		수리능력
04		문제해결능력	19		문제해결능력	34		조직이해능력
05		자원관리능력	20		의사소통능력	35		조직이해능력
06		자원관리능력	21		의사소통능력	36		직업윤리
07		수리능력	22		직업윤리	37		문제해결능력
08		수리능력	23		수리능력	38		수리능력
09		수리능력	24		조직이해능력	39		자원관리능력
10		직업윤리	25		직업윤리	40		자원관리능력
11		조직이해능력	26		자원관리능력			
12		조직이해능력	27		자원관리능력			
13		의사소통능력	28		의사소통능력			
14		수리능력	29		의사소통능력			
15		수리능력	30		문제해결능력			

| 02 | 한국사

번호	41	42	43	44	45	46	47	48	49	50	51	52	53	54	55	56	57	58	59	60
O/×																				

| 03 | 영어

번호	61	62	63	64	65	66	67	68	69	70	71	72	73	74	75	76	77	78	79	80
O/×																				

평가문항	80문항	평가시간	80분
시작시간	:	종료시간	:
취약영역			

🕐 응시시간 : 80분　📋 문항 수 : 80문항　　　　　　　　　　　　　　　정답 및 해설 p.104

01	직업능력

01　다음 글의 내용으로 가장 적절한 것은?

> 조선 후기의 대표적인 관료 선발 제도 개혁론인 유형원의 공거제 구상은 능력주의적, 결과주의적 인재 선발의 약점을 극복하려는 의도와 함께 신분적 세습의 문제점도 의식한 것이었다. 중국에서는 17세기 무렵 관료 선발에서 세습과 같은 봉건적인 요소를 부분적으로 재도입하려는 개혁론이 등장했다. 고염무는 관료제의 상층에는 능력주의적 제도를 유지하되, 지방관인 지현들은 어느 정도의 검증 기간을 거친 이후 그 지위를 평생 유지시켜 주고 세습의 길까지 열어 놓는 방안을 제안했다. 황종희는 지방의 관료가 자체적으로 관리를 초빙해서 시험한 후에 추천하는 '벽소'와 같은 옛 제도를 되살리는 방법으로 과거제를 보완하자고 주장했다.
>
> 이러한 개혁론은 갑작스럽게 등장한 것이 아니었다. 과거제를 시행했던 국가들에서는 수백 년에 걸쳐 과거제를 개선하라는 압력이 있었다. 시험 방식이 가져오는 부작용들은 과거제의 중요한 문제였으며 치열한 경쟁은 학문에 대한 깊이 있는 학습이 아니라 합격만을 목적으로 하는 형식적 학습을 하게 만들었다. 또한 많은 인재들이 수험 생활에 장기간 매달리면서 재능을 낭비하는 현상도 낳게 되었으며 학습 능력 이외의 인성이나 실무 능력을 평가할 수 없기 때문에 서서히 과거제의 부족함이 드러나곤 했다.
>
> 과거제의 부작용에 대한 인식은 과거제를 통해 임용된 관리들의 활동에 대한 비판적 시각으로 연결되었다. 능력주의적 태도는 시험뿐 아니라 관리의 업무에 대한 평가에도 적용되었다. 세습적이지 않으면서 몇 년의 임기마다 다른 지역으로 이동하는 관리들은 승진을 위해서 빨리 성과를 낼 필요가 있었기에, 지역 사회를 위해 장기적인 전망을 가지고 정책을 추진하기보다 가시적이고 단기적인 결과만을 중시하는 부작용을 가져왔다. 개인적 동기가 공공성과 상충되는 현상이 나타났던 것이다. 공동체 의식의 약화 역시 과거제의 부정적 결과로 인식되었다. 과거제 출신의 관리들이 공동체에 대한 소속감이 낮고 출세 지향적이기 때문에 세습 엘리트나 지역에서 천거된 관리에 비해 공동체에 대한 충성심이 약했던 것이다.

① 과거제 출신의 관리들은 공동체에 대한 소속감이 낮고 출세 지향적이었다.

② 과거제를 통해 임용된 관리들은 지역 사회를 위해 장기적인 전망을 가지고 정책을 추진하였다.

③ '벽소'는 과거제를 없애고자 등장한 새로운 제도이다.

④ 과거제는 학습 능력 이외의 인성이나 실무 능력까지 정확하게 평가할 수 있는 제도였다.

⑤ 고염무는 관료제의 상층에는 세습제를 실시하고, 지방관에게는 능력주의적 제도를 실시하자는 방안을 제안했다.

02 A는 이번 달에 350kWh의 전기를 사용하였으며 B는 A가 내야 할 요금의 2배만큼 사용하였다. 이때 B가 이번 달에 사용한 전기량은 몇 kWh인가?

<전기 사용량 구간별 요금>

구분	요금
200kWh 이하	100원/kWh
400kWh 이하	200원/kWh
400kWh 초과	400원/kWh

① 350kWh   ② 400kWh

③ 450kWh   ④ 500kWh

⑤ 550kWh

03 퇴직을 앞둔 회사원 G씨는 1년 뒤 샐러드 도시락 프랜차이즈 가게를 운영하고자 한다. 다음은 G씨가 회사 근처 샐러드 도시락 프랜차이즈 가게에 대해 SWOT 분석을 실시한 결과이다. <보기> 중 분석에 따른 대응 전략으로 적절한 것을 모두 고르면?

<샐러드 도시락 프랜차이즈 가게 SWOT 분석 결과>

강점(Strength)	약점(Weakness)
• 다양한 연령층을 고려한 메뉴 • 월별 새로운 메뉴 제공	• 부족한 할인 혜택 • 홍보 및 마케팅 전략의 부재
기회(Opportunity)	위협(Threat)
• 건강한 식단에 대한 관심 증가 • 회사원들의 간편식 점심 수요 증가	• 경기 침체로 인한 외식 소비 위축 • 주변 음식점과의 경쟁 심화

보기

ㄱ. 다양한 연령층이 이용할 수 있도록 새로운 한식 도시락을 출시한다.
ㄴ. 계절 채소를 이용한 샐러드 런치 메뉴를 출시한다.
ㄷ. 제품의 가격 상승을 유발하는 홍보 방안보다 먼저 품질 향상 방안을 마련해야 한다.
ㄹ. 주변 회사와 제휴하여 이용 고객에 대한 할인 서비스를 제공한다.

① ㄱ, ㄴ   ② ㄱ, ㄷ

③ ㄴ, ㄷ   ④ ㄴ, ㄹ

⑤ ㄷ, ㄹ

04 경력직 채용공고를 통해 서류를 통과한 지원자 은지, 지현, 영희는 임원면접을 진행하고 있다. 회장, 사장, 이사, 인사팀장으로 이루어진 4명의 임원은 지원자에게 각각 '상, 중, 하' 중 하나의 점수를 줄 수 있으며, 2인 이상에게 '상'을 받은 지원자는 최종 합격, 3인 이상에게 '하'를 받은 지원자는 탈락한다고 한다. 다음 〈조건〉에 따라 항상 옳은 것은?

> **조건**
> • 임원들은 3명에게 각각 '상, 중, 하'를 하나씩 주었다.
> • 사장은 은지에게 '상'을 주고, 다른 한 명에게는 회장보다 낮은 점수를, 다른 한 명에게는 회장과 같은 점수를 주었다.
> • 이사는 지원자에게 사장과 같은 점수를 주었다.
> • 인사팀장은 한 명에게 '상'을 주었으며, 영희에게는 사장이 준 점수보다 낮은 점수를 주었다.

① 회장이 은지에게 '하'를 주었다면, 은지는 탈락한다.
② 회장이 영희에게 '상'을 주었다면, 영희가 최종 합격한다.
③ 인사팀장이 지현이에게 '중'을 주었다면, 지현이는 탈락한다.
④ 인사팀장이 지현이에게 '상'을 주었다면, 지현이는 탈락하지 않는다.
⑤ 인사팀장이 은지에게 '상'을 주었다면, 은지가 최종 합격한다.

05 다음은 H기업의 팀별 성과급 지급 기준 및 영업팀의 분기별 평가표이다. 영업팀에게 지급되는 성과급의 1년 총액은?(단, 성과평가등급이 A등급이면 직전 분기 차감액의 50%를 가산하여 지급한다)

〈성과급 지급 기준〉

성과평가 점수	성과평가 등급	분기별 성과급 지급액
9.0 이상	A	100만 원
8.0 ~ 8.9	B	90만 원(10만 원 차감)
7.0 ~ 7.9	C	80만 원(20만 원 차감)
6.9 이하	D	40만 원(60만 원 차감)

〈영업팀 평가표〉

구분	1/4분기	2/4분기	3/4분기	4/4분기
유용성	8	8	10	8
안정성	8	6	8	8
서비스 만족도	6	8	10	8

※ (성과평가 점수)=[(유용성)×0.4]+[(안정성)×0.4]+[(서비스 만족도)×0.2]

① 350만 원
② 360만 원
③ 370만 원
④ 380만 원
⑤ 400만 원

06 H회사는 해외지사와 1시간 동안 화상 회의를 하기로 하였다. 모든 지사의 업무시간은 오전 9시부터 오후 6시까지이며, 점심시간은 낮 12시부터 오후 1시까지이다. 〈조건〉이 다음과 같을 때, 회의가 가능한 시간은 언제인가?(단, 회의가 가능한 시간은 서울 기준이다)

> **조건**
>
> • 헝가리는 서울보다 7시간 느리고, 현지시간으로 오전 10시부터 2시간 동안 외부출장이 있다.
> • 호주는 서울보다 1시간 빠르고, 현지시간으로 오후 2시부터 3시간 동안 회의가 있다.
> • 베이징은 서울보다 1시간 느리다.
> • 헝가리와 호주는 서머타임 +1시간을 적용한다.

① 오전 10 ~ 11시
② 오전 11시 ~ 낮 12시
③ 오후 1 ~ 2시
④ 오후 2 ~ 3시
⑤ 오후 3 ~ 4시

07 다음은 특정 기업 47개를 대상으로 제품전략, 기술개발 종류 및 기업형태별 기업 수를 조사한 자료이다. 조사대상 기업에 대한 설명으로 옳은 것은?

〈제품전략, 기술개발 종류 및 기업형태별 기업 수〉

(단위 : 개)

제품전략	기술개발 종류	기업형태	
		벤처기업	대기업
시장견인	존속성 기술	3	9
	와해성 기술	7	8
기술 추동	존속성 기술	5	7
	와해성 기술	5	3

※ 각 기업은 한 가지 제품전략을 취하고 한 가지 종류의 기술을 개발함

① 와해성 기술을 개발하는 기업 중에는 벤처기업의 비율이 대기업의 비율보다 낮다.
② 기술 추동 전략을 취하는 기업 중에는 존속성 기술을 개발하는 비율이 와해성 기술을 개발하는 비율보다 낮다.
③ 존속성 기술을 개발하는 기업의 비율이 와해성 기술을 개발하는 기업의 비율보다 높다.
④ 벤처기업 중에서 기술 추동 전략을 취하는 비율은 시장견인전략을 취하는 비율보다 높다.
⑤ 대기업 중에서 시장견인전략을 취하는 비율은 기술추동전략을 취하는 비율보다 낮다.

※ 다음은 연령별 어린이집 이용 영유아 현황에 대한 자료이다. 이어지는 질문에 답하시오. **[8~9]**

〈연령별 어린이집 이용 영유아 현황〉

(단위 : 명)

구분		국·공립 어린이집	법인 어린이집	민간 어린이집	가정 어린이집	부모협동 어린이집	직장 어린이집	합계
2020년	0 ~ 2세	36,530	35,502	229,414	193,412	463	6,517	501,838
	3 ~ 4세	56,342	50,497	293,086	13,587	705	7,875	422,092
	5세 이상	30,533	27,895	146,965	3,388	323	2,417	211,521
2021년	0 ~ 2세	42,331	38,648	262,728	222,332	540	7,815	574,394
	3 ~ 4세	59,947	49,969	290,620	12,091	755	8,518	421,900
	5세 이상	27,378	23,721	122,415	2,420	360	2,461	178,755
2022년	0 ~ 2세	47,081	42,445	317,489	269,243	639	9,359	686,256
	3 ~ 4세	61,609	48,543	292,599	10,603	881	9,571	423,806
	5세 이상	28,914	23,066	112,929	1,590	378	2,971	169,848
2023년	0 ~ 2세	49,892	41,685	337,573	298,470	817	10,895	739,332
	3 ~ 4세	64,696	49,527	319,903	8,869	1,046	10,992	455,033
	5세 이상	28,447	21,476	99,847	1,071	423	3,100	154,364

08 다음 중 자료에 대한 내용으로 옳지 않은 것은?

① 2020 ~ 2023년 0 ~ 2세와 3 ~ 4세 국·공립 어린이집 이용 영유아 수는 계속 증가하고 있다.

② 2020 ~ 2023년 부모협동 어린이집과 직장 어린이집을 이용하는 연령별 영유아 수의 증감 추이는 동일하다.

③ 2021 ~ 2023년 전년 대비 가정 어린이집을 이용하는 0 ~ 2세 영유아 수는 2023년에 가장 크게 증가했다.

④ 법인 어린이집을 이용하는 5세 이상 영유아 수는 매년 감소하고 있다.

⑤ 매년 3 ~ 4세 영유아가 가장 많이 이용하는 곳을 순서대로 나열하면 상위 3곳의 순서가 같다.

09 다음 중 2020년과 2023년 전체 어린이집 이용 영유아 수의 차는 몇 명인가?

① 146,829명   ② 169,386명

③ 195,298명   ④ 213,278명

⑤ 237,536명

10 다음 〈보기〉 중 직장 내 인사 예절에 대한 설명으로 적절한 것을 모두 고르면?

> **보기**
>
> ㄱ. 사람에 따라 인사법을 다르게 한다.
> ㄴ. 악수를 할 때는 신뢰감을 주기 위해 꽉 잡는다.
> ㄷ. 윗사람에게 먼저 목례를 한 후 악수를 한다.
> ㄹ. 상대보다 먼저 인사한다.

① ㄱ, ㄴ ② ㄴ, ㄷ
③ ㄷ, ㄹ ④ ㄱ, ㄴ, ㄹ
⑤ ㄴ, ㄷ, ㄹ

11 H은행 직원들은 이번 달 금융상품 홍보 방안을 모색하기 위해 한 자리에 모여서 회의를 하고 있다. 다음 중 회의에 임하는 태도가 적절하지 않은 직원은?

> O계장 : 이번 달 실적을 향상시키기 위한 홍보 방안으로는 뭐가 있을까요? 의견이 있으면 주저하지 말고 뭐든지 말씀해 주세요.
> J사원 : 저는 조금은 파격적인 이벤트 같은 게 있었으면 좋겠어요. 예를 들면 곧 할로윈이니까 지점 내부를 할로윈 분위기로 꾸민 다음에 가면이나 가발 같은 걸 비치해 두고, 고객들이 인증샷을 찍으면 예금이나 환전 추가혜택을 주는 건 어떨까 싶어요.
> D주임 : 그건 좀 실현가능성이 없지 싶은데요. 그보다는 SNS로 이벤트 응모를 받아서 기프티콘 사은품을 쏘는 이벤트가 현실적이겠어요.
> C과장 : 가능성 여부를 떠나서 아이디어는 많을수록 좋으니 반박하지 말고 이야기하세요.
> I사원 : 의견 주시면 제가 전부 받아 적었다가 한꺼번에 정리하도록 할게요.

① O계장 ② J사원
③ D주임 ④ C과장
⑤ I사원

12 다음 대화를 참고하여 알 수 있는 조직 목표의 기능과 특징으로 적절하지 않은 것은?

> 이대리 : 박부장님께서 우리 회사의 목표가 무엇인지 생각해 본 적 있냐고 하셨을 때 당황했어. 평
> 소에 딱히 생각하고 지내지 않았던 것 같아.
> 김대리 : 응, 그러기 쉽지. 개인에게 목표가 있어야 그것을 위해서 무언가를 하는 것처럼 당연히
> 조직에도 목표가 있어야 하는데 조직에 속해 있으면 당연히 알아두어야 한다고 생각해.

① 조직이 존재하는 정당성을 제공한다.
② 의사결정을 할 때뿐만 아니라 하고 나서의 기준으로도 작용한다.
③ 공식적 목표와 실제적 목표는 다를 수 있다.
④ 동시에 여러 개를 추구하는 것보다 하나씩 순차적으로 처리해야 한다.
⑤ 목표 간에는 위계 관계와 상호 관계가 공존한다.

13 다음 글의 주제로 가장 적절한 것은?

> 빅데이터는 스마트 팩토리 등 산업 현장 및 ICT 소프트웨어 설계 등에 주로 활용되어 왔다. 유통이
> 나 물류 업계의 '콘텐츠가 대량으로 이동하는 현장'에서는 데이터가 발생하면, 이를 분석하고 활용
> 하는 쪽으로 주로 사용됐다. 이제는 다양한 영역에서 빅데이터의 적용이 빨라지고 있다. 대표적인
> 사례가 금융권이다. 국내의 은행들은 현재 빅데이터 스타트업 회사를 상대로 대규모 투자에 나서고
> 있다. 뉴스와 포털 등 현존하는 데이터를 확보하여 금융 키워드 분석에 활용하기 위해서다. 의료업
> 계도 마찬가지다. 정부는 바이오헬스 산업의 혁신전략을 통해 연구개발 투자를 2025년까지 4조 원
> 이상으로 확대하겠다고 밝혔으며, 빅데이터와 인공 지능 등을 연계한 다양한 로드맵을 준비하고 있
> 다. 벌써 의료 현장에 빅데이터 전략을 구사하고 있는 병원도 다수이다. 국세청도 빅데이터에 관심
> 이 많다. 빅데이터 플랫폼 인프라 구축을 끝내는 한편, 50명 규모의 빅데이터 센터를 가동하기 시작
> 했다. 조세 행정에서 빅데이터를 통해 탈세를 예방·적발하는 등 다양한 쓰임새를 고민하고 있다.

① 빅데이터의 정의와 장·단점
② 빅데이터의 종류
③ 빅데이터의 중요성
④ 빅데이터의 다양한 활용 방안
⑤ 빅데이터의 한계

※ 다음은 서울특별시의 직종별 구인·구직·취업 현황을 나타낸 자료이다. 이어지는 질문에 답하시오.
[14~15]

〈서울특별시 구인·구직·취업 현황〉

(단위 : 명)

직업 중분류	구인	구직	취업
관리직	993	2,951	614
경영·회계·사무 관련 전문직	6,283	14,350	3,400
금융보험 관련직	637	607	131
교육 및 자연과학·사회과학 연구 관련직	177	1,425	127
법률·경찰·소방·교도 관련직	37	226	59
보건·의료 관련직	688	2,061	497
사회복지 및 종교 관련직	371	1,680	292
문화·예술·디자인·방송 관련직	1,033	3,348	741
운전 및 운송 관련직	793	2,369	634
영업원 및 판매 관련직	2,886	3,083	733
경비 및 청소 관련직	3,574	9,752	1,798
미용·숙박·여행·오락·스포츠 관련직	259	1,283	289
음식서비스 관련직	1,696	2,936	458
건설 관련직	3,659	4,825	656
기계 관련직	742	1,110	345

14 관리직의 구직 대비 구인률과 음식서비스 관련직의 구직 대비 취업률의 차이는 얼마인가?(단, 소수점 첫째 자리에서 반올림한다)

① 6%p
② 9%p
③ 12%p
④ 15%p
⑤ 18%p

15 다음 중 자료에 대한 설명으로 옳지 않은 것은?

① 구직 대비 취업률이 가장 높은 직종은 기계 관련직이다.
② 취업자 수가 구인자 수를 초과한 직종도 있다.
③ 구인자 수가 구직자 수를 초과한 직종은 한 곳이다.
④ 구직자가 가장 많이 몰리는 직종은 경영·회계·사무 관련 전문직이다.
⑤ 영업원 및 판매 관련직의 구직 대비 취업률은 25% 이상이다.

※ H공사에서는 임직원 해외연수를 추진하고 있다. 다음 자료를 보고 이어지는 질문에 답하시오. **[16~17]**

<2024년 임직원 해외연수 공지사항>

- 해외연수 국가 : 네덜란드, 독일
- 해외연수 일정 : 2024년 4월 11일 ~ 2024년 4월 20일(10일간)
- 해외연수 인원 : 나라별 2명씩 총 4명
- 해외연수 인원 선발 방법 : 2023년 하반기 업무평가 항목 평균 점수 상위 4명 선발

<H공사 임직원 2023년 하반기 업무평가>

(단위 : 점)

성명	직급	2023년 하반기 업무평가		
		조직기여	대외협력	기획
유시진	팀장	58	68	83
최은서	팀장	79	98	96
양현종	과장	84	72	86
오선진	대리	55	91	75
이진영	대리	90	84	97
장수원	대리	78	95	85
김태균	주임	97	76	72
류현진	주임	69	78	54
강백호	사원	77	83	66
최재훈	사원	80	94	92

16 다음 중 해외연수 대상자가 될 수 있는 직원으로만 묶인 것은?

① 유시진, 최은서
② 양현종, 오선진
③ 이진영, 장수원
④ 김태균, 류현진
⑤ 강백호, 최재훈

17 H공사는 2024년 임직원 해외연수 인원을 나라별로 1명씩 늘려 총 6명으로 확대하려고 한다. 이때 해외연수 대상자가 될 수 없는 직원은?

① 양현종
② 오선진
③ 이진영
④ 김태균
⑤ 최재훈

※ H아파트의 자전거 보관소에서는 입주민들의 자전거를 편리하게 관리하기 위해 다음과 같은 방법으로 자전거에 일련번호를 부여한다. 이어지는 질문에 답하시오. **[18~19]**

- 일련번호 순서

A	L	1	1	1	0	1	–	1
종류	무게	동	호수				–	등록순서

- 자전거 종류 구분

일반 자전거			전기 자전거
성인용	아동용	산악용	
A	K	T	B

- 자전거 무게 구분

10kg 이하	10kg 초과 20kg 미만	20kg 이상
S	M	L

- 동 구분 : 101동부터 110동까지의 끝자리를 1자리 숫자로 기재(예 101동 – 1)
- 호수 : 4자리 숫자로 기재(예 1101호 – 1101)
- 등록순서 : 동일 세대주당 자전거 등록순서를 1자리로 기재

18 다음 중 자전거의 일련번호가 옳게 표기된 것은?

① MT1109–2
② AM2012–2
③ AB10121–1
④ KS90101–2
⑤ BL82002–01

19 다음 중 일련번호가 'TM41205–2'인 자전거에 대한 설명으로 옳은 것은?

① 전기 모터를 이용해 주행할 수 있다.
② 자전거의 무게는 10kg 이하이다.
③ 204동 1205호에 거주하는 입주민의 자전거이다.
④ 자전거를 2대 이상 등록한 입주민의 자전거이다.
⑤ 해당 자전거의 소유자는 더 이상 자전거를 등록할 수 없다.

사회 현상을 볼 때는 돋보기로 세밀하게, 그리고 때로는 멀리 떨어져서 전체 속에 어떻게 위치하고 있는가를 동시에 봐야 한다. 숲과 나무는 서로 다르지만 따로 떼어 생각할 수 없기 때문이다.

현대 사회 현상의 최대 쟁점인 과학 기술에 대해 평가할 때도 마찬가지이다. 로봇 탄생의 숲을 보면, 그 로봇 개발에 투자한 사람과 로봇을 개발한 사람의 의도가 드러난다. 그리고 나무인 로봇을 세밀히 보면, 그 로봇이 생산에 이용되는지 아니면 감옥의 죄수들을 감시하기 위한 것인지 그 용도를 알 수가 있다. 이 광범위한 기술의 성격을 객관적이고 물질적이어서 가치관이 없다고 쉽게 생각하면 로봇에 당하기 십상이다.

자동화는 자본주의의 실업자를 늘려 실업자에 대해 생계의 위협을 가하는 측면뿐 아니라, 기존 근로자에 대한 감시를 더욱 효율적으로 해내는 역할도 수행한다. 자동화를 적용하는 기업 측에서는 자동화가 인간의 삶을 증대시키는 이미지로 일반 사람들에게 인식되기를 바란다. 그래야 자동화 도입에 대한 노동자의 반발을 무마하고 기업가의 구상을 관철할 수 있기 때문이다. 그러나 자동화나 기계화 도입으로 인해 실업을 두려워하고, 업무 내용이 바뀌는 것을 탐탁해 하지 않았던 유럽의 노동자들은 자동화 도입에 대해 극렬히 반대했던 경험이 있다.

지금도 자동화·기계화는 좋은 것이라는 고정관념을 가진 사람이 많고, 현실에서 이러한 고정관념이 가져오는 파급 효과는 의외로 크다. 예를 들어 은행에 현금을 자동으로 세는 기계가 등장하면 은행원이 현금을 세는 작업량은 줄어든다. 손님들도 기계가 현금을 재빨리 세는 것을 보고 감탄하면서 행원이 세는 것보다 더 많은 신뢰를 보낸다. 그러나 현금 세는 기계의 도입에는 이익 추구라는 의도가 숨어 있다. 현금 세는 기계는 행원의 수고를 덜어 준다. 그러나 현금 세는 기계를 들여옴으로써 실업자가 생기고 만다. 사람이 잘만 이용하면 잘 써먹을 수 있을 것만 같은 기계가 엄청나게 혹독한 성품을 지닌 프랑켄슈타인으로 돌변하는 것이다. 자동화와 정보화를 추진하는 핵심 조직이 기업이란 것에서도 알 수 있듯이 기업은 이윤 추구에 도움이 되지 않는 행위는 무가치하다고 판단한다. 그러므로 자동화는 그 계획 단계에서부터 기업의 의도가 스며들어 탄생한다. 또한, 그 의도대로 자동화나 정보화가 진행되면, 다른 한편으로 의도하지 않은 결과를 초래한다.

자동화와 같은 과학 기술이 풍요를 생산하는 수단이라고 생각하는 것은 하나의 ⊙고정관념에 불과하다. 채플린이 제작한 영화 〈모던 타임즈〉에 나타난 것처럼 초기 산업화 시대에는 기계에 종속된 인간의 모습이 가시적으로 드러날 수밖에 없었다. 그래서 이러한 종속에 저항하고자 하는 인간의 노력도 적극적인 모습을 보였다. 그러나 현대의 자동화기기는 그 선두가 정보 통신기기로 바뀌면서 문제가 질적으로 달라진다. 무인 생산까지 진전된 자동화나 정보통신화는 인간에게 단순 노동을 반복시키는 그런 모습을 보이지 않는다. 그 까닭에 정보 통신은 별 무리 없이 어느 나라에서나 급격하게 개발·보급되고 보편화되어 있다. 그런데 문제는 이 자동화기기가 생산에만 이용되는 것이 아니라, 노동자를 감시하거나 관리하는 데도 이용될 수 있다는 것이다. 궁극적으로 정보 통신의 발달로 인해 이전보다 사람들은 더 많은 감시와 통제를 받게 되었다.

20 다음 중 밑줄 친 ⊙의 사례로 적절하지 않은 것은?

① 부자는 누구나 행복할 것이라고 믿는 경우이다.

② 고가의 물건이 항상 우수하다고 믿는 경우이다.

③ 구구단이 실생활에 도움을 준다고 믿는 경우이다.

④ 절약이 언제나 경제 발전에 도움을 준다고 믿는 경우이다.

⑤ 아파트가 전통가옥보다 삶의 질을 높여 준다고 믿는 경우이다.

21 다음 중 윗글에 대한 비판적 반응으로 가장 적절한 것은?

① 기업의 이윤 추구가 사회 복지 증진과 직결될 수 있음을 간과하고 있어.

② 기계화·정보화가 인간의 삶의 질 개선에 기여하고 있음을 경시하고 있어.

③ 기계화를 비판하는 주장만 되풀이할 뿐, 구체적인 근거를 제시하지 않고 있어.

④ 화제의 부분적 측면에 관계된 이론을 소개하여 편향적 시각을 갖게 하고 있어.

⑤ 현대의 기술 문명이 가져다줄 수 있는 긍정적인 측면을 과장하여 강조하고 있어.

22 F사원은 요즘 고민이 많다. 선배 G대리가 자꾸만 자신에게 개인적인 일을 시키기 때문이다. 어제는 G대리 자녀의 학교 준비물을 사느라 자신의 업무를 끝마치지 못해 야근을 해야 했다. F사원이 G대리의 부탁을 거절하려고 할 때, 거절 방법으로 적절하지 않은 것은?

① 문제의 본질을 파악한 후 거절한다.

② 분명한 이유를 들어 거절한다.

③ 부탁에 대한 대안을 제시하며 거절한다.

④ 바로 거절하기 미안하니 오랜 시간 후에 거절의 의사를 전달한다.

⑤ 상대방이 긍정의 대답을 기대하기 전에 거절의 의사를 전달한다.

23 소비자물가지수란 가계가 일상생활을 영위하기 위해 구입하는 상품 가격과 서비스 요금의 변동을 종합적으로 측정하기 위해 작성하는 지수를 의미한다. K나라에서는 국민들이 오로지 보리와 쌀만을 사고 팔고 서비스는 존재하지 않는다고 가정할 때, 2021 ~ 2023년 보리와 쌀의 가격은 아래의 표와 같다. 매년 K나라 국민은 보리 200g, 쌀 300g을 소비한다고 가정했을 때, 2023년도 물가상승률은?(단, 2021년이 기준 연도이며, 소비자물가지수를 100으로 가정한다)

〈1g당 보리 및 쌀 가격〉

(단위 : 원)

연도	보리	쌀
2021년	120	180
2022년	150	220
2023년	180	270

※ [물가상승률(%)]$=\dfrac{(해당\ 연도\ 소비자물가지수)-(기준\ 연도\ 소비자물가지수)}{(기준\ 연도\ 소비자물가지수)}\times100$

※ 소비자물가는 연간 국민이 소비한 상품 및 서비스의 총가격이다.

① 10%
② 30%
③ 50%
④ 100%
⑤ 150%

24 다음 〈보기〉 중 전통적 리더십과 비교한 서번트 리더십(Servant Leadership)에 대한 설명으로 옳은 것을 모두 고르면?

보기

ㄱ. 서번트 리더십은 일 추진 시 필요한 지원과 코칭을 하며, 노력에 대한 평가를 한다.
ㄴ. 서번트 리더십은 내부경쟁이 치열하고, 리더를 중심으로 일을 수행한다.
ㄷ. 서번트 리더십은 개방적인 가치관과 긍정적 마인드를 가지고 있다.
ㄹ. 서번트 리더십은 생산에서 양적인 척도를 가지고 결과 중심의 사고를 한다.

① ㄱ, ㄴ
② ㄴ, ㄷ
③ ㄷ, ㄹ
④ ㄱ, ㄷ
⑤ ㄴ, ㄹ

25 다음은 H사 사보에 올라온 영국 처칠 수상의 일화이다. 직장생활과 관련하여 다음 일화가 주는 교훈으로 가장 적절한 것은?

> 어느 날 영국의 처칠 수상은 급한 업무 때문에 그의 운전기사에게 차를 빠르게 몰 것을 지시하였다. 그때 교통 경찰관은 속도를 위반한 처칠 수상의 차량을 발견하고 차를 멈춰 세웠다. 처칠 수상은 경찰관에게 말했다. "이봐. 내가 누군지 알아?" 그러자 경찰관이 대답했다. "얼굴은 우리 수상 각하와 비슷하지만, 법을 지키지 않는 것을 보니 수상 각하가 아닌 것 같습니다." 경찰관의 답변에 부끄러움을 느낀 처칠은 결국 벌금을 지불했고, 교통 경찰관의 근무 자세에 감명을 받았다고 한다.

① 무엇보다 고객의 가치를 최우선으로 생각해야 한다.
② 업무에 대해서는 스스로 자진해서 성실하게 임해야 한다.
③ 모든 결과는 나의 선택으로 일어난 것으로 여긴다.
④ 조직의 운영을 위해서는 지켜야 하는 의무가 있다.
⑤ 직장동료와 신뢰를 형성하고 유지해야 한다.

PART 5

26 현재 H마트에서는 배추를 한 포기당 3,000원에 판매하고 있다고 한다. 다음은 배추의 유통 과정을 나타낸 자료이며, 이를 참고하여 최대의 이익을 내고자 할 때, X·Y산지 중 어느 곳을 선택하는 것이 좋으며, 최종적으로 H마트에서 배추 한 포기당 얻을 수 있는 수익은 얼마인가?(단, 소수점 첫째 자리에서 반올림한다)

<산지별 배추 유통 과정>

구분	X산지	Y산지
재배원가	1,000원	1,500원
산지 → 경매인	재배원가에 20%의 이윤을 붙여서 판매한다.	재배원가에 10%의 이윤을 붙여서 판매한다.
경매인 → 도매상인	산지가격에 25%의 이윤을 붙여서 판매한다.	산지가격에 10%의 이윤을 붙여서 판매한다.
도매상인 → 마트	경매가격에 30%의 이윤을 붙여서 판매한다.	경매가격에 10%의 이윤을 붙여서 판매한다.

	산지	이익
①	X	1,003원
②	X	1,050원
③	Y	1,003원
④	Y	1,050원
⑤	Y	1,100원

27 H공사는 구내식당 기자재의 납품업체를 선정하고자 한다. 각 입찰업체에 대한 정보와 선정 조건에 따라 업체를 선정할 때, 다음 중 선정될 업체는?

〈선정 조건〉

• 선정 방식
선정점수가 가장 높은 업체를 선정한다. 선정 점수는 납품품질 점수, 가격경쟁력 점수, 직원 규모 점수에 가중치를 반영해 합산한 값을 의미한다. 선정 점수가 가장 높은 업체가 2개 이상일 경우, 가격경쟁력 점수가 더 높은 업체를 선정한다.

• 납품품질 점수
업체별 납품품질 등급에 따라 다음 표와 같이 점수를 부여한다.

구분	최상	상	중	하	최하
점수	100점	90점	80점	70점	60점

• 가격경쟁력
업체별 납품가격 총액 수준에 따라 다음 표와 같이 점수를 부여한다.

구분	2억 원 미만	2억 원 이상 2억 5천만 원 미만	2억 5천만 원 이상 3억 원 미만	3억 원 이상
점수	100점	90점	80점	70점

• 직원 규모
업체별 직원 규모에 따라 다음 표와 같이 점수를 부여한다.

구분	50명 미만	50명 이상 100명 미만	100명 이상 200명 미만	200명 이상
점수	70점	80점	90점	100점

• 가중치
납품품질 점수, 가격경쟁력 점수, 직원 규모 점수는 다음 표에 따라 각각 가중치를 부여한다.

구분	납품품질 점수	가격경쟁력 점수	직원 규모 점수	합계
가중치	40	30	30	100

〈입찰업체 정보〉

구분	납품품질	납품가격 총액(원)	직원 규모(명)
A업체	상	2억	125
B업체	중	1억 7,000만	141
C업체	하	1억 9,500만	91
D업체	최상	3억 2,000만	98
E업체	상	2억 6천만	210

① A업체
② B업체
③ C업체
④ D업체
⑤ E업체

28 다음 문단을 논리적 순서대로 바르게 나열한 것은?

(가) 킬러 T세포는 혈액이나 림프액을 타고 몸속 곳곳을 순찰하는 일을 담당하는 림프 세포의 일종이다. 킬러 T세포는 감염된 세포를 직접 공격하는데, 세포 하나하나를 점검하여 바이러스에 감염된 세포를 찾아낸다. 이 과정에서 바이러스에 감염된 세포가 킬러 T세포에게 발각이 되면 죽게 된다. 그렇다면 킬러 T세포는 어떤 방법으로 바이러스에 감염된 세포를 파괴할까?

(나) 지금도 우리 몸의 이곳저곳에서는 비정상적인 세포분열이나 바이러스 감염이 계속되고 있다. 하지만 우리 몸에 있는 킬러 T세포가 병든 세포를 찾아내 파괴하는 메커니즘이 정상적으로 작동하고 있는 한 건강한 상태를 유지할 수 있다. 이렇듯 면역 시스템은 우리 몸을 지켜주는 수호신이다. 또한 우리 몸이 유기적으로 잘 짜인 구조임을 보여주는 좋은 예라고 할 수 있다.

(다) 그 다음 킬러 T세포가 활동한다. 킬러 T세포는 자기 표면에 있는 TCR(T세포 수용체)을 통해 세포의 밖으로 나온 MHC와 펩티드 조각이 결합해 이루어진 구조를 인식함으로써 바이러스 감염 여부를 판단한다. 만약 MHC와 결합된 펩티드가 바이러스 단백질의 것이라면 T세포는 활성화되면서 세포를 공격하는 단백질을 감염된 세포 속으로 보낸다. 이렇게 T세포의 공격을 받은 세포는 곧 죽게 되며 그 안의 바이러스 역시 죽음을 맞이하게 된다.

(라) 우리 몸은 자연적 치유의 기능을 가지고 있다. 자연적 치유는 우리 몸에 바이러스(항원)가 침투하더라도 외부의 도움 없이 이겨낼 수 있는 면역 시스템을 가지고 있다는 것을 의미한다. 그런데 이러한 면역 시스템에 관여하는 세포 중에서 매우 중요한 역할을 하는 세포가 있다. 그것은 바로 바이러스에 감염된 세포를 직접 찾아내 제거하는 킬러 T세포(Killer T Cells)이다.

(마) 면역 시스템에서 먼저 활동을 시작하는 것은 세포 표면에 있는 MHC(주요 조직 적합성 유전자 복합체)이다. MHC는 꽃게 집게발 모양의 단백질 분자로 세포 안에 있는 단백질 조각을 세포 표면으로 끌고 나오는 역할을 한다. 본래 세포 속에는 자기 단백질이 대부분이지만, 바이러스에 감염되면 원래 없던 바이러스 단백질이 세포 안에 만들어진다. 이렇게 만들어진 자기 단백질과 바이러스 단백질은 단백질 분해효소에 의해 펩티드 조각으로 분해되어 세포 속을 떠돌아 다니다가 MHC와 결합해 세포 표면으로 배달되는 것이다.

① (가) – (나) – (마) – (라) – (다)
② (나) – (다) – (가) – (라) – (마)
③ (다) – (가) – (마) – (나) – (라)
④ (라) – (가) – (마) – (다) – (나)
⑤ (라) – (나) – (가) – (다) – (마)

29 다음 글의 내용으로 적절하지 않은 것은?

파리기후변화협약은 2020년 만료 예정인 교토의정서를 대체하여 2021년부터의 기후변화 대응을 담은 국제협약으로, 2015년 12월 프랑스 파리에서 열린 제21차 유엔기후변화협약(UNFCCC) 당사국총회(COP21)에서 채택되었다.

파리기후변화협약에서는 산업화 이전 대비 지구의 평균기온 상승을 2℃보다 상당히 낮은 수준으로 유지하고, 1.5℃ 이하로 제한하기 위한 노력을 추구하기로 하였다. 또 국가별 온실가스 감축량은 각국이 제출한 자발적 감축 목표를 인정하되, 5년마다 상향된 목표를 제출하도록 하였다. 차별적인 책임 원칙에 따라 선진국의 감축 목표 유형은 절대량 방식을 유지하며, 개발도상국은 자국 여건을 고려해 절대량 방식과 배출 전망치 대비 방식 중 채택하도록 하였다. 미국은 2030년까지 온실가스 배출량을 2005년 대비 26 ~ 65%까지 감축하겠다고 약속했고, 우리나라도 2030년 배출 전망치 대비 37%를 줄이겠다는 내용의 감축 목표를 제출했다. 이 밖에도 온실가스 배출량을 꾸준히 감소시켜 21세기 후반에는 이산화탄소의 순 배출량을 0으로 만든다는 내용에 합의하고, 선진국들은 2020년부터 개발도상국 등의 기후변화 대처를 돕는 데 매년 최소 1,000억 달러(약 118조 원)를 지원하기로 했다.

파리기후변화협약은 사실상 거의 모든 국가가 이 협약에 서명했을 뿐 아니라 환경 보존에 대한 의무를 전 세계의 국가들이 함께 부담하도록 하였다. 즉, 온실가스 감축 의무가 선진국에만 있었던 교토의정서와 달리 195개의 당사국 모두에게 구속력 있는 보편적인 첫 기후 합의인 것이다.

그런데 2017년 6월, 미국의 트럼프 대통령은 환경 보호를 위한 미국의 부담을 언급하며 파리기후변화협약 탈퇴를 유엔에 공식 통보하였다. 그러나 발효된 협약은 3년간 탈퇴를 금지하고 있어 2019년 11월 3일까지는 탈퇴 통보가 불가능하였다. 이에 따라 미국은 다음날인 11월 4일 유엔에 협약 탈퇴를 통보했으며, 통보일로부터 1년이 지난 뒤인 2020년 11월 4일에 파리기후변화협약에서 공식 탈퇴했다. 서명국 중에서 탈퇴한 국가는 미국이 유일하다.

① 교토의정서는 2020년 12월에 만료된다.
② 파리기후변화협약은 2015년 12월 3일에 발효되었다.
③ 파리기후변화협약에서 우리나라는 개발도상국에 해당한다.
④ 현재 미국을 제외한 194개국이 파리기후변화협약에 합의한 상태이다.
⑤ 파리기후변화협약에 따라 선진국과 개발도상국 모두에게 온실가스 감축 의무가 발생하였다.

30 제시된 자료와 〈조건〉을 바탕으로 철수, 영희, 민수, 철호가 상품을 구입한 쇼핑몰을 순서대로 바르게 나열한 것은?

〈이용약관의 주요 내용〉

쇼핑몰	주문 취소	환불	배송비	포인트 적립
A	주문 후 7일 이내 취소 가능	10% 환불수수료, 송금수수료 차감	무료	구입 금액의 3%
B	주문 후 10일 이내 취소 가능	환불수수료, 송금수수료 차감	20만 원 이상 무료	구입 금액의 5%
C	주문 후 7일 이내 취소 가능	환불수수료, 송금수수료 차감	1회 이용 시 1만 원	없음
D	주문 후 당일에만 취소 가능	환불수수료, 송금수수료 차감	5만 원 이상 무료	없음
E	취소 불가능	고객 귀책 사유에 의한 환불 시에만 10% 환불수수료	1만 원 이상 무료	구입 금액의 10%
F	취소 불가능	원칙적으로 환불 불가능 (사업자 귀책 사유일 때만 환불 가능)	100g당 2,500원	없음

조건

• 철수는 부모님의 선물로 등산 용품을 구입하였는데, 판매자의 업무 착오로 배송이 지연되어 판매자에게 전화로 환불을 요구하였다. 판매자는 판매금액 그대로를 통장에 입금해 주었고 구입 시 발생한 포인트도 유지하여 주었다.
• 영희는 옷을 구매할 때 배송료를 고려하여 한 가지씩 여러 번에 나누어 구매하기보다는 가능한 한 한꺼번에 주문하곤 하였다.
• 인터넷 사이트에서 영화티켓을 20,000원에 주문한 민수는 다음날 같은 티켓을 18,000원에 파는 가게를 발견하고 전날 주문한 물건을 취소하려 했지만 취소가 되지 않아 곤란을 겪은 적이 있다.
• 가방을 10만 원에 구매한 철호는 도착한 물건의 디자인이 마음에 들지 않아 환불 및 송금수수료와 배송료를 감수하는 손해를 보면서도 환불할 수밖에 없었다.

	철수	영희	민수	철호
①	E	B	C	D
②	F	E	D	B
③	E	D	F	C
④	F	C	E	B
⑤	E	C	B	D

31 다음 중 생산 합리화 원칙 (가) ~ (다)가 적용된 사례를 〈보기〉에서 골라 바르게 연결한 것은?

〈생산 합리화 원칙〉

(가) 공정과 제품의 특성에 따라 작업을 분업화한다.
(나) 불필요한 요소를 제거하여 작업 절차를 간소화한다.
(다) 제품의 크기, 형태에 대한 기준을 설정하여 규격화한다.

> **보기**
>
> ㄱ. 휴대전화와 충전 장치의 연결 방식을 같은 형식으로 만들었다.
> ㄴ. 음료수의 생산 과정을 일곱 단계에서 다섯 단계의 과정으로 줄여 작업하였다.
> ㄷ. 한 사람이 하던 자동차 바퀴의 나사 조립과 전기 장치 조립을 각각 두 사람이 하도록 하였다.

	(가)	(나)	(다)
①	ㄱ	ㄴ	ㄷ
②	ㄴ	ㄱ	ㄷ
③	ㄴ	ㄷ	ㄱ
④	ㄷ	ㄴ	ㄱ
⑤	ㄷ	ㄱ	ㄴ

32 오늘 한국씨는 종합병원에 방문하여 A ~ C과 진료를 모두 받아야 한다. 〈조건〉이 다음과 같을 때, 가장 빠르게 진료를 받을 수 있는 경로는?(단, 주어진 조건 외에는 고려하지 않는다)

> **조건**
>
> • 모든 과의 진료와 예약은 오전 9시 시작이다.
> • 모든 과의 점심시간은 오후 12시 30분부터 1시 30분이다.
> • A과와 C과는 본관에 있고 B과는 별관동에 있다. 본관과 별관동 이동에는 셔틀로 약 30분이 소요되며, 점심시간에는 셔틀이 운행하지 않는다.
> • A과는 오전 10시부터 오후 3시까지만 진료를 한다.
> • B과는 점심시간 후에 사람이 몰려 약 1시간의 대기시간이 필요하다.
> • A과 진료는 단순 진료로 30분 정도 소요될 예정이다.
> • B과 진료는 치료가 필요하여 1시간 정도 소요될 예정이다.
> • C과 진료는 정밀 검사가 필요하여 2시간 정도 소요될 예정이다.

① A - B - C
② A - C - B
③ B - C - A
④ C - B - A
⑤ C - A - B

33 다음은 2013년부터 2023년까지 연도별 자동차 등록 추이를 나타낸 자료이다. 이를 나타낸 그래프로 적절하지 않은 것은?

(단위 : 만 대)

연도	2013년	2014년	2015년	2016년	2017년	2018년	2019년	2020년	2021년	2022년	2023년
대수	1,794	1,844	1,887	1,940	2,012	2,099	2,180	2,253	2,320	2,368	2,437

※ 당해 증가율=(당해연도 수-전년도 수)÷전년도 수×100

① 2014 ~ 2018년 증가대수

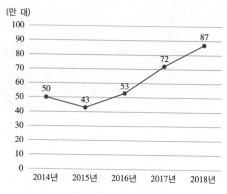

② 2019 ~ 2023년 증가대수

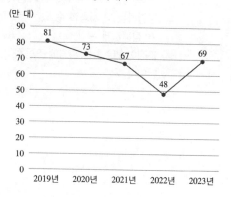

③ 2014 ~ 2018년 증가율

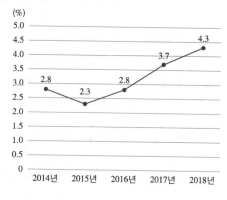

④ 2019 ~ 2023년 증가율

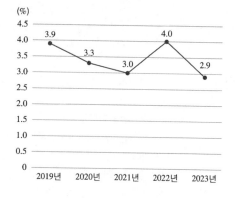

⑤ 2013 ~ 2021년 누적 등록 대수

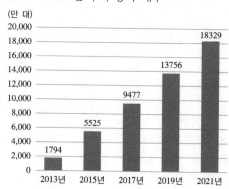

34 다음 〈보기〉 중 경영의 4요소로 적절한 것을 모두 고르면?

> **보기**
> ㄱ. 조직의 목적을 달성하기 위해 경영자가 수립하는 것으로, 더욱 구체적인 방법과 과정이 담겨 있다.
> ㄴ. 조직에서 일하는 구성원으로, 경영은 이들의 직무수행에 기초하여 이루어지기 때문에 이것의 배치 및 활용이 중요하다.
> ㄷ. 생산자가 상품 또는 서비스를 소비자에게 유통하는 데 관련된 모든 체계적 경영 활동이다.
> ㄹ. 특정의 경제적 실체에 관하여 이해관계를 이루는 사람들에게 합리적인 경제적 의사결정을 하는 데 유용한 재무적 정보를 제공하기 위한 일련의 과정 또는 체계이다.
> ㅁ. 경영하는 데 사용할 수 있는 돈으로, 이것이 충분히 확보되는 정도에 따라 경영의 방향과 범위가 정해지게 된다.
> ㅂ. 조직이 변화하는 환경에 적응하기 위하여 경영활동을 체계화하는 것으로, 목표달성을 위한 수단이다.

① ㄱ, ㄴ, ㄷ, ㄹ
② ㄱ, ㄴ, ㄷ, ㅁ
③ ㄱ, ㄴ, ㅁ, ㅂ
④ ㄷ, ㄹ, ㅁ, ㅂ
⑤ ㄴ, ㄷ, ㅁ, ㅂ

35 H기업의 상황을 고려할 때, 다음 중 경영활동과 활동의 사례로 적절하지 않은 것은?

> • H기업은 국내 자동차 제조업체이다.
> • H기업은 최근 인도네시아의 자동차 판매업체와 계약을 하여, 내년부터 인도네시아로 차량을 수출할 계획이다.
> • H기업은 중국의 자동차 부품 제조업체와 협력하고 있는데, 최근 중국 내 전염병 확산으로 현지 업체들의 가동률이 급락하였다.
> • H기업은 최근 내부 설문조사를 실시한 결과, 사내 유연근무제 도입을 희망하는 직원의 비율은 72%, 희망하지 않는 직원의 비율이 20%, 무응답이 8%였다.
> • H기업의 1분기 생산라인 피드백 결과, 엔진 조립 공정에서 진행속도를 20% 개선할 경우 생산성이 12% 증가하는 것으로 나타났다.

	경영활동	사례
①	외부경영활동	인도네시아 시장의 자동차 구매성향 파악
②	내부경영활동	국내 자동차 부품 제조업체와의 협력안 검토
③	내부경영활동	인도네시아 현지 자동차 법규 및 제도 조사
④	내부경영활동	엔진 조립 공정 개선을 위한 공정 기술 연구개발
⑤	내부경영활동	생산라인에 부분적 탄력근무제 도입

36 다음 중 직장에서 책임 있는 생활을 하고 있지 않은 사람은 누구인가?

① A사원 : 몸이 아파도 맡은 임무는 다하려고 한다.
② B대리 : 자신의 업무뿐만 아니라 내가 속한 부서의 일은 나의 일이라고 생각하고 다른 사원들을 적극적으로 돕는다.
③ C대리 : 자신의 상황을 최대한 객관적으로 판단한 뒤 책임질 수 있는 범위의 일을 맡는다.
④ D과장 : 내가 맡은 일이라면 개인적인 일을 포기하고 그 일을 먼저 한다.
⑤ E부장 : 나쁜 상황이 일어났을 때 왜 이런 일이 일어났는지만을 끊임없이 분석한다.

37 H회사에서는 신입사원 2명을 채용하기 위하여 서류와 필기전형을 통과한 갑 ~ 정 네 명의 최종 면접을 실시하려고 한다. 다음 표와 같이 네 개 부서의 팀장이 각각 네 명을 모두 면접하여 채용 우선순위를 결정하였다. 면접 결과에 대한 〈보기〉의 설명으로 옳은 것을 모두 고르면?

〈면접 결과〉

면접관 순위	인사팀장	경영관리팀장	영업팀장	회계팀장
1순위	을	갑	을	병
2순위	정	을	병	정
3순위	갑	정	정	갑
4순위	병	병	갑	을

※ 우선순위가 높은 사람순으로 2명을 채용한다.
※ 동점자는 인사, 경영관리, 영업, 회계팀장 순서로 부여한 고순위자로 결정한다.
※ 각 팀장이 매긴 순위에 대한 가중치는 모두 동일하다.

보기
㉠ '을' 또는 '정' 중 한 명이 입사를 포기하면 '갑'이 채용된다.
㉡ 인사팀장이 '을'과 '정'의 순위를 바꿨다면 '갑'이 채용된다.
㉢ 경영관리팀장이 '갑'과 '병'의 순위를 바꿨다면 '정'은 채용되지 못한다.

① ㉠
② ㉠, ㉡
③ ㉠, ㉢
④ ㉡, ㉢
⑤ ㉠, ㉡, ㉢

38 다음은 K국 여행자들이 자주 방문하는 공항 주변 S편의점의 월별 매출액을 나타낸 표이다. 전체 해외 여행자 수와 K국 여행자 수의 2022년도부터 2023년도의 추세를 아래의 도표와 같이 나타내었을 때, 이에 대한 설명으로 옳지 않은 것은?

〈S편의점 월별 매출액(만 원)〉

2022년(상)	1월	2월	3월	4월	5월	6월
매출액	1,020	1,350	1,230	1,550	1,602	1,450
2022년(하)	7월	8월	9월	10월	11월	12월
매출액	1,520	950	890	750	730	680
2023년(상)	1월	2월	3월	4월	5월	6월
매출액	650	600	550	530	605	670
2023년(하)	7월	8월	9월	10월	11월	12월
매출액	700	680	630	540	550	510

〈전체 해외 여행자 수 및 K국 여행자 수(명)〉

① S편의점의 매출액은 해외 여행자 수에 영향을 받고 있다.
② 2022년 7월을 정점으로 K국 여행자들이 줄어드는 추세이다.
③ 전체 해외 여행자 수에서 K국의 영향력이 매우 높은 편이다.
④ S편의점의 매출액은 2022년 7월부터 2023년 12월까지 평균적으로 매달 30만 원씩 감소하였다.
⑤ 2023년 2 ~ 3월 K국 여행자들이 급감하였다.

39 김대리는 이번 분기의 판매동향에 대한 성과 발표회 기획을 맡아 성과 발표회를 준비하는 과정에서 수행해야 될 업무를 모두 나열한 뒤 업무의 선후관계도를 만들었다. 다음 〈보기〉 중 옳은 것을 모두 고르면?

〈업무의 선후관계도〉

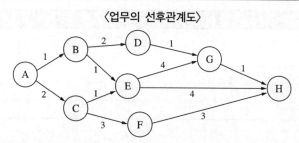

※ 화살표는 단위 업무를 나타냄
※ 화살표 위의 숫자는 그 업무를 수행하는 데 소요되는 일수를 나타냄
※ 화살표 좌우의 알파벳은 각각 단위 업무의 시작과 끝을 나타냄
※ 선행하는 화살표가 나타내는 업무는 후속하는 화살표가 나타내는 업무보다 먼저 수행되어야 함

보기

㉠ 성과 발표 준비에는 최소 5일이 소요된다.
㉡ 단위작업 E ~ H를 3일로 단축하면 전체 준비 기간이 짧아진다.
㉢ 단위작업 A ~ C를 1일로 단축하는 것은 전체 준비 기간에 영향을 준다.
㉣ 단위작업 E ~ G에 소요되는 시간을 3일로 단축하면 전체 준비 기간이 짧아진다.
㉤ 성과 발표 준비에는 적어도 8일이 소요된다.

① ㉠, ㉡   ② ㉠, ㉢
③ ㉢, ㉤   ④ ㉣, ㉤
⑤ ㉡, ㉤

40 H공단에서는 5월 한 달 동안 임직원을 대상으로 금연교육 4회, 부패방지교육 2회, 성희롱방지교육 1회를 진행하려고 한다. 다음 〈조건〉을 근거로 판단할 때, 옳은 것은?

〈5월〉

일	월	화	수	목	금	토
			1	2	3	4
5	6	7	8	9	10	11
12	13	14	15	16	17	18
19	20	21	22	23	24	25
26	27	28	29	30	31	

조건

- 교육은 하루에 하나만 실시할 수 있고, 주말에는 교육을 실시할 수 없다.
- 매주 월요일은 부서회의로 인해 교육을 실시할 수 없다.
- 5월 1일부터 3일까지는 공단의 주요 행사 기간이므로 어떠한 교육도 실시할 수 없다.
- 금연교육은 정해진 같은 요일에 주1회 실시한다.
- 부패방지교육은 20일 이전 수요일 또는 목요일에 시행하며, 이틀 연속 실시할 수 없다.
- 성희롱방지교육은 5월 31일에 실시한다.

① 5월 넷째 주에는 금연교육만 실시된다.
② 금연교육은 금요일에 실시될 수 있다.
③ 부패방지교육은 같은 요일에 실시되어야 한다.
④ 성희롱방지교육은 목요일에 실시된다.
⑤ 금연교육은 5월 첫째 주부터 실시된다.

41　후한의 반고가 편찬한 『한서지리지』에 남아 있는 고조선의 기본법으로, 고조선이 당시 사유재산제의 사회이자 계급사회임을 알 수 있게 한 이것은 무엇인가?

① 3조법

② 5조법

③ 8조법

④ 10조법

⑤ 12조법

42　다음 중 선사시대의 신앙으로 볼 수 없는 것은?

① 바하이즘

② 조상 숭배

③ 샤머니즘

④ 영혼 숭배

⑤ 토테미즘

43　다음 중 통일 신라의 사회의 모습으로 적절하지 않은 것은?

① 귀족들은 금입택이라 불리는 화려한 곳에 살면서 사치품을 선호하였다.

② 진골 귀족은 중요 관직을 독점하고, 화백 회의를 통해 합의를 통한 결정을 하였다.

③ 6두품은 득난이라고도 불렸으며, 국왕을 보좌하는 역할을 하였다.

④ 5소경을 중심으로 정치・문화가 발달하였다.

⑤ 골품의 변화로 3두품에서 1두품은 평민화 되었다.

44 다음 〈보기〉 중 백제 웅진 시대에 있었던 일을 모두 고르면?

> **보기**
> ㉠ 마한을 정복하고, 불교를 공인하였다.
> ㉡ 5부 5방의 제도를 정비하고, 22부의 실무관청을 설치하였다.
> ㉢ 신라와 결혼동맹을 맺고, 탐라(제주도)를 복속하였다.
> ㉣ 지방 22담로에 왕족을 파견하였다.

① ㉠, ㉡

② ㉠, ㉢

③ ㉡, ㉢

④ ㉡, ㉣

⑤ ㉢, ㉣

45 다음 작품에 대한 설명으로 옳지 않은 것은?

> 序文
> 처음 동명왕의 설화를 귀신(鬼)과 환상(幻)으로 여겼으나, 연구를 거듭한 결과 귀신이 아니라 신(神)이라는 것을 깨달았으며, 이것을 시로 쓰고 세상에 펴서 우리나라가 원래 성인지도(聖人之都)임을 널리 알리고자 한다.
>
> – 이규보 문집 제3권 中

① 동국이상국집에 실려 있다.

② 구삼국사에서 소재를 취하였다.

③ 민족적 자긍심이 반영되어 있다.

④ 고려가 고구려를 계승하였음을 강조하였다.

⑤ 고조선에서 고려 말까지의 역사를 서술하였다.

46 다음 사료의 밑줄 친 왕 때의 일로 옳지 않은 것은?

> 왕이 처음에는 정치에 마음을 두어서 이제현·이색 등을 등용하였는데, 그 후에는 승려 편조에게
> 미혹되어 그를 사부로 삼고 국정을 모두 위임하였다. 편조가 권력을 잡은 지 한 달 만에 대대로 공을
> 세운 대신들을 참소하고 헐뜯어 이공수·경천흥·유숙·최영 등을 모두 축출하더니 그 후에 이
> 름을 바꾸어 신돈이라 하고 삼중대광 영도첨의가 되어 더욱 권력을 마음대로 하였다. (…중략…)
> 신돈이 다시 왕을 시해하고자 하다가 일이 발각되었고, 왕이 이에 신돈을 수원부로 유배 보냈다가
> 주살하고, 그의 당여를 모두 죽였으며, 일찍이 쫓아냈던 경천흥 등을 다시 불러들였다.

① 정동행성 이문소를 폐지하였다.
② 쌍성총관부를 되찾았다.
③ 국자감을 성균관으로 개편하였다.
④ 정방을 폐지하였다.
⑤ 원의 연호를 폐지하였다.

47 다음 중 고려 공민왕의 업적으로 옳지 않은 것은?

① 흥왕사의 변이 일어났으나 진압하였다.
② 원 연호를 폐지하고 명의 연호를 사용했으며, 명에 사신을 파견하였다.
③ 경제 부흥을 위해 소금 전매제를 시행하였다.
④ 정동행성 이문소를 폐지하고 쌍성총관부를 되찾았다.
⑤ 신돈을 등용하고 중책을 맡겼다.

48 다음 중 고려 현종의 업적으로 옳지 않은 것은?

① 지방제도를 개편하여 5도 양계를 설치하였다.

② 주현공거법을 시행하여 향리자제의 과거응시제한을 철폐하였다.

③ 주창수렴법을 시행하여 의창을 확대하였다.

④ 고려 최고의 교육기관인 국자감을 설치하였다.

⑤ 우리나라 최초의 대장경인 초조대장경을 조판하였다.

49 다음 중 〈보기〉에 제시된 사건들의 공통점으로 옳은 것은?

> 보기
>
> • 신종 원년(1198) 사노 만적 등 6인이 북산에서 나무하다가 공사 노비들을 불러 모의하였다. "국가에서 정중부의 반란, 김보당의 반란이 있는 이래로 고관이 천민과 노비에서 많이 나왔다. 장수와 재상이 어찌 씨가 따로 있으랴? 때가 오면 누구나 할 수 있다. 우리가 왜 근육과 뼈를 괴롭게 하며 채찍 밑에서 고통을 겪을 것인가?"하니, 여러 노비가 모두 그렇게 여겼다.
> • 공주 명학소 사람 망이 · 망소이 등이 무리를 불러 모아 산행병마사라 일컫고 공주를 공격하여 무너뜨렸다. 정부는 지후 채원부와 낭장 박강수 등을 보내 달래었으나 적은 따르지 않았다.

① 신분 해방 운동의 성격을 가지고 있었다.

② 문벌 귀족에 대한 지방 세력의 저항이었다.

③ 무신에 대한 문신들의 저항적 성격이 강하였다.

④ 가혹한 조세 수취에 대한 농민들의 저항이었다.

⑤ 사찰을 중심으로 한 사회 개혁적 성격을 가지고 있었다.

50 다음 자료에 나타난 상황 이후의 사실로 옳은 것은?

> 왕이 보현원으로 가는 길에 5문 앞에 당도하자 시신(侍臣)들을 불러 술을 돌렸다. … (중략) … 저물녘 어가가 보현원 가까이 왔을 때, 이고와 이의방이 앞서가서 왕명을 핑계로 순검군을 집결시켰다. 왕이 막 문을 들어서고 신하들이 물러나려 하는 찰나에, 이고 등은 왕을 따르던 문관 및 높고 낮은 신하와 환관들을 모조리 살해했다. … (중략) … 정중부 등은 왕을 궁궐로 도로 데리고 왔다.
>
> – 『고려사』

① 만적이 개경에서 반란을 도모하였다.
② 이자겸이 왕이 되기 위해 난을 일으켰다.
③ 윤관이 별무반을 이끌고 여진을 정벌하였다.
④ 의천이 교종 중심의 해동 천태종을 개창하였다.
⑤ 서희가 외교 협상을 통하여 강동 6주를 획득하였다.

51 다음 사료에서 설명하고 있는 기구에 대한 옳은 설명을 〈보기〉에서 모두 고르면?

> 이 기구를 처음 설치할 때에는 국방 문제만 맡겼는데, 지금은 6조를 비롯한 모든 기관의 일들을 자기네들 멋대로 처리하고 있습니다. 본래 6조를 비롯한 관청들은 자기 소임이 있는데 어찌 이 기구에서 함부로 할 수 있겠습니까? 이는 전하의 권한을 침해하는 것과 다를 바 없습니다. 청컨대 이 기구의 권한을 본래대로 축소시키셔야 합니다. 신의 청을 윤허하소서.

보기

ㄱ. 설치 초기에 국방을 담당했던 정식 기구였다.
ㄴ. 임진왜란을 거치면서 구성원이 고위 관원으로 확대되었다.
ㄷ. 세도 정치기에 핵심적인 정치 기구의 역할을 하였다.
ㄹ. 정조 때에는 서얼 출신이 검사관에 임명되기도 했다.

① ㄱ, ㄴ   ② ㄱ, ㄷ
③ ㄴ, ㄷ   ④ ㄴ, ㄹ
⑤ ㄷ, ㄹ

52 다음 설명과 관련이 있는 인물의 사상으로 옳은 것은?

> 조선 후기 학자이며, 신유사옥에 연루되어 유배 생활을 하던 중 목민관이 지켜야 할 지침을 밝히는 책을 저술하였다. 이외에도 『경세유표』, 『흠흠신서』, 『여유당전서』 등을 저술했다.

① 실학   ② 동학

③ 고증학   ④ 성리학

⑤ 양명학

53 다음은 조선 시대 중앙관청인 6조에 대한 설명이다. 기관의 이름과 해당 업무가 바르게 연결된 것은?

① 예조 : 호구와 토지를 조사하여 공납, 부역, 조세를 관리한다. 지방의 수입·지출 및 국가의 재정을 담당한다.

② 호조 : 음악, 제향, 연희, 종묘 등 국가의 제사를 관장하며 경연과 과거를 주관하는 교육기관이기도 하다.

③ 형조 : 무관에 대한 인사권을 갖고 있으며, 무기의 생산·관리, 군사 훈련, 도성의 경비와 같은 국방 업무를 총괄한다.

④ 병조 : 국가의 사법기관으로서 죄인에 대한 재판과 벌을 결정하고, 죄수와 노비를 관리한다.

⑤ 공조 : 궁·성·관공서의 토목공사, 공예품과 도량형의 제작, 산림과 소택 관리와 같은 업무를 담당한다.

54 다음에서 설명하는 기관에 대한 설명으로 옳은 것은?

> 학술·언론 기관으로서 왕의 자문에 응하고 경연을 담당하였으며, 대제학, 부제학 등의 관직을 두었다. 옥당, 옥서라는 별칭이 있다.

① 향음주례와 향사례를 주관하였다.
② 수도 한양의 행정과 치안을 맡았다.
③ 사헌부, 사간원과 함께 삼사라 불렸다.
④ 조세, 부역 등 재정과 관련된 일을 하였다.
⑤ 반역죄, 강상죄 등을 범한 중죄인을 다루었다.

55 다음 빈칸에 들어갈 정부 기관에 대한 설명으로 옳지 않은 것은?

> 대사성 김익희가 상소하였다. "…(중략)… 그런데, 오늘에 와서는 큰일이건 작은 일이건 중요한 것으로 취급되지 않는 것이 없는데, 정부는 한갓 헛이름만 지니고 육조는 모두 그 직임을 상실하였습니다. 명칭은 '변방의 방비를 담당하는 것'이라고 하면서 과거에 대한 판하나 비빈을 간택하는 등의 일까지도 모두 여기를 경유하여 나옵니다.
> 명분이 바르지 못하고 말이 순하지 않음이 이보다 심할 수가 없습니다. 신의 어리석은 소견으로는 _____을/를 혁파하여 정당으로 개칭하는 것이 상책이라 생각합니다."

① 명종 때 을묘왜변을 계기로 처음 설치되었다.
② 19세기에는 세도 정치의 중심 기구가 되었다.
③ 의정부와 6조의 기능을 약화시켰다.
④ 흥선대원군에 의해 사실상 폐지되었다.
⑤ 조선 후기 문·무고관의 최고 합의기구이다.

56 다음과 같은 내용이 발표된 배경으로 가장 적절한 것은?

> 옛날에는 군대를 가지고 나라를 멸망시켰으나 지금은 빚으로 나라를 멸망시킨다. 옛날에 나라를 멸망케 하면 그 명호를 지우고 그 종사와 정부를 폐지하고, 나아가 그 인민으로 하여금 새로운 변화를 받아들여 복종케 할 따름이다. 지금 나라를 멸망케 하면 그 종교를 없애고 그 종족을 끊어버린다. 옛날에 나라를 잃은 백성들은 나라가 없을 뿐이었으나, 지금 나라를 잃은 백성은 아울러 그 집안도 잃게 된다. … 국채는 나라를 멸망케 하는 원본이며, 그 결과 망국에 이르게 되어 모든 사람이 화를 입지 않을 수 없게 된다.

① 일제는 황무지 개간권을 요구하여 막대한 면적의 황무지를 차지하였다.
② 우리나라 최초의 은행인 조선은행이 설립되면서 자금 조달이 어려워졌다.
③ 외국 상인의 활동 범위가 넓어지면서 서울을 비롯한 전국의 상권을 차지하였다.
④ 정부의 상공업 진흥 정책으로 회사 설립이 늘어나면서 차관 도입이 확대되었다.
⑤ 일제는 화폐 정리와 시설 개선 등의 명목으로 거액의 차관을 대한제국에 제공하였다.

57 다음 사건의 결과로 옳은 것은?

> 1875년 8월 서해안에 출몰한 일본 군함 운요호의 선원 일부가 작은 배로 허가 없이 한강 하구를 거슬러 올라왔다. 이에 우리 군이 포를 쏘아 저지하자, 운요호가 함포를 발사하여 초지진을 파괴하였다. 다음 날 일본군은 영종진에 상륙하여 많은 피해를 입혔다.

① 5군영이 설치되었다.
② 통신사가 파견되었다.
③ 척화비가 건립되었다.
④ 병인양요가 일어났다.
⑤ 강화도 조약이 체결되었다.

58 다음 내용과 관련이 있는 신문은?

> • 베델, 양기탁이 창간하였다.
> • 국채 보상 운동을 주도하였다.

① 제국 신문 ② 한성 순보
③ 독립 신문 ④ 황성 신문
⑤ 대한 매일 신보

59 다음 〈보기〉의 사건을 시대순으로 나열했을 때, 4번째로 발생한 사건은?

> 보기
> (가) 야간 통행금지 해제 (나) 남북정상회담
> (다) 독일에 광부, 간호사 파견 (라) 4·19 혁명
> (마) 금 모으기 운동

① (가) ② (나)
③ (다) ④ (라)
⑤ (마)

60 다음 중 밑줄 친 (가)에 해당하는 것으로 옳은 것은?

> 안창호 선생은 1908년에 평양에 대성 학교를 세우고 1913년 (가)을/를 결성하였다. 1919년 대한민국 임시 정부 내무총장 겸 국무총리 대리 등을 역임하면서 독립을 위해 힘썼다. 1932년 일본 경찰에 체포되어 옥고를 치르다 병을 얻어 1938년에 순국하였다.

① 의열단 ② 대한 광복회
③ 신민회 ④ 한인 애국단
⑤ 흥사단

※ 다음 글을 읽고 이어지는 질문에 답하시오. [61~63]

A few years ago I met a man named Phil at a parent-teachers' organization meeting at my daughter's school. As soon as I met him, I remembered something that my wife had told me about Phil : "He's a real pain at meetings." I quickly saw what she meant. When the principal was explaining a new reading program, Phil interrupted and asked how his son would benefit from it. Later in the meeting, Phil argued with another parent, unwilling to consider her point of view.

When I got home, I said to my wife, "You were right about Phil. He's rude and arrogant." My wife looked at me quizzically. "Phil isn't the one I was telling you about," she said. "That was Bill. Phil is actually a very nice guy." Sheepishly, I thought back to the meeting and realized that Phil had probably not interrupted or argued with people any more than others had. Further, I realized that even Phil's interruption of the principal was not so clear cut. My interpretation was just that an unconscious interpretation of a behavior that was open to many interpretations.

It is well known that first impressions are powerful, even when they are based on _____. What may not be so obvious is the extent to which the adaptive unconscious is doing the interpreting. When I saw Phil interrupt the principal I felt as though I was observing an objectively rude act. I had no idea that Phil's behavior was being interpreted by my adaptive unconscious and then presented to me as reality. Thus, even though I was aware of my expectations, I had no idea how much this expectation colored my interpretation of his behavior.

61 다음 중 윗글의 빈칸에 들어갈 말로 가장 적절한 것은?

① personal preference

② selfish motivation

③ exaggerated phrase

④ faulty information

⑤ cultural prejudice

62 다음 중 윗글의 내용으로 적절하지 않은 것은?

① 필자는 자녀의 학교에서 열린 모임에 참석했다.

② 교장은 새로운 독서 프로그램에 대해 설명했다.

③ Phil은 교장의 발표 도중에 질문을 했다.

④ 필자의 아내는 Phil에 대해 부정적으로 이야기했다.

⑤ 필자는 Phil의 행동에 대한 판단을 정정했다.

63 다음 중 윗글의 주제로 가장 적절한 것은?

① 모든 이에게 객관적으로 무례한 행동은 하지 않는 것이 좋다.

② 타인의 행동을 해석하여 자신의 현실로 받아들여야 한다.

③ 옳지 않은 정보에 근거하더라도, 그 첫인상의 힘은 강하다.

④ 자기 자신의 예상을 인지하고 직시하여야 한다.

⑤ 다른 사람의 관점을 고려하며 논쟁에 참여해야 한다.

PART 5

64 다음 글의 요지로 가장 적절한 것은?

Children grow up and leave home. They go from helpless babies to mature adults while our back is turned. The secret is to try and keep pace with them. We have to resist the urge to do everything for them, and let them fry eggs or paint trash cans for themselves. By the time they reach adolescence, we may expect them to be able to keep their room tidy for the first time. But they have never done it before. They have to learn how to do it, and part of that learning process is not doing it, doing it badly, and doing it differently from how we would do it. Growing is a messy business. Our job is to help them, that is, to hand them responsibility slowly, bit by bit.

① Assist kids in doing their homework.

② Give kids the chance to learn responsibility.

③ Set strict rules for the benefit of your kids.

④ Teach kids to help their neighbors in need.

⑤ Allow kids to experience messy things first.

※ 다음 제시된 단어와 같거나 유사한 의미를 가진 것을 고르시오. [65~67]

65

expand

① contract　　　　　② reduce

③ endure　　　　　④ extend

⑤ induce

66

similar

① easy　　　　　② different

③ several　　　　　④ alike

⑤ separate

67

huge

① enormous　　　　　② maximum

③ mild　　　　　④ warm

⑤ tough

68 다음 중 (A), (B)에 들어갈 단어로 가장 적절한 것은?

In most people, emotions are situational. Something in the here and now makes you mad. The emotion itself is ___(A)___ to the situation in which it originates. As long as you remain in that emotional situation, you're likely to stay angry. If you leave the situation, the opposite is true. The emotion begins to ___(B)___ as soon as you move away from the situation. Moving away from the situation prevents it from taking hold of you. Counselors often advise clients to get some emotional distance from whatever is bothering them. One easy way to do that is to geographically separate yourself from the source of your anger.

	(A)	(B)
①	tied	disappear
②	tied	appear
③	included	appear
④	unrelated	disappear
⑤	unrelated	appear

69 다음 빈칸에 들어갈 단어로 가장 적절한 것은?

In the past, animal source proteins were considered superior because they were the highest in protein. Today many experts believe they actually have too much protein for good health, because it is stored in the body as toxins or fat. Animal source protein was thought to be complete protein, supplying necessary amino acids. Now we know it also includes unhealthy inorganic acids. Animal protein was seen to supply more iron and zinc, but is now seen as also supplying cholesterol, fat and calories. An important study by Baylor College of Medicine in Houston showed men on diets high in soy protein experienced a drop in cholesterol, compared to men on diets high in animal protein. The study concluded that men should _____ up to 50% of their meat protein intake with vegetable protein.

① replace ② multiply
③ surpass ④ improve
⑤ simplify

70

> In America, it is important for boys and girls to be independent. Parents tell their children to try to do things without other people's help. In Korea, people are good at working together with others, and parents tell their children to do their best in a group or a family.

① The different views of teaching children

② Doing one's best for one's parents

③ How to be good parents

④ The parents of yesterday and today

⑤ Boys and girls of America and Korea

71

> One of the most important aspects of human communication is that past experiences will affect your behavior. Even when you start to discuss some event with your friends, you may soon discover there are differences in your perceptions. What you think boring your friends may find exciting; what you consider pointless they may find meaningful. The messages you receive may be the same for each of you. Yet, each person experiences a variety of feelings and sensations, because each has a unique personality and background. Each of you brings different backgrounds to the event and, as a result, each attributes different meanings to the shared experience.

① 진정한 의사소통은 솔직한 표현을 통해 이루어진다.

② 친구 간의 견해 차이는 대화를 통해 해결할 수 있다.

③ 상호 개성 존중을 통해 원활한 의사소통이 이루어진다.

④ 과거의 경험에 따라 동일한 상황을 다르게 인식한다.

⑤ 경험을 공유하는 것은 친구가 되는 좋은 방법이다.

When I first began teaching, I was invited to a workshop for new professors. Like most people who teach at universities, I had spent a long time learning what to teach, but none learning how to teach it. Somehow, my university seemed to hope, a weekend spent with experienced professors would make up for that. My colleagues presented well-crafted lectures about the tools they used in the classroom. I enjoyed their presentations, but do not remember a thing they said.

When we were called to the next talk, he put down his cup and I noticed there was not a trace of coffee in it. I thought that was rather odd, and said so. "My doctor told me to stop drinking coffee," he explained. "So I have always used an empty cup. Doesn't make any difference." I decided to try his idea in my class, but not with an empty cup.

I took a cup of coffee with me to my next class Monday morning. It helped. My pauses, as I drank the coffee, not only gave my students time to think about what I had said, but gave me time to think about what I was going to say next. I began to use my pauses to look around the room to see how my students were reacting to what I had just said. When I saw their attention wander, I tried to bring them back. When I saw them puzzled over some concept that I thought I had explained, I gave another example. My lectures became less organized and less brilliant, but my students seemed to understand me better.

One thing that I do remember happened at a coffee break. Finding myself alone, I turned to a mathematics professor standing nearby. I asked him what his favorite teaching tool was. "A cup of coffee." he said. I asked him how he used it. "Well," he said, "I talk too much and too fast in the classroom. Students sometimes have trouble following me. So every once in a while, when I've said something I want my students to think about, I stop and take a sip of coffee. It lets what I've just said sink in."

72 다음 중 윗글에서 밑줄 친 'A cup of coffee'의 역할로 가장 적절한 것은?

① 강의 및 학습을 돕는 도구
② 수업 중 졸음을 방지하는 수단
③ 학생들 간의 친목을 도모하는 수단
④ 학습 과제를 제시하는 수단
⑤ 관찰력을 향상시키는 도구

73 다음 중 윗글의 내용으로 적절하지 않은 것은?

① 필자는 신임 교수를 위한 워크숍에 참석했다.
② 수학 교수는 의사의 권유에 따라 커피를 마시지 않았다.
③ 필자는 월요일 아침 수업 시간에 커피를 마셨다.
④ 필자는 휴식 시간에 수학 교수와 이야기하였다.
⑤ 수학 교수는 수업 시간에 자신의 말이 너무 느리다고 생각한다.

74 다음 글의 빈칸에 들어갈 단어로 가장 적절한 것은?

> In the 1970s and 1980s, greater numbers of working women meant that men were no longer the sole breadwinner. A father's emotional involvement with his family also became more _____. Forty years ago, almost no husbands were present in the delivery room when their wives gave birth. Today, it is generally expected for male partners to attend childbirth classes, be there for the delivery, and to take more responsibility for child rearing than their fathers or grandfathers did.

① conventional
② important
③ monetary
④ changeable
⑤ limited

75 다음 밑줄 친 단어의 뜻으로 가장 적절한 것은?

> His penchant for the finer things in life led to the demise of his family fortune.

① obsession
② aptitude
③ reproach
④ inclination
⑤ extravagance

76 다음 글의 밑줄 친 부분 중 어법상 틀린 것은?

> Within any discipline the growth of the subject strictly parallels the economic marketplace. Scholars cooperate with one another because they find it mutually beneficial. They accept from one another's work ① that they find useful. They exchange their findings — by verbal communication, by circulating unpublished papers, by publishing in journals and books. Cooperation is worldwide, just as in the economic market. The esteem or approval of fellow scholars serves very much the same function that monetary reward ② does in the economic market. The desire to earn that esteem, to have their work ③ accepted by their peers, leads scholars to direct their activities in scientifically efficient directions. The whole becomes greater than the sum of ④ its parts, as one scholar builds on another's work. His work in turn becomes the basis for ⑤ further development.

77 다음 (A), (B), (C)에 들어갈 어법상 적절한 단어로 바르게 짝지어진 것은?

Can we use sound as a weapon? Imagine that a police officer cannot catch a suspect because he is a fast runner. The officer does not want to shoot him with her gun, but she cannot let him get away. Now she can use a gun that has no bullets but produces a sound which can numb the suspect (A) | for / at | a few seconds. This special device produces a sound (B) | by / with | a maximum of 151 decibels. The sound is painful enough to deafen a person temporarily. Unlike regular sound waves that travel (C) | on / it | all directions, those from this device can be aimed like a laser beam. The painful sound can be made to reach the targeted person. The sound can be sent as far as 500 meters, making the device a powerful weapon.

	(A)	(B)	(C)
①	for	with	in
②	for	with	on
③	for	by	in
④	on	by	on
⑤	on	with	in

78 다음 글의 밑줄 친 부분 중, 문맥상 단어의 쓰임이 적절하지 않은 것은?

As you climb higher and higher, the amount of oxygen in the atmosphere decreases. When people from lower areas visit areas of high *altitude, they may suffer from altitude sickness; the ① lack of oxygen makes them feel tired, dizzy, and sick. People living in high altitudes are able to breathe ② normally because their bodies have become used to the shortage of oxygen. This also means that athletes from those areas can achieve ③ outstanding performances at lower altitudes. When mountaineers attempt to climb high peaks, they ④ get altitude sickness by climbing to one level and then resting for a few days. this gives their bodies time to ⑤ adapt to the lack of oxygen before climbing even higher.

*altitude 고도, 높이

79

Medieval people did not distinguish between entertainment (which people expect to pay for) and general merriment, of the sort that anyone could take part in at festive times. They regarded both as 'play,' as opposed to work, and they called entertainers 'players.' The Church taught that idleness was a sin, that players were idle and that it was idleness to watch them. But the closing of theaters in Roman times had not taken away people's appetite for comedy, tricks and tunes. The most lasting effect had been to _____, so that they had to wander in search of audience.

① let the players take part in the festivals

② employ entertainers for festivals

③ teach people not to be idle

④ supply players with new ethics

⑤ deprive players of a workplace

80

According to dental researchers, a vaccine that could significantly reduce the number of microorganisms thought to cause cavities will soon be ready for human trials. Consequently, _____.

① cavity prevention programs may soon be eliminated

② immunization of test animals will no longer be necessary

③ children will be able to consume more sugary foods and drinks

④ long-term protection against tooth decay could soon be available on the market

⑤ microorganisms related to tooth cavities will not respond to the vaccine

PART 6

채용 가이드

1. 블라인드 채용이란?

채용 과정에서 편견이 개입되어 불합리한 차별을 야기할 수 있는 출신지, 가족관계, 학력, 외모 등의 편견요인은 제외하고, 직무능력만을 평가하여 인재를 채용하는 방식입니다.

2. 블라인드 채용의 필요성

- 채용의 공정성에 대한 사회적 요구
  - 누구에게나 직무능력만으로 경쟁할 수 있는 균등한 고용기회를 제공해야 하나, 아직도 채용의 공정성에 대한 불신이 존재
  - 채용상 차별금지에 대한 법적 요건이 권고적 성격에서 처벌을 동반한 의무적 성격으로 강화되는 추세
  - 시민의식과 지원자의 권리의식 성숙으로 차별에 대한 법적 대응 가능성 증가
- 우수인재 채용을 통한 기업의 경쟁력 강화 필요
  - 직무능력과 무관한 학벌, 외모 위주의 선발로 우수인재 선발기회 상실 및 기업경쟁력 약화
  - 채용 과정에서 차별 없이 직무능력중심으로 선발한 우수인재 확보 필요
- 공정한 채용을 통한 사회적 비용 감소 필요
  - 편견에 의한 차별적 채용은 우수인재 선발을 저해하고 외모·학벌 지상주의 등의 심화로 불필요한 사회적 비용 증가
  - 채용에서의 공정성을 높여 사회의 신뢰수준 제고

3. 블라인드 채용의 특징

편견요인을 요구하지 않는 대신 직무능력을 평가합니다.

※ 직무능력중심 채용이란?
기업의 역량기반 채용, NCS기반 능력중심 채용과 같이 직무수행에 필요한 능력과 역량을 평가하여 선발하는 채용방식을 통칭합니다.

4. 블라인드 채용의 평가요소

직무수행에 필요한 지식, 기술, 태도 등을 과학적인 선발기법을 통해 평가합니다.

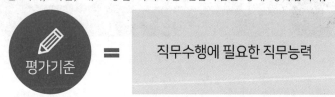

평가기준 = 직무수행에 필요한 직무능력

※ 과학적 선발기법이란?
직무분석을 통해 도출된 평가요소를 서류, 필기, 면접 등을 통해 체계적으로 평가하는 방법으로 입사지원서, 자기소개서, 직무수행능력평가, 구조화 면접 등이 해당됩니다.

5. 블라인드 채용 주요 도입 내용

- 입사지원서에 인적사항 요구 금지
  - 인적사항에는 출신지역, 가족관계, 결혼여부, 재산, 취미 및 특기, 종교, 생년월일(연령), 성별, 신장 및 체중, 사진, 전공, 학교명, 학점, 외국어 점수, 추천인 등이 해당
  - 채용 직무를 수행하는 데 있어 반드시 필요하다고 인정될 경우는 제외
    예 특수경비직 채용 시 : 시력, 건강한 신체 요구
    　　연구직 채용 시 : 논문, 학위 요구 등
- 블라인드 면접 실시
  - 면접관에게 응시자의 출신지역, 가족관계, 학교명 등 인적사항 정보 제공 금지
  - 면접관은 응시자의 인적사항에 대한 질문 금지

6. 블라인드 채용 도입의 효과성

- 구성원의 다양성과 창의성이 높아져 기업 경쟁력 강화
  - 편견을 없애고 직무능력 중심으로 선발하므로 다양한 직원 구성 가능
  - 다양한 생각과 의견을 통하여 기업의 창의성이 높아져 기업경쟁력 강화
- 직무에 적합한 인재선발을 통한 이직률 감소 및 만족도 제고
  - 사전에 지원자들에게 구체적이고 상세한 직무요건을 제시함으로써 허수 지원이 낮아지고, 직무에 적합한 지원자 모집 가능
  - 직무에 적합한 인재가 선발되어 직무이해도가 높아져 업무효율 증대 및 만족도 제고
- 채용의 공정성과 기업이미지 제고
  - 블라인드 채용은 사회적 편견을 줄인 선발 방법으로 기업에 대한 사회적 인식 제고
  - 채용과정에서 불합리한 차별을 받지 않고 실력에 의해 공정하게 평가를 받을 것이라는 믿음을 제공하고, 지원자들은 평등한 기회와 공정한 선발과정 경험

PART 6

01 채용공고문

1. 채용공고문의 변화

기존 채용공고문	변화된 채용공고문
• 취업준비생에게 불충분하고 불친절한 측면 존재 • 모집분야에 대한 명확한 직무관련 정보 및 평가기준 부재 • 해당분야에 지원하기 위한 취업준비생의 무분별한 스펙 쌓기 현상 발생	• NCS 직무분석에 기반한 채용공고를 토대로 채용전형 진행 • 지원자가 입사 후 수행하게 될 업무에 대한 자세한 정보 공지 • 직무수행내용, 직무수행 시 필요한 능력, 관련된 자격, 직업기초능력 제시 • 지원자가 해당 직무에 필요한 스펙만을 준비할 수 있도록 안내
• 모집부문 및 응시자격 • 지원서 접수 • 전형절차 • 채용조건 및 처우 • 기타사항	• 채용절차 • 채용유형별 선발분야 및 예정인원 • 전형방법 • 선발분야별 직무기술서 • 우대사항

2. 지원 유의사항 및 지원요건 확인

채용 직무에 따른 세부사항을 공고문에 명시하여 지원자에게 적격한 지원 기회를 부여함과 동시에 채용과정에서의 공정성과 신뢰성을 확보합니다.

구성	내용	확인사항
모집분야 및 규모	고용형태(인턴 계약직 등), 모집분야, 인원, 근무지역 등	채용직무가 여러 개일 경우 본인이 해당되는 직무의 채용규모 확인
응시자격	기본 자격사항, 지원조건	지원을 위한 최소자격요건을 확인하여 불필요한 지원을 예방
우대조건	법정·특별·자격증 가점	본인의 가점 여부를 검토하여 가점 획득을 위한 사항을 사실대로 기재
근무조건 및 보수	고용형태 및 고용기간, 보수, 근무지	본인이 생각하는 기대수준에 부합하는지 확인하여 불필요한 지원을 예방
시험방법	서류·필기·면접전형 등의 활용방안	전형방법 및 세부 평가기법 등을 확인하여 지원전략 준비
전형일정	접수기간, 각 전형 단계별 심사 및 합격자 발표일 등	본인의 지원 스케줄을 검토하여 차질이 없도록 준비
제출서류	입사지원서(경력·경험기술서 등), 각종 증명서 및 자격증 사본 등	지원요건 부합 여부 및 자격 증빙서류 사전에 준비
유의사항	임용취소 등의 규정	임용취소 관련 법적 또는 기관 내부 규정을 검토하여 해당여부 확인

직무기술서란 직무수행의 내용과 필요한 능력, 관련 자격, 직업기초능력 등을 상세히 기재한 것으로 입사 후 수행하게 될 업무에 대한 정보가 수록되어 있는 자료입니다.

1. 채용분야

설명

NCS 직무분류 체계에 따라 직무에 대한 「대분류 – 중분류 – 소분류 – 세분류」 체계를 확인할 수 있습니다. 채용직무에 대한 모든 직무기술서를 첨부하게 되며 실제 수행 업무를 기준으로 세부적인 분류정보를 제공합니다.

채용분야	분류체계			
사무행정	대분류	중분류	소분류	세분류
분류코드	02. 경영·회계·사무	03. 재무·회계	01. 재무	01. 예산
				02. 자금
			02. 회계	01. 회계감사
				02. 세무

2. 능력단위

설명

직무분류 체계의 세분류 하위능력단위 중 실질적으로 수행할 업무의 능력만 구체적으로 파악할 수 있습니다.

능력단위	(예산)	03. 연간종합예산수립 05. 확정예산 운영	04. 추정재무제표 작성 06. 예산실적 관리
	(자금)	04. 자금운용	
	(회계감사)	02. 자금관리 05. 회계정보시스템 운용 07. 회계감사	04. 결산관리 06. 재무분석
	(세무)	02. 결산관리 07. 법인세 신고	05. 부가가치세 신고

3. 직무수행내용

설명

세분류 영역의 기본정의를 통해 직무수행내용을 확인할 수 있습니다. 입사 후 수행할 직무내용을 구체적으로 확인할 수 있으며, 이를 통해 입사서류 작성부터 면접까지 직무에 대한 명확한 이해를 바탕으로 자신의 희망직무인지 아닌지, 해당 직무가 자신이 알고 있던 직무가 맞는지 확인할 수 있습니다.

직무수행내용	(예산) 일정기간 예상되는 수익과 비용을 편성, 집행하며 통제하는 일
	(자금) 자금의 계획 수립, 조달, 운용을 하고 발생 가능한 위험 관리 및 성과평가
	(회계감사) 기업 및 조직 내·외부에 있는 의사결정자들이 효율적인 의사결정을 할 수 있도록 유용한 정보를 제공, 제공된 회계정보의 적정성을 파악하는 일
	(세무) 세무는 기업의 활동을 위하여 주어진 세법범위 내에서 조세부담을 최소화시키는 조세전략을 포함하고 정확한 과세소득과 과세표준 및 세액을 산출하여 과세당국에 신고·납부하는 일

4. 직무기술서 예시

태도	(예산) 정확성, 분석적 태도, 논리적 태도, 타 부서와의 협조적 태도, 설득력
	(자금) 분석적 사고력
	(회계 감사) 합리적 태도, 전략적 사고, 정확성, 적극적 협업 태도, 법률준수 태도, 분석적 태도, 신속성, 책임감, 정확한 판단력
	(세무) 규정 준수 의지, 수리적 정확성, 주의 깊은 태도
우대 자격증	공인회계사, 세무사, 컴퓨터활용능력, 변호사, 워드프로세서, 전산회계운용사, 사회조사분석사, 재경관리사, 회계관리 등
직업기초능력	의사소통능력, 문제해결능력, 자원관리능력, 대인관계능력, 정보능력, 조직이해능력

5. 직무기술서 내용별 확인사항

항목	확인사항
모집부문	해당 채용에서 선발하는 부문(분야)명 확인 [예] 사무행정, 전산, 전기
분류체계	지원하려는 분야의 세부직무군 확인
주요기능 및 역할	지원하려는 기업의 전사적인 기능과 역할, 산업군 확인
능력단위	지원분야의 직무수행에 관련되는 세부업무사항 확인
직무수행내용	지원분야의 직무군에 대한 상세사항 확인
전형방법	지원하려는 기업의 신입사원 선발전형 절차 확인
일반요건	교육사항을 제외한 지원 요건 확인(자격요건, 특수한 경우 연령)
교육요건	교육사항에 대한 지원요건 확인(대졸 / 초대졸 / 고졸 / 전공 요건)
필요지식	지원분야의 업무수행을 위해 요구되는 지식 관련 세부항목 확인
필요기술	지원분야의 업무수행을 위해 요구되는 기술 관련 세부항목 확인
직무수행태도	지원분야의 업무수행을 위해 요구되는 태도 관련 세부항목 확인
직업기초능력	지원분야 또는 지원기업의 조직원으로서 근무하기 위해 필요한 일반적인 능력사항 확인

1. 입사지원서의 변화

기존지원서		능력중심 채용 입사지원서
직무와 관련 없는 학점, 개인신상, 어학점수, 자격, 수상경력 등을 나열하도록 구성	VS	해당 직무수행에 꼭 필요한 정보들을 제시할 수 있도록 구성

직무기술서

직무수행내용

요구지식 / 기술

관련 자격증

사전직무경험

인적사항	성명, 연락처, 지원분야 등 작성 (평가 미반영)
교육사항	직무지식과 관련된 학교교육 및 직업교육 작성
자격사항	직무관련 국가공인 또는 민간자격 작성
경력 및 경험사항	조직에 소속되어 일정한 임금을 받거나(경력) 임금 없이(경험) 직무와 관련된 활동 내용 작성

2. 교육사항

- 지원분야 직무와 관련된 학교 교육이나 직업교육 혹은 기타교육 등 직무에 대한 지원자의 학습 여부를 평가하기 위한 항목입니다.
- 지원하고자 하는 직무의 학교 전공교육 이외에 직업교육, 기타교육 등을 기입할 수 있기 때문에 전공 제한 없이 직업교육과 기타교육을 이수하여 지원이 가능하도록 기회를 제공합니다.
  (기타교육 : 학교 이외의 기관에서 개인이 이수한 교육과정 중 지원직무와 관련이 있다고 생각되는 교육내용)

구분	교육과정(과목)명	교육내용	과업(능력단위)

3. 자격사항

- 채용공고 및 직무기술서에 제시되어 있는 자격 현황을 토대로 지원자가 해당 직무를 수행하는 데 필요한 능력을 가지고 있는지를 평가하기 위한 항목입니다.
- 채용공고 및 직무기술서에 기재된 직무관련 필수 또는 우대자격 항목을 확인하여 본인이 보유하고 있는 자격사항을 기재합니다.

자격유형	자격증명	발급기관	취득일자	자격증번호

4. 경력 및 경험사항

- 직무와 관련된 경력이나 경험 여부를 표현하도록 하여 직무와 관련한 능력을 갖추었는지를 평가하기 위한 항목입니다.
- 해당 기업에서 직무를 수행함에 있어 필요한 사항만을 기록하게 되어 있기 때문에 직무와 무관한 스펙을 갖추지 않아도 됩니다.
- 경력 : 금전적 보수를 받고 일정기간 동안 일했던 경우
- 경험 : 금전적 보수를 받지 않고 수행한 활동

※ 기업에 따라 경력 / 경험 관련 증빙자료 요구 가능

구분	조직명	직위 / 역할	활동기간(년 / 월)	주요과업 / 활동내용

Tip

입사지원서 작성 방법

○ 경력 및 경험사항 작성

- 직무기술서에 제시된 지식, 기술, 태도와 지원자의 교육사항, 경력(경험)사항, 자격사항과 연계하여 개인의 직무역량에 대해 스스로 판단 가능

○ 인적사항 최소화

- 개인의 인적사항, 학교명, 가족관계 등을 노출하지 않도록 유의

부적절한 입사지원서 작성 사례
- 학교 이메일을 기입하여 학교명 노출
- 거주지 주소에 학교 기숙사 주소를 기입하여 학교명 노출
- 자기소개서에 부모님이 재직 중인 기업명, 직위, 직업을 기입하여 가족관계 노출
- 자기소개서에 석·박사 과정에 대한 이야기를 언급하여 학력 노출
- 동아리 활동에 대한 내용을 학교명과 더불어 언급하여 학교명 노출

1. 자기소개서의 변화

- 기존의 자기소개서는 지원자의 일대기나 관심 분야, 성격의 장·단점 등 개괄적인 사항을 묻는 질문으로 구성되어 지원자가 자신의 직무능력을 제대로 표출하지 못합니다.
- 능력중심 채용의 자기소개서는 직무기술서에 제시된 직업기초능력(또는 직무수행능력)에 대한 지원자의 과거 경험을 기술하게 함으로써 평가 타당도의 확보가 가능합니다.

1. 우리 회사와 해당 지원 직무분야에 지원한 동기에 대해 기술해 주세요.

2. 자신이 경험한 다양한 사회활동에 대해 기술해 주세요.

3. 지원 직무에 대한 전문성을 키우기 위해 받은 교육과 경험 및 경력사항에 대해 기술해 주세요.

4. 인사업무 또는 팀 과제 수행 중 발생한 갈등을 원만하게 해결해 본 경험이 있습니까? 당시 상황에 대한 설명과 갈등의 대상이 되었던 상대방을 설득한 과정 및 방법을 기술해 주세요.

5. 과거에 있었던 일 중 가장 어려웠던(힘들었었던) 상황을 고르고, 어떤 방법으로 그 상황을 해결했는지를 기술해 주세요.

Tip

자기소개서 작성 방법

① 자기소개서 문항이 묻고 있는 평가 역량 추측하기

> 예시
>
> • 팀 활동을 하면서 갈등 상황 시 상대방의 니즈나 의도를 명확히 파악하고 해결하여 목표 달성에 기여했던 경험에 대해서 작성해 주시기 바랍니다.
> • 다른 사람이 생각해내지 못했던 문제점을 찾고 이를 해결한 경험에 대해 작성해 주시기 바랍니다.

② 해당 역량을 보여줄 수 있는 소재 찾기(시간×역량 매트릭스)

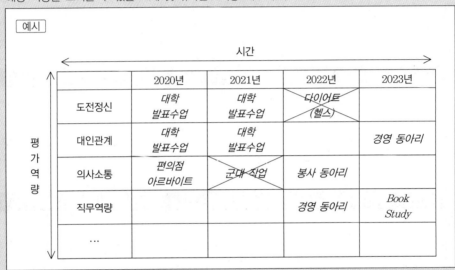

③ 자기소개서 작성 Skill 익히기
- 두괄식으로 작성하기
- 구체적 사례를 사용하기
- '나'를 중심으로 작성하기
- 직무역량 강조하기
- 경험 사례의 차별성 강조하기

인성검사 소개 및 모의테스트

01 인성검사 유형

인성검사는 지원자의 성격특성을 객관적으로 파악하고 그것이 각 기업에서 필요로 하는 인재상과 가치에 부합하는가를 평가하기 위한 검사입니다. 인성검사는 KPDI(한국인재개발진흥원), K-SAD(한국사회적성개 발원), KIRBS(한국행동과학연구소), SHR(에스에이치알) 등의 전문기관을 통해 각 기업의 특성에 맞는 검사 를 선택하여 실시합니다. 대표적인 인성검사의 유형에는 크게 다음과 같은 세 가지가 있으며, 채용 대행업체 에 따라 달라집니다.

1. KPDI 검사

조직적응성과 직무적합성을 알아보기 위한 검사로 인성검사, 인성역량검사, 인적성검사, 직종별 인적성 검사 등의 다양한 검사 도구를 구현합니다. KPDI는 성격을 파악하고 정신건강 상태 등을 측정하고, 직무 검사는 해당 직무를 수행하기 위해 기본적으로 갖추어야 할 인지적 능력을 측정합니다. 역량검사는 특정 직무 역할을 효과적으로 수행하는 데 직접적으로 관련 있는 개인의 행동, 지식, 스킬, 가치관 등을 측정합 니다.

2. KAD(Korea Aptitude Development) 검사

K-SAD(한국사회적성개발원)에서 실시하는 적성검사 프로그램입니다. 개인의 성향, 지적 능력, 기호, 관심, 흥미도를 종합적으로 분석하여 적성에 맞는 업무가 무엇인가 파악하고, 직무수행에 있어서 요구되 는 기초능력과 실무능력을 분석합니다.

3. SHR 직무적성검사

직무수행에 필요한 종합적인 사고 능력을 다양한 적성검사(Paper and Pencil Test)로 평가합니다. SHR 의 모든 직무능력검사는 표준화 검사입니다. 표준화 검사는 표본집단의 점수를 기초로 규준이 만들어진 검사이므로 개인의 점수를 규준에 맞추어 해석·비교하는 것이 가능합니다. S(Standardized Tests), H(Hundreds of Version), R(Reliable Norm Data)을 특징으로 하며, 직군·직급별 특성과 선발 수준에 맞추어 검사를 적용할 수 있습니다.

PART 6

인성검사는 특히 면접질문과 관련성이 높습니다. 면접관은 지원자의 인성검사 결과를 토대로 질문을 하기 때문입니다. 일관적이고 이상적인 답변을 하는 것이 가장 좋지만, 실제 시험은 매우 복잡하여 전문가라 해도 일정 성격을 유지하면서 답변을 하는 것이 힘듭니다. 또한, 인성검사에는 라이 스케일(Lie Scale) 설문이 전체 설문 속에 교묘하게 섞여 들어가 있으므로 겉치레적인 답을 하게 되면 회답태도의 허위성이 그대로 드러나게 됩니다. 예를 들어 '거짓말을 한 적이 한 번도 없다.'에 '예'로 답하고, '때로는 거짓말을 하기도 한다.'에 '예'라고 답하여 라이 스케일의 득점이 올라가게 되면 모든 회답의 신빙성이 사라지고 '자신을 돋보이게 하려는 사람'이라는 평가를 받을 수 있으므로 주의해야 합니다. 따라서 모의테스트를 통해 인성검사의 유형과 실제 시험 시 어떻게 문제를 풀어야 하는지 연습해 보고 체크한 부분 중 자신의 단점과 연결되는 부분은 면접에서 질문이 들어왔을 때 어떻게 대처해야 하는지 생각해 보는 것이 좋습니다.

1. 기업의 인재상을 파악하라!

인성검사를 통해 개인의 성격 특성을 파악하고 그것이 기업의 인재상과 가치에 부합하는지를 평가하는 시험이기 때문에 해당 기업의 인재상을 먼저 파악하고 시험에 임하는 것이 좋습니다. 모의테스트에서 인재상에 맞는 가상의 인물을 설정하고 문제에 답해 보는 것도 많은 도움이 됩니다.

2. 일관성 있는 대답을 하라!

짧은 시간 안에 다양한 질문에 답을 해야 하는데, 그 안에는 중복되는 질문이 여러 번 나옵니다. 이때 앞서 자신이 체크했던 대답을 잘 기억해뒀다가 일관성 있는 답을 하는 것이 중요합니다.

3. 모든 문항에 대답하라!

많은 문제를 짧은 시간 안에 풀려다 보니 다 못 푸는 경우도 종종 생깁니다. 하지만 대답을 누락하거나 끝까지 다 못했을 경우 좋지 않은 결과를 가져올 수도 있으니 최대한 주어진 시간 안에 모든 문항에 답할 수 있도록 해야 합니다.

※ 모의테스트는 질문 및 답변 유형 연습을 위한 것으로 실제 시험과 다를 수 있습니다.
※ 인성검사는 정답이 따로 없는 유형의 검사이므로 결과지를 제공하지 않습니다.

번호	내용	예	아니요
001	나는 솔직한 편이다.	☐	☐
002	나는 리드하는 것을 좋아한다.	☐	☐
003	법을 어겨서 말썽이 된 적이 한 번도 없다.	☐	☐
004	거짓말을 한 번도 한 적이 없다.	☐	☐
005	나는 눈치가 빠르다.	☐	☐
006	나는 일을 주도하기보다는 뒤에서 지원하는 것을 선호한다.	☐	☐
007	앞일은 알 수 없기 때문에 계획은 필요하지 않다.	☐	☐
008	거짓말도 때로는 방편이라고 생각한다.	☐	☐
009	사람이 많은 술자리를 좋아한다.	☐	☐
010	걱정이 지나치게 많다.	☐	☐
011	일을 시작하기 전 재고하는 경향이 있다.	☐	☐
012	불의를 참지 못한다.	☐	☐
013	처음 만나는 사람과도 이야기를 잘 한다.	☐	☐
014	때로는 변화가 두렵다.	☐	☐
015	나는 모든 사람에게 친절하다.	☐	☐
016	힘든 일이 있을 때 술은 위로가 되지 않는다.	☐	☐
017	결정을 빨리 내리지 못해 손해를 본 경험이 있다.	☐	☐
018	기회를 잡을 준비가 되어 있다.	☐	☐
019	때로는 내가 정말 쓸모없는 사람이라고 느낀다.	☐	☐
020	누군가 나를 챙겨주는 것이 좋다.	☐	☐
021	자주 가슴이 답답하다.	☐	☐
022	나는 내가 자랑스럽다.	☐	☐
023	경험이 중요하다고 생각한다.	☐	☐
024	전자기기를 분해하고 다시 조립하는 것을 좋아한다.	☐	☐

025	감시받고 있다는 느낌이 든다.	☐	☐
026	난처한 상황에 놓이면 그 순간을 피하고 싶다.	☐	☐
027	세상엔 믿을 사람이 없다.	☐	☐
028	잘못을 빨리 인정하는 편이다.	☐	☐
029	지도를 보고 길을 잘 찾아간다.	☐	☐
030	귓속말을 하는 사람을 보면 날 비난하고 있는 것 같다.	☐	☐
031	막무가내라는 말을 들을 때가 있다.	☐	☐
032	장래의 일을 생각하면 불안하다.	☐	☐
033	결과보다 과정이 중요하다고 생각한다.	☐	☐
034	운동은 그다지 할 필요가 없다고 생각한다.	☐	☐
035	새로운 일을 시작할 때 좀처럼 한 발을 떼지 못한다.	☐	☐
036	기분 상하는 일이 있더라도 참는 편이다.	☐	☐
037	업무능력은 성과로 평가받아야 한다고 생각한다.	☐	☐
038	머리가 맑지 못하고 무거운 느낌이 든다.	☐	☐
039	가끔 이상한 소리가 들린다.	☐	☐
040	타인이 내게 자주 고민상담을 하는 편이다.	☐	☐

※ 모의테스트는 질문 및 답변 유형 연습을 위한 것으로 실제 시험과 다를 수 있습니다.
※ 인성검사는 정답이 따로 없는 유형의 검사이므로 결과지를 제공하지 않습니다.

※ 이 성격검사의 각 문항에는 서로 다른 행동을 나타내는 네 개의 문장이 제시되어 있습니다. 이 문장들을 비교하여, 자신의 평소 행동과 가장 가까운 문장을 'ㄱ' 열에 표기하고, 가장 먼 문장을 'ㅁ' 열에 표기하십시오.

01 나는 _____

	ㄱ	ㅁ
A. 실용적인 해결책을 찾는다.	☐	☐
B. 다른 사람을 돕는 것을 좋아한다.	☐	☐
C. 세부 사항을 잘 챙긴다.	☐	☐
D. 상대의 주장에서 허점을 잘 찾는다.	☐	☐

02 나는 _____

	ㄱ	ㅁ
A. 매사에 적극적으로 임한다.	☐	☐
B. 즉흥적인 편이다.	☐	☐
C. 관찰력이 있다.	☐	☐
D. 임기응변에 강하다.	☐	☐

03 나는 _____

	ㄱ	ㅁ
A. 무서운 영화를 잘 본다.	☐	☐
B. 조용한 곳이 좋다.	☐	☐
C. 가끔 울고 싶다.	☐	☐
D. 집중력이 좋다.	☐	☐

04 나는 _____

	ㄱ	ㅁ
A. 기계를 조립하는 것을 좋아한다.	☐	☐
B. 집단에서 리드하는 역할을 맡는다.	☐	☐
C. 호기심이 많다.	☐	☐
D. 음악을 듣는 것을 좋아한다.	☐	☐

PART 6

05 나는 _____

	ㄱ	ㅁ
A. 타인을 늘 배려한다.	☐	☐
B. 감수성이 예민하다.	☐	☐
C. 즐겨하는 운동이 있다.	☐	☐
D. 일을 시작하기 전에 계획을 세운다.	☐	☐

06 나는 _____

	ㄱ	ㅁ
A. 타인에게 설명하는 것을 좋아한다.	☐	☐
B. 여행을 좋아한다.	☐	☐
C. 정적인 것이 좋다.	☐	☐
D. 남을 돕는 것에 보람을 느낀다.	☐	☐

07 나는 _____

	ㄱ	ㅁ
A. 기계를 능숙하게 다룬다.	☐	☐
B. 밤에 잠이 잘 오지 않는다.	☐	☐
C. 한 번 간 길을 잘 기억한다.	☐	☐
D. 불의를 보면 참을 수 없다.	☐	☐

08 나는 _____

	ㄱ	ㅁ
A. 종일 말을 하지 않을 때가 있다.	☐	☐
B. 사람이 많은 곳을 좋아한다.	☐	☐
C. 술을 좋아한다.	☐	☐
D. 휴양지에서 편하게 쉬고 싶다.	☐	☐

09 나는 _____

	ㄱ	ㅁ
A. 뉴스보다는 드라마를 좋아한다.	☐	☐
B. 길을 잘 찾는다.	☐	☐
C. 주말엔 집에서 쉬는 것이 좋다.	☐	☐
D. 아침에 일어나는 것이 힘들다.	☐	☐

10 나는 _____

	ㄱ	ㅁ
A. 이성적이다.	☐	☐
B. 할 일을 종종 미룬다.	☐	☐
C. 어른을 대하는 게 힘들다.	☐	☐
D. 불을 보면 매혹을 느낀다.	☐	☐

11 나는 _____

	ㄱ	ㅁ
A. 상상력이 풍부하다.	☐	☐
B. 예의 바르다는 소리를 자주 듣는다.	☐	☐
C. 사람들 앞에 서면 긴장한다.	☐	☐
D. 친구를 자주 만난다.	☐	☐

12 나는 _____

	ㄱ	ㅁ
A. 나만의 스트레스 해소 방법이 있다.	☐	☐
B. 친구가 많다.	☐	☐
C. 책을 자주 읽는다.	☐	☐
D. 활동적이다.	☐	☐

PART 6

CHAPTER 04 면접전형 가이드

01 면접유형 파악

1. 면접전형의 변화

기존 면접전형에서는 일상적이고 단편적인 대화나 지원자의 첫인상 및 면접관의 주관적인 판단 등에 의해서 입사 결정 여부를 판단하는 경우가 많았습니다. 이러한 면접전형은 면접 내용의 일관성이 결여되거나 직무 관련 타당성이 부족하였고, 면접에 대한 신뢰도에 영향을 주었습니다.

기존 면접(전통적 면접)		능력중심 채용 면접(구조화 면접)

• 일상적이고 단편적인 대화
• 인상, 외모 등 외부 요소의 영향
• 주관적인 판단에 의존한 총점 부여
 	
⇩
 	
• 면접 내용의 일관성 결여
• 직무관련 타당성 부족
• 주관적인 채점으로 신뢰도 저하
	VS	• 일관성
		  – 직무관련 역량에 초점을 둔 구체적 질문 목록
		  – 지원자별 동일 질문 적용
		• 구조화
		  – 면접 진행 및 평가 절차를 일정한 체계에 의해 구성
		• 표준화
		  – 평가 타당도 제고를 위한 평가 Matrix 구성
		  – 척도에 따라 항목별 채점, 개인 간 비교
		• 신뢰성
		  – 면접진행 매뉴얼에 따라 면접위원 교육 및 실습

2. 능력중심 채용의 면접 유형

① 경험 면접
- 목적 : 선발하고자 하는 직무 능력이 필요한 과거 경험을 질문합니다.
- 평가요소 : 직업기초능력과 인성 및 태도적 요소를 평가합니다.

② 상황 면접
- 목적 : 특정 상황을 제시하고 지원자의 행동을 관찰함으로써 실제 상황의 행동을 예상합니다.
- 평가요소 : 직업기초능력과 인성 및 태도적 요소를 평가합니다.

③ 발표 면접
- 목적 : 특정 주제와 관련된 지원자의 발표와 질의응답을 통해 지원자 역량을 평가합니다.
- 평가요소 : 직무수행능력과 인지적 역량(문제해결능력)을 평가합니다.

④ 토론 면접
- 목적 : 토의과제에 대한 의견수렴 과정에서 지원자의 역량과 상호작용능력을 평가합니다.
- 평가요소 : 직무수행능력과 팀워크를 평가합니다.

1. 경험 면접

① 경험 면접의 특징

- 주로 직업기초능력에 관련된 지원자의 과거 경험을 심층 질문하여 검증하는 면접입니다.
- 직무능력과 관련된 과거 경험을 평가하기 위해 심층 질문을 하며, 이 질문은 지원자의 답변에 대하여 '꼬리에 꼬리를 무는 형식'으로 진행됩니다.

- 능력요소, 정의, 심사 기준
  - 평가하고자 하는 능력요소, 정의, 심사기준을 확인하여 면접위원이 해당 능력요소 관련 질문을 제시합니다.
- Opening Question
  - 능력요소에 관련된 과거 경험을 유도하기 위한 시작 질문을 합니다.
- Follow-up Question
  - 지원자의 경험 수준을 구체적으로 검증하기 위한 질문입니다.
  - 경험 수준 검증을 위한 상황(Situation), 임무(Task), 역할 및 노력(Action), 결과(Result) 등으로 질문을 구분합니다.

경험 면접의 형태

[면접관 1]　[면접관 2]　[면접관 3]　　　[면접관 1]　[면접관 2]　[면접관 3]

[지원자]　　　　　　[지원자 1]　[지원자 2]　[지원자 3]

〈일대다 면접〉　　　　　　〈다대다 면접〉

② 경험 면접의 구조

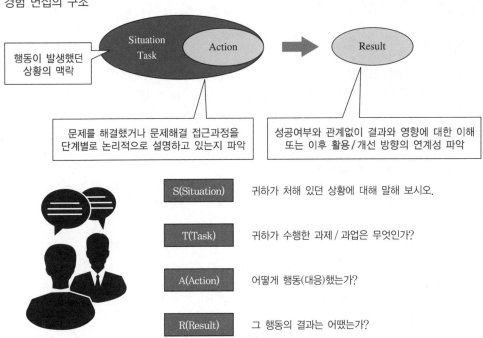

행동이 발생했던
상황의 맥락

문제를 해결했거나 문제해결 접근과정을
단계별로 논리적으로 설명하고 있는지 파악

성공여부와 관계없이 결과와 영향에 대한 이해
또는 이후 활용 / 개선 방향의 연계성 파악

S(Situation)   귀하가 처해 있던 상황에 대해 말해 보시오.

T(Task)   귀하가 수행한 과제 / 과업은 무엇인가?

A(Action)   어떻게 행동(대응)했는가?

R(Result)   그 행동의 결과는 어땠는가?

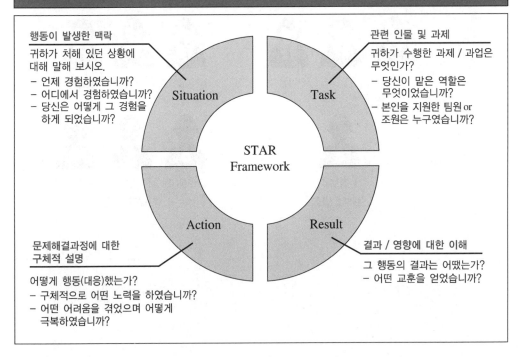

(   )에 관한 과거 경험에 대하여 말해 보시오.

행동이 발생한 맥락
귀하가 처해 있던 상황에
대해 말해 보시오.
– 언제 경험하였습니까?
– 어디에서 경험하였습니까?
– 당신은 어떻게 그 경험을
  하게 되었습니까?

관련 인물 및 과제
귀하가 수행한 과제 / 과업은
무엇인가?
– 당신이 맡은 역할은
  무엇이었습니까?
– 본인을 지원한 팀원 or
  조원은 누구였습니까?

Situation   Task

STAR
Framework

Action   Result

문제해결과정에 대한
구체적 설명
어떻게 행동(대응)했는가?
– 구체적으로 어떤 노력을 하였습니까?
– 어떤 어려움을 겪었으며 어떻게
  극복하였습니까?

결과 / 영향에 대한 이해
그 행동의 결과는 어땠는가?
– 어떤 교훈을 얻었습니까?

③ 경험 면접 질문 예시(직업윤리)

시작 질문	
1	남들이 신경 쓰지 않는 부분까지 고려하여 절차대로 업무(연구)를 수행하여 성과를 낸 경험을 구체적으로 말해 보시오.
2	조직의 원칙과 절차를 철저히 준수하며 업무(연구)를 수행한 것 중 성과를 향상시킨 경험에 대해 구체적으로 말해 보시오.
3	세부적인 절차와 규칙에 주의를 기울여 실수 없이 업무(연구)를 마무리한 경험을 구체적으로 말해 보시오.
4	조직의 규칙이나 원칙을 고려하여 성실하게 일했던 경험을 구체적으로 말해 보시오.
5	타인의 실수를 바로잡고 원칙과 절차대로 수행하여 성공적으로 업무를 마무리하였던 경험에 대해 말해 보시오.

후속 질문		
상황 (Situation)	상황	구체적으로 언제, 어디에서 경험한 일인가?
		어떤 상황이었는가?
	조직	어떤 조직에 속해 있었는가?
		그 조직의 특성은 무엇이었는가?
		몇 명으로 구성된 조직이었는가?
	기간	해당 조직에서 얼마나 일했는가?
		해당 업무는 몇 개월 동안 지속되었는가?
	조직규칙	조직의 원칙이나 규칙은 무엇이었는가?
임무 (Task)	과제	과제의 목표는 무엇이었는가?
		과제에 적용되는 조직의 원칙은 무엇이었는가?
		그 규칙을 지켜야 하는 이유는 무엇이었는가?
	역할	당신이 조직에서 맡은 역할은 무엇이었는가?
		과제에서 맡은 역할은 무엇이었는가?
	문제의식	규칙을 지키지 않을 경우 생기는 문제점 / 불편함은 무엇인가?
		해당 규칙이 왜 중요하다고 생각하였는가?
역할 및 노력 (Action)	행동	업무 과정의 어떤 장면에서 규칙을 철저히 준수하였는가?
		어떻게 규정을 적용시켜 업무를 수행하였는가?
		규정은 준수하는 데 어려움은 없었는가?
	노력	그 규칙을 지키기 위해 스스로 어떤 노력을 기울였는가?
		본인의 생각이나 태도에 어떤 변화가 있었는가?
		다른 사람들은 어떤 노력을 기울였는가?
	동료관계	동료들은 규칙을 철저히 준수하고 있었는가?
		팀원들은 해당 규칙에 대해 어떻게 반응하였는가?
		규칙에 대한 태도를 개선하기 위해 어떤 노력을 하였는가?
		팀원들의 태도는 당신에게 어떤 자극을 주었는가?
	업무추진	주어진 업무를 추진하는 데 규칙이 방해되진 않았는가?
		업무수행 과정에서 규정을 어떻게 적용하였는가?
		업무 시 규정을 준수해야 한다고 생각한 이유는 무엇인가?

결과 (Result)	평가	규칙을 어느 정도나 준수하였는가?
		그렇게 준수할 수 있었던 이유는 무엇이었는가?
		업무의 성과는 어느 정도였는가?
		성과에 만족하였는가?
		비슷한 상황이 온다면 어떻게 할 것인가?
	피드백	주변 사람들로부터 어떤 평가를 받았는가?
		그러한 평가에 만족하는가?
		다른 사람에게 본인의 행동이 영향을 주었다고 생각하는가?
	교훈	업무수행 과정에서 중요한 점은 무엇이라고 생각하는가?
		이 경험을 통해 느낀 바는 무엇인가?

2. 상황 면접

① 상황 면접의 특징

직무 관련 상황을 가정하여 제시하고 이에 대한 대응능력을 직무관련성 측면에서 평가하는 면접입니다.

- • 상황 면접 과제의 구성은 크게 2가지로 구분
  – 상황 제시(Description) / 문제 제시(Question or Problem)
- • 현장의 실제 업무 상황을 반영하여 과제를 제시하므로 직무분석이나 직무전문가 워크숍 등을 거쳐 현장성을 높임
- • 문제는 상황에 대한 기본적인 이해능력(이론적 지식)과 함께 실질적 대응이나 변수 고려능력(실천적 능력) 등을 고르게 질문해야 함

상황 면접의 형태

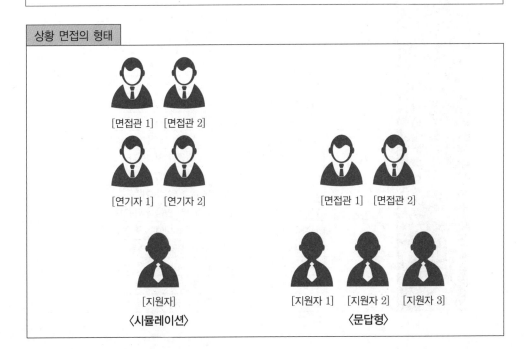

② 상황 면접 예시

상황 제시	인천공항 여객터미널 내에는 다양한 용도의 시설(사무실, 통신실, 식당, 전산실, 창고 면세점 등)이 설치되어 있습니다.	실제 업무 상황에 기반함
	금년에 소방배관의 누수가 잦아 메인 배관을 교체하는 공사를 추진하고 있으며, 당신 은 이번 공사의 담당자입니다.	배경 정보
	주간에는 공항 운영이 이루어져 주로 야간에만 배관 교체 공사를 수행하던 중, 시공하 는 기능공의 실수로 배관 연결 부위를 잘못 건드려 고압배관의 소화수가 누출되는 사고가 발생하였으며, 이로 인해 인근 시설물에 누수에 의한 피해가 발생하였습니다.	구체적인 문제 상황
문제 제시	일반적인 소방배관의 배관연결(이음)방식과 배관의 이탈(누수)이 발생하는 원인 에 대해 설명해 보시오.	문제 상황 해결을 위한 기본 지식 문항
	담당자로서 본 사고를 현장에서 긴급히 처리하는 프로세스를 제시하고, 보수완료 후 사후적 조치가 필요한 부분 및 재발방지 방안에 대해 설명해 보시오.	문제 상황 해결을 위한 추가 대응 문항

3. 발표 면접

① 발표 면접의 특징

- 직무관련 주제에 대한 지원자의 생각을 정리하여 의견을 제시하고, 발표 및 질의응답을 통해 지원자
의 직무능력을 평가하는 면접입니다.
- 발표 주제는 직무와 관련된 자료로 제공되며, 일정 시간 후 지원자가 보유한 지식 및 방안에 대한
발표 및 후속 질문을 통해 직무적합성을 평가합니다.

- 주요 평가요소
  - 설득적 말하기 / 발표능력 / 문제해결능력 / 직무관련 전문성
- 이미 언론을 통해 공론화된 시사 이슈보다는 해당 직무분야에 관련된 주제가 발표면접의 과제로 선
정되는 경우가 최근 들어 늘어나고 있음
- 짧은 시간 동안 주어진 과제를 빠른 속도로 분석하여 발표문을 작성하고 제한된 시간 안에 면접관에
게 효과적인 발표를 진행하는 것이 핵심

발표 면접의 형태

[면접관 1] [면접관 2]

[면접관 1] [면접관 2]

[지원자]

〈개별 과제 발표〉

[지원자 1] [지원자 2] [지원자 3]

〈팀 과제 발표〉

※ 면접관에게 시각적 효과를 사용하여 메시지를 전달하는 쌍방향 커뮤니케이션 방식
※ 심층면접을 보완하기 위한 방안으로 최근 많은 기업에서 적극 도입하는 추세

② 발표 면접 예시

1. 지시문

당신은 현재 A사에서 직원들의 성과평가를 담당하고 있는 팀원이다. 인사팀은 지난주부터 사내 조직문화관련 인터뷰를 하던 도중 성과평가제도에 관련된 개선 니즈가 제일 많다는 것을 알게 되었다. 이에 팀장님은 인터뷰 결과를 종합하려 성과평가제도 개선 아이디어를 A4용지에 정리하여 신속 보고할 것을 지시하셨다. 당신에게 남은 시간은 1시간이다. 자료를 준비하는 대로 당신은 팀원들이 모인 회의실에서 5분 간 발표할 것이며, 이후 질의응답을 진행할 것이다.

2. 배경자료

〈성과평가제도 개선에 대한 인터뷰〉

최근 A사는 회사 사세의 급성장으로 인해 작년보다 매출이 두 배 성장하였고, 직원 수 또한 두 배로 증가하였다. 회사의 성장은 임금, 복지에 대한 상승 등 긍정적인 영향을 주었으나 업무의 불균형 및 성과보상의 불평등 문제가 발생하였다. 또한 수시로 입사하는 신입직원과 경력직원, 퇴사하는 직원들까지 인원들의 잦은 변동으로 인해 평가해야 할 대상이 변경되어 현재의 성과평가제도로는 공정한 평가가 어려운 상황이다.

[생산부서 김상호]
우리 팀은 지난 1년 동안 생산량이 급증했기 때문에 수십 명의 신규인력이 급하게 채용되었습니다. 이 때문에 저희 팀장님은 신규 입사자들의 이름조차 기억 못할 때가 많이 있습니다. 성과평가를 제대로 하고 있는지 의문이 듭니다.

[마케팅 부서 김흥민]
개인의 성과평가의 취지는 충분히 이해합니다. 그러나 현재 평가는 실적기반이나 정성적인 평가가 많이 포함되어 있어 객관성과 공정성에는 의문이 드는 것이 사실입니다. 이러한 상황에서 평가제도를 재수립하지 않고, 인센티브에 계속 반영한다면, 평가제도에 대한 반감이 커질 것이 분명합니다.

[교육부서 홍경민]
현재 교육부서는 인사팀과 밀접하게 일하고 있습니다. 그럼에도 인사팀에서 실시하는 성과평가제도에 대한 이해가 부족한 것 같습니다.

[기획부서 김경호 차장]
저는 저의 평가자 중 하나가 연구부서의 팀장님인데, 일 년에 몇 번 같이 일하지 않는데 어떻게 저를 평가할 수 있을까요? 특히 연구팀은 저희가 예산을 배정하는데, 저에게는 좋지만….

4. 토론 면접

① 토론 면접의 특징
- 다수의 지원자가 조를 편성해 과제에 대한 토론(토의)을 통해 결론을 도출해가는 면접입니다.
- 의사소통능력, 팀워크, 종합인성 등의 평가에 용이합니다.

> - 주요 평가요소
>   - 설득적 말하기, 경청능력, 팀워크, 종합인성
> - 의견 대립이 명확한 주제 또는 채용분야의 직무 관련 주요 현안을 주제로 과제 구성
> - 제한된 시간 내 토론을 진행해야 하므로 적극적으로 자신 있게 토론에 임하고 본인의 의견을 개진할 수 있어야 함

토론 면접의 형태

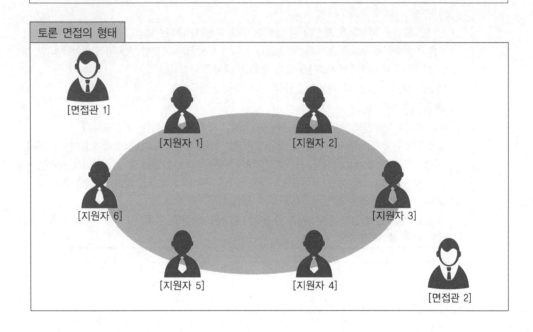

② 토론 면접 예시

고객 불만 고충처리

1. 들어가며

최근 우리 상품에 대한 고객 불만의 증가로 고객고충처리 TF가 만들어졌고 당신은 여기에 지원해 배치받았다. 당신의 업무는 불만을 가진 고객을 만나서 애로사항을 듣고 처리해 주는 일이다. 주된 업무로는 고객의 니즈를 파악해 방향성을 제시해 주고 그 해결책을 마련하는 일이다. 하지만 경우에 따라서 고객의 주관적인 의견으로 인해 제대로 된 방향으로 의사결정을 하지 못할 때가 있다. 이럴 경우 설득이나 논쟁을 해서라도 의견을 관철시키는 것이 좋을지 아니면 고객의 의견대로 진행하는 것이 좋을지 결정해야 할 때가 있다. 만약 당신이라면 이러한 상황에서 어떤 결정을 내릴 것인지 여부를 자유롭게 토론해 보시오.

2. 1분 자유 발언 시 준비사항

• 당신은 의견을 자유롭게 개진할 수 있으며 이에 따른 불이익은 없습니다.

• 토론의 방향성을 이해하고, 내용의 장점과 단점이 무엇인지 문제를 명확히 말해야 합니다.

• 합리적인 근거에 기초하여 개선방안을 명확히 제시해야 합니다.

• 제시한 방안을 실행 시 예상되는 긍정적·부정적 영향요인도 동시에 고려할 필요가 있습니다.

3. 토론 시 유의사항

• 토론 주제문과 제공해드린 메모지, 볼펜만 가지고 토론장에 입장할 수 있습니다.

• 사회자의 지정 또는 발표자가 손을 들어 발언권을 획득할 수 있으며, 사회자의 통제에 따릅니다.

• 토론회가 시작되면, 팀의 의견과 논거를 정리하여 1분간의 자유발언을 할 수 있습니다. 순서는 사회자가 지정합니다. 이후에는 자유롭게 상대방에게 질문하거나 답변을 하실 수 있습니다.

• 핸드폰, 서적 등 외부 매체는 사용하실 수 없습니다.

• 논제에 벗어나는 발언이나 지나치게 공격적인 발언을 할 경우, 위에서 제시한 유의사항을 지키지 않을 경우 불이익을 받을 수 있습니다.

1. 면접 Role Play 편성

- 교육생끼리 조를 편성하여 면접관과 지원자 역할을 교대로 진행합니다.
- 지원자 입장과 면접관 입장을 모두 경험해 보면서 면접에 대한 적응력을 높일 수 있습니다.

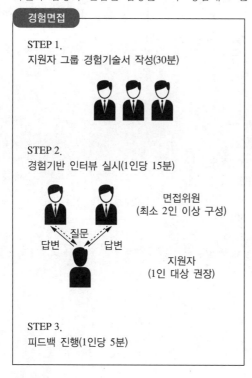

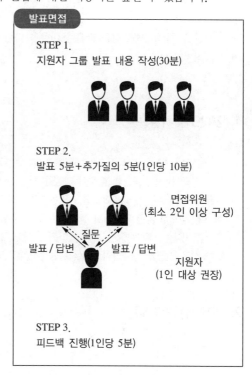

> **Tip**
>
> 면접 준비하기
> 1. 면접 유형 확인 필수
>   - 기업마다 면접 유형이 상이하기 때문에 해당 기업의 면접 유형을 확인하는 것이 좋음
>   - 일반적으로 실무진 면접, 임원면접 2차례에 거쳐 면접을 실시하는 기업이 많고 실무진 면접과 임원 면접에서 평가요소가 다르기 때문에 유형에 맞는 준비방법이 필요
> 2. 후속 질문에 대한 사전 점검
>   - 블라인드 채용 면접에서는 주요 질문과 함께 후속 질문을 통해 지원자의 직무능력을 판단
>   → STAR 기법을 통한 후속 질문에 미리 대비하는 것이 필요

한국산업인력공단 6급 면접 기출질문

한국산업인력공단 6급의 면접시험은 필기시험 합격자를 대상으로, 2차 전형에서 진행된다. 모집단위별 NCS 기반 채용 직무기술서를 참고한 내용을 바탕으로 다 대 다 질의응답 방식 및 집단토론 방식을 병행하여 이루어진다.

1. 2023년 기출질문

- 고용허가제의 단점과 개선 방안에 대하여 말해 보시오.
- 한국산업인력공단의 강점과 약점을 말해 보시오.
- 구사할 수 있는 제2외국어가 있는가? 있다면 해당 언어로 짧은 자기소개를 해 보시오.
- 본인이 과감한 편이라고 생각하는가, 신중한 편이라고 생각하는가?
- 최근 인상 깊게 읽은 책이 있다면 소개해 보시오.
- 많은 인원을 통솔하여 프로젝트를 수행한 경험이 있다면 말해 보시오.

2. 2022년 기출질문

- 자신이 지원한 지사의 사업에 대해 알고 있는가? 알고 있다면 생각나는 대로 말해 보시오.
- 입사 후 지사의 한 사업에 참여하게 된다면 본인이 할 수 있는 일은 무엇인가?
- 본인이 계획을 세웠을 때 틀어졌던 경험이 있는가? 있다면 어떻게 해결했는지 말해 보시오.
- 팀으로 일을 하면서 자신이 희생해 본 경험이 있는가? 있다면 말해 보시오.
- 최근에 본 뉴스를 분야 상관없이 한 가지 소개하고, 본인의 생각을 짧게 덧붙여 말해 보시오.
- 공단 내 각종 동아리가 운영되고 있는데, 이를 활성화시키기 위한 방안을 말해 보시오.
- 일을 하면서 가장 화가 났던 순간은 언제이며, 이를 통해 무엇을 배울 수 있었는지 말해 보시오.

3. 2021년 기출질문

- 주변 사람들에게 받았던 피드백에 대해 말해 보시오.
- 주변 사람들이 본인을 어떻게 생각하는지 말해 보시오.
- 한국산업인력공단의 사업을 보다 널리 알릴 수 있는 방안에 대해 말해 보시오.
- 한국산업인력공단의 여러 사업 중 본인이 가장 관심 있는 사업에 대해 설명해 보시오.
- 본인이 지원한 직무에 기여할 수 있는 역량을 말해 보시오.
- 공직자로서 가장 중요하다고 생각하는 것이 무엇인지 말해 보시오.
- 선배에게 피드백을 받기 위해 노력했던 경험을 말해 보시오.

- 리더의 자질이 무엇이라고 생각하는지 말해 보시오.
- 입사 후 가장 맡고 싶은 사업은 무엇이며, 이에 어떤 태도로 임할 것인지 말해 보시오.
- 본인의 단점은 무엇이며, 이를 고치기 위해 어떠한 노력을 했는지 말해 보시오.
- 상사가 규정 또는 법규에 맞지 않는 일을 한다면 어떻게 할 것인지 말해 보시오.
- 근무하는 부서가 갑자기 사라진다면 어떻게 대처할 것인지 말해 보시오.
- 근무하는 부서의 급한 업무와 외부 클라이언트의 급한 업무 중 무엇을 먼저 처리할 것인지 말해 보시오.
- 업무에 있어 윤리적인 면과 수익적인 면 중 무엇이 더 우선적인지 말해 보시오.

4. 2020년 기출질문

- 갈등을 해결하는 본인만의 방법은 무엇인지 말해 보시오.
- 본인이 리더십을 활용해서 좋은 평가를 받은 경험을 말해 보시오.
- 상대방을 설득하는 본인만의 협상 방법을 설명해 보시오.
- 민원인이 불가능한 부탁을 한다면 어떻게 할 것인지 말해 보시오.
- 위탁기관에서 연락이 왔는데 담당자가 자리를 비웠다면 어떻게 업무를 수행할 것인지 말해 보시오.
- 사업 담당자가 급한 서류의 처리방법을 질문할 때 본인의 업무 범위 밖이면 어떻게 해결할 것인지 말해 보시오.
- 코로나19로 인한 해외취업 문제의 해결 방안에 대해 말해 보시오.

5. 2019년 기출질문

- 상사의 부정행위를 본다면 어떻게 할 것인지 말해 보시오.
- 한국산업인력공단에서 성실하게 일할 수 있는가?
- 업무를 하는 데 있어 본인의 습관이 무엇인지 말해 보시오.
- 감명 깊게 본 책이나 영화를 말해 보시오.
- 한국산업인력공단에서 어떤 사업을 담당하고 싶은지 말해 보시오.
- 한국산업인력공단의 대표 사업이 무엇이라고 생각하는지 말해 보시오.
- 한국산업인력공단 조직의 특징이 무엇이라고 생각하는지 말해 보시오.
- 한국산업인력공단 사업 중 하나를 설명해 보시오.
- 앞으로 한국산업인력공단에서 확장될 것 같은 사업은 무엇이라고 생각하는지 말해 보시오.
- 자격시험 접수와 관련하여 특정 브라우저에서 자격시험 접수가 되지 않는다는 민원이 들어온다면 어떻게 대처할 것인지 말해 보시오.
- 소위 극성 부모에 대해 어떻게 생각하는지 말해 보시오.
- 적극적 안락사에 대해 어떻게 생각하는지 말해 보시오.
- 직무순환제의 장단점과 개선 방안에 대해 말해 보시오.
- 정책 수립을 위한 환경 분석 방안에 대해 말해 보시오.
- 조별과제를 하면서 어떤 점이 가장 힘들었는가?

6. 2018년 기출질문

- 본인이 했던 활동들이 어떻게 도움이 되었는지 말해 보시오.
- 어떤 점에서 본인의 장점이 잘 활용된다고 생각하는지 말해 보시오.
- 올바른 직장생활에 대한 본인의 가치관은 무엇인지 말해 보시오.
- 본인만의 시간 관리 방법에 대해 말해 보시오.
- 왜 본인을 채용해야 하는지 어필해 보시오.
- 한국산업인력공단의 사업에 대해 아는 대로 설명해 보시오.
- 스트레스를 받는 순간은 언제인가?
- 본인만의 스트레스 해소법에 대해 말해 보시오.
- 사내 보안을 지키려면 어떻게 해야 하는지 말해 보시오.
- 한국산업인력공단의 조직문화는 어떨 것이라 생각하는지 말해 보시오.
- 상사가 부당한 지시를 내린다면 어떻게 할 것인지 말해 보시오.
- 조직이나 세대 간 갈등의 해결법이 무엇이라고 생각하는지 말해 보시오.
- 본인이 했던 활동들이 어떻게 도움이 되었는지 말해 보시오.
- 어떤 점에서 본인의 장점이 잘 활용된다고 생각하는지 말해 보시오.
- 올바른 직장생활에 대한 본인의 가치관은 무엇인지 말해 보시오.
- 본인만의 시간 관리 방법에 대해 말해 보시오.
- 왜 본인을 채용해야 하는지 어필해 보시오.
- 한국산업인력공단의 사업에 대해 아는 대로 설명해 보시오.
- 스트레스를 받는 순간은 언제인가?
- 본인만의 스트레스 해소법에 대해 말해 보시오.
- 사내 보안을 지키려면 어떻게 해야 하는지 말해 보시오.
- 한국산업인력공단의 조직문화는 어떨 것이라 생각하는지 말해 보시오.
- 상사가 부당한 지시를 내린다면 어떻게 할 것인지 말해 보시오.
- 조직이나 세대 간 갈등의 해결법이 무엇이라고 생각하는지 말해 보시오.
- 한국산업인력공단이 하고 있는 사업에 대해 부족하다고 생각하는 부분이 있는가?
- 한국산업인력공단에서 추진하고 있는 사업 중 개선했으면 좋겠다고 생각하는 것을 말해 보시오.
- 본인이 추진하고 싶은 사업은 무엇이며, 그 이유는 무엇인지 말해 보시오.
- 스스로 희생해서 남을 도와 감동시킨 경험을 말해 보시오.
- 올해 초에 목표로 정했던 것을 어느 정도 이뤄냈는가?
- 한국산업인력공단의 비전과 미션에 대해 말해 보시오.
- 보안 관련 문제점이 많은데 이를 어떻게 해결할 수 있는지 말해 보시오.
- 제일 열심히 준비한 것은 무엇인가?
- 여러 공공기관 중 한국산업인력공단의 라이벌을 꼽고, 그 이유를 말해 보시오.
- 블라인드 채용의 단점을 말해 보시오.
- 한정된 자원으로 프로젝트를 추진해야 할 때 어떻게 처리할 것인지 말해 보시오.
- 본인 혼자만 업무 부담이 크다면 어떻게 하겠는가?
- 공동체 내에서의 어려운 부분을 해결했던 경험을 말해 보시오.
- 본인의 장단점을 말해 보시오.
- 부모님께 물려받은 것 중 가장 좋은 것은 무엇이라고 생각하는지 말해 보시오.
- 본인의 소통능력은 어느 정도인지 말해 보시오.

7. 2017년 기출질문

- SWOT 분석에 맞추어 자기소개를 해 보시오.
- 열정적으로 했던 일은 무엇인가?
- 지금까지 살아오면서 가장 힘들었던 경험은 무엇이며, 이를 어떻게 극복했는지 말해 보시오.
- 본인의 관심 직무에 대해 말해 보시오.
- 일과 개인사 중 더 중요한 것은 무엇이라고 생각하는지 말해 보시오.
- 한국산업인력공단의 경영방침에 대해 설명해 보시오.
- 중점적으로 공부했거나 좋아하는 법이 있다면 말해 보시오.
- 본인이 지원한 부서가 아닌 곳에 배치되어도 괜찮은가?
- 상사가 업무와 상관없는 잡다한 일을 시킨다면 어떻게 할 것인지 말해 보시오.
- NCS가 제2의 스펙이라고 생각하는가?
- NCS 채용으로 인한 취업준비생들의 부담을 줄일 수 있는 방안을 말해 보시오.
- 취업을 위한 사교육 부담을 줄일 수 있는 방안에 대해 말해 보시오.
- 회사 인트라넷은 실명제로 운영해야 하는가?
- 공인중개사시험 총괄 3일 전에 컴퓨터가 고장이 났다면 어떻게 할 것인지 말해 보시오.
- 상사가 퇴근시간 직전에 일을 시킨다면 어떻게 할 것인지 말해 보시오.
- (공단 사업리스트를 주고) 가장 먼저 예산을 편성할 것과 마지막으로 할 것은 무엇인가?
- 1점 차이로 합격하지 못하고 탈락한 사람이 항의전화를 했다면 어떻게 대응할 것인지 말해 보시오.
- 중요한 개인 업무를 급하게 처리하고 있는데 옆 팀 팀장님께서 해당 팀 결원자의 일을 부탁했다. 두 업무 모두 오전 10시까지 최종 제출해야 하고 일의 경중을 따지기 어렵다면 어떻게 행동할 것인가?
- 처음 해보는 업무를 지시받았는데 해당 업무를 본사 동기가 잘 알고 있다. 이런 상황에서 팀 내 상사와 동기 중 누구에게 먼저 연락할 것인가?
- 직업윤리 중 중요하게 생각하는 한 가지 키워드와 그 이유를 말해 보시오.
- 중요한 문서를 보고할 때 보고 수단으로 어떤 것을 사용할 것인지 말해 보시오.
  (부가질문) 고위급에게는 이메일 보고가 어려운데 어떻게 할 것인가?
  (부가질문) 외부고객과 내부고객에게는 어떻게 전달할 것인가?
- 지역협력기업 확산을 위한 기획서를 작성해야 한다면 어떻게 작성할 것인지 말해 보시오.
- 신입사원인 본인이 대학생 대상 홍보회를 진행한다면 어떤 절차로 수행할 것인지 말해 보시오.
- 한국산업인력공단에서 중요하게 여기는 것을 한 단어로 정의해 보시오.
- 누군가 청탁한다면 어떻게 대처할 것인가?
- 한국산업인력공단의 업무 중 행정처분인 것과 행정처분이 아니라고 생각하는 것을 구분하여 말해 보시오.
- 일학습병행제 학습자는 근로자인가?
- 의료법 위반으로 영업정지 처분을 받은 사람이 형사재판에서 무죄 확정판결을 받았다면 영업정지처분의 효력은 어떻게 되는가?
- 본인이 적정하다고 생각하는 면접비는 얼마인가? 해당 면접비 책정을 위해 예산 담당자를 설득해 보시오.
- 어떤 행사를 지원하는 2개의 기업 중에서 상사가 좋지 않은 조건을 제시하는 기업을 선택하라고 지시한다면 어떻게 하겠는가?
- MBO 관리 기법은 무엇이며, MBO를 업무에 적용해 설명해 보시오.
- 한국산업인력공단의 사업 지속성에 대해 말해 보시오.

8. 과년도 기출질문

- 지원동기를 3가지로 요약해 보시오. [2016년]
- 본인은 어떤 역량을 가지고 있는지 말해 보시오. [2016년]
- 주요 사업 중 관심 있는 사업이 무엇인지 말해 보시오. [2016년]
- 입사 후 진행해보고 싶은 사업을 말해 보시오. [2016년]
- 본인이 지금까지 겪어온 경험 중 한국산업인력공단에서 도움이 될 만한 경험을 말해 보시오. [2016년]
- 한국산업인력공단의 외부환경 위협요인에 대해 말해 보시오. [2016년]
- 위협요인을 극복하기 위한 방안을 말해 보시오. [2016년]
- 국민이 공직자에게 원하는 것은 무엇이라고 생각하는지 말해 보시오. [2016년]
- 직무지식・역량・태도 중 가장 중요하다고 생각하는 것과 그 이유를 말해 보시오. [2016년]
- 직업기초능력 중 가장 중요한 것은 무엇이며, 그 이유는 무엇인지 말해 보시오. [2016년]
- 본인이 워크숍 담당자일 때 가장 중요한 자질은 무엇이라고 생각하는지 말해 보시오. [2016년]
- 워크숍 장소 선정 중 상급자와 갈등이 생겼을 때 어떻게 해결할 것인지 말해 보시오. [2016년]
- 면접장까지 오는데 힘들지 않았는가? [2015년]
- 한국산업인력공단은 지역 주민을 위한 세미나를 개최하는 등 지역 주민을 위한 활동을 지속하고 있다. 본인이 직원이라면 어떤 세미나 등을 기획하겠는가? [2015년]
- 행정직 업무 중에는 계약과 관련된 업무가 많다. 계약 관련 회사에서 물건이 급히 필요하다며 10일이 걸리는 물건을 5일 안에 공급해달라고 한다. 이때 본인은 10일을 기다리라고 할 것인가? 아니면 5일 안에 물건을 공급해줄 것인가? [2015년]
  (부가질문) 물건 공급에 10일이 걸린다면 상대 회사는 공장이 멈춰 손실이 생기게 된다. 또한, 상대 회사가 원하는 시간을 맞춰 준다면 회사 원칙을 무시하는 것이다. 생각이 바뀌었다면 다시 말해 보시오.
- 한국산업인력공단에서는 CSR 업무도 진행한다. 사회적 신규 사업을 추진한다면 어떤 것이 있을지 제안해 보시오. [2015년]
- 거래처에 한글 파일을 사용해 메일을 보냈다. 그런데 거래처에서는 파일이 열리지 않는다고 한다. 이때 문제점을 어떻게 파악하여 해결할 것인가? [2015년]
- 한국산업인력공단에 들어오기 위해 어떤 노력을 했는지 말해 보시오. [2014년]
- 자기계발을 위해 꾸준히 노력하는 것을 말해 보시오. [2014년]
- 목표를 세우고 달성한 경험을 말해 보시오. [2014년]
- 본인은 친구가 몇 명인가? [2014년]
- 친구가 보는 본인의 단점에는 무엇이 있을 것 같은지 말해 보시오. [2014년]
- 같이 일하기 싫은 사람은 어떤 사람인지 말해 보시오. [2014년]
- 창의력을 발휘한 경험을 말해 보시오. [2014년]
- 청년실업에 대한 정부의 정책 중 가장 효과가 있다고 생각하는 것이 있다면 말해 보시오. [2014년]
- 열정을 가지고 임한 경험을 말해 보시오. [2014년]
- 앞으로 입사하면 창의력과 열정에 기반을 두어 어떻게 일하겠는가? [2014년]
- 한국산업인력공단에 지원한 이유를 말해 보시오. [2013년]
- 자기소개서에 적은 인생의 최종 목표에 대해 구체적으로 말해 보시오. [2013년]
- 기존 직장의 연봉이 상당히 높을 텐데 퇴사한 이유는 무엇인가? [2013년]

- 최근 관심 있게 읽은 책의 세부적인 내용을 말해 보시오. [2013년]
- 본인이 한국산업인력공단에 어떤 공헌을 할 수 있을지 말해 보시오. [2013년]
- 인생을 살면서 가장 큰 좌절을 겪은 경험과 어떻게 극복했는지 말해 보시오. [2013년]
- (영어로) 한국산업인력공단에 지원한 이유를 말해 보시오. [2013년]
- 자기소개를 하고 지원동기를 말해 보시오. [2012년]
- 한국산업인력공단에 지원하기 전에 진행한 직업능력개발 프로그램에 대해 설명해 보시오. [2012년]
- 한국산업인력공단이 나아갈 방향에 대해 말해 보시오. [2012년]
- 이전 회사에서 업무를 수행하면서 어려웠던 점과 그 어려움을 극복하기 위해 본인이 했던 노력을 말해 보시오. [2012년]
- 한국산업인력공단의 비전에 비추어 공단이 기여해야 할 점은 무엇인지 말해 보시오. [2012년]
- 요즘 젊은이들에게 필요한 역량은 무엇인지 말해 보시오. [2012년]
- 본인은 글로벌인재로서 어떤 역량을 갖추고 있다고 생각하는지 말해 보시오. [2012년]

혁신을 일으키기 위한 시스템은 시스템을 가지지 않는 것이다.

- 스티븐 잡스 -

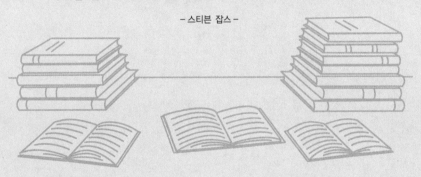

현재 나의 실력을 객관적으로 파악해 보자!

모바일 OMR
답안채점 / 성적분석 서비스

도서에 수록된 모의고사에 대한 객관적인 결과(정답률, 순위)를 종합적으로 분석하여 제공합니다.

OMR 입력 · 성적분석 · 채점결과

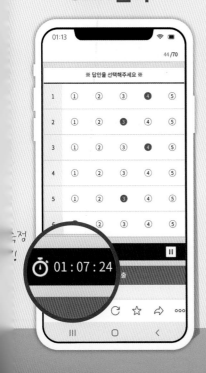

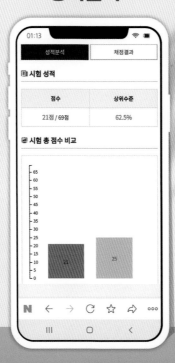

※OMR 답안채점 / 성적분석 서비스는 등록 후 30일간 사용 가능합니다.

도서 내 모의고사 우측 상단에 위치한 QR코드 찍기 → 로그인 하기 → '시작하기' 클릭 → '응시하기' 클릭 → 나의 답안을 모바일 OMR 카드에 입력 → '성적분석 & 채점결과' 클릭 → 현재 내 실력 확인하기

2024
전면개정판

누적 판매량
1위
기업별 NCS
시리즈

한국산업
인력공단

6급

정답 및 해설

NCS+한국사+영어+모의고사 5회

편저 | SDC(Sidae Data Center)

SDC
SDC는 SD에듀 데이터 센터의 약자로
약 30만 개의 NCS · 적성 문제 데이터를
바탕으로 최신 출제경향을 반영하여
문제를 출제합니다.

SD에듀
(주)시대고시기획

Add+

2023년 주요 공기업
NCS 기출복원문제

01	02	03	04	05	06	07	08	09	10	11	12	13	14	15	16	17	18	19	20
⑤	⑤	④	④	②	⑤	④	①	②	④	④	①	④	③	③	③	③	④	①	④
21	22	23	24	25	26	27	28	29	30	31	32	33	34	35	36	37	38	39	40
②	③	③	④	③	⑤	④	②	④	⑤	③	③	②	①	③	③	②	④	②	⑤
41	42	43	44	45	46	47	48	49	50										
④	④	④	②	②	①	④	③	②	③										

01

정답 ⑤

제시문의 세 번째 문단에 따르면 스마트 글라스 내부 센서를 통해 충격과 기울기를 감지할 수 있어 작업자에게 위험한 상황이 발생할 경우 통보 시스템을 통해 바로 파악할 수 있게 되었음을 알 수 있다.

오답분석

① 첫 번째 문단에 따라 스마트 글라스를 통한 작업자의 음성인식만으로 철도시설물 점검이 가능해졌음을 알 수 있지만, 다섯 번째 문단에 따르면 아직 유지보수 작업은 가능하지 않음을 알 수 있다.
② 첫 번째 문단에 따르면 스마트 글라스의 도입 이후에도 사람의 작업이 필요함을 알 수 있다.
③ 세 번째 문단에 따르면 스마트 글라스의 도입으로 추락 사고나 그 밖의 위험한 상황을 미리 예측할 수 있어 이를 방지할 수 있게 되었음을 알 수 있지만, 실제로 안전사고 발생 횟수가 감소하였는지는 알 수 없다.
④ 두 번째 문단에 따르면 여러 단계를 거치던 기존 작업 방식에서 스마트 글라스의 도입으로 작업을 한 번에 처리할 수 있게 된 것을 통해 작업 시간이 단축되었음을 알 수 있지만, 필요한 작업 인력의 감소 여부는 알 수 없다.

02

정답 ⑤

제시문의 네 번째 문단에 따르면 인공지능 등의 스마트 기술 도입으로 까치집 검출 정확도는 95%까지 상승하였으므로 까치집 제거율 또한 상승할 것임을 예측할 수 있으나, 근본적인 문제인 까치집 생성의 감소를 기대할 수는 없다.

오답분석

① 세 번째 문단과 네 번째 문단을 통해 정확도가 65%에 불과했던 인공지능의 까치집 식별 능력이 딥러닝 방식의 도입으로 95%까지 상승했음을 알 수 있다.
② 세 번째 문단에서 시속 150km로 빠르게 달리는 열차에서의 까치집 식별 정확도는 65%에 불과하다는 내용으로 보아, 빠른 속도에서는 인공지능의 사물 식별 정확도가 낮음을 알 수 있다.
③ 네 번째 문단에 따르면 작업자의 접근이 어려운 곳에는 드론을 띄워 까치집을 발견 및 제거하는 기술도 시범 운영하고 있다고 하였다.
④ 세 번째 문단에 따르면 실시간 까치집 자동 검출 시스템 개발로 실시간으로 위험 요인의 위치와 이미지를 작업자에게 전달할 수 있게 되었다.

03

정답 ④

제시문의 두 번째 문단에 따르면 CCTV는 열차 종류에 따라 운전실에서 실시간으로 상황을 파악할 수 있는 네트워크 방식과 각 객실에서의 영상을 저장하는 개별 독립 방식으로 설치된다고 하였다. 따라서 개별 독립 방식으로 설치된 일부 열차에서는 각 객실의 상황을 실시간으로 파악하지 못할 수 있다.

오답분석

① 첫 번째 문단에 따르면 2023년까지 현재 운행하고 있는 열차의 모든 객실에 CCTV를 설치하겠다는 내용으로 보아, 현재 모든 열차의 모든 객실에 CCTV가 설치되지는 않았음을 유추할 수 있다.
② 첫 번째 문단에 따르면 2023년까지 모든 열차 승무원에게 바디캠을 지급하겠다고 하였다. 이에 따라 승객이 승무원을 폭행하는 등의 범죄 발생 시 해당 상황을 녹화한 바디캠 영상이 있어 수사의 증거자료로 사용할 수 있게 되었다.
③ 두 번째 문단에 따르면 CCTV는 사각지대 없이 설치되며 일부는 휴대물품 보관대 주변에도 설치된다고 하였다. 따라서 인적 피해와 물적 피해 모두 예방할 수 있게 되었다.
⑤ 세 번째 문단에 따르면 CCTV 품평회와 시험을 통해 제품의 형태와 색상, 재질, 진동과 충격 등에 대한 적합성을 고려한다고 하였다.

04

정답 ④

작년 K대학교의 재학생 수는 6,800명이고 남학생과 여학생의 비가 $8:9$이므로, 남학생은 $6,800 \times \frac{8}{8+9} = 3,200$명이고, 여학생은 $6,800 \times \frac{9}{8+9} = 3,600$명이다. 올해 줄어든 남학생과 여학생의 비가 $12:13$이므로 올해 K대학교에 재학 중인 남학생과 여학생의 비는 $(3,200-12k):(3,600-13k)=7:8$이다.

$7 \times (3,600-13k) = 8 \times (3,200-12k)$
$\rightarrow 25,200-91k = 25,600-96k$
$\rightarrow 5k = 400$
$\therefore k = 80$

따라서 올해 K대학교에 재학 중인 남학생은 $3,200-12 \times 80 = 2,240$명이고, 여학생은 $3,600-13 \times 80 = 2,560$명이므로 올해 K대학교의 전체 재학생 수는 $2,240+2,560 = 4,800$명이다.

05

정답 ②

마일리지 적립 규정에 회원 등급과 관련된 내용은 없으며, 마일리지 적립은 지불한 운임의 액수, 더블적립 열차 탑승 여부, 선불형 교통카드 Rail+ 사용 여부에 따라서만 결정된다.

오답분석

① KTX 마일리지는 KTX 열차 이용 시에만 적립된다.
③ 비즈니스 등급은 기업회원 여부와 관계없이 최근 1년간의 활동내역을 기준으로 부여된다.
④ 반기 동안 추석 및 설 명절 특별수송기간 탑승 건을 제외하고 4만 점을 적립하면 VIP 등급을 부여받는다.
⑤ VVIP 등급과 VIP 등급 고객은 한정된 횟수 내에서 무료 업그레이드 쿠폰으로 KTX 특실을 KTX 일반실 가격에 구매할 수 있다.

06

정답 ⑤

K공사를 통한 예약 접수는 온라인 쇼핑몰 홈페이지를 통해서만 가능하며, 오프라인(방문) 접수는 우리·농협은행의 창구를 통해서만 이루어진다.

오답분석

① 구매자를 대한민국 국적자로 제한한다는 내용은 없다.
② 단품으로 구매 시 1인당 화종별 최대 3장으로 총 9장, 세트로 구매할 때도 1인당 최대 3세트로 총 9장까지 신청이 가능하며, 세트와 단품은 중복신청이 가능하므로 1인당 구매 가능한 최대 개수는 18장이다.
③ 우리·농협은행의 계좌가 없다면, K공사 온라인 쇼핑몰을 이용하거나 우리·농협은행에 직접 방문하여 구입할 수 있다.
④ 총발행량은 예약 주문 이전부터 화종별 10,000장으로 미리 정해져 있다.

07

우리·농협은행 계좌 미보유자인 외국인 A씨가 예약 신청을 할 수 있는 방법은 두 가지이다. 하나는 신분증인 외국인등록증을 지참하고 우리·농협은행의 지점을 방문하여 신청하는 것이고, 다른 하나는 K공사 온라인 쇼핑몰에서 가상계좌 방식으로 신청하는 것이다.

오답분석

① A씨는 외국인이므로 창구 접수 시 지참해야 하는 신분증은 외국인등록증이다.
② K공사 온라인 쇼핑몰에서는 가상계좌 방식을 통해서만 예약 신청이 가능하다.
③ 홈페이지를 통한 신청이 가능한 은행은 우리은행과 농협은행뿐이다.
⑤ 우리·농협은행의 홈페이지를 통해 예약 접수를 하려면 해당 은행에 미리 계좌가 개설되어 있어야 한다.

08

3종 세트는 186,000원, 단품은 각각 63,000원이므로 5명의 구매 금액을 계산하면 다음과 같다.
• A : $(186,000 \times 2) + 63,000 = 435,000$원
• B : $63,000 \times 8 = 504,000$원
• C : $(186,000 \times 2) + (63,000 \times 2) = 498,000$원
• D : $186,000 \times 3 = 558,000$원
• E : $186,000 + (63,000 \times 4) = 438,000$원
따라서 가장 많은 금액을 지불한 사람은 D이며, 구매 금액은 558,000원이다.

09

허리디스크는 디스크의 수핵이 탈출하여 생긴 질환이므로 허리를 굽히거나 앉아 있을 때 디스크에 가해지는 압력이 높아져 통증이 더 심해진다. 반면 척추관협착증의 경우 서 있을 때 척추관이 더욱 좁아지게 되어 통증이 더욱 심해진다.

오답분석

① 허리디스크는 디스크의 탄력 손실이나 갑작스런 충격으로 인해 균열이 생겨 발생하고, 척추관협착증은 오랜 기간 동안 황색인대가 두꺼워져 척추관에 변형이 일어나 발생하므로 허리디스크가 더 급작스럽게 증상이 나타난다.
③ 허리디스크는 자연치유가 가능하지만, 척추관협착증은 불가능하다. 따라서 허리디스크는 주로 통증을 줄이고 안정을 취하는 보존치료를 하지만, 척추관협착증은 변형된 부분을 제거하는 외과적 수술을 한다.
④ 허리디스크와 척추관협착증 모두 척추 중앙의 신경 다발(척수)이 압박받을 수 있으며, 심할 경우 하반신 마비 증세를 보일 수 있으므로 빠른 치료를 받는 것이 중요하다.

10

고령인 사람이 서 있을 때 통증이 나타난다면 퇴행성 척추질환인 척추관협착증(요추관협착증)일 가능성이 높다. 반면 허리디스크(추간판탈출증)는 젊은 나이에도 디스크에 급격한 충격이 가해지면 발생할 수 있고, 앉아 있을 때 통증이 심해진다. 따라서 ㉠에는 척추관협착증, ㉡에는 허리디스크가 들어가야 한다.

11

제시문은 장애인 건강주치의 시범사업을 소개하며 3단계 시범사업에서 기존과 달라지는 내용을 위주로 설명하고 있다. 따라서 가장 처음에 와야 할 문단은 3단계 장애인 건강주치의 시범사업을 소개하는 (마) 문단이다. 이어서 장애인 건강주치의 시범사업 세부 서비스를 소개하는 문단이 와야 하는데, 서비스 종류를 소개하는 문장이 있는 (다) 문단이 이어지는 것이 가장 적절하다. 그리고 2번째 서비스인 주장애관리를 소개하는 (가) 문단이 와야 하며, 그 다음으로 3번째 서비스인 통합관리 서비스와 추가적으로 방문 서비스를 소개하는 (라) 문단이 오는 것이 적절하다. 마지막으로 장애인 건강주치의 시범사업에 신청하는 방법을 소개하며 글을 끝내는 것이 적절하므로 (나) 문단이 이어져야 한다. 따라서 제시문을 순서대로 바르게 나열하면 (마) - (다) - (가) - (라) - (나)이다.

12

정답 ①

- 2019년 직장가입자 및 지역가입자의 건강보험금 징수율
  - 직장가입자 : $\frac{6,698,187}{6,706,712} \times 100 ≒ 99.87\%$
  - 지역가입자 : $\frac{886,396}{923,663} \times 100 ≒ 95.97\%$
- 2020년 직장가입자 및 지역가입자의 건강보험금 징수율
  - 직장가입자 : $\frac{4,898,775}{5,087,163} \times 100 ≒ 96.3\%$
  - 지역가입자 : $\frac{973,681}{1,003,637} \times 100 ≒ 97.02\%$
- 2021년 직장가입자 및 지역가입자의 건강보험금 징수율
  - 직장가입자 : $\frac{7,536,187}{7,763,135} \times 100 ≒ 97.08\%$
  - 지역가입자 : $\frac{1,138,763}{1,256,137} \times 100 ≒ 90.66\%$
- 2022년 직장가입자 및 지역가입자의 건강보험금 징수율
  - 직장가입자 : $\frac{8,368,972}{8,376,138} \times 100 ≒ 99.91\%$
  - 지역가입자 : $\frac{1,058,943}{1,178,572} \times 100 ≒ 89.85\%$

따라서 직장가입자의 건강보험금 징수율이 가장 높은 해는 2022년이고, 지역가입자의 건강보험금 징수율이 가장 높은 해는 2020년이다.

13

정답 ④

이뇨제의 1인 투여량은 60mL/일이고 진통제의 1인 투여량은 60mg/일이므로 이뇨제를 투여한 환자 수와 진통제를 투여한 환자 수의 비는 이뇨제 사용량과 진통제 사용량의 비와 같다.
- 2018년 : 3,000×2 < 6,720
- 2019년 : 3,480×2＝6,960
- 2020년 : 3,360×2 < 6,840
- 2021년 : 4,200×2 > 7,200
- 2022년 : 3,720×2 > 7,080

따라서 2018년과 2020년에 진통제를 투여한 환자 수는 이뇨제를 투여한 환자 수의 2배보다 많다.

오답분석

① 2022년에 전년 대비 사용량이 감소한 의약품은 이뇨제와 진통제로 이뇨제의 사용량 감소율은 $\frac{3,720-4,200}{4,200} \times 100 ≒ -11.43\%$이고, 진통제의 사용량 감소율은 $\frac{7,080-7,200}{7,200} \times 100 ≒ -1.67\%$이다. 따라서 전년 대비 2022년 사용량 감소율이 가장 큰 의약품은 이뇨제이다.

② 5년 동안 지사제 사용량의 평균은 $\frac{30+42+48+40+44}{5}＝40.8$정이고, 지사제의 1인 1일 투여량은 2정이다. 따라서 지사제를 투여한 환자 수의 평균은 $\frac{40.8}{2}＝20.4$이므로 약 20명이다.

③ 이뇨제 사용량은 매년 '증가 – 감소 – 증가 – 감소'를 반복하였다.

14

정답 ③

분기별 사회복지사 인력의 합은 다음과 같다.
• 2022년 3분기 : 391+670+1,887=2,948명
• 2022년 4분기 : 385+695+1,902=2,982명
• 2023년 1분기 : 370+700+1,864=2,934명
• 2023년 2분기 : 375+720+1,862=2,957명
분기별 전체 보건인력 중 사회복지사 인력의 비율은 다음과 같다.

• 2022년 3분기 : $\frac{2,948}{80,828} \times 100 ≒ 3.65\%$

• 2022년 4분기 : $\frac{2,982}{82,582} \times 100 ≒ 3.61\%$

• 2023년 1분기 : $\frac{2,934}{86,236} \times 100 ≒ 3.40\%$

• 2023년 2분기 : $\frac{2,957}{86,707} \times 100 ≒ 3.41\%$

따라서 옳지 않은 것은 ③이다.

15

정답 ③

건강생활실천지원금제 신청자 목록에 따라 신청자별로 확인하면 다음과 같다.
• A : 주민등록상 주소지는 시범지역에 속하지 않는다.
• B : 주민등록상 주소지는 관리형에 속하지만, 고혈압 또는 당뇨병 진단을 받지 않았다.
• C : 주민등록상 주소지는 예방형에 속하고, 체질량지수와 혈압이 건강관리가 필요한 사람이므로 예방형이다.
• D : 주민등록상 주소지는 관리형에 속하고, 고혈압 진단을 받았으므로 관리형이다.
• E : 주민등록상 주소지는 예방형에 속하고, 체질량지수와 공복혈당 건강관리가 필요한 사람이므로 예방형이다.
• F : 주민등록상 주소지는 시범지역에 속하지 않는다.
• G : 주민등록상 주소지는 관리형에 속하고, 당뇨병 진단을 받았으므로 관리형이다.
• H : 주민등록상 주소지는 시범지역에 속하지 않는다.
• I : 주민등록상 주소지는 예방형에 속하지만, 필수조건인 체질량지수가 정상이므로 건강관리가 필요한 사람에 해당하지 않는다.
따라서 예방형 신청이 가능한 사람은 C, E이고, 관리형 신청이 가능한 사람은 D, G이다.

16

정답 ③

출산장려금 지급 시기의 가장 우선순위인 임신일이 가장 긴 임산부는 B, C, D임산부이다. 이 중에서 만 19세 미만인 자녀 수가 많은 임산부는 C, D임산부이고, 소득 수준이 더 낮은 임산부는 C임산부이다. 따라서 C임산부가 가장 먼저 출산장려금을 받을 수 있다.

17

정답 ③

'우회수송'은 사고 등의 이유로 직통이 아닌 다른 경로로 우회하여 수송한다는 뜻이기 때문에 '우측 선로로의 변경'은 순화로 적절하지 않다.

오답분석
① '열차 시격'에서 '시격'이란 '사이에 뜬 시간'이라는 뜻의 한자어로, 열차와 열차 사이의 간격, 즉 '배차 간격'으로 순화할 수 있다.
② '전차선'이란 선로를 의미하고, '단전'은 전기의 공급이 중단됨을 말한다. 따라서 바르게 순화되었다.
④ '핸드레일(Handrail)'은 난간을 뜻하는 영어 단어로, 우리말로는 '안전손잡이'로 순화할 수 있다.
⑤ '키스 앤 라이드(Kiss and Ride)'는 헤어질 때 키스를 하는 영미권 문화에서 비롯된 용어로, '환승정차구역'을 지칭한다.

18

제시문의 세 번째 문단을 통해 정부가 철도 중심 교통체계 구축을 위해 노력하고 있음을 알 수 있으나, 구체적으로 시행된 조치는 언급되지 않았다.

오답분석
① 첫 번째 문단을 통해 전 세계적으로 탄소중립이 주목받자 이에 대한 방안으로 등장한 것이 철도 수송임을 알 수 있다.
② 첫 번째 문단과 두 번째 문단을 통해 철도 수송의 확대가 온실가스 배출량의 획기적인 감축을 가져올 것임을 알 수 있다.
③ 네 번째 문단을 통해 '중앙선 안동 ~ 영천 간 궤도' 설계 시 탄소 감축 방안으로 저탄소 자재인 유리섬유 보강근이 철근 대신 사용되었음을 알 수 있다.
⑤ 네 번째 문단을 통해 S철도공단은 철도 중심 교통체계 구축을 위해 건설 단계에서부터 친환경·저탄소 자재를 적용하였고, 탄소 감축을 위해 2025년부터는 모든 철도건축물을 일정한 등급 이상으로 설계하기로 결정하였음을 알 수 있다.

19

제시문을 살펴보면 먼저 첫 번째 문단에서는 이산화탄소로 메탄올을 만드는 곳이 있다며 관심을 유도하고, 두 번째 문단에서 메탄올을 어떻게 만들고 어디에서 사용하는지 구체적으로 설명함으로써 탄소 재활용의 긍정적인 측면을 부각하고 있다. 하지만 세 번째 문단에서는 앞선 내용과 달리 이렇게 만들어진 메탄올의 부정적인 측면을 설명하고, 네 번째 문단에서는 이와 같은 이유로 탄소 재활용에 대한 결론이 나지 않았다며 글이 마무리되고 있다. 따라서 글의 주제로 가장 적절한 것은 탄소 재활용의 이면을 모두 포함하는 내용인 ①이다.

오답분석
② 두 번째 문단에 한정된 내용이므로 제시문 전체를 다루는 주제로 보기에는 적절하지 않다.
③ 지열발전소의 부산물을 통해 메탄올이 만들어진 것은 맞지만, 새롭게 탄생된 연료로 보기는 어려우며, 글의 전체를 다루는 주제로 보기에도 적절하지 않다.
④·⑤ 제시문의 첫 번째 문단과 두 번째 문단에서는 버려진 이산화탄소 및 부산물의 재활용을 통해 '메탄올'을 제조함으로써 미래 원료를 해결할 수 있을 것처럼 보이지만, 이어지는 세 번째 문단과 네 번째 문단에서는 이렇게 만들어진 '메탄올'이 과연 미래 원료로 적합한지 의문점이 제시되고 있다. 따라서 글의 주제로 적절하지 않다.

20

A ~ C철도사의 차량 1량당 연간 승차인원 수는 다음과 같다.
• 2020년
  − A철도사 : $\frac{775,386}{2,751} ≒ 281.86$천 명/년/1량
  − B철도사 : $\frac{26,350}{103} ≒ 255.83$천 명/년/1량
  − C철도사 : $\frac{35,650}{185} ≒ 192.7$천 명/년/1량
• 2021년
  − A철도사 : $\frac{768,776}{2,731} ≒ 281.5$천 명/년/1량
  − B철도사 : $\frac{24,746}{111} ≒ 222.94$천 명/년/1량
  − C철도사 : $\frac{33,130}{185} ≒ 179.08$천 명/년/1량

• 2022년

- A철도사 : $\dfrac{755,376}{2,710}$ ≒ 278.74천 명/년/1량

- B철도사 : $\dfrac{23,686}{113}$ ≒ 209.61천 명/년/1량

- C철도사 : $\dfrac{34,179}{185}$ ≒ 184.75천 명/년/1량

따라서 3년간 차량 1량당 연간 평균 승차인원 수는 C철도사가 가장 적다.

오답분석

① 2020 ~ 2022년의 C철도사의 차량 수는 185량으로 변동이 없다.

② 2020 ~ 2022년의 연간 승차인원 비율은 모두 A철도사가 가장 높다.

③ A ~ C철도사의 2020년의 연간 전체 승차인원 수는 775,386＋26,350＋35,650＝837,386천 명, 2021년의 연간 전체 승차인원 수는 768,776＋24,746＋33,130＝826,652천 명, 2022년의 연간 전체 승차인원 수는 755,376＋23,686＋34,179＝813,241천 명으로 매년 감소하였다.

⑤ 2020 ~ 2022년의 C철도사 차량 1량당 연간 승차인원 수는 각각 192.7천 명, 179.08천 명, 184.75천 명이므로 모두 200천 명 미만이다.

21

정답 ②

조건에 따라 노트북별 점수를 구하면 다음과 같다.

(단위 : 점)

구분	A	B	C	D	E
저장용량 / 저장매체	4	2＋3＝5	5	2＋3＝5	3＋3＝6
배터리 지속시간	2	5	1	4	3
무게	2	5	1	4	3
가격	2	5	1	3	4
합계	4＋2＋2＋2＝10	5＋5＋5＋5＝20	5＋1＋1＋1＝8	5＋4＋4＋3＝16	6＋3＋3＋4＝16

따라서 최대리는 점수가 가장 높은 B노트북을 고른다.

22

정답 ③

C호스텔의 대관료는 예산 범위 안에 포함되지만, 수용인원이 워크숍 참여 인원보다 적으므로 C호스텔은 적절한 장소가 아니다.

오답분석

① 워크숍에 참여하는 인원은 143명이므로 수용인원수가 참여 인원보다 적은 D호스텔을 제외하는 것은 적절하다.

② 예산은 175만 원이므로 대관료가 예산보다 비싼 A호스텔을 제외하는 것은 적절하다.

④ · ⑤ 적절한 거리에 대한 정보는 제시되어 있지 않으나, 앞선 대화에서 A호스텔과 D호스텔을 제외한 남은 세 호스텔 중에서 수용인원, 예산 범위를 모두 충족하는 호스텔은 B호스텔이다.

23

정답 ③

B호스텔을 선정하였으므로 대관료는 150만 원이다.

24

- A팀 : 견학 희망 인원이 45명, 견학 희망 장소는 발전소 전체이고 견학 희망 시간이 100분 이상이므로 한빛 발전소로 견학을 가야 한다.
- B팀 : 견학 희망 인원이 35명이고 견학 희망 장소는 발전시설을 제외한 곳이므로 고리 발전소 또는 월성 발전소로 견학을 가야 한다. 이때, C팀이 고리 발전소로 견학을 가야 하므로 월성 발전소로 견학을 가야 한다.
- C팀 : 견학 희망 인원이 45명이고 견학 희망 장소는 홍보관이므로 고리 발전소로 견학을 가야 한다.
- D팀 : 견학 희망 인원이 35명이고 견학 희망 장소는 발전소 전체이므로 한빛 발전소, 한울 발전소로 견학을 갈 수 있으나, A팀이 한빛 발전소로 견학을 가야 하므로 한울 발전소로 견학을 가야 한다.
- E팀 : 견학 희망 인원이 35명, 견학 희망 시간은 최소 100분이므로 새울 발전소와 한빛 발전소 중 한 곳으로 견학을 가야 한다. 이때, A팀이 한빛 발전소를 가야 하므로 새울 발전소로 견학을 가야 한다.

따라서 A팀은 한빛 발전소, B팀은 월성 발전소, C팀은 고리 발전소, D팀은 한울 발전소, E팀은 새울 발전소로 견학을 가야 한다.

25

월성 발전소 견학 순서를 기준으로 발전소의 견학 순서를 정리하면 다음과 같다.
- 월성 발전소의 견학 순서가 첫 번째일 때
  새울 발전소는 세 번째로 가야 한다. 이때 두 번째, 다섯 번째 조건에 의해 한울 발전소는 두 번째로 가야하고, 첫 번째 조건에 의해 고리 발전소는 한빛 발전소보다 먼저 견학을 가야 한다. 따라서 견학 순서는 '월성 발전소 - 한울 발전소 - 새울 발전소 - 고리 발전소 - 한빛 발전소'이다.
- 월성 발전소의 견학 순서가 세 번째일 때
  네 번째 조건에 의해 새울 발전소는 다섯 번째로 가야 한다. 이때 한울 발전소를 네 번째로 간다면 월성 발전소보다 먼저 한빛 발전소로 견학을 가야 하므로 첫 번째 조건을 만족하지 않는다. 따라서 견학 순서는 '고리 발전소 - 한울 발전소 - 월성 발전소 - 한빛 발전소 - 새울 발전소'이다.
- 월성 발전소의 견학 순서가 다섯 번째일 때
  월성 발전소보다 먼저 한빛 발전소에 견학을 가야 하므로 첫 번째 조건을 만족하지 않는다.

따라서 항상 두 번째로 견학을 가게 되는 발전소는 한울 발전소이다.

26

2023년 6월의 학교폭력 신고 누계 건수는 7,530+1,183+557+601=9,871건으로, 10,000건 미만이다.

오답분석

① • 2023년 1월의 학교폭력 상담 건수 : 9,652-9,195=457건
   • 2023년 2월의 학교폭력 상담 건수 : 10,109-9,652=457건
   따라서 2023년 1월과 2023년 2월의 학교폭력 상담 건수는 같다.
② 학교폭력 상담 건수와 신고 건수 모두 2023년 3월에 가장 많다.
③ 전월 대비 학교폭력 상담 건수가 가장 크게 감소한 때는 2023년 5월이지만, 학교폭력 신고 건수가 가장 크게 감소한 때는 2023년 4월이다.
④ 전월 대비 학교폭력 상담 건수가 증가한 월은 2022년 9월과 2023년 3월이고, 이때 학교폭력 신고 건수 또한 전월 대비 증가하였다.

27

연도별 전체 발전량 대비 유류·양수 자원 발전량은 다음과 같다.

- 2018년 : $\frac{6,605}{553,256} \times 100 = 1.2\%$
- 2019년 : $\frac{6,371}{537,300} \times 100 = 1.2\%$
- 2020년 : $\frac{5,872}{550,826} \times 100 = 1.1\%$

- 2021년 : $\dfrac{5,568}{553,900} \times 100 ≒ 1\%$

- 2022년 : $\dfrac{5,232}{593,958} \times 100 ≒ 0.9\%$

따라서 2022년의 유류·양수 자원 발전량은 전체 발전량의 1% 미만이다.

오답분석

① 원자력 자원 발전량과 신재생 자원 발전량은 매년 증가하였다.
② 연도별 석탄 자원 발전량의 전년 대비 감소폭은 다음과 같다.
- 2019년 : $226,571-247,670=-21,099\text{GWh}$
- 2020년 : $221,730-226,571=-4,841\text{GWh}$
- 2021년 : $200,165-221,730=-21,565\text{GWh}$
- 2022년 : $198,367-200,165=-1,798\text{GWh}$

따라서 석탄 자원 발전량의 전년 대비 감소폭이 가장 큰 해는 2021년이다.
③ 연도별 신재생 자원 발전량 대비 가스 자원 발전량은 다음과 같다.
- 2018년 : $\dfrac{135,072}{36,905} \times 100 ≒ 366\%$

- 2019년 : $\dfrac{126,789}{38,774} \times 100 ≒ 327\%$

- 2020년 : $\dfrac{138,387}{44,031} \times 100 ≒ 314\%$

- 2021년 : $\dfrac{144,976}{47,831} \times 100 ≒ 303\%$

- 2022년 : $\dfrac{160,787}{50,356} \times 100 ≒ 319\%$

따라서 연도별 신재생 자원 발전량 대비 가스 자원 발전량이 가장 큰 해는 2018년이다.
⑤ 전체 발전량이 증가한 해는 2020 ~ 2022년이며, 그 증가폭은 다음과 같다.
- 2020년 : $550,826-537,300=13,526\text{GWh}$
- 2021년 : $553,900-550,826=3,074\text{GWh}$
- 2022년 : $593,958-553,900=40,058\text{GWh}$

따라서 전체 발전량의 전년 대비 증가폭이 가장 큰 해는 2022년이다.

28

정답 ②

㉠ 퍼실리테이션(Facilitation)이란 '촉진'을 의미하며, 어떤 그룹이나 집단이 의사결정을 잘하도록 도와주는 일을 가리킨다. 최근 많은 조직에서는 보다 생산적인 결과를 가져올 수 있도록 그룹이 나아갈 방향을 알려 주고, 주제에 대한 공감을 이룰 수 있도록 능숙하게 도와주는 퍼실리테이터를 활용하고 있다. 퍼실리테이션에 의한 문제해결방법은 깊이 있는 커뮤니케이션을 통해 서로의 문제점을 이해하고 공감함으로써 창조적인 문제해결을 도모한다. 소프트 어프로치나 하드 어프로치 방법은 타협점의 단순 조정에 그치지만, 퍼실리테이션에 의한 방법은 초기에 생각하지 못했던 창조적인 해결방법을 도출한다. 동시에 구성원의 동기가 강화되고 팀워크도 한층 강화된다는 특징을 보인다. 이 방법을 이용한 문제해결은 구성원이 자율적으로 실행하는 것이며, 제3자가 합의점이나 줄거리를 준비해 놓고 예정대로 결론이 도출되어 가도록 해서는 안 된다.
㉡ 하드 어프로치에 의한 문제해결방법은 상이한 문화적 토양을 가지고 있는 구성원을 가정하여 서로의 생각을 직설적으로 주장하고 논쟁이나 협상을 통해 의견을 조정해 가는 방법이다. 이때 중심적 역할을 하는 것이 논리, 즉 사실과 원칙에 근거한 토론이다. 제3자는 이것을 기반으로 구성원에게 지도와 설득을 하고 전원이 합의하는 일치점을 찾아내려고 한다. 이 방법은 합리적이지만 잘못하면 단순한 이해관계의 조정에 그치고 말아서 그것만으로는 창조적인 아이디어나 높은 만족감을 이끌어 내기 어렵다.
㉢ 소프트 어프로치에 의한 문제해결방법은 대부분의 기업에서 볼 수 있는 전형적인 스타일로, 조직 구성원들은 같은 문화적 토양을 가지고 이심전심으로 서로를 이해하는 상황을 가정한다. 코디네이터 역할을 하는 제3자는 결론으로 끌고 갈 지점을 미리 머릿속에 그려가면서 권위나 공감에 의지하여 의견을 중재하고, 타협과 조정을 통하여 해결을 도모한다. 결론이 애매하게 끝나는 경우가 적지 않으나, 그것은 그것대로 이심전심을 유도하여 파악하면 된다. 소프트 어프로치에서는 문제해결을 위해서 직접 표현하는 것이 바람직하지 않다고 여기며, 무언가를 시사하거나 암시를 통하여 의사를 전달하고 기분을 서로 통하게 함으로써 문제해결을 도모하고자 한다.

29

정답 ④

네 번째 조건을 제외한 모든 조건과 그 대우를 논리식으로 표현하면 다음과 같다.

- $\sim(D \vee G) \rightarrow F$ / $\sim F \rightarrow (D \wedge G)$
- $F \rightarrow \sim E$ / $E \rightarrow \sim F$
- $\sim(B \vee E) \rightarrow \sim A$ / $A \rightarrow (B \wedge E)$

네 번째 조건에 따라 A가 투표를 하였으므로, 세 번째 조건의 대우에 의해 B와 E 모두 투표를 하였다. 또한 E가 투표를 하였으므로, 두 번째 조건의 대우에 따라 F는 투표하지 않았으며, F가 투표하지 않았으므로 첫 번째 조건의 대우에 따라 D와 G는 모두 투표하였다. A, B, D, E, G 5명이 모두 투표하였으므로 네 번째 조건에 따라 C는 투표하지 않았다. 따라서 투표를 하지 않은 사람은 C와 F이다.

30

정답 ⑤

VLOOKUP 함수는 열의 첫 열에서 수직으로 검색하여 원하는 값을 출력하는 함수이다. 함수의 형식은 「=VLOOKUP(찾을 값,범위,열 번호,찾기 옵션)」이며 이 중 근사값을 찾기 위해서는 찾기 옵션에 1을 입력해야 하고, 정확히 일치하는 값을 찾기 위해서는 0을 입력해야 한다. 상품코드 S3310897의 값을 일정한 범위에서 찾아야 하는 것이므로 범위는 절대참조로 지정해야 하며, 크기 '중'은 범위 중 3번째 열에 위치하고, 정확히 일치하는 값을 찾아야 하므로 입력해야 하는 함수식은 「=VLOOKUP("S3310897", $B$2:$E$8,3,0)」이다.

[오답분석]

①·② HLOOKUP 함수를 사용하려면 찾고자 하는 값은 '중'이고, [B2:E8] 범위에서 찾고자 하는 행 'S3310897'은 6번째 행이므로 「=HLOOKUP("중",$B$2:$E$8,6,0)」을 입력해야 한다.

③·④ '중'은 테이블 범위에서 3번째 열이다.

31

정답 ③

Windows Game Bar로 녹화한 영상의 저장 위치는 파일 탐색기를 사용하여 [내 PC] – [동영상] – [캡처] 폴더를 원하는 위치로 옮겨 변경할 수 있다.

32

정답 ③

수소는 연소 시 탄소를 배출하지 않는 친환경에너지이지만, 수소혼소 발전은 수소와 함께 액화천연가스(LNG)를 혼합하여 발전하므로 기존 LNG 발전에 비해 탄소 배출량은 줄어들지만, 여전히 탄소를 배출한다.

[오답분석]

① 수소혼소 발전은 기존의 LNG 발전설비를 활용할 수 있기 때문에 화석연료 발전에서 친환경에너지 발전으로 전환하는 데 발생하는 사회적·경제적 충격을 완화할 수 있다.

② 높은 온도로 연소하는 수소는 공기 중의 질소와 반응하여 질소산화물(NOx)을 발생시키며, 이는 미세먼지와 함께 대기오염의 주요 원인으로 작용한다.

④ 수소혼소 발전에서 수소를 혼입하는 양이 많아질수록 발전에 사용하는 LNG를 많이 대체하므로 탄소 배출량은 줄어든다.

33

정답 ②

보기에 주어진 문장은 접속부사 '따라서'로 시작하므로 수소가 2050 탄소중립 실현을 위한 최적의 에너지원이 되는 이유 뒤에 와야 한다. 따라서 보기는 수소 에너지의 장점과 이어지는 (나)에 들어가는 것이 가장 적절하다.

34

RPS 제도 이행을 위해 공급의무자는 일정 비율 이상(의무공급비율)을 신재생에너지로 발전해야 한다. 하지만 의무공급비율은 매년 확대되고 있고, 여기에 맞춰 신재생에너지 발전설비를 계속 추가하는 것은 시간적, 물리적으로 어려우므로 공급의무자는 신재생에너지 공급자로부터 REC를 구매하여 의무공급비율을 달성한다.

오답분석

② 신재생에너지 공급자가 공급의무자에게 REC를 판매하기 위해서는 에너지관리공단 신재생에너지센터, 한국전력거래소 등 공급인증기관으로부터 공급 사실을 증명하는 공급인증서를 신청해 발급받아야 한다.
③ 2021년 8월 이후 에너지관리공단에서 운영하는 REC 거래시장을 통해 일반기업도 REC를 구매하여 온실가스 감축실적으로 인정받을 수 있게 되었다.
④ REC에 명시된 공급량은 발전방식에 따라 가중치를 곱해 표기하므로 실제 공급량과 다를 수 있다.

35

빈칸 ㉠의 앞 문장은 공급의무자의 신재생에너지 발전설비 확대를 통한 RPS 달성에는 한계점이 있음을 설명하고, 뒷 문장은 이에 대한 대안으로서 REC 거래를 설명하고 있다. 따라서 빈칸에 들어갈 접속부사는 '그러므로'가 가장 적절하다.

36

오답분석

① 인증서의 유효기간은 발급일로부터 3년이다. 2020년 10월 6일에 발급받은 REC의 만료일은 2023년 10월 6일이므로 이미 만료되어 거래할 수 없다.
② 천연가스는 화석연료이므로 REC를 발급받을 수 없다.
④ 기업에 판매하는 REC는 에너지관리공단에서 거래시장을 운영한다.

37

N사에서 A지점으로 가려면 1호선으로 역 2개를 지난 후 2호선으로 환승하여 역 5개를 더 가야 한다.
따라서 편도로 이동하는 데 걸리는 시간은 $(2 \times 2)+3+(2 \times 5)=17$분이므로 왕복하는 데 걸리는 시간은 $17 \times 2=34$분이다.

38

• A지점 : $(900 \times 2)+(950 \times 5)=6,550\text{m}$
• B지점 : $900 \times 8=7,200\text{m}$
• C지점 : $(900 \times 2)+(1,300 \times 4)=7,000\text{m}$ 또는 $(900 \times 5)+1,000+1,300=6,800\text{m}$
• D지점 : $(900 \times 5)+(1,000 \times 2)=6,500\text{m}$ 또는 $(900 \times 2)+(1,300 \times 3)+1,000=6,700\text{m}$
따라서 N사로부터 이동거리가 가장 짧은 지점은 D지점이다.

39

• A지점 : 이동거리는 6,550m이고 기본요금 및 거리비례 추가비용은 2호선 기준이 적용되므로 $1,500+100=1,600$원이다.
• B지점 : 이동거리는 7,200m이고 기본요금 및 거리비례 추가비용은 1호선 기준이 적용되므로 $1,200+50 \times 4=1,400$원이다.
• C지점 : 이동거리는 7,000m이고 기본요금 및 거리비례 추가비용은 4호선 기준이 적용되므로 $2,000+150=2,150$원이다.
  또는 이동거리가 6,800m일 때, 기본요금 및 거리비례 추가비용은 4호선 기준이 적용되므로 $2,000+150=2,150$원이다.
• D지점 : 이동거리는 6,500m이고 기본요금 및 거리비례 추가비용은 3호선 기준이 적용되므로 $1,800+100 \times 3=2,100$원이다.
  또는 이동거리가 6,700m일 때, 기본요금 및 거리비례 추가비용은 4호선 기준이 적용되므로 $2,000+150=2,150$원이다.
따라서 이동하는 데 드는 비용이 가장 적은 지점은 B지점이다.

40

정답 ⑤

미국 컬럼비아 대학교에서 만들어 낸 치즈케이크는 7겹으로, 7가지의 반죽형 식용 카트리지로 만들어졌다. 따라서 페이스트를 층층이 쌓아서 만드는 FDM 방식을 사용하여 제작하였음을 알 수 있다.

오답분석

① PBF / SLS 방식 3D 푸드 프린터는 설탕 같은 분말 형태의 재료를 접착제나 레이저로 굳혀 제작하는 것이므로 설탕 케이크 장식을 제작하기에 적절한 방식이다.
② 3D 푸드 프린터는 질감을 조정하거나, 맛을 조정하여 음식을 제작할 수 있으므로 식감 등으로 발생하는 편식을 줄일 수 있다.
③ 3D 푸드 프린터는 음식을 제작할 때 개인별로 필요한 영양소를 첨가하는 등 사용자 맞춤 식단을 제공할 수 있다는 장점이 있다.
④ 네 번째 문단에서 현재 3D 푸드 프린터의 한계점을 보면 디자인적·심리적 요소로 인해 3D 푸드 프린터로 제작된 음식에 거부감이 들 수 있다고 하였다.

41

정답 ④

(라) 문장이 포함된 세 번째 문단은 3D 푸드 프린터의 장점에 대해 설명하는 문단이며, 특히 대체육 프린팅의 장점에 대해 소개하고 있다. 그러나 (라) 문장은 대체육의 단점에 대해 서술하고 있으므로 네 번째 문단에서 추가로 서술하거나 삭제하는 것이 적절하다.

오답분석

① (가) 문장은 컬럼비아 대학교에서 3D 푸드 프린터로 만들어 낸 치즈케이크의 특징을 설명하는 문장이므로 적절하다.
② (나) 문장은 현재 주로 사용되는 3D 푸드 프린터의 작동 방식을 설명하는 문장이므로 적절하다.
③ (다) 문장은 3D 푸드 프린터의 장점을 소개하는 세 번째 문단의 중심내용이므로 적절하다.
⑤ (마) 문장은 3D 푸드 프린터의 한계점인 '디자인으로 인한 심리적 거부감'을 서술하고 있으므로 적절하다.

42

정답 ④

네 번째 문단은 3D 푸드 프린터의 한계 및 개선점을 설명하는 문단으로, 3D 푸드 프린터의 장점을 설명한 세 번째 문단과 역접관계에 있다. 따라서 '그러나'가 적절한 접속부사이다.

오답분석

① ㉠ 앞에서 서술된 치즈케이크의 특징이 대체육과 같은 다른 관련 산업에서 주목하게 된 이유가 되므로 '그래서'는 적절한 접속부사이다.
② ㉡ 앞의 문장은 3D 푸드 프린터의 장점을 소개하는 세 번째 문단의 중심내용이고 뒤의 문장은 이에 대한 예시를 설명하고 있으므로 '예를 들어'는 적절한 접속부사이다.
③ ㉢의 앞과 뒤는 다른 내용이지만 모두 3D 푸드 프린터의 장점을 나열한 것이므로 '또한'은 적절한 접속부사이다.
⑤ ㉣의 앞과 뒤는 다른 내용이지만 모두 3D 푸드 프린터의 단점을 나열한 것이므로 '게다가'는 적절한 접속부사이다.

43

정답 ④

제시문은 메기 효과에 대한 글이므로 가장 먼저 메기 효과의 기원에 대해 설명한 (마) 문단으로 시작하고, 뒤이어 메기 효과의 기원에 대한 과학적인 검증 및 논란에 대한 (라) 문단이 와야 한다. 이어서 경영학 측면에서의 메기 효과에 대한 내용이 와야 하는데, (다) 문단의 경우 앞의 내용과 뒤의 내용이 상반될 때 쓰는 접속 부사인 '그러나'로 시작하므로 (가) 문단이 먼저 나오고 그 다음에 (다) 문단이 이어지는 것이 적절하다. 그리고 마지막으로 메기 효과에 대한 결론인 (나) 문단으로 끝나야 한다.

44

메기 효과는 과학적으로 검증되지 않았지만 적정 수준의 경쟁이 발전을 이룬다는 시사점을 가지고 있다고 하였으므로 낭설에 불과하다고 하는 것은 적절하지 않다.

오답분석

① (라) 문단의 거미와 메뚜기 실험에서 죽은 메뚜기로 인해 토양까지 황폐화되었음을 볼 때, 거대 기업의 출현은 해당 시장의 생태계까지 파괴할 수 있음을 알 수 있다.
③ (나) 문단에서 성장 동력을 발현시키기 위해서는 규제 등의 방법으로 적정 수준의 경쟁을 유지해야 한다고 서술하고 있다.
④ (가) 문단에서 메기 효과는 한국, 중국 등 고도 경쟁사회에서 널리 사용되고 있다고 서술하고 있다.

45

정답 ②

식탁 1개와 의자 2개의 합은 20만+(10만×2)=40만 원이고, 30만 원 이상 구매 시 10%를 할인받을 수 있으므로 40만×0.9=36만 원이다. 가구를 구매하고 남은 돈은 50만-36만=14만 원이고 장미 한 송이당 가격은 6,500원이다.
따라서 14÷0.65≒21.53이므로 장미꽃은 총 21송이를 살 수 있다.

46

정답 ①

작년의 여자 사원 수를 x명이라 하면 남자 사원 수는 $(820-x)$명이므로

$$\frac{8}{100}(820-x)-\frac{10}{100}x=-10$$

$$\therefore\ x=420$$

따라서 올해 여자 사원 수는 $\frac{90}{100}\times420=378$명이다.

47

정답 ④

처음으로 오수 탱크 한 개를 정화하는 데 소요되는 시간은 4+6+5+4+6=25시간이다.
그 후에는 A~E공정 중 가장 긴 공정 시간이 6시간이므로 6시간마다 탱크 한 개씩 처리할 수 있다.
따라서 탱크 30개를 처리하는 데 소요되는 시간은 25+[6×(30-1)]=199시간이다.

48

정답 ③

• CBP - WK4A - P31 - B0803 : 배터리 형태 중 WK는 없는 형태이다.
• PBP - DK1E - P21 - A8B12 : 고속충전 규격 중 P21은 없는 규격이다.
• NBP - LC3B - P31 - B3230 : 생산날짜의 2월에는 30일이 없다.
• CNP - LW4E - P20 - A7A29 : 제품 분류 중 CNP는 없는 분류이다.
따라서 보기에서 시리얼 넘버가 잘못 부여된 제품은 모두 4개이다.

49

고객이 설명한 제품 정보를 정리하면 다음과 같다.
- 설치형 : PBP
- 도킹형 : DK
- 20,000mAH 이상 : 2
- 60W 이상 : B
- USB – PD3.0 : P30
- 2023년 10월 12일 : B2012

따라서 S주임이 데이터베이스에 검색할 시리얼 넘버는 PBP – DK2B – P30 – B2012이다.

50

흰색 공을 A, 검은색 공을 B, 파란색 공을 C로 치환한 후 논리 기호화하면 다음과 같다.
- 전제 1 : A → ~B
- 전제 2 : _____
- 결론 : A → C

따라서 필요한 전제 2는 '~B → C' 또는 대우인 '~C → B'이므로 '파란색 공을 가지고 있지 않은 사람은 모두 검은색 공을 가지고 있다.'가 전제 2로 적절하다.

[오답분석]
① B → C
② ~C → ~B
④ C → B

많이 보고 많이 겪고 많이 공부하는 것은 배움의 세 기둥이다.

– 벤자민 디즈라엘리 –

PART 1

한국산업인력공단 3개년 기출복원문제

01	02	03	04	05	06	07	08	09	10										
⑤	②	④	④	①	③	③	④	③	②										

01

정답 ⑤

2018년 대비 2022년에 석유 생산량이 감소한 국가는 C, F이며, 석유 생산량 감소율은 다음과 같다.

- C : $\frac{4,025,936-4,102,396}{4,102,396} \times 100 ≒ -1.9\%$
- F : $\frac{2,480,221-2,874,632}{2,874,632} \times 100 ≒ -13.7\%$

따라서 석유 생산량 감소율이 가장 큰 국가는 F이다.

[오답분석]

① 석유 생산량이 매년 증가한 국가는 A, B, E, H로 총 4개이다.

② 2018년 대비 2022년에 식유 생산량이 증가한 국가의 연도별 석유 생산량 증가량은 다음과 같다.

- A : 10,556,259-10,356,185=200,074bbl/day
- B : 8,567,173-8,251,052=316,121bbl/day
- D : 5,422,103-5,321,753=100,350bbl/day
- E : 335,371-258,963=76,408bbl/day
- G : 1,336,597-1,312,561=24,036bbl/day
- H : 104,902-100,731=4,171bbl/day

따라서 석유 생산량 증가량이 가장 많은 국가는 B이다.

③ E국가의 연도별 석유 생산량을 H국가의 연도별 석유 생산량과 비교하면 다음과 같다.

- 2018년 : $\frac{258,963}{100,731} ≒ 2.6$
- 2019년 : $\frac{273,819}{101,586} ≒ 2.7$
- 2020년 : $\frac{298,351}{102,856} ≒ 2.9$
- 2021년 : $\frac{303,875}{103,756} ≒ 2.9$
- 2022년 : $\frac{335,371}{104,902} ≒ 3.2$

따라서 2022년 E국가의 석유 생산량은 H국가 석유 생산량의 약 3.2배이므로 옳지 않다.

④ 석유 생산량 상위 2개국은 매년 A, B이며, 연도별 석유 생산량의 차이는 다음과 같다.

- 2018년 : 10,356,185-8,251,052=2,105,133bbl/day
- 2019년 : 10,387,665-8,297,702=2,089,963bbl/day
- 2020년 : 10,430,235-8,310,856=2,119,379bbl/day
- 2021년 : 10,487,336-8,356,337=2,130,999bbl/day
- 2022년 : 10,556,259-8,567,173=1,989,086bbl/day

따라서 A와 B국가의 석유 생산량의 차이는 '감소 - 증가 - 증가 - 감소'를 보이므로 옳지 않다.

02

정답 ②

제시된 법에 따라 공무원인 친구가 받을 수 있는 선물의 최대 금액은 1회에 100만 원이다.

$$12x < 100 \rightarrow x < \frac{100}{12} = \frac{25}{3} \fallingdotseq 8.33$$

따라서 A씨는 수석을 최대 8개 보낼 수 있다.

03

정답 ④

거래처로 가기 위해 C와 G를 거쳐야 하므로, C를 먼저 거치는 최소 이동거리와 G를 먼저 거치는 최소 이동거리를 비교해 본다.
- 본사 − C − D − G − 거래처

  6+3+3+4=16km
- 본사 − E − G − D − C − F − 거래처

  4+1+3+3+3+4=18km

따라서 최소 이동거리는 16km이다.

04

정답 ④

- 볼펜을 30자루 구매하면 개당 200원씩 할인되므로 $800 \times 30 = 24,000$원이다.
- 수정테이프를 8개 구매하면 $2,500 \times 8 = 20,000$원이지만, 10개를 구매하면 개당 1,000원이 할인되어 $1,500 \times 10 = 15,000$원이므로 10개를 구매하는 것이 더 저렴하다.
- 연필을 20자루 구매하면 연필 가격의 25%가 할인되므로 $400 \times 20 \times 0.75 = 6,000$원이다.
- 지우개를 5개 구매하면 $300 \times 5 = 1,500$원이며, 지우개에 대한 할인은 적용되지 않는다.

이때 총금액은 $24,000 + 15,000 + 6,000 + 1,500 = 46,500$원이고 3만 원을 초과했으므로 10% 할인이 적용되어 $46,500 \times 0.9 = 41,850$원이다. 또한 할인 적용 전 금액이 5만 원 이하이므로 배송료 5,000원이 추가로 부과되어 $41,850 + 5,000 = 46,850$원이 된다. 그런데 만약 비품을 3,600원어치 추가로 주문하면 $46,500 + 3,600 = 50,100$원이므로 할인 적용 전 금액이 5만 원을 초과하여 배송료가 무료가 되고, 총금액이 3만 원을 초과했으므로 지불할 금액은 10% 할인이 적용된 $50,100 \times 0.9 = 45,090$원이 된다.

따라서 지불 가능한 가장 저렴한 금액은 45,090원이다.

05

정답 ①

A ~ E가 받는 성과급을 구하면 다음과 같다.

직원	직책	매출 순이익	기여도	성과급 비율	성과급
A	팀장	4,000만 원	25%	매출 순이익의 5%	$1.2 \times 4,000 \times 0.05 = 240$만 원
B	팀장	2,500만 원	12%	매출 순이익의 2%	$1.2 \times 2,500 \times 0.02 = 60$만 원
C	팀원	1억 2,500만 원	3%	매출 순이익의 1%	$12,500 \times 0.01 = 125$만 원
D	팀원	7,500만 원	7%	매출 순이익의 3%	$7,500 \times 0.03 = 225$만 원
E	팀원	800만 원	6%	−	0원

따라서 가장 많은 성과급을 받는 사람은 A이다.

06

편도로 2시간 45분이 걸리는 고속버스 L여객을 제외한 나머지 4개의 편도 비용은 다음과 같다.

종류		비용	할인율	총비용
기차	V호	27,000원/인	5%	27,000×5×0.95=128,250원
	G호	18,000원/인	×	18,000×5=90,000원
	T호	15,000원/인	×	15,000×5=75,000원
고속버스	P여객	16,000원/인	×	16,000×5=80,000원

따라서 기차 T호를 이용할 때 편도 총비용이 75,000원으로 가장 저렴하다.

07

성과급의 총액을 x만 원이라 하자.

- A의 성과급 : $\left(\dfrac{1}{3}x+20\right)$만 원

- B의 성과급 : $\dfrac{1}{2}\left[x-\left(\dfrac{1}{3}x+20\right)\right]+10=\dfrac{1}{3}x$만 원

- C의 성과급 : $\dfrac{1}{3}\left[x-\left(\dfrac{1}{3}x+20+\dfrac{1}{3}x\right)\right]+60=\left(\dfrac{1}{9}x+\dfrac{160}{3}\right)$만 원

- D의 성과급 : $\dfrac{1}{2}\left[x-\left(\dfrac{1}{3}x+20+\dfrac{1}{3}x+\dfrac{1}{9}x+\dfrac{160}{3}\right)\right]+70=\left(\dfrac{1}{9}x+\dfrac{100}{3}\right)$만 원

$x=\dfrac{1}{3}x+20+\dfrac{1}{3}x+\dfrac{1}{9}x+\dfrac{160}{3}+\dfrac{1}{9}x+\dfrac{100}{3}$

$\therefore\ x=960$

08

C부장은 목적지까지 3시간 내로 이동하여야 한다. 소요시간이 가장 짧은 경로대로 계산하면 택시를 타고 대전역까지 15분, 열차대기 15분, KTX / 새마을호 이동시간 2시간, 환승 10분, 목포역에서 물류창고까지 택시 20분이 소요된다. 따라서 총 3시간이 걸리므로 적절하다. 비용은 택시 6,000원, KTX 20,000원, 새마을호 14,000원, 택시 9,000원으로 총 49,000원이다. 이는 출장지원 교통비 한도 이내이므로 적절하다.

오답분석

①·②·⑤ 이동시간이 3시간을 넘어가므로 적절하지 않다.
③ 이동시간은 3시간 이내이지만, 출장지원 교통비 한도를 넘기 때문에 적절하지 않다.

09

자격정보화부는 디지털정보국 산하 부서이다.

10

제시된 업무는 해외취업에 대한 다양한 지원이 주를 이루므로 해외취업지원부의 업무임을 알 수 있다.

01	02	03	04	05	06	07	08	09	10	11	12	13						
③	⑤	②	①	②	②	②	⑤	④	①	①	④	②						

01

정답 ③

- 제3조(임원) 제1항에 의하면, 공단의 임원은 이사장 1명과 상임이사 3명을 포함한 15명 이내의 이사와 감사 1명을 두어야 하므로 정원표의 감사 2명은 규정에 어긋난다.
- 제8조(직위 등) 제2항에 의하면, 국제인력본부장, 직무능력 표준원장은 별정직(갑)으로 보한다. 별정직(을) 또는 일반직 1급으로 보하는 것은 경영기획실장, 글로벌숙련기술진흥원장, 지역본부장이다.
- 제4조(직원) 제2항에 의하면, 일반직은 1급 내지 6급으로 구분한다.

따라서 제시된 정원표에서 규정에 어긋나는 부분은 모두 3곳이다.

02

정답 ⑤

제10조(직무) 제10항에 의하면, 이사장이 공석 중이거나 불가피한 사유로 직무를 수행할 수 없을 때에는 제3조 제2항의 규정에 의한 순서에 따라 상임이사가 그 직무를 대행하므로, 1순위로 직무를 대행하는 사람은 기획운영이사이다.

오답분석

① 제3조(임원) 제1항에 의하면, 공단의 임원은 이사장 1명과 상임이사 3명을 포함한 15명과 1명의 감사를 둘 수 있으므로 최대 임원 수는 16명이다.

② 제10조(직무) 제8항에 의하면, 지역본부장이 관할 지역 내 소속기관의 사업을 총괄 지원한다.

③ 제4조(직원) 제2항에 의하면, 공단의 직원은 별정직, 일반직, 능력개발직, 출제연구직으로 구분하며, 이 중 6급은 일반직에만 포함되어 있다.

④ 제10조(직무) 제5항에 의하면, 기술자격출제실의 업무를 관장하는 사람은 능력평가이사이다.

03

정답 ②

3일간 5명에게 지급할 총급여를 정리하면 다음과 같다.

구분	정규 근무시간 급여	초과 근무시간				합계
		1일차	2일차	3일차	추가 급여	
A과장	3×8×21,220=509,280원	–	3시간 20분	1시간 10분	40,000원	549,280원
B대리	3×8×18,870=452,880원	–	10분	2시간	20,000원	472,880원
C주임	3×8×17,150=411,600원	–	50분	2시간	25,000원	436,600원
D사원	3×8×15,730=377,520원	10분	2시간 30분	–	25,000원	402,520원
E사원	3×8×14,300=343,200원	–	–	–	0원	343,200원

따라서 3일간 직원 5명에게 지급할 총급여는 549,280+472,880+436,600+402,520+343,200=2,204,480원이다.

04

정답 ①

03번 해설을 참고할 때, 5명의 직원 중 가장 많이 일한 사람은 총 4시간 30분 동안 초과근무를 한 A과장이고, 가장 적게 일한 사람은 초과근무를 하지 않은 E사원이다. 따라서 A과장과 E사원의 3일간 급여의 합은 549,280+343,200=892,480원이다.

05

정답 ②

각 지원자의 영역별 점수를 산정하면 다음과 같다.

(단위 : 점)

구분	나이	평균 학점	공인영어점수	관련 자격증 점수	총점
A지원자	3	2	9.2	6	20.2
B지원자	5	4	8.1	0	17.1
C지원자	4	1	7.5	6	18.5
D지원자	1	3	7.8	9	20.8
E지원자	2	5	9.6	3	19.6

따라서 C지원자는 4번째로 높은 점수이므로 중국으로 인턴을 간다.

06

정답 ②

변경된 조건에 따라 점수를 산정하면 다음과 같다.

(단위 : 점)

구분	나이	평균 학점	공인영어점수	관련 자격증 점수	총점
A지원자	-	4	9.2	4	17.2
B지원자	-	4	8.1	0	12.1
C지원자	-	4	7.5	4	15.5
D지원자	-	4	7.8	6	17.8
E지원자	-	5	9.6	2	16.6

따라서 가장 낮은 점수를 획득한 B지원자가 탈락하므로 희망한 국가에 인턴을 가지 못하는 사람은 B지원자이다.

07

정답 ②

H사원이 집에서 회사로 갈 수 있는 모든 경로는 다음과 같다.
1) 집 → A버스 → 2호선 乙역 → 2호선 丁역 → 회사 : 5+15+5+20+35+10=90분
2) 집 → 도보 → 2호선 乙역 → 2호선 丁역 → 회사 : 15+5+20+35+10=85분
3) 집 → 도보 → 7호선 甲역 → 2호선 丙역 → 2호선 丁역 → 회사 : 10+5+25+5+35+10=90분
4) 집 → B버스 → 2호선 丁역 → 회사 : 10+70+10=90분
따라서 가장 빠른 경로는 2)로, 편도 교통비는 1,350원이다.

08

정답 ⑤

• 회사 → K사(2호선 이용) : 10+5+35+20+5=75분
• K사 미팅 : 90분
• K사 → S사(집을 거쳐 도보 이용) : 5+15+10+5=35분
• S사 미팅 : 60분
• S사 → 회사 : 5+5+25+5+35+10=85분
따라서 H사원이 미팅을 마치고 회사에 돌아오기까지 걸린 총시간은 75+90+35+60+85=5시간 45분(345분)이므로 회사로 돌아온 시각은 10시+5시간 45분=15시 45분이다.

09

12월 20 ~ 21일은 주중이며, 출장 혹은 연수 일정이 없고, 부서 이동 전에 해당되므로, 김인턴이 경기본부의 파견 근무를 수행할 수 있는 날짜이다.

오답분석

① 12월 6 ~ 7일은 김인턴의 연수 참석 기간이므로 파견 근무를 진행할 수 없다.
② 12월 11 ~ 12일은 주말인 11일을 포함하고 있으므로 파견 근무를 진행할 수 없다.
③ 12월 14 ~ 15일 중 15일은 목요일로, 김인턴이 D본부로 출장을 가는 날이므로 파견 근무를 진행할 수 없다.
⑤ 12월 27 ~ 28일은 김인턴이 부서를 이동한 27일 이후이므로, 김인턴이 아니라 후임자가 경기본부로 파견 근무를 가야 한다.

10

각 사례에 대한 가산점 합계를 구하면 다음과 같다.
(가) : 정보관리기술사(5점), 사무자동화산업기사(2점), TOEIC 750점(2점), JLPT 2급(4점) → 5점
(나) : TOSEL 620점(2점), 워드프로세서 1급(2점), PELT 223점(해당없음) → 4점
(다) : 한국실용글쓰기검정 450점(해당없음), HSK 6급(해당없음), 정보보안산업기사(2점) → 2점
(라) : JPT 320점(해당없음), 석사학위(4점), TEPS 450점(해당없음) → 4점
(마) : 무선설비산업기사(2점), JLPT 3급(2점), ITQ OA 마스터(해당없음) → 4점
(바) : TOEIC 640점(2점), 국어능력인증시험 180점(5점), HSK 8급(4점) → 5점
(사) : JLPT 3급(2점), HSK 5급(해당없음), 한국어능력시험 530점(해당없음) → 2점
(아) : IBT 42점(해당없음), 컴퓨터활용능력 2급(2점), 에너지관리산업기사(해당없음) → 2점
따라서 가산점이 5점인 경우는 2가지이고, 4점인 경우는 3가지이며, 마지막으로 2점인 경우는 3가지이다.

11

두 번째 조건에 따라 S사원의 부서 직원 80명이 전원 참석하므로 수용 가능 인원이 40명인 C세미나는 제외되고, 세 번째 조건에 따라 거리가 60km를 초과하는 E호텔이 제외된다. 이어서 부서 워크숍은 2일간 진행되므로 하루 대관료가 50만 원을 초과하는 D리조트는 제외된다. 마지막으로 다섯 번째 조건에 따라 왕복 이동 시간이 4시간인 B연수원은 제외된다. 따라서 가장 적절한 워크숍 장소는 A호텔이다.

12

직원별 1일 평균임금 및 퇴직금을 구하면 다음과 같다.

(단위 : 원)

구분	A	B	C	1일 평균임금	퇴직금
최과장	9,000,000	450,000	175,000	106,944	38,499,840
박과장	8,100,000	375,000	143,750	95,764	28,729,200
홍대리	8,850,000	337,500	156,250	103,819	24,916,560
신대리	9,000,000	300,000	121,875	104,688	18,843,840
양주임	6,300,000	225,000	106,250	73,681	6,631,290

따라서 퇴직금이 두 번째로 적은 직원은 신대리이다.

13

오답분석

①·④ 전결권자는 상무이다.
③·⑤ 대표이사의 결재가 필수이다(전결 사항이 아님).

01	02	03	04	05	06	07	08	09	10	11	12	13	14	15					
①	③	④	③	⑤	⑤	③	④	③	①	②	②	④	②	④					

01

정답 ①

필기점수와 면접점수의 합을 바탕으로 순위를 구하면 다음과 같다. 이때, 동점자일 경우 면접점수가 높은 사원이 먼저 배정된다.

구분	필기점수	면접점수	합계	순위	구분	필기점수	면접점수	합계	순위
A사원	70	40	110	10	F사원	80	100	180	1
B사원	90	80	170	3	G사원	50	60	110	9
C사원	60	70	130	8	H사원	60	80	140	5
D사원	100	50	150	4	I사원	70	70	140	6
E사원	80	90	170	2	J사원	90	50	140	7

순위를 바탕으로 1지망을 배정하면 다음과 같다.

구분	1지망	2지망	추천부서	배정부서	구분	1지망	2지망	추천부서	배정부서
F사원	개발부	영업부	홍보부	개발부	I사원	홍보부	개발부	총무부	홍보부
E사원	홍보부	총무부	총무부	홍보부	J사원	홍보부	영업부	총무부	-
B사원	개발부	총무부	사업부	개발부	C사원	영업부	개발부	영업부	영업부
D사원	영업부	홍보무	개발부	영업부	G사원	영업부	사업부	사업부	-
H사원	총무부	사업부	영업부	총무부	A사원	개발부	사업부	홍보부	-

따라서 B사원은 1지망 부서인 개발부에 배정된다.

02

정답 ③

추천부서와 배정부서를 정리하면 다음과 같다.

구분	추천부서	배정부서	구분	추천부서	배정부서
A사원	홍보부	사업부	F사원	홍보부	개발부
B사원	사업부	개발부	G사원	사업부	사업부
C사원	영업부	영업부	H사원	영업부	총무부
D사원	개발부	영업부	I사원	총무부	홍보부
E사원	총무부	홍보부	J사원	총무부	총무부

따라서 추천부서와 배정부서가 일치하는 사원은 C사원과 G사원, J사원이다.

03

대리와 이사장은 2급 이상이 차이 나기 때문에, C대리는 이사장과 같은 호텔 등급의 객실에서 묵을 수 있다.

[오답분석]
① 비행기 요금은 실비이기 때문에 총비용에는 변동이 있을 수 있다.
② 숙박비 5만 원, 교통비 2만 원, 일비 6만 원, 식비 4만 원으로 17만 원이다.
③ 같은 조건이라면 이사장과 이사는 출장비가 같다.
⑤ 부장과 차장은 출장비가 다르기 때문에 부장의 비용이 더 많다.

04

• K부장의 숙박비 : 80,000×9=720,000원
• P차장의 숙박비 : 50,000×9=450,000원
따라서 P차장의 호텔을 한 단계 업그레이드했을 때 720,000−450,000=270,000원 이득이다.

05

노트북별 평가 점수를 정리하면 다음과 같다.

노트북	가격	속도	모니터	메모리	제조년도	합계
TR−103	3점	2점	1점	3점	5점	14점
EY−305	1점	3점	3점	5점	4점	16점
WS−508	5점	1점	2점	2점	1점	11점
YG−912	2점	4점	5점	4점	2점	17점
NJ−648	4점	5점	5점	1점	4점	19점

따라서 A사원이 구입할 노트북은 NJ−648이다.

06

주어진 정보를 적용하여 정리하면 다음과 같다.

노트북	가격	속도	메모리	제조년도	무게	합계	할인가격
TR−103	3점	2점	3점	5점	4점	17점	10% (675만 원)
EY−305	1점	3점	5점	4점	2점	15점	없음 (1,000만 원)
WS−508	5점	1점	2점	1점	1점	10점	10% (495만 원)
YG−912	2점	4점	4점	2점	5점	17점	10% (720만 원)
NJ−648	4점	5점	1점	4점	3점	17점	30% (455만 원)

TR−103, YG−912, NJ−648의 평가점수는 모두 17점으로 동일하지만, YG−912와 TR−103이 각각 720만 원, 675만 원으로 예산인 600만 원을 초과한다. 따라서 한국산업인력공단에서 구입할 노트북은 최종 가격이 455만 원인 NJ−648이다.

07

본사에서 출발하여 B지점과 D지점의 물건을 수거하고, 본사로 돌아와 물건을 하차하는 시간이 가장 짧은 경로는 다음과 같다.

본사 → (10분) A지점 → (15분) B지점(수거 10분) → (15분) C지점 → (10분) D지점(수거 10분) → (10분) C지점 → (15분) F지점 → (10분) A지점 → (10분) 본사(하차 10분)

따라서 최소시간은 10+15+10+15+10+10+15+10+10+10=125분으로, 2시간 5분이다.

08

본사와 지사가 있는 사업장은 신청할 수 없다는 내용은 찾을 수 없다.

[오답분석]

① 제2조 제4항에서 확인할 수 있다.
② 제2조 제5항에서 확인할 수 있다.
③ 제2조 제7항에서 확인할 수 있다.
⑤ 제2조 제2항에서 확인할 수 있다.

09

• A : 매 회계연도에 300만 원을 초과하는 금품 등을 받거나 요구 또는 약속해서는 아니 된다.
• D : 임직원의 친족이 제공하는 금품 등은 금품 등의 수수 금지에 해당되지 않는다.

[오답분석]

• B : 제25조 제4항에 따라 소속기관의 장에게 신고하여야 한다.
• C : 동일인으로부터 1회에 100만 원을 초과하는 금품 등을 받거나 요구 또는 약속해서는 아니 된다.

10

제시문에서 중장년층의 고용정책과 관련된 내용은 찾을 수 없다.

[오답분석]

② 당장 소득이 없어 생계가 불안정한 취약계층에게 지원금을 주기 위해 이들에 대한 조사가 필요하다.
③ 코로나19 장기화로 고용유지에 어려움을 겪고 있는 사업주를 지원하기 위해 피해 규모 등을 파악해야 한다.
④ 실업자 등 취약계층 보호를 위해 공공·민간부문 일자리사업과 직업훈련을 속도감 있게 추진하기 위해 이들을 위한 맞춤 훈련 프로그램을 기획해야 한다.
⑤ 저소득, 청년 등 고용충격 집중계층의 고용안전망 강화도 차질 없이 추진하기 위해 도움이 되는 일자리를 마련해야 한다.

11

교육훈련을 통해 로열티를 지급하는 관행을 깰 수 있으므로 로열티를 지급해야 훈련을 받을 수 있다는 것은 옳지 않다.

[오답분석]

① 직업 및 교육훈련으로 이직률이 감소하였다.
③ 교육훈련 등을 통해 현장기반 실무를 향상시킬 수 있다.
④ 직무별, 수준별 교육으로 신입들의 업무적응력이 향상되었다.
⑤ 현장과 교육, 자격이 미스매치가 되는 경우가 줄어들었다.

12

필기시험 기간에 수술을 하게 된 것은 본인의 병가에 해당하므로 주민등록등본, 입원증명서를 제출하면 재응시할 수 있다.

[오답분석]

① 가족의 사망은 가족관계증명서와 사망입증서를 제출해야 한다.
③ 북한의 도발은 국가 위기 단계로 인한 외출 금지에 해당하므로 중대장 이상이 발급한 확인서를 제출해야 한다.
④ 코로나 감염으로 인한 격리는 국가가 인정하는 전염병 격리 판정에 해당하므로 입원증명서, 신분증을 제출해야 한다.
⑤ 태풍으로 인한 교통수단 마비는 예견할 수 없는 기후상황이므로 경찰서확인서, 신분증을 제출해야 한다.

13

정답 ④

접수완료 이후 응시 부적격자로 확인된 자는 응시수수료 전액을 환불받을 수 있다.

[오답분석]

① 만 18세 이상 만 39세 이하인 자에 한하여 응시할 수 있다.
② 한국어능력시험은 시행방법에 따라 지필기반시험(PBT)과 컴퓨터기반시험(CBT)으로 구분한다.
③ 특별한국어능력시험을 응시하려면 전항의 자격요건을 갖추고 체류만료기간 내 자진 귀국한 외국인근로자여야 한다.
⑤ 읽기영역과 듣기 영역의 문항 수는 25문항으로 같지만, 시험시간은 각각 40분, 30분으로 다르다.

14

정답 ②

계약심의위원회에서 심의를 필하지 못한 경우에는 계약부서의 장은 해당사유를 명시하여 계약심의 종료일로부터 5일 이내에 해당 요청 건을 구매요구부서로 반송하여야 한다.

[오답분석]

① 중소기업 제품을 우선적으로 검토해야 하지만, 부득이한 사유가 있는 경우 대기업 제품도 구입할 수 있다.
③ 납품장소 및 납품기한은 10일 이내에 검토하여야 한다.
④ 구매요구부서장은 계약심의위원회 심의요청서를 계약심의위원회에 제출하여야 한다.
⑤ 소관사업부서에서 수행하는 추정가격 100만 원 미만인 용역개발은 계약사무를 위임해야 한다.

15

정답 ④

- 기간제 : $(6 \times 365) \div 365일 \times 15 = 90일$
- 시간제 : $(8 \times 30 \times 6) \div 365 ≒ 4일$

따라서 $90 + 4 = 94일$이다.

나는 내가 더 노력할수록 운이 더 좋아진다는 걸 발견했다.

– 토마스 제퍼슨 –

PART 2

직업능력

출제유형분석 01 실전예제

01

정답 ⑤

전략 목표를 먼저 설정하고 환경을 분석해야 한다.

02

정답 ②

경영 활동을 구성하는 요소는 경영 목적, 인적자원, 자금, 경영 전략이다. (나)의 경우와 같이 봉사활동을 수행하는 일은 목적과 인력, 자금 등이 필요한 일이지만, 정해진 목표를 달성하기 위한 조직의 관리, 전략, 운영 활동이라고 볼 수 없으므로 경영 활동이 아니다.

출제유형분석 02 실전예제

01

정답 ③

지수는 비영리조직이면서 대규모조직인 학교에서 5시간 있었다.
• 학교 : 공식조직, 비영리조직, 대규모조직
• 카페 : 공식조직, 영리조직, 대규모조직
• 스터디 : 비공식조직, 비영리조직, 소규모조직

02

정답 ②

H사는 기존에 수행하지 않던 해외 판매 업무가 추가될 것이므로 그에 따른 해외영업팀 등의 신설 조직이 필요하게 된다. 해외에 공장 등의 조직을 보유하게 됨으로써 이를 관리하는 해외관리 조직이 필요할 것이며, 물품의 수출에 따른 통관 업무를 담당하는 통관물류팀, 외화 대금 수취 및 해외 조직으로부터의 자금 이동 관련 업무를 담당할 외환업무팀, 국제 거래상 발생하게 될 해외 거래 계약 실무를 담당할 국제법무 조직 등이 필요하게 된다. 기업회계팀은 H사의 해외 사업과 상관없이 기존 회계를 담당하는 조직이라고 볼 수 있다.

03

정답 ②

②는 업무의 내용이 유사하고 관련성이 있는 업무들을 결합해서 구분한 것으로, 기능식 조직 구조의 형태로 볼 수 있다.

04

마케팅기획본부는 해외마케팅기획팀과 마케팅기획팀으로 구성된다고 했으므로 적절하지 않다.

오답분석

① · ② 마케팅본부의 마케팅기획팀과 해외사업본부의 해외마케팅기획팀을 통합해 마케팅기획본부가 신설된다고 했으므로 적절하다.

④ 해외사업본부의 해외사업 1팀과 해외사업 2팀을 해외영업팀으로 통합하고 마케팅본부로 이동한다고 했으므로 적절하다.

⑤ 구매 · 총무팀에서 구매팀과 총무팀이 분리되고 총무팀과 재경팀을 통합 후 재무팀이 신설된다고 했으므로 적절하다.

출제유형분석 03 실전예제

01

정답 ①

ㄱ. 조직의 업무는 원칙적으로 업무분장에 따라 이루어져야 하지만, 실제 수행 시에는 상황에 따라 효율성을 극대화시키기 위해 변화를 주는 것이 바람직하다.

ㄴ. 구성원 개인이 조직 내에서 책임을 수행하고 권한을 행사할 때 기반이 되는 것은 근속연수가 아니라 직위이다.

오답분석

ㄷ. 업무는 관련성, 동일성, 유사성, 수행시간대 등 다양한 기준에 따라 통합하여 수행하는 것이 효율적이다.

ㄹ. 직위는 조직의 각 구성원에게 수행해야 할 일정 업무가 할당되고, 그 업무를 수행하는 데 필요한 권한과 책임이 부여된 조직상의 위치이다.

02

정답 ③

A사원이 처리해야 할 업무를 시간 순서대로 나열해 보면 '회의실 예약 – PPT 작성 – 메일 전송 – 수정사항 반영 – B주임에게 조언 구하기 – 브로슈어에 최종본 입력 – D대리에게 파일 전달 – 인쇄소 방문'이다.

03

정답 ③

ㄱ. 최수영 상무이사가 결재한 것은 대결이다. 대결은 결재권자가 출장, 휴가, 기타 사유로 상당 기간 부재중일 때 긴급한 문서를 처리하고자 할 경우에 결재권자의 차하위 직위의 결재를 받아 시행하는 것을 말한다.

ㄴ. 대결 시에는 기안문의 결재란 중 대결한 자의 란에 '대결'을 표시하고 서명 또는 날인한다.

담당	과장	부장	상무이사	전무이사
○○○	최경옥	김석호	대결 최수영	전결

04

정답 ⑤

최팀장 책상의 서류 읽어 보기(박과장 방문 전) → 박과장 응대하기(오전) → 최팀장에게 서류 갖다 주기(점심시간) → 회사로 온 연락 최팀장에게 알려 주기(오후) → 이팀장에게 전화달라고 전하기(퇴근 전)

05

정답 ⑤

홍보용 보도 자료 작성은 홍보팀의 업무이며, 물품 구매는 총무팀의 업무이다. 즉, 영업팀이 아닌 홍보팀이 홍보용 보도 자료를 작성해야 하며, 홍보용 사은품 역시 직접 구매하는 것이 아니라 홍보팀이 총무팀에 업무협조를 요청하여 총무팀이 구매하도록 하여야 한다.

출제유형분석 01 실전예제

01
정답 ⑤

공무의 형편상 또는 천재지변, 기타 사유로 인하여 소요되는 일수도 여행일수에 포함하므로 적절한 설명이다.

오답분석
① 차량운행비란 자동차 운임 중 규칙에서 정한 부득이한 사유로 대중교통이 아닌 자가용차량 이용 승인을 득하였을 경우 지급하는 차량연료비 및 통행료를 말한다.
② 여비는 통상의 경로 및 방법에 의하여 계산하지만 부득이한 사유로 인하여 통상의 경로 및 방법에 의하여 여행하기 곤란한 경우에 실제로 행한 경로 및 방법에 의하여 계산한다.
③ 직원이 외빈을 동반하여 여행할 경우 출장목적 수행상 부득이하다고 인정될 때에는 외빈과 같은 등급의 운임 · 일비 · 숙박비 · 식비를 최소화하여 조정 · 적용할 수 있다.
④ 근무지 내 국내출장이란 같은 시 · 군 및 섬 안에서의 출장이나 시 · 군 및 섬을 달리하여도 여행거리가 왕복 12km 미만인 출장을 말한다. 단, 제주도는 포함되어 있지 않다.

02
정답 ⑤

시민 단체들은 농부와 노동자들이 스스로 조합을 만들어 환경친화적으로 농산물을 생산하도록 교육하고 이에 필요한 자금을 지원하는 역할을 했을 뿐, 이들이 농산물을 직접 생산하고 판매한 것은 아니다.

03
정답 ①

제14조에 따르면 임금피크제 대상 직원에 대한 복리후생은 관련 규정 등에서 정하는 바에 따라 일반 직원과 동일하게 적용한다.

출제유형분석 02 실전예제

01
정답 ②

제시문의 중심 내용을 정리해 보면 '사회 방언은 지역 방언만큼의 주목을 받지는 못하였다.', '사회 계층 간의 방언차는 사회에 따라서는 상당히 현격한 차이를 보여 일찍부터 논의의 대상이 되었다.', '사회 계층 간의 방언 분화는 최근 사회 언어학의 대두에 따라 점차 큰 관심의 대상이 되어 가고 있다.'로 요약할 수 있다. 이 내용을 토대로 제목을 찾는다면 ②가 전체 내용을 아우르고 있음을 알 수 있다.

02

정답 ①

제시문은 근대문학 형성의 주역들이 시민이었다고 주장하고 있다. 따라서 제시문의 주제로 ①이 가장 적절하다.

03

정답 ⑤

제시문에서는 현대 사회의 소비 패턴이 '보이지 않는 손' 아래의 합리적 소비에서 벗어나 과시 소비가 중심이 되었으며, 그 이면에는 소비를 통해 자신의 물질적 부를 표현함으로써 신분을 과시하려는 욕구가 있다고 설명하고 있다.

04

정답 ①

제시문의 첫 번째 문단에서는 사회적 자본이 늘어나면 정치 참여도가 높아진다는 주장을 하였고, 두 번째 문단에서는 사회적 자본의 개념을 사이버공동체에 도입하였으나 현실과 잘 맞지 않는다고 하면서 사회적 자본의 한계를 서술했다. 그리고 마지막 문단에서는 사회적 자본만으로는 정치 참여가 늘어나기 어렵고 정치적 자본의 매개를 통해서 정치 참여가 활성화된다는 주장을 하고 있다. 따라서 ①이 제시문의 주제로 가장 적절하다.

출제유형분석 03   실전예제

01

정답 ②

제시문은 나무를 가꾸기 위해 고려해야 하는 사항에 대해 설명하는 글이다. 따라서 (가) 나무를 가꾸기 위해 고려해야 할 사항과 가장 중요한 생육조건 → (라) 나무를 양육할 때 주로 저지르는 실수인 나무 간격을 촘촘하게 심는 것 → (다) 그러한 실수를 저지르는 이유 → (나) 또 다른 식재계획 시 고려해야 하는 주의점 순으로 나열하는 것이 적절하다.

02

정답 ②

제시문은 신앙 미술에 나타난 동물의 상징적 의미와 사례, 변화와 그 원인, 그리고 동물의 상징적 의미가 지닌 문화적 가치에 대하여 설명하는 글이다. 따라서 (나) 신앙 미술에 나타난 동물의 상징적 의미와 그 사례 → (다) 동물의 상징적 의미의 변화 → (라) 동물의 상징적 의미가 변화하는 원인 → (가) 동물의 상징적 의미가 지닌 문화적 가치 순으로 나열하는 것이 적절하다.

03

정답 ③

제시문은 '시간의 비용'이라는 개념을 소개하는 글이다. 따라서 (라) 1965년 노벨상 수상자인 게리 베커가 주장한 '시간의 비용' 개념에 대한 소개 → (가) 베커의 '시간의 비용이 가변적'이라는 개념 → (다) 베커와 같이 시간의 비용이 가변적이라고 주장한 경제학자 린더의 주장 → (나) 베커와 린더의 공통적 전제인 사람들에게 주어진 시간이 고정된 양이라는 사실과 기대수명이 늘어남으로써 달라지는 시간의 가치 순으로 나열하는 것이 적절하다.

01

제시문에서는 자제력이 있는 사람은 합리적 선택에 따라 행위를 하고, 합리적 선택에 따르는 행위는 모두 자발적 행위라고 했다. 따라서 자제력이 있는 사람은 자발적으로 행위를 한다고 볼 수 있다.

02

핵융합발전은 원자력발전에 비해 같은 양의 원료로 3 ~ 4배의 전기를 생산할 수 있다고 하였으나, 핵융합발전은 수소의 동위원소를 원료로 사용하는 반면 원자력발전은 우라늄을 원료로 사용한다. 즉, 전력 생산에 서로 다른 원료를 사용하므로 생산된 전력량으로 연료비를 서로 비교할 수 없다.

오답분석

① 핵융합 에너지는 화력발전을 통해 생산되는 전력 공급량을 대체하기 어려운 태양광에 대한 대안이 될 수 있으므로 핵융합발전이 태양열발전보다 더 많은 양의 전기를 생산할 수 있음을 추론할 수 있다.
② 원자력발전은 원자핵이 분열하면서 방출되는 에너지를 이용하며, 핵융합발전은 수소 원자핵이 융합해 헬륨 원자핵으로 바뀌는 과정에서 방출되는 에너지를 이용해 전기를 생산한다. 따라서 원자의 핵을 다르게 이용한다는 것을 알 수 있다.
④ 미세먼지와 대기오염을 일으키는 오염물질은 전혀 나오지 않고 헬륨만 배출된다는 내용을 통해 헬륨은 대기오염을 일으키는 오염물질에 해당하지 않음을 알 수 있다.
⑤ 발전장치가 꺼지지 않도록 정밀하게 제어하는 것이 중요하다는 내용을 통해 알 수 있다.

03

밑줄 친 '일부 과학자들'은 목재를 친환경 연료로 바라보지 않고 있으며, 마지막 문장에서 이들은 배출량을 줄이는 것이 아니라 배출하지 않는 방법을 택해야 한다고 말한다. 따라서 그들의 주장으로는 ④가 가장 적절하다.

01

제시문은 미국 대통령 후보 선거제도 중 하나인 '코커스'에 대한 설명과 아이오와주에서 코커스 개최시기가 변경된 아이오와주, 그리고 아이오와주 선거 운영 방식의 변화에 대하여 서술하고 있다. 빈칸 앞에서는 개최시기를 1월로 옮긴 아이오와주 공화당의 이야기를, 빈칸 뒤에서는 아이오와주 선거 운영 방식의 변화와 같은 다른 주제에 대해서 다루고 있으므로, 빈칸에는 앞 내용과 이어지는 '아이오와주는 미국의 대선후보 선출 과정에서 민주당과 공화당 모두 가장 먼저 코커스를 실시하는 주가 되었다.'가 오는 것이 적절하다.

오답분석

① 선거 운영 방식이 달라진 것이 아니라 코커스를 실시하는 시기가 달라진 것이다.
② 제시문에서는 민주당과 공화당 사이가 악화될 계기가 언급되어 있지 않다.
③ 제시문에서는 아이오와주에서 코커스의 개정을 요구했다는 근거를 찾을 수 없다.
⑤ 제시문에서는 아이오와주가 코커스 제도에 대해 부정적이었다는 근거를 찾을 수 없다.

02

빈칸 앞 내용은 왼손보다 오른손을 선호하는 이유에 대한 가설을 제시하고, 이러한 가설이 근본적인 설명을 하지 못한다고 말한다. 그러면서 빈칸 뒷부분에서 글쓴이는 왼손이 아닌 '오른손만을 선호'하는 이유에 대한 자신의 생각을 드러내고 있다. 즉, 앞의 가설대로 단순한 기능 분담이라면 먹는 일에 왼손을 사용하는 사회도 존재해야 하는데, 그렇지 않기 때문에 반박하고 있음을 추론해볼 수 있으므로 빈칸에는 사람들이 오른손만 선호하고 왼손을 선호하지 않는다는 주장이 나타나야 한다. 따라서 빈칸에 들어갈 내용으로는 ①이 적절하다.

03

빈칸 뒤의 문장은 최근 선진국에서는 스마트팩토리로 인해 해외로 나간 자국 기업들이 다시 본국으로 돌아오는 현상인 '리쇼어링'이 가속화되고 있다는 내용이다. 따라서 빈칸에는 스마트팩토리의 발전이 공장의 위치를 해외에서 본국으로 변화시키고 있다는 내용의 ③이 가장 적절하다.

출제유형분석 06 실전예제

01

A씨의 아내는 A씨가 자신의 이야기에 공감해주길 바랐지만, A씨는 아내의 이야기를 들어주기보다는 해결책을 찾아 아내의 문제에 대해 조언하려고만 하였다. 즉, 아내는 마음을 털어놓고 남편에게 위로받고 싶었지만, A씨의 조언하려는 태도 때문에 더 이상 대화가 이어질 수 없었다.

오답분석
① 짐작하기 : 상대방의 말을 듣고 받아들이기보다 자신의 생각에 들어맞는 단서들을 찾아 자신의 생각을 확인하는 것이다.
② 걸러내기 : 상대의 말을 듣기는 하지만 상대방의 메시지를 온전하게 듣는 것이 아닌 경우이다.
③ 판단하기 : 상대방에 대한 부정적인 판단 때문에, 또는 상대방을 비판하기 위하여 상대방의 말을 듣지 않는 것이다.
⑤ 옳아야만 하기 : 자존심이 강한 사람은 자존심에 관한 것을 전부 막아버리려 하기 때문에 자신의 부족한 점에 대한 상대방의 말을 들을 수 없게 된다.

02

원활한 의사표현을 위해서는 긍정과 공감에 초점을 둔 의사표현 기법을 습득해야 한다. 상대방의 말을 그대로 받아서 맞장구를 치는 것은 상대방에게 공감을 보여주는 가장 쉬운 방법이다.

오답분석
① 상대방의 말이 채 끝나기 전에 어떤 답을 할까 궁리하는 것은 주의를 분산시켜 경청에 몰입하는 것을 방해한다.
③ 핵심은 구체적으로 짚되, 표현은 가능한 간결하게 하도록 하는 것이 바람직한 의사표현법이다.
④ 이견이 있거나 논쟁이 붙었을 때는 무조건 앞뒤 말의 '논리적 개연성'만 따지지 않고 이성과 감성의 조화를 통해 문제를 해결해야 한다.
⑤ 장점은 자신이 부각한다고 해서 공식화되지 않고, 오히려 자신의 단점과 실패 경험을 앞세우면 더 많은 지지자를 얻을 수 있다.

03

제시문에서 설명하고 있는 '상대방의 말을 듣고 받아들이기보다 자신의 생각에 들어맞는 단서를 찾아 자신의 생각을 확인하는 행동'은 (나) 짐작하기에 해당하며, '상대방에 대한 부정적인 판단 또는 상대방을 비판하기 위해 상대방의 말을 듣지 않는 행동'은 (다) 판단하기에 해당한다.

[오답분석]

(가) 다른 생각하기 : 상대방에게 관심을 기울이는 것이 점차 더 힘들어지고 상대방이 말을 할 때 자꾸 다른 생각을 하게 된다면, 이는 현실이 불만족스럽지만 이러한 상황을 회피하고 있다는 위험한 신호이다.

(라) 걸러내기 : 상대의 말을 듣기는 하지만 상대방의 메시지를 온전하게 듣는 것이 아닌 경우이다.

04

서희가 말하고 있는 비위 맞추기는 올바른 경청의 자세가 아닌 경청의 방해요인이므로 이를 고치지 않아도 된다고 말하는 선미의 의견은 옳지 않다.

05

쉼의 활용

• 이야기가 전이(轉移)될 때
• 양해, 동조, 반문의 경우
• 생략, 암시, 반성의 경우
• 여운을 남길 때

출제유형분석 07 | 실전예제

01

비즈니스 레터는 사업상의 이유로 고객이나 단체에 편지를 쓰는 것이다. 주로 직장업무나 개인 간의 연락, 직접방문하기 어려운 고객관리 등을 위해 사용되는 비공식적 문서이나, 제안서나 보고서 등 공식 문서를 전달할 때에도 사용된다.

02

• (가) : 설명서
  – 상품이나 제품에 대해 설명하는 글이므로 정확하게 기술한다.
  – 전문용어는 소비자들이 이해하기 어려우므로 가급적 전문용어의 사용은 삼간다.
• (나) : 공문서
  – 공문서는 대외문서이고, 장기간 보관되는 문서이기 때문에 정확하게 기술한다.
  – 회사 외부로 전달되는 글인 만큼 누가, 언제, 어디서, 무엇을, 어떻게가 드러나도록 써야 한다.
• (다) : 보고서
  – 보통 업무 진행 과정에서 쓰는 경우가 대부분이므로 무엇을 도출하고자 했는지 핵심내용을 구체적으로 제시한다.
  – 간결하고 핵심적인 내용의 도출이 우선이므로 내용의 중복은 피한다.
• (라) : 기획서
  – 기획서는 상대에게 어필해 상대가 채택하게끔 설득력을 갖춰야 하므로 상대가 요구하는 것이 무엇인지 고려하여 작성한다.
  – 기획서는 완벽해야 하므로 제출하기 전에 충분히 검토한다.

출제유형분석 01 실전예제

01

정답 ②

떼낸 소금물의 양을 xg, 농도 2% 소금물의 양을 yg이라고 하면,
떼낸 소금물의 양만큼 부은 물의 양도 xg이므로 $200-x+x+y=320 \rightarrow y=120$
소금물을 떼내고 같은 양의 물을 부어도 농도 8%의 소금물에 있는 소금의 양은 같으므로
$$\frac{8}{100} \times (200-x) + \frac{2}{100} \times 120 = \frac{3}{100} \times 320 \rightarrow 1,600 - 8x + 240 = 960 \rightarrow 8x = 880$$
$\therefore x=110$

02

정답 ①

지수가 올라갈 때 걸은 거리를 $x$km라고 하면, 내려올 때의 거리는 $(x+5)$km이므로 다음과 같다.
$$\frac{x}{3} + \frac{x+5}{4} = 3 \rightarrow 4x + 3(x+5) = 36$$
$\therefore x=3$

03

정답 ④

A, B기차의 속력은 일정하며 두 기차가 터널 양 끝에서 동시에 출발하면 $\frac{1}{3}$ 지점에서 만난다고 했으므로 두 기차 중 하나는 다른
기차 속력의 2배인 것을 알 수 있다. 또한, A기차보다 B기차가 터널을 통과하는 시간이 짧으므로 B기차의 속력이 더 빠르다.
A기차의 길이를 xm, 속력을 ym/s라고 하면, B기차의 속력은 $2y$m/s이다.
$570 + x = 50 \times y \cdots \text{㉠}$
$570 + (x-60) = 23 \times 2y \cdots \text{㉡}$
㉠과 ㉡을 연립하면
$60 = 4y \rightarrow y=15$
이를 ㉠에 대입하면
$x = 50 \times 15 - 570$
$\therefore x=180$
따라서 A기차의 길이는 180m이다.

04

정답 ③

세 자리 수가 홀수가 되려면 끝자리 숫자가 홀수여야 한다. 홀수는 1, 3, 5, 7, 9로 5개이고, 백의 자리와 십의 자리의 숫자의
경우의 수를 고려한다. 백의 자리에 올 수 있는 숫자는 0을 제외한 8가지, 십의 자리는 0을 포함한 8가지 숫자가 올 수 있다.
따라서 홀수인 세 자리 숫자는 모두 $8 \times 8 \times 5 = 320$가지가 가능하다.

05

정답 ⑤

주사위를 두 번 던지는 경우의 수는 $6 \times 6 = 36$가지이고, 두 눈의 합이 10 이상인 경우는 다음과 같다.
- 두 눈의 합이 10인 경우 : $(4, 6), (5, 5), (6, 4)$
- 두 눈의 합이 11인 경우 : $(5, 6), (6, 5)$
- 두 눈의 합이 12인 경우 : $(6, 6)$

따라서 주사위를 두 번 던져서 두 눈의 합이 10 이상 나올 확률은 $\dfrac{6}{36} = \dfrac{1}{6}$이다.

06

정답 ③

H야구팀의 작년 총 경기 횟수를 x회, 작년 승리 횟수를 $0.4x$회라고 하면,
작년과 올해의 경기를 합하여 승률이 45%이므로

$\dfrac{0.4x + 65}{x + 120} = 0.45 \rightarrow 5x = 1,100$

$\therefore x = 220$

작년의 총 경기 횟수는 220회이고, 승률이 40%이므로 승리한 경기는 $220 \times 0.4 = 88$회이다.
따라서 H야구팀이 작년과 올해에 승리한 총횟수는 $88 + 65 = 153$회이다.

07

정답 ⑤

조각 케이크 1조각의 원가를 x원이라고 하면, 정가는 $(x + 3,000)$원이다.
정가에서 20%를 할인하여 5개 팔았을 때 순이익과 조각 케이크 1조각당 정가에서 2,000원씩 할인하여 4개를 팔았을 때의 매출액이 같으므로

$5 \times [0.8 \times (x + 3,000) - x] = 4 \times (x + 3,000 - 2,000)$
$\rightarrow 5(-0.2x + 2,400) = 4x + 4,000 \rightarrow 5x = 8,000$

$\therefore x = 1,600$

따라서 정가는 $1,600 + 3,000 = 4,600$원이다.

08

정답 ④

전체 일의 양을 1이라 하고, 선규가 혼자 일을 끝내는 데 걸리는 시간을 x일, 승룡이가 혼자 일을 끝내는 데 걸리는 시간을 y일이라 하면,
둘이 함께 5일 동안 일을 끝내는 경우는

$\left(\dfrac{1}{x} + \dfrac{1}{y}\right) \times 5 = 1 \cdots \bigcirc$

선규가 먼저 4일 일하고, 승룡이가 7일 일하여 끝내는 경우는

$\dfrac{4}{x} + \dfrac{7}{y} = 1 \cdots \bigcirc$

$\bigcirc$과 $\bigcirc$을 연립하면 $y = 15$이다.
따라서 승룡이 혼자서 일을 끝내려면 15일이 걸린다.

09

정답 ④

아버지의 나이를 x세, 형의 나이를 y세라고 하면,
동생의 나이는 $(y - 2)$세이므로 $y + (y - 2) = 40$

$\therefore y = 21$

어머니의 나이는 $(x - 4)$세이므로 $x + (x - 4) = 6 \times 21 \rightarrow 2x = 130$

$\therefore x = 65$

01

정답 ③

종합청렴도 식은 (종합청렴도)=[(외부청렴도)×0.6+(내부청렴도)×0.3+(정책고객평가)×0.1]−(감점요인)이므로, 내부청렴도에 관한 공식을 만들어보면 다음과 같다.

(내부청렴도)=[(종합청렴도)−(외부청렴도)×0.6−(정책고객평가)×0.1+(감점요인)]×$\frac{10}{3}$

위 식에 연도별 수치를 대입하여 내부청렴도를 구한다.

- 2020년 : $[6.23-8.0\times0.6-6.9\times0.1+(0.7+0.7+0.2)]\times\frac{10}{3}=2.34\times\frac{10}{3}=7.8$

- 2021년 : $[6.21-8.0\times0.6-7.1\times0.1+(0.7+0.8+0.2)]\times\frac{10}{3}=2.4\times\frac{10}{3}=8.0$

- 2022년 : $[6.16-8.0\times0.6-7.2\times0.1+(0.7+0.8+0.2)]\times\frac{10}{3}=2.34\times\frac{10}{3}=7.8$

- 2023년 : $[6.8-8.1\times0.6-7.3\times0.1+(0.5+0.4+0.2)]\times\frac{10}{3}=2.31\times\frac{10}{3}=7.7$

따라서 내부청렴도가 가장 높은 해는 2021년, 가장 낮은 해는 2023년이다.

02

정답 ⑤

- (가) : $\frac{34,273-29,094}{29,094}\times100≒17.8$

- (나) : $66,652+34,273+2,729=103,654$

- (다) : $\frac{103,654-91,075}{91,075}\times100≒13.8$

03

정답 ④

과일 종류별 무게를 가중치로 적용한 네 과일의 가중평균은 42만 원이다.
(라) 과일의 가격을 a만 원이라 가정하고 가중평균에 대한 식을 정리하면 다음과 같다.
$(25\times0.4)+(40\times0.15)+(60\times0.25)+(a\times0.2)=42$
→ $10+6+15+0.2a=42$ → $0.2a=42-31=11$
∴ $a=\frac{11}{0.2}=55$

따라서 빈칸 ㉠에 들어갈 (라) 과일의 가격은 55만 원이다.

04

정답 ②

- 공연음악 시장 규모 : 2024년의 후원 규모는 6,305+118=6,423백만 달러이고, 티켓 판매 규모는 22,324+740=23,064백만 달러이다. 따라서 2024년 공연음악 시장 규모는 6,423+23,064=29,487백만 달러이다.

- 스트리밍 시장 규모 : 2019년 스트리밍 시장의 규모가 1,530백만 달러이므로, 2024년의 스트리밍 시장 규모는 1,530×2.5=3,825백만 달러이다.

- 오프라인 음반 시장 규모 : 2024년 오프라인 음반 시장 규모를 x백만 달러라고 하면, $\frac{x-8,551}{8,551}\times100=-6\%$

  $x=-\frac{6}{100}\times8,551+8,551≒8,037.9$

05

정답 ④

A, B, E구의 1인당 소비량을 각각 a, b, e라고 하면,
제시된 조건을 식으로 나타내면 다음과 같다.

- 첫 번째 조건 : $a+b=30 \cdots$ ㉠
- 두 번째 조건 : $a+12=2e \cdots$ ㉡
- 세 번째 조건 : $e=b+6 \cdots$ ㉢

㉢을 ㉡에 대입하여 식을 정리하면, $a+12=2(b+6) \rightarrow a-2b=0 \cdots$ ㉣
㉠－㉣을 하면 $3b=30 \rightarrow b=10$, $a=20$, $e=16$
A ~ E구의 변동계수를 구하면 다음과 같다.

- A구 : $\dfrac{5}{20} \times 100 = 25\%$

- B구 : $\dfrac{4}{10} \times 100 = 40\%$

- C구 : $\dfrac{6}{30} \times 100 = 20\%$

- D구 : $\dfrac{4}{12} \times 100 \fallingdotseq 33.33\%$

- E구 : $\dfrac{8}{16} \times 100 = 50\%$

따라서 변동계수가 3번째로 큰 구는 D구이다.

06

정답 ③

2023년 전체 실적은 $45+50+48+42=185$억 원이며, $1 \sim 2$분기와 $3 \sim 4$분기가 차지하는 비율을 각각 구하면 다음과 같다.

- $1 \sim 2$분기 : $\dfrac{45+50}{185} \times 100 \fallingdotseq 51.4\%$

- $3 \sim 4$분기 : $\dfrac{48+42}{185} \times 100 \fallingdotseq 48.6\%$

두 비율의 합은 100%이므로 하나만 계산하고, 나머지는 100%에서 빼면 빠르게 풀 수 있다.

출제유형분석 03 　 실전예제

01

정답 ⑤

운항편의 수치는 여객과 화물을 모두 포함한 수치이다. 따라서 여객에 이용된 운항편이 총 몇 대인지 알 수 없으므로 계산할 수 없다.

오답분석

① 운항편이 가장 많은 요일은 토요일이고, 토요일에 여객은 953,945명, 화물은 48,033톤으로 가장 높은 수치를 보이고 있다.
② $\dfrac{21,615}{11,715} \fallingdotseq 1.85$이므로 1.5배 이상이다.
③ 자료를 통해 알 수 있다.
④ '감소 － 증가 － 감소 － 증가 － 증가 － 감소'로 같다.

02

ㄱ. 습도가 70%일 때 연간소비전력량이 가장 적은 제습기는 A(790kWh)이다.
ㄷ. 습도가 40%일 때 제습기 E의 연간소비전력량(660kWh)은 습도가 50%일 때 제습기 B의 연간소비전력량(640kWh)보다 많다.

오답분석

ㄴ. 습도가 60%일 때 연간소비전력량이 가장 많은 제습기는 D지만, 습도가 70%일 때는 E이므로 순서는 동일하지 않다.
ㄹ. 제습기 E의 경우 습도가 40%일 때의 연간소비전력량의 1.5배는 660×1.5=990kWh이고, 습도가 80%일 때는 970kWh이므로 1.5배 미만이다.

03

현재 기온이 가장 높은 지역은 수원으로, 수원의 이슬점 온도는 가장 높지만 습도는 65%로 다섯 번째로 높다.

오답분석

① 파주의 시정은 20km로 가장 좋다.
② 수원이 이슬점 온도와 불쾌지수 모두 가장 높다.
③ 불쾌지수가 70을 초과한 지역은 수원, 동두천 2곳이다.
⑤ 시정이 0.4km로 가장 좋지 않은 백령도의 경우 풍속이 4.4m/s로 가장 강하다.

04

2018년부터 공정자산총액과 부채총액의 차를 순서대로 나열하면 952, 1,067, 1,383, 1,127, 1,864, 1,908억 원이다.

오답분석

① 2021년에는 자본총액이 전년 대비 감소했다.
② 직전 해에 비해 당기순이익이 가장 많이 증가한 해는 2022년이다.
④ 총액 규모가 가장 큰 것은 공정자산총액이다.
⑤ 2018년과 2019년을 비교하면, 분모 증가율은 $\dfrac{1,067-952}{952}=\dfrac{115}{952}≒\dfrac{1}{8}$ 이고, 분자 증가율은 $\dfrac{481-464}{464}=\dfrac{17}{464}≒\dfrac{1}{27}$ 이다.
따라서 2019년에는 비중이 감소했다.

05

2015~2023년까지 전년 대비 사기와 폭행의 발생건수 증감추이는 다음과 같이 서로 반대를 나타낸다.

구분	2015년	2016년	2017년	2018년	2019년	2020년	2021년	2022년	2023년
사기	감소	감소	감소	감소	감소	감소	증가	증가	감소
폭행	증가	증가	증가	증가	증가	증가	감소	감소	증가

오답분석

① 2015~2023년 범죄별 발생건수의 1~5위는 '절도, 사기, 폭행, 살인, 방화' 순이나 2014년에는 '절도, 사기, 폭행, 방화, 살인' 순으로 다르다.
② 2014~2023년 동안 발생한 방화의 총발생건수는 5+4+2+1+2+5+2+4+5+3=33천 건으로 3만 건 이상이다.
④ 2016년 전체 범죄발생건수는 270+371+148+2+12=803천 건이며, 이 중 절도의 범죄건수가 차지하는 비율은 $\dfrac{371}{803}×100$ ≒46.2%로 50% 미만이다.
⑤ 2014년 전체 범죄발생건수는 282+366+139+5+3=795천 건이고, 2023년에는 239+359+156+3+14=771천 건이다.
2014년 대비 2023년 전체 범죄발생건수 감소율은 $\dfrac{795-771}{795}×100≒3\%$ 로 5% 미만이다.

06

정답 ⑤

생산이 증가한 해에는 수출과 내수 모두 증가했다.

오답분석
① 표에서 ▽는 감소 수치를 나타내고 있으므로 옳은 판단이다.
② 내수가 가장 큰 폭으로 증가한 해는 2021년으로 생산과 수출 모두 감소했다.
③ 수출이 증가한 해는 2019, 2022, 2023년으로 내수와 생산 모두 증가했다.
④ 2021년이 이에 해당한다.

출제유형분석 04 실전예제

01

정답 ⑤

강수량의 증감추이를 나타내면 다음과 같다.

1월	2월	3월	4월	5월	6월
–	증가	감소	증가	감소	증가
7월	8월	9월	10월	11월	12월
증가	감소	감소	감소	감소	증가

이와 동일한 추이를 보이는 그래프는 ⑤이다.

오답분석
① 증감추이는 같지만 4월의 강수량이 50mm 이하로 표현되어 있다.

02

정답 ④

내수 현황을 누적으로 나타냈으므로 적절하지 않다.

오답분석
①·② 제시된 자료를 통해 알 수 있다.
③ 신재생에너지원별 고용인원 비율을 구하면 다음과 같다.

- 태양광 : $\frac{8,698}{16,177} \times 100 ≒ 54\%$
- 풍력 : $\frac{2,369}{16,177} \times 100 ≒ 15\%$
- 폐기물 : $\frac{1,899}{16,177} \times 100 ≒ 12\%$
- 바이오 : $\frac{1,511}{16,177} \times 100 ≒ 9\%$
- 기타 : $\frac{1,700}{16,177} \times 100 ≒ 10\%$

⑤ 신재생에너지원별 해외공장매출 비율을 구하면 다음과 같다.

- 태양광 : $\frac{18,770}{22,579} \times 100 ≒ 83.1\%$
- 풍력 : $\frac{3,809}{22,579} \times 100 ≒ 16.9\%$

출제유형분석 01 실전예제

01

정답 ④

주어진 조건을 정리하면 다음과 같다.

구분	1일	2일	3일	4일	5일	6일
경우 1	B	E	F	C	A	D
경우 2	B	C	F	D	A	E
경우 3	A	B	F	C	E	D
경우 4	A	B	C	F	D	E
경우 5	E	B	F	C	A	D
경우 6	E	B	C	F	D	A

따라서 B영화는 어떠한 경우에도 1일 또는 2일에 상영된다.

오답분석

① A영화는 경우 3 또는 4에서 C영화보다 먼저 상영된다.
② C영화는 경우 1 또는 5, 6에서 E영화보다 늦게 상영된다.
③ D영화는 경우 1 또는 3, 5에서 폐막작으로, 경우 4 또는 6에서 5일에 상영된다.
⑤ E영화는 경우 1 또는 3에서 개막작이나 폐막작으로 상영되지 않는다.

02

정답 ①

주어진 조건을 정리하면 다음과 같다.

구분	첫 번째	두 번째	세 번째	네 번째	다섯 번째	여섯 번째
경우 1	교육	보건	농림	행정	국방	외교
경우 2	교육	보건	농림	국방	행정	외교
경우 3	보건	교육	농림	행정	국방	외교
경우 4	보건	교육	농림	국방	행정	외교

따라서 교육부는 첫 번째 또는 두 번째에 감사를 시작한다.

오답분석

② 경우 3, 4에서 보건복지부는 첫 번째로 감사를 시작한다.
③ 농림축산식품부보다 늦게 감사를 받는 부서는 3개, 일찍 받는 부서는 2개로, 늦게 감사를 받는 부서의 수가 많다.
④ 경우 1, 3에서 국방부는 행정안전부보다 감사를 늦게 받는다.
⑤ 외교부보다 늦게 감사를 받는 부서는 없다.

03

주어진 조건을 정리하면 다음과 같다.

구분	A	B	C	D
경우 1	호밀식빵	우유식빵	밤식빵	옥수수식빵
경우 2	호밀식빵	밤식빵	우유식빵	옥수수식빵

따라서 항상 참인 것은 ③이다.

오답분석

①·②·④·⑤ 주어진 조건만으로는 판단하기 힘들다.

04

정답 ①

한 번 배정받은 층은 다시 배정받을 수 없기 때문에 A는 3층, B는 2층에 배정받을 수 있다. C는 1층 또는 4층에 배정받을 수 있지만, D는 1층에만 배정받을 수 있기 때문에, C는 4층, D는 1층에 배정받는다. 이를 정리하면 다음과 같다.

A	B	C	D
3층	2층	4층	1층

따라서 항상 참인 것은 ①이다.

오답분석

②·③·④ 주어진 조건만으로는 판단하기 힘들다.

⑤ 매년 새롭게 층을 배정받기 때문에 B 또한 3년 이상 기숙사에 살았을 것이다.

05

정답 ⑤

5명 중 단 1명만이 거짓말을 하고 있으므로 C와 D 중 1명은 반드시 거짓을 말하고 있다.

1) C의 진술이 거짓일 경우

　B와 C의 진술이 모두 거짓이 되므로 1명만 거짓말을 하고 있다는 조건이 성립하지 않는다.

2) D의 진술이 거짓일 경우

구분	A	B	C	D	E
출장 지역	잠실		여의도	강남	

이때, B는 상암으로 출장을 가지 않는다는 A의 진술에 따라 상암으로 출장을 가는 사람은 E임을 알 수 있다. 따라서 ⑤는 항상 거짓이 된다.

06

정답 ②

'을'과 '정'이 서로 상반된 이야기를 하고 있으므로 둘 중 1명이 거짓말을 하고 있다. 만일 '을'이 참이고 '정'이 거짓이라면 화분을 깨뜨린 사람은 '병', '정'이 되는데, 화분을 깨뜨린 사람은 1명이어야 하므로 모순이다. 따라서 거짓말을 한 사람은 '을'이다.

44 · 한국산업인력공단 6급

01

발행형태가 4로 전집이기 때문에 한 권으로만 출판된 것이 아님을 알 수 있다.

[오답분석]
① 국가번호가 05(미국)로 미국에서 출판되었다.
② 서명식별번호가 1011로 1011번째 발행되었다. 441은 발행자번호로 이 책을 발행한 출판사의 발행자번호가 441이라는 것을 의미한다.
③ 발행자번호는 441로 세 자리로 이루어져 있다.
⑤ 도서의 내용이 710(한국어)이지만, 도서가 한국어로 되어 있는지는 알 수 없다.

02

(마)의 비상사고 코드가 N134라면, 철도사고 종류는 자연재해(N), 철도사고 형태는 침수(1), 철도사고 대상은 여객열차(3), 철도사고 위치는 교량(4)이어야 한다. 그러나 (마)의 철도사고 위치가 본선구간(2)이므로 N134가 아닌, N132가 되어야 한다.

03

조건에 따라 소괄호 안에 있는 부분을 순서대로 풀이하면 '1 A 5'에서 A는 좌우의 두 수를 더하는 것이지만, 더한 값이 10 미만이면 좌우에 있는 두 수를 곱해야 한다. 1+5=6으로 10 미만이므로 두 수를 곱하여 5가 된다.
'3 C 4'에서 C는 좌우의 두 수를 곱하는 것이지만, 곱한 값이 10 미만이면 좌우에 있는 두 수를 더한다. 이 경우 3×4=12로 10 이상이므로 12가 된다.
대괄호를 풀어보면 '5 B 12'이다. B는 좌우에 있는 두 수 가운데 큰 수에서 작은 수를 빼는 것이지만, 두 수가 같거나 뺀 값이 10 미만이면 두 수를 곱한다. 12−5=7로 10 미만이므로 두 수를 곱해야 한다. 따라서 60이 된다.
'60 D 6'에서 D는 좌우에 있는 두 수 가운데 큰 수를 작은 수로 나누는 것이지만, 두 수가 같거나 나눈 값이 10 미만이면 두 수를 곱해야 한다. 이 경우 나눈 값이 60÷6=10이므로 답은 10이다.

04

한글 자음을 순서에 따라 바로 뒤의 자음으로 변환하면 다음과 같다.

ㄱ	ㄴ	ㄷ	ㄹ	ㅁ	ㅂ	ㅅ
ㄴ	ㄷ	ㄹ	ㅁ	ㅂ	ㅅ	ㅇ
ㅇ	ㅈ	ㅊ	ㅋ	ㅌ	ㅍ	ㅎ
ㅈ	ㅊ	ㅋ	ㅌ	ㅍ	ㅎ	ㄱ

한글 모음을 순서에 따라 알파벳으로 변환하면 다음과 같다.

ㅏ	ㅐ	ㅑ	ㅒ	ㅓ	ㅔ	ㅕ
a	b	c	d	e	f	g
ㅖ	ㅗ	ㅘ	ㅙ	ㅚ	ㅛ	ㅜ
h	i	j	k	l	m	n
ㅝ	ㅞ	ㅟ	ㅠ	ㅡ	ㅢ	ㅣ
o	p	q	r	s	t	u

ㄴ=ㄱ, u=ㅣ, ㅂ=ㅁ, ㅋ=ㅊ, u=ㅣ, ㅊㅊ=ㅉ, u=ㅣ, ㄴ=ㄱ, b=ㅐ
따라서 김대리가 말한 메뉴는 김치찌개이다.

05

ㅈ=ㅊ, ㅗ=i, ㄴ=ㄷ, ㅈ=ㅊ, ㅜ=n, ㅇ=ㅈ, ㄱ=ㄴ, ㅘ=j, 공백=O, ㅂ=ㅅ, ㅐ=b, ㄹ=ㅁ, ㅕ=g

06

서울 지점의 C씨에게 배송할 제품과 경기남부 지점의 B씨에게 배송할 제품에 대한 기호를 모두 기록해야 한다.

- C씨 : MS11EISS
  - 재료 : 연강(MS)
  - 판매량 : 1box(11)
  - 지역 : 서울(E)
  - 윤활유 사용 : 윤활작용(I)
  - 용도 : 스프링(SS)
- B씨 : AHSSOOSSST
  - 재료 : 초고강도강(AHSS)
  - 판매량 : 1set(OO)
  - 지역 : 경기남부(S)
  - 윤활유 사용 : 밀폐작용(S)
  - 용도 : 타이어코드(ST)

출제유형분석 03   **실전예제**

01

- ㄱ. 기술개발을 통해 연비를 개선하는 것은 막대한 R&D 역량이라는 강점으로 휘발유의 부족 및 가격의 급등이라는 위협을 회피하거나 최소화하는 전략에 해당하므로 적절하다.
- ㄹ. 생산설비에 막대한 투자를 했기 때문에 차량모델 변경의 어려움이라는 약점이 있는데, 레저용 차량 전반에 대한 수요 침체 및 다른 회사들과의 경쟁이 심화되고 있으므로 생산량 감축을 고려할 수 있다.
- ㅁ. 생산 공장을 한 곳만 가지고 있다는 약점이 있지만 새로운 해외시장이 출현하고 있는 기회를 살려서 국내 다른 지역이나 해외에 공장들을 분산 설립할 수 있을 것이다.
- ㅂ. 막대한 R&D 역량이라는 강점을 이용하여 휘발유의 부족 및 가격의 급등이라는 위협을 회피하거나 최소화하기 위해 경유용 레저 차량 생산을 고려할 수 있다.

오답분석

- ㄴ. 소형 레저용 차량에 대한 수요 증대라는 기회 상황에서 대형 레저용 차량을 생산하는 것은 적절하지 않은 전략이다.
- ㄷ. 차량모델 변경의 어려움이라는 약점을 보완하는 전략도 아니고, 소형 또는 저가형 레저용 차량에 대한 선호가 증가하는 기회에 대응하는 전략도 아니다. 또한, 차량 안전 기준의 강화 같은 규제 강화는 기회 요인이 아니라 위협 요인이다.
- ㅅ. 기회는 새로운 해외시장의 출현인데 내수 확대에 집중하는 것은 기회를 살리는 전략이 아니다.

02

제시된 자료는 H섬유회사의 SWOT 분석을 통해 강점(S), 약점(W), 기회(O), 위협(T) 요인을 분석한 것으로 SO전략과 WO전략은 발전 방안으로서 적절하다.

오답분석

- ㄴ. ST전략에서 경쟁업체에 특허 기술을 무상 이전하는 것은 경쟁이 더 심화될 수 있으므로 적절하지 않다.
- ㄹ. WT전략에서는 기존 설비에 대한 재투자보다는 수요에 맞게 다양한 제품을 유연하게 생산할 수 있는 신규 설비에 대한 투자가 필요하다.

03

정답 ②

경쟁자의 시장 철수로 인한 시장으로의 진입 가능성은 H공사가 가지고 있는 내부환경의 약점이 아닌 외부환경에서 비롯되는 기회에 해당한다.

04

정답 ④

ㄴ. 다수의 풍부한 경제자유구역 성공 사례를 활용하는 것은 강점에 해당되지만, 외국인 근로자를 국내주민과 문화적으로 동화시키려는 시도는 위협을 극복하는 것과는 거리가 멀다. 따라서 해당 전략은 ST전략으로 부적절하다.

ㄹ. 경제자유구역 인근 대도시와의 연계를 활성화하면 오히려 인근 기성 대도시의 산업이 확장된 교통망을 바탕으로 경제자유구역의 사업을 흡수할 위험이 커진다. 또한 인근 대도시와의 연계 확대는 경제자유구역 내 국내·외 기업 간의 구조 및 운영상 이질감을 해소하는 데 직접적인 도움이 된다고 보기 어렵다.

[오답분석]

ㄱ. 경제호황으로 인해 자국을 벗어나 타국으로 진출하려는 해외기업이 증가하는 기회상황에서, 성공적 경험에서 축적된 우리나라의 경제자유구역 조성 노하우로 이들을 유인하여 유치하는 전략은 SO전략으로 적절하다.

ㄷ. 기존에 국내에 입주한 해외기업의 동형화 사례를 활용하여 국내기업과 외국계 기업의 운영상 이질감을 해소하여 생산성을 증대시키는 전략은 WO전략에 해당한다.

출제유형분석 04 실전예제

01

정답 ④

을·정·무 : 정이 운전을 하고 을이 차장이며, 부상 중인 사람이 없기 때문에 17시에 도착하므로 정의 당직 근무에도 문제가 없다. 따라서 가능한 조합이다.

[오답분석]

① 갑·을·병 : 갑이 부상인 상태이므로 B지사에 17시 30분에 도착하는데, 을이 17시 15분에 계약업체 면담을 진행해야 하므로 가능하지 않은 조합이다.

② 갑·병·정 : 갑이 부상인 상태이므로 B지사에 17시 30분에 도착하는데, 정이 17시 10분부터 당직 근무가 예정되어 있으므로 가능하지 않은 조합이다.

③ 을·병·무 : 1종 보통 운전면허를 소지하고 있는 사람이 없으므로 가능하지 않은 조합이다.

⑤ 병·정·무 : 책임자로서 차장 직위가 한 명은 포함되어야 하므로 가능하지 않은 조합이다.

02

정답 ③

B안의 가중치는 전문성인데 자원봉사제도는 (−)이므로 적절하지 않은 판단이다.

[오답분석]

① 전문성 면에서는 유급법률구조제도가 (+), 자원봉사제도가 (−)이므로 옳은 설명이다.

② A안에 가중치를 적용할 경우 접근용이성과 전문성에 가중치를 적용하므로 두 정책목표 모두에서 (+)를 보이는 유급법률구조제도가 가장 적절하다.

④ B안에 가중치를 적용할 경우 전문성에 가중치를 적용하므로 (+)를 보이는 유급법률구조제도가 가장 적절하며, A안에 가중치를 적용할 경우 ②에 의해 유급법률구조제도가 가장 적절하다. 따라서 어떤 것을 적용하더라도 결과는 같다.

⑤ 비용저렴성을 달성하려면 (+)를 보이는 자원봉사제도가 가장 유리하다.

03

정답 ④

H공사의 구매 담당자는 기계의 성능을 모두 같다고 보는데, ④는 E사 제품이 성능 면에서 뒤처진다고 설득하는 내용이므로 적절하지 않다.

04

정답 ③

제시된 자료와 상황을 바탕으로 투자액에 따른 득실을 정리하면 다음과 같다.

구분	투자액	감면액	득실
1등급 – 최우수	2억 1천만 원	2억 4천만 원	+3,000만 원
1등급 – 우수	1억 1천만 원	1억 6천만 원	+5,000만 원
2등급 – 최우수	1억 9천만 원	1억 6천만 원	−3,000만 원
2등급 – 우수	9천만 원	8천만 원	−1,000만 원

05

정답 ②

예상되는 평가점수는 63점이고, 에너지효율이 3등급이기 때문에 취·등록세액 감면 혜택을 얻을 수 없다. 추가 투자를 통해서 평가점수와 에너지효율을 높여야 취·등록세액 감면 혜택을 얻게 된다.

오답분석
① 현재 신축 건물의 예상되는 친환경 건축물 평가점수는 63점으로 '우량' 등급이다.
③ 친환경 건축물 우수 등급, 에너지효율 1등급을 받는 것이 경제적 이익을 극대화시킨다.
④ 예산 관리는 활동이나 사업에 소요되는 비용을 산정하고, 예산을 편성하는 것 뿐만 아니라 예산을 통제하는 것 모두를 포함한다고 할 수 있다.

06

정답 ③

• 부서 배치
 – 성과급 평균은 48만 원이므로, A는 영업부 또는 인사부에서 일한다.
 – B와 D는 각각 비서실, 총무부, 홍보부 중에서 일한다.
 – C는 인사부에서 일한다.
 – D는 비서실에서 일한다.
 따라서 A는 영업부, B는 총무부, C는 인사부, D는 비서실, E는 홍보부에서 일한다.
• 휴가
 – A는 D보다 휴가를 늦게 간다. 따라서 C – D – B – A 또는 D – A – B – C 순으로 휴가를 간다.
• 성과급
 – D사원 : 60만 원
 – C사원 : 40만 원

오답분석
① A의 3개월 치 성과급은 20×3=60만 원, C의 2개월 치 성과급은 40×2=80만 원이므로 옳지 않다.
② C가 맨 먼저 휴가를 갈 경우, A가 맨 마지막으로 휴가를 가게 된다.
④ 휴가를 가지 않은 E는 2배의 성과급을 받기 때문에 총 120만 원의 성과급을 받게 되고, D의 성과급은 60만 원이기 때문에 두 사람의 성과급 차이는 2배이다.
⑤ C가 제일 마지막에 휴가를 갈 경우, B는 A보다 늦게 출발한다.

CHAPTER 05 직업윤리

01

정답 ⑤

생계를 위해 어쩔 수 없이 기계적인 노동을 하며 부지런함을 유지하는 것 역시 외부로부터 강요당한 근면으로서 근면의 한 유형이다.

오답분석

② 직업에는 귀천이 없다는 점은 각자가 직업을 중시해야 하는 이유가 되므로, 근면한 태도를 유지해야 하는 근거로 볼 수 있다.

02

정답 ④

ㄴ. 모든 사람이 윤리적 가치보다 자신의 이익을 우선하여 행동한다면, 사회질서가 파괴될 수 있다.
ㄹ. 윤리적 행동의 당위성은 육체적 안락이나 경제적 이득보다 삶의 본질적 가치와 도덕적 신념에 근거한다.

오답분석

ㄱ. 모든 사람이 윤리적으로 행동할 때 나 혼자 비윤리적으로 행동을 하면 큰 이익을 얻을 수 있음에도 윤리적 규범을 지켜야 하는 이유는 어떻게 살 것인가 하는 가치관의 문제와도 관련이 있기 때문이다.
ㄷ. 사람이 윤리적으로 살아야 하는 이유는 윤리적으로 살 때 개인의 행복과 모든 사람의 행복을 보장할 수 있기 때문이다.

01

정답 ①

S과장은 사회적으로는 좋은 일을 했지만, 회사의 입장에서는 자신의 책임을 그르친 행동을 하였다고 볼 수 있다. 직업을 가진 사람에게 자기가 맡은 업무는 함께한 동료들을 포함하여 수많은 사람과 관련된 공적인 약속이자 최우선 과제이다. S과장은 회사업무 중이었으므로 공적인 입장에서도 판단해야 한다.

02

정답 ⑤

ㄱ·ㅁ은 Excellence, ㄴ은 Courtesy, ㄷ은 Image, ㄹ은 Emotion에 해당한다. 따라서 5개의 보기 모두 서비스의 의미에 해당한다.

출제유형분석 01 실전예제

01
정답 ②

9일은 A기술사 필기시험일이지만 중복이 가능하므로 7 ~ 9일은 K기능사 실기시험 날짜로 가장 적절하다.

[오답분석]
① 3일에는 H공단 체육대회가 있다.
③ 14 ~ 16일 동안에는 B산업기사 실기시험이 있다.
④ · ⑤ 24 ~ 29일 동안은 시험장 보수공사로 불가능하다.

02
정답 ②

팀장과 과장의 휴가일정과 세미나가 포함된 주를 제외하면 A대리가 연수에 참석할 수 있는 날짜는 첫째 주 금요일부터 둘째 주 화요일까지로 정해진다. 4월은 30일까지 있으므로 주어진 일정을 달력에 표시를 하면 다음과 같다.

일요일	월요일	화요일	수요일	목요일	금요일	토요일
	1	2 팀장 휴가	3 팀장 휴가	4 팀장 휴가	5 A대리 연수	6 A대리 연수
7 A대리 연수	8 A대리 연수	9 A대리 연수	10 B과장 휴가	11 B과장 휴가	12 B과장 휴가	13
14	15 B과장 휴가	16 B과장 휴가	17 C과장 휴가	18 C과장 휴가	19	20
21	22	23	24	25	26 세미나	27
28	29	30				

따라서 5일 동안 연속으로 참석할 수 있는 날은 4월 5일부터 9일까지이므로 A대리의 연수 마지막 날짜는 9일이다.

03
정답 ④

팀원들의 모든 스케줄이 비어 있는 시간대인 16:00 ~ 17:00가 가장 적절하다.

04

정답 ③

자동차 부품 생산조건에 따라 반자동라인과 자동라인의 시간당 부품 생산량을 구해보면 다음과 같다.

• 반자동라인 : 4시간에 300개의 부품을 생산하므로, 8시간에 300개×2=600개의 부품을 생산한다. 하지만 8시간마다 2시간씩

생산을 중단하므로, 8+2=10시간에 600개의 부품을 생산하는 것과 같다. 따라서 시간당 부품 생산량은 $\frac{600개}{10시간}$=60개이다.

이때 반자동라인에서 생산된 부품의 20%는 불량이므로, 시간당 정상 부품 생산량은 60개×(1−0.2)=48개이다.

• 자동라인 : 3시간에 400개의 부품을 생산하므로, 9시간에 400개×3=1,200개의 부품을 생산한다. 하지만 9시간마다 3시간씩

생산을 중단하므로, 9+3=12시간에 1,200개의 부품을 생산하는 것과 같다. 따라서 시간당 부품 생산량은 $\frac{1,200개}{12시간}$=100개이

다. 이때 자동라인에서 생산된 부품의 10%는 불량이므로, 시간당 정상 제품 생산량은 100개×(1−0.1)=90개이다.

따라서 반자동라인과 자동라인에서 시간당 생산하는 정상 제품의 생산량은 48+90=138개이므로, 34,500개를 생산하는 데

$\frac{34,500개}{138개/h}$=250시간이 소요되었다.

05

정답 ①

두 번째 조건에서 경유지는 서울보다 +1시간, 출장지는 경유지보다 −2시간이므로 서울과 −1시간 차이다.
김대리가 서울에서 경유지를 거쳐 출장지까지 가는 과정을 서울시간 기준으로 정리하면,
서울 5일 오후 1시 35분 출발 → 오후 1시 35분+3시간 45분=오후 5시 20분 경유지 도착 → 오후 5시 20분+3시간 50분(대기시간)=오후 9시 10분 경유지에서 출발 → 오후 9시 10분+9시간 25분=6일 오전 6시 35분 출장지 도착
따라서 출장지에 도착했을 때 현지 시각은 서울보다 1시간 느리므로 오전 5시 35분이다.

출제유형분석 02 실전예제

01

정답 ④

수인이가 베트남 현금 1,670만 동을 환전하기 위해 필요한 한국 돈은 수수료를 제외하고 1,670만 동×483원/만 동=806,610원이다.
우대사항에서 50만 원 이상 환전 시 70만 원까지 수수료가 0.4%로 낮아진다. 70만 원의 수수료는 0.4%가 적용되고 나머지는 0.5%가 적용되어 총수수료를 구하면 700,000×0.004+(806,610−700,000)×0.005=2,800+533.05≒3,330원이다.
따라서 수인이가 원하는 금액을 환전하기 위해서 필요한 총금액은 806,610+3,330=809,940원임을 알 수 있다.

02

정답 ①

[(월 임대료)×(12개월)/{(전세 보증금)−(월세 보증금)}]×100=6%가 되어야 한다.
따라서 월 임대료를 x원으로 하여 주어진 금액을 대입하고 계산해 보면,
{(x×12)/(1억 원−1천만 원)}×100=6

$\frac{12x}{900,000}$=6 → $x=\frac{900,000×6}{12}$

∴ x=450,000

03

상별로 수상인원을 고려하여, 상패 및 물품별 총수량과 비용을 계산하면 다음과 같다.

상패 또는 물품	총수량(개)	개당 가격(원)	총비용(원)
금 도금 상패	7	49,500원(10% 할인)	7×49,500=346,500
은 도금 상패	5	42,000	42,000×4(1개 무료)=168,000
동 상패	2	35,000	35,000×2=70,000
식기 세트	5	450,000	5×450,000=2,250,000
신형 노트북	1	1,500,000	1×1,500,000=1,500,000
태블릿 PC	6	600,000	6×600,000=3,600,000
만년필	8	100,000	8×100,000=800,000
안마의자	4	1,700,000	4×1,700,000=6,800,000
합계	−	−	15,534,500

따라서 총상품구입비는 15,534,500원이다.

04

주어진 조건을 정리하면 다음과 같다.
- $(B+C+D)×0.2=A$ → $B+C+D=5A$ … ⓐ
- $(A+B)×0.4=C$ → $A+B=2.5C$ … ⓑ
- $A+B=C+D$ … ⓒ
- $D-16,000=A$ … ⓓ

ⓑ를 ⓒ에 대입하면 $C+D=2.5C$ → $D=1.5C$ … ㉠
㉠을 ⓓ에 대입하면 $A=1.5C-16,000$ … ㉡
㉠을 ⓒ에 대입하면 $B=2.5C-A$, 여기에 ㉡을 대입하면 $B=2.5C-1.5C+16,000=C+16,000$ … ㉢
㉠, ㉡, ㉢을 이용해 ⓐ를 C에 대한 식으로 정리하면
$C+16,000+C+1.5C=7.5C-80,000$
→ $3.5C+16,000=7.5C-80,000$
→ $16,000+80,000=7.5C-3.5C$
→ $96,000=4C$
∴ $C=24,000$
따라서 C가 낸 금액은 24,000원이다.

05

제품군별 지급해야 할 보관료는 다음과 같다.
- A제품군 : 300억×0.01=3억 원
- B제품군 : 2,000CUBIC×20,000=4천만 원
- C제품군 : 500톤×80,000=4천만 원

따라서 H기업이 보관료로 지급해야 할 총금액은 3억+4천만+4천만=3억 8천만 원이다.

01 정답 ①

선택지별로 비품을 확인하면 문서용 집게는 재사용이 가능하므로 구매하지 않고 재사용하며, 연필과 테이프는 B등급이므로 A등급보다 우선순위가 높지 않다. 또한 커피의 필요 개수가 A4보다 적으므로 우선순위에서 밀려난다. 따라서 가장 먼저 구매해야 하는 비품은 A4용지다.

02 정답 ④

$20 \times 10 = 200$부이며, $200 \times 30 = 6,000$페이지이다. 이를 활용하여 업체당 인쇄비용을 구하면 다음과 같다.

인쇄소	페이지 인쇄 비용	유광표지 비용	제본 비용	할인을 적용한 총비용
A	$6,000 \times 50 = 30$만 원	$200 \times 500 = 10$만 원	$200 \times 1,500 = 30$만 원	$30+10+30 = 70$만 원
B	$6,000 \times 70 = 42$만 원	$200 \times 300 = 6$만 원	$200 \times 1,300 = 26$만 원	$42+6+26 = 74$만 원
C	$6,000 \times 70 = 42$만 원	$200 \times 500 = 10$만 원	$200 \times 1,000 = 20$만 원	$42+10+20 = 72$만 원 → 200부 중 100부 5% 할인 → (할인 안 한 100부 비용)+(할인한 100부 비용) $= 36+(36 \times 0.95) = 70$만 2천 원
D	$6,000 \times 60 = 36$만 원	$200 \times 300 = 6$만 원	$200 \times 1,000 = 20$만 원	$36+6+20 = 62$만 원
E	$6,000 \times 100 = 60$만 원	$200 \times 200 = 4$만 원	$200 \times 1,000 = 20$만 원	$60+4+20 = 84$만 원 → 총비용 20% 할인 $84 \times 0.8 = 67$만 2천 원

따라서 가장 저렴한 비용으로 인쇄할 수 있는 인쇄소는 D인쇄소이다.

03 정답 ③

매출 순이익은 [(판매 가격)−(생산 단가)]×(판매량)이므로 메뉴별 매출 순이익을 계산하면 다음과 같다.

메뉴	예상 월간 판매량(개)	생산 단가(원)	판매 가격(원)	매출 순이익(원)
A	500	3,500	4,000	$250,000[=(4,000-3,500) \times 500]$
B	300	5,500	6,000	$150,000[=(6,000-5,500) \times 300]$
C	400	4,000	5,000	$400,000[=(5,000-4,000) \times 400]$
D	200	6,000	7,000	$200,000[=(7,000-6,000) \times 200]$
E	150	3,000	5,000	$300,000[=(5,000-3,000) \times 150]$

따라서 매출 순이익이 가장 높은 C를 메인 메뉴로 선정하는 것이 옳다.

04 정답 ①

두 번째 조건에서 총구매금액이 30만 원 이상이면 총금액에서 5%를 할인해 주므로 한 벌당 가격이 $300,000 \div 50 = 6,000$원 이상인 품목은 할인적용이 들어간다. 업체별 품목 금액을 보면 모든 품목이 6,000원 이상이므로 5% 할인 적용대상이다. 따라서 모든 품목에 할인이 적용되어 정가로 비교가 가능하다.

세 번째 조건에서 차순위 품목이 1순위 품목보다 총금액이 20% 이상 저렴한 경우 차순위를 선택한다고 했으므로 한 벌당 가격으로 계산하면 1순위인 카라 티셔츠의 20% 할인된 가격은 $8,000 \times 0.8 = 6,400$원이다. 정가가 6,400원 이하인 품목은 A업체의 티셔츠이므로 팀장은 1순위인 카라 티셔츠보다 2순위인 A업체의 티셔츠를 구입할 것이다.

05

정답 ⑤

완성품 납품 수량은 총 100개이다. 완성품 1개당 부품 A는 10개가 필요하므로 총 1,000개가 필요하고, B는 300개, C는 500개가 필요하다. 그런데 A는 500개, B는 120개, C는 250개의 재고가 있으므로, 각각 모자라는 나머지 부품인 500개, 180개, 250개를 주문해야 한다.

06

정답 ④

어떤 컴퓨터를 구매하더라도 각각 사는 것보다 세트로 사는 것이 한 세트(모니터＋본체)당 7만 원에서 12만 원 정도 이득이다. 하지만 세트 혜택이 아닌 다른 혜택에 해당하는 조건에서는 비용을 비교해 봐야 한다. 다음은 컴퓨터별 구매 비용을 계산한 것이다. E컴퓨터는 성능평가에서 '하'를 받았으므로 계산에서 제외한다.
- A컴퓨터 : 80만 원×15대＝1,200만 원
- B컴퓨터 : (75만 원×15대)－100만 원＝1,025만 원
- C컴퓨터 : (20만 원×10대)＋(20만 원×0.85×5대)＋(60만 원×15대)＝1,185만 원 또는 70만 원×15대＝1,050만 원
- D컴퓨터 : 66만 원×15대＝990만 원

따라서 D컴퓨터만 예산 범위인 1,000만 원 내에서 구매할 수 있으므로 조건을 만족하는 컴퓨터는 D컴퓨터이다.

07

정답 ③

사진 크기별로 장수에 따른 총용량을 구하면 다음과 같다.
- 반명함 : 150×8,000＝1,200,000KB(1,200MB)
- 신분증 : 180×6,000＝1,080,000KB(1,080MB)
- 여권 : 200×7,500＝1,500,000KB(1,500MB)
- 단체사진 : 250×5,000＝1,250,000KB(1,250MB)

모든 사진의 총용량을 더하면 1,200＋1,080＋1,500＋1,250＝5,030MB이다.
5,030MB는 5.030GB이므로, 필요한 USB 최소 용량은 5GB이다.

01

정답 ④

성과급 기준표를 토대로 교사 A ~ E에 대한 성과급 배점을 정리하면 다음과 같다.

교사	주당 수업시간	수업 공개 유무	담임 유무	업무 곤란도	호봉	합계
A	14점	–	10점	20점	30점	74점
B	20점	–	5점	20점	30점	75점
C	18점	5점	5점	30점	20점	78점
D	14점	10점	10점	30점	15점	79점
E	16점	10점	5점	20점	25점	76점

따라서 D교사가 가장 높은 배점을 받게 된다.

02

정답 ③

직원들의 요일별 초과근무 일정을 정리하면 목요일 초과근무자가 5명임을 알 수 있다.

월요일	화요일	수요일	목요일	금요일	토요일	일요일
김혜정 정해리 정지원	이지호 최명진	김재건 신혜선	박주환 신혜선 정지원 김우석 이상엽	김혜정 김유미	이설희 임유진 김유미	임유진 한예리 이상엽

목요일 초과근무자 중 단 1명만 초과근무 일정을 수정해야 한다면 목요일 6시간과 일요일 3시간 일정으로 $6+3\times1.5=10.5$시간을 근무하는 이상엽 직원의 일정을 수정해야 한다. 따라서 목요일에 초과근무 예정인 이상엽 직원의 요일과 시간을 수정해야 한다.

03

정답 ②

(하루 1인당 고용비)=(1인당 수당)+(산재보험료)+(고용보험료)

$\quad\quad\quad\quad\quad =50,000+(50,000\times0.00504)+(50,000\times0.013)$

$\quad\quad\quad\quad\quad =50,000+252+650=50,902$원

(하루 동안 고용할 수 있는 인원수)=[(본예산)+(예비비)] / (하루 1인당 고용비)

$$=\frac{600,000}{50,902}$$

$$≒11.8$$

따라서 하루 동안 고용할 수 있는 최대 인원은 11명이다.

04

정답 ⑤

C사원은 혁신성, 친화력, 책임감이 '상 – 상 – 중'으로 영업팀의 중요도에 적합하며, 창의성과 윤리성은 '하'이지만 영업팀에서 중요하게 생각하지 않는 역량이기에 영업팀으로의 부서 배치가 적절하다.

E사원은 혁신성, 책임감, 윤리성이 '중 – 상 – 하'로 지원팀의 핵심역량가치에 부합하기에 지원팀으로의 부서 배치가 적절하다.

미래는 자신이 가진 꿈의 아름다움을 믿는 사람들의 것이다.

– 엘리노어 루즈벨트 –

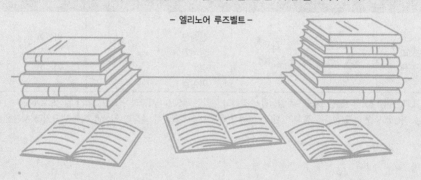

PART 3

한국사

CHAPTER 01   적중예상문제

01	02	03	04	05	06	07	08	09	10	11	12	13	14	15	16	17	18	19	20
③	③	⑤	③	⑤	④	③	②	③	②	①	⑤	④	④	②	②	②	⑤	④	③

01   정답 ③

제시문에서 설명하고 있는 유물은 비파형동검으로 청동기시대의 대표적인 유물이다. 청동기시대에는 조, 보리, 콩 등을 재배하였으며, 일부 지역에서는 벼농사가 시작되었다.

오답분석

①·②·④ 신석기시대의 특징이다.
⑤ 구석기시대의 특징이다.

02   정답 ③

제시문은 통일신라 38대 왕 원성왕이 788년 실시한 독서삼품과에 대한 설명이다. 원성왕 시기부터 통일신라는 발해를 외교적 대상 국가로 인식하여 일길찬(一吉湌) 백어(伯魚)를 사신으로 보냈다. 또한 처음으로 승관(僧官)을 두고 승려 중에 능력이 좋은 사람을 선발하여 충당하였다.

오답분석

ⓒ 원종·애노의 난은 889년(진성여왕 3) 진골 귀족 간의 잦은 정쟁으로 지방 통제력이 약해진 상황에서 과도한 조세 부담으로 인해 사벌주에서 발생하였다.
ⓒ 청해진의 난은 851년(문성왕 13)에 청해진과 중앙정부 사이의 반목과 대립 심화로 발생하였으며, 염장의 장보고 암살과 중앙군의 토벌로 제압되었다.

03   정답 ⑤

농촌지역에서 극렬하게 만세운동이 전개된 이유는 일제의 토지 조사 사업 때문이다. 토지 조사 사업은 1910년부터 1928년까지 일제가 우리나라에서 식민지적 토지제도를 확립할 목적으로 실시한 대규모 조사사업을 말한다.
농민들은 일제의 수탈을 가장 극심하게 받은 계층으로서, 일제가 무력으로 무자비하게 탄압하자 농민들이 이끈 만세운동의 시위도 무력 저항의 형태로 변화하였다.

04   정답 ③

제시된 자료는 일제가 1925년에 제정한 치안유지법의 내용이다. 치안유지법은 조선 내 사회주의의 확산을 막기 위해 제정한 것이다. 당시 일제가 독립운동을 탄압하기 위해 활용하던 보안법은 사상범의 통제에 다소 미흡했기 때문에 치안유지법을 제정한 것으로 볼 수 있다.

오답분석

① 의병은 1915년경 채응언의 체포를 계기로 소멸되었다.
② 일본은 1930년대 이후로 대륙 침략을 감행하였다.
④ 독립의군부는 1910년대에 결성되어 활동하였다.
⑤ 친일파 처벌은 해방 후의 상황이다.

05

정답 ⑤

제시된 글은 『영남만인소』의 일부로, 영남 지방의 많은 위정 척사 사상가들이 정부의 개화정책에 반대하여 왕에게 올린 상소이다. 위정 척사 사상을 바탕으로 하는 위정 척사 운동은 성리학을 수호하고 성리학 이외의 모든 종교와 사상을 배척하자는 주장을 말한다.

> **전개 과정**
> (1) 통상 반대 운동(1860년대, 이항로, 기정진)
>   : 대원군의 통상 수교 거부 정책 지지
> (2) 개항 반대 운동(1870년대, 최익현, 유인석)
>   : 왜양일체론, 개항불가론
> (3) 개화 반대 운동(1880년대, 홍재학, 이만손)
>   : 조선책략 유포, 정부의 정책 반발, 유생들의 집단적 상소 운동 발발, 척사 상소(홍재학), 영남 만인소(이만손)
> (4) 항일 의병 운동(1890년대, 문석봉, 이소응)
>   : 일본의 침략에 반발(을미·을사·정미의병 등)

06

정답 ④

일제의 식민지 교육 정책은 조선인 학생을 식민 통치에 순응하도록 만들고, 식민지 공업화에 필요한 노동력을 양성하는 데 그 목적이 있었다. 1930년대 후반 민족 말살 정책의 일환으로 한국어와 한국사, 한국지리 등의 국학 과목을 폐지하여 교육을 금지하였다.

식민지 교육 정책(제1차 조선교육령)

우민화 교육	차별 교육, 일제에 충성하는 국민 육성, 일본어 학습 강요
초등 교육	4년제 보통학교, 중등 교육 제한, 실업(기술) 교육, 조선어 수업 축소, 역사·지리 교육 금지
서당규칙(1918)	교육 거부 학생들이 개량한 서당에 입학하여 민족교육을 받음, 일제의 탄압(인가제 → 허가제), 서당 활동 억압

07

정답 ③

강화도 조약은 1876년, 3·1 운동은 1919년에 일어났으며, 광복은 1945년에 이루어졌다.
국채보상운동은 1907년 대구에서 서상돈 등이 주도한 주권수호운동으로, 일본에서 도입한 차관을 상환함으로써 주권을 되찾고자 하였다. 따라서 1919년 3·1 운동 뒤에 오는 것은 시기상 적절하지 않다.

08

정답 ②

제시문은 균역법에 대한 내용으로, 균역법은 영조 때 시행하였다. 영조는 노비종모법을 시행하여 노비 소생의 자녀의 경우 어머니의 신분을 따르게 하였다.

[오답분석]
① 속대전은 영조(1746) 때 『경국대전』 시행 이후에 공포된 법령 중에서 시행할 법령만을 추려서 편찬한 통일 법전이다.
③ 영조는 사사로이 건립한 서언을 철폐할 것과 이후 사사로이 서원을 건립하는 자는 처벌한다고 명하였다.
④ 영조는 신문고 제도를 다시 시행하였다.
⑤ 영조는 홍수 시 큰 피해가 나타나는 등의 문제점을 해결하기 위해 청계천 준설을 시행하였다.

09

정답 ③

제시된 자료는 성종실록의 일부로, 재가 금지에 대한 규정을 법문화한 『경국대전』과 관련된다. 국왕이 여성의 재가를 금지하는 법령을 명하고 있는 것으로 보아 당시에는 여성들의 재가가 자유로웠음을 알 수 있다.

[오답분석]
ㄱ·ㄴ. 가부장적 가족 제도가 확립된 조선 중기의 가족 제도와 혼인 풍습이다.

10

밑줄 친 '이들'은 사림 세력이다. 사림은 15세기 중반 이후, 중소 지주적인 배경을 가지고 성리학을 기반으로 영남과 기호 지방을 중심으로 성장하였다. 훈구 세력이 중앙 집권 체제를 강조한 데 비해, 사림 세력은 향촌 자치를 내세우며 도덕과 의리를 바탕으로 하는 왕도 정치를 강조하였다.

오답분석

ㄴ · ㄹ. 훈구파에 대한 내용이다.

11

제시된 자료는 검소는 미덕이고, 사치는 악이라고 하는 조선의 경제적 가치관을 보여 주고 있다. 따라서 농업을 본업이라 하여 중시하였고, 상품 화폐 경제가 발전할 수 있는 상공업은 국가에서 통제하였다.

12

제시된 그림은 임진왜란 이후 우리나라에서 일본에 파견한 통신사를 그린 그림이다. 일본은 조선의 선진 문화를 받아들이고, 도쿠가와 막부의 쇼군이 바뀔 때마다 권위를 인정받기 위하여 조선의 사절 파견을 요청하였다. 이에 따라 조선은 1607년부터 1811년까지 12회에 걸쳐 많을 때는 400~500명에 달하는 인원의 통신사를 파견하였다.

13

제시문은 조선 후기 실학자 홍대용의 주장이다. 홍대용은 청을 왕래하면서 얻은 경험을 토대로 기술의 혁신과 문벌제도의 철폐, 성리학의 극복이 부국강병의 근본이라고 강조하였다. 또한 중국이 세계의 중심이라는 생각을 비판하였다.

14

홍경래의 난, 개령 농민 봉기, 진주 농민 봉기를 통해 세도 정치기임을 알 수 있다. 홍경래의 난은 순종 때 청천강 이북지역에서 지역 차별에 대한 반발로 봉기하였으며, 영세 농민, 중소 상인, 광산 노동자가 참여하였다. 진주 농민 봉기는 철종 때 백낙신의 학정과 삼정의 폐해가 심해짐에 따라 이에 불만을 품은 농민들이 봉기를 일으켰으며 전국적으로 확대되었다.

오답분석

① 고려 무신 집권기에 일어난 일이다.
② 조선 현종에 일어난 일이다.
③ 고려 문벌 귀족 집권기에 일어난 일이다.
⑤ 조선 중기에 일어난 일로, 사화와 관련되었다.

15

㉠은 중농주의, ㉡은 중상주의 실학자의 입장이다. 중농주의 실학자들은 농촌 사회의 안정을 위하여 자영 농민을 육성하기 위한 토지 제도의 개혁을 추구하였다. 중상주의 실학자들은 상공업의 진흥과 기술의 혁신을 주장하면서 청나라의 문물을 적극 수용하여 부국강병과 이용후생에 힘쓸 것을 주장하였다. 중농주의 실학자는 남인 계열이 많았으며, 중상주의 실학자는 서인 계열이 많았다.

16

갑신정변 이후 미국에서 돌아온 서재필은 독립신문을 창간하고, 독립협회를 설립하였으며, 청의 사신을 맞던 영은문을 헐고 그 자리에 독립문을 세웠다. 독립협회는 만민 공동회와 관민 공동회를 개최하여 민중에게 근대적 지식과 국권, 민권 사상을 고취시켰으며, 헌의 6조를 결의하여 고종에게 건의하였다. 독립협회는 의회의 설립과 서구식 입헌 군주제의 실현을 목표로 하고 있었으나, 보수 세력이 동원한 황국협회의 방해와 고종에 의해 3년 만에 해산되었다.

17

정답 ②

자료의 '나는 천 리를 지척으로 압축시키고, 태산을 깎아 평지로 만들고, 남대문을 3층으로 높이려고 한다.'는 것은 종친을 높이고, 남인을 기용하며, 노론을 억제하겠다는 뜻이다. 병인양요와 오페르트 도굴 사건, 신미양요 이후 흥선 대원군은 전국 각지에 척화비를 세웠으며, 그 후 1873년 최익현의 탄핵 상소로 흥선 대원군이 물러나고 고종이 친정을 선포하였다. 따라서 흥선 대원군의 집권시기인 1863년에서 1873년 사이의 역사적 사실이므로 1875년에 발생한 운요호와 관련된 ②는 적절하지 않다.

18

정답 ⑤

1907년 네덜란드 헤이그에서 만국 평화 회의가 개최되자 고종은 특사(이준, 이상설, 이위종)를 파견하여 을사늑약의 무효를 알리고자 하였으나, 을사늑약으로 인해 외교권이 없던 대한제국은 회의 참석을 거부당하였다. 이 사건으로 고종이 폐위되고 순종이 즉위하였으며, 한일 신협약의 체결로 해산된 군인들이 의병 활동을 전개하였다. 의병들은 13도 창의군을 결성하여 서울 진공 작전을 전개하였다.

19

정답 ④

한국인 학생과 일본인 학생 간의 충돌 사건을 계기로 조선인 학생에 대한 차별과 식민지 교육에 저항하여 발생한 광주 학생 항일 운동에 대해 신간회가 진상 조사단을 파견하여 지원하였다(1929).

20

정답 ③

4·19 혁명 이후 허정을 중심으로 수립된 과도 정부는 내각 책임제를 기본으로 민의원과 참의원의 양원제 국회를 구성하는 3차 개헌을 단행하였다(1960).

PART 3

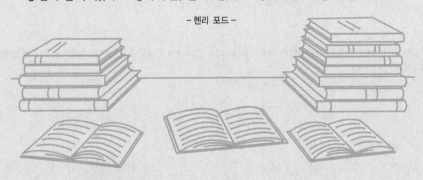

당신이 할 수 있다고 생각하든, 할 수 없다고 생각하든 그렇게 될 것이다.

– 헨리 포드 –

PART 4

영어

CHAPTER 01 적중예상문제

01   어휘 · 어법

01	02	03	04	05	06	07	08	09	10										
⑤	②	④	②	②	④	④	⑤	④	②										

01

정답 ⑤

밑줄 친 'resistant'의 뜻은 '저항하는'이며, 부정적이거나 반대의 성향을 띠고 있다. 따라서 이와 반대되는 단어는 긍정적인 성향의 'consentient(동의하는)'이다.

[오답분석]
① 적대하다
② 고집 센
③ 반대의
④ 억지스러운, 완고한

| 해석 |

> 그들의 회의론 때문에 선전과 허위광고에 대한 <u>거부감</u>이 점점 커질 수 있다.

| 어휘 |
• skepticism : 회의론
• propaganda : 선전
• advertising : 광고

02

정답 ②

부시 대통령이 소개되어 단(壇)으로 걸어 나가는 것이 의미상 적절하므로 ②를 수동태인 'was announced'로 고쳐야 한다.

| 해석 |

> 나는 즉시 백악관 입법부 직원의 인사를 받으며 골드 룸으로 들어갔다. 그곳에는 이미 대부분의 상원과 하원 의원이 모여 있었다. 정각 오후 4시에 부시 대통령은 <u>소개되어</u>, 그가 정시에 도착해 우회로를 최소화하려고 하는 것처럼 보이는 의기양양하고 단호한 걸음걸이로, 활기차고 건강한 모습으로 단(壇)으로 걸어갔다. 영부인과 함께 다과를 들고 사진을 찍도록 하기 위해 우리를 백악관 반대편으로 초대하기 전 약 10분 동안 그는 연설 중 몇 가지 농담을 하고, 국민의 단결을 촉구하는 연설을 하였다.

| 어휘 |
• on the dot : 정확히 시간 맞춰, 정각에
• podium : 단(壇), 지휘대
• jaunty : 의기양양한, 쾌활한
• refreshment : 다과, 가벼운 식사, 음료

03

(A) 기존 석유 연료에 대한 대안 혹은 대체로서 바이오 연료를 들고 있다. '대안'의 의미를 가진 것은 'alternative'이다.

(B) 바이오 연료는 그것을 얻는 과정에서 석유 연료를 정제하는 것보다 더 많은 물을 필요로 한다. 따라서 바이오 연료를 생산하는 지역이 많아질수록 물 관리에 곤경을 겪을 것이다. 기존 상황을 악화시킨다는 의미에서 'exacerbate'가 적합하다.

| 해석 |

화석 연료는 땅속 깊이 매립되어 있으며 석유는 전문가들이 빠르게 고갈될 것이라는 데 동의한 유한한 자원이다. 걷잡을 수 없는 석유 소비로 인한 온실 가스 배출은 환경에 파괴적인 영향을 끼치고 있다. 하지만 바이오 연료는 훨씬 친환경적이다. 세계의 많은 과학자들과 정치인들이 석유에 대한 우리의 의존의 (A) 대안으로서 바이오 연료의 생산과 사용을 활성화시키려는 주된 이유가 바로 이것이다. 바이오 연료는 재생 가능하고, 또한 연료 가격의 안정에 도움이 될 수 있다. 하지만 명백한 장점들에도 불구하고, 많은 사람들이 바이오 연료로 전환하는 이점에 대해 회의적이다. 특히 농부들에게는 옥수수 같은 보다 수익성 있는 연료 작물로 전환할 경우 쌀, 곡물, 그리고 다른 기초 식품들의 전 세계적 물가가 엄청나게 상승할 것이라는 공포가 존재한다. 게다가 바이오 연료는 키우고 생산하는 현대 생산 방법들은 화석 연료를 위한 전통적인 정제법보다 더 많은 양의 물을 소비한다. 바이오 연료 농업으로 전환하는 지역이 점점 더 많아질수록, 이것은 물 관리의 곤경을 (B) 악화시킬 것이다.

04

'inspection'는 '검사, 조사'를 뜻하므로 이와 의미가 동일한 단어인 'examination'를 사용하는 것이 옳다.

[오답분석]
① 유지하다
③ 종료
④ 파괴
⑤ 성분

| 해석 |

한국 전력이 해빙기 안전사고 예방과 안정적 전력 공급을 위해 사고 발생이 우려되는 지형의 전력 설비와 공사 현장에 대한 조사를 시행할 것이다.

| 어휘 |
• construction : 건설, 건축물
• stable : 안정된, 차분한

05

(A) 'get into argument'는 '말다툼하다'라는 의미이다.

(B) 'have consequences'는 '~ 한 결과를 초래하다'라는 의미이다. '심각한 결과를 낳는다'라는 의미로 'make'가 적절해 보일 수 있지만, 'have consequences'가 관용적으로 사용된다.

(C) 관계를 유지한다는 의미이므로 'keep'이 적절하다.

| 해석 |

당신은 화를 잘 내는 성격으로 유명한가? 자주 논쟁과 싸움에 (A) 관여하는 스스로의 모습을 발견하는가? 분노는 정상적이고 건강한 감정이다. 당신이 부당하게 대우받았을 때, 분노를 느끼는 것은 완벽히 정상이다. 항상 화가 나거나 화가 쉽게 통제되지 못할 때만이 문제가 된다. 폭발적인 분노는 당신의 관계, 건강, 그리고 정신적 건강에 심각한 결과를 (B) 가져올 수 있다. 만약 당신이 급한 성격이라면, 당신은 스스로가 그것을 조절하기 위해 할 수 있는 것이 거의 없다고 느낄 수 있다. 사실 당신의 분노를 조절하는 것은 당신이 생각하는 것보다 쉽다. 효과적인 분노 조절 기법들을 통해 당신은 감정을 건강한 방식으로 표현하고 당신의 성질을 조절하는 법을 배울 수 있다. 당신이 스스로를 통제하고 적절하게 행동할 수 있을 때, 당신은 스스로가 더 나아졌다고 느낄 수 있을 뿐만 아니라 당신의 관계를 돈독하게 (C) 유지할 수 있을 것이다.

06

(A) 산아 제한 운동을 억압(bring under)한 것이 아니라 초래(bring about)한 것이다.
(B) 선진국 사람들을 위한 식량 공급, 질병 통제, 안전한 작업 환경 등이 과학적 진보의 원인이 된(result from) 것이 아니라 과학적 진보가 이를 야기한(result in) 것이다.
(C) 사망률이 출산율에 더해지는(add to) 것이 아니라 차감된(offset by) 것이다.

| 해석 |

전 세계 인구의 전체적인 증가를 의미하는 사망률의 하락은 산아 제한 운동을 (A) <u>초래했다</u>. 18, 19세기의 과학적 진보는 선진국에 사는 사람들에게 더 나은 식량 공급, 질병의 통제, 그리고 더 안전한 작업 환경 등을 (B) <u>가져다주었다</u>. 이러한 발전들은 의약의 진보와 결합하여 인간의 생명을 구하고, 연장시켜 주었다. 1800년대 동안 출산율은 예전에는 사망률에 의해 (C) <u>차감되었으나</u>, 인구 증가율이 생명을 유지하기 위해 필요한 자원들을 제공하는 지구의 능력을 앞지를까 우려하는 사람에게 걱정거리가 되기에 이르렀다.

| 어휘 |
- bring under : ~을 억압하다, 진압하다
- bring about : 야기하다, 초래하다
- birth control : 산아 제한
- result from : ~이 원인이다
- result in : 낳다, 야기하다
- offset by : 차감하다

07

(A) 왕에 의해서 임명되는 것이므로, 수동태인 'being appointed'가 와야 옳다.
(B) 22번의 해전을 모두 이겼다는 단순 과거 사실을 이야기하는 것이므로 과거 시제인 'won'이 적절하다.
(C) 대명사 'them'은 일본을 뜻한다. 재귀대명사를 쓰려면 주어와 일치해야 한다.

| 해석 |

이순신은 1576년에 군 지휘관이 되었다. 그 당시 한국 군대는, 다른 군대와 유사하게 육군과 해군이 분리되지 않았다. 이순신은 왕에 의해 해군 사령관으로 (A) <u>임명되기</u> 전에 압록강 국경 지역 수비대를 지휘했고 북쪽 유목민과 싸웠다. 그는 한국에 가장 큰 위협은 일본의 해상 침입이라는 것을 알았다. 그는 즉시 함대를 정비하기 시작했다. 22번의 해전마다 (B) <u>승리한</u> 이순신이 없었다면, 일본은 확실히 한국을 정복했을 것이다. 어떤 분석가들은 일본이 중국 또한 정복할 수 있었을 것이라고 믿고 있다. 그리고 만약 일본이 한국을 정복했다면, 어떤 것도 (C) <u>일본이 필리핀을 합병하는 것을</u> 막을 수 없었을 것이다.

| 어휘 |
- frontier : 국경
- post : 구역
- nomad : 유목민
- admiral : 해군 장성
- sea-borne invasion : 해상 침입
- fleet : 함대
- annex : (국가 · 지역 등을 특히 무력으로) 합병하다

08

제시문은 언어적 메시지와 다르게 진심을 표현하는 비언어적 메시지를 다룬 글이다. 자신의 솔직한 반응을 직접적 언어가 아닌 간접적 비언어 메시지로 표현한다고 해야 내용의 흐름상 적절하다. 따라서 'directly'를 'indirectly'로 고쳐야 한다.

| 해석 |

언어적 메시지와 비언어적 메시지 사이에 차이가 있을 때, 판단을 형성하는 데 있어서 비언어적 메시지가 전형적으로 더 큰 비중을 차지한다. 예를 들어 한 친구가 저녁 식사 계획에 대해 말로는 "그거 좋은데"라고 하지만, 목소리에 열의가 거의 없고 활기 없는 얼굴 표정으로 응답할 수 있다. 이는 언어적 메시지에도 불구하고 표정상 열정의 부족이 그 계획을 그다지 긍정적으로 보고 있지 않다는 것을 암시한다. 그러한 경우, 긍정적인 말의 목적은 의견의 불일치를 피하고 친구를 지지하기 위한 것일 수 있지만, 긍정적인 표정의 부족은 자신도 모르게 그 계획에 대한 보다 솔직하고 부정적인 반응을 유출하는 것이다. 물론 활기 없는 표정을 보인 것은 또한 전략적이고 의도적인 것일 수도 있다. 즉, 그 비언어적 메시지는 고의적이지만, 상대방에게 자신의 솔직한 반응을 직접적으로(→ 간접적으로) 알리려고 계획된 것이다. 그러면 그 비언어적 메시지를 해석하고 계획을 약간 조정하는 것은 상대방의 책임이 된다.

09

'Following several weeks'라는 표현을 사용하여 '몇 주 후'라는 뜻을 나타내야 한다.

| 해석 |

1881년에 파스퇴르는 감염된 동물들에게 물려서 퍼지는 고통스럽고 치명적인 질병인 광견병을 연구하기 시작했다. 파스퇴르와 그의 조교는 실험실에서 오랜 시간을 보냈고, 그 결정은 성과를 올렸다. 파스퇴르는 실험 동물들의 광견병이 진행되는 것을 방해하는 백신을 개발한 것이다. 1885년 7월 6일, 광견병에 걸린 개에게 물린 작은 소년에게 백신을 투여하기 위해서 과학자들이 소집되었다. 파스퇴르는 치료를 하는 것에 대해 주저했으나, 소년이 광견병으로 인해 괴로운 죽음을 맞으려 하자 치료를 진행하였다. 배에 고통스런 주사를 놓고 몇 주일이 지났고, 소년은 광견병에 걸리지 않았다. 파스퇴르의 치료는 성공했다. 현재 우리가 알고 있는 광견병 치료법과 예방법은 파스퇴르의 백신에 바탕을 두고 있다. 그 백신은 전문가들에게 질병의 확산을 통제할 능력을 가져다주었다.

| 어휘 |

- agonizing : 고통스러운
- pay off : 성공을 거두다
- rabid : 광적인, 광견병에 걸린
- treatment : 치료

10

간격 효과는 오랜 기간 동안 규칙적, 정기적으로 학습하여 기억력을 증진시키는 방법이다. 따라서 (A)에는 'intervals'가 적합하다. (B)에서 피실험자들은 집중 학습 직후 시험을 봤음에도 나쁜 성적을 받았다. 따라서 '방대한'을 의미하는 'extensive', '지나친, 과도한'을 의미하는 'excessive' 모두 빈칸에 적합하지 않으며, '집중 학습'을 의미하는 'intensive'가 적절하다.

| 해석 |

심리학적으로 다수의 다양한 연구와 실험들에 의해 자료를 암기하는 가장 효율적인 방법은 그것을 장기간 동안 정기적으로 공부하는 것이라고 밝혀졌다. 정보가 (A) 간격을 두고 제공되는 소위 "간격 효과"라고 불리는 이것은 피실험자들로 하여금 자유 회상, 단서 회상, 그리고 인지 테스트에서 좋은 성적을 거두도록 만들었다. 이와는 아주 대조적으로 막판에 공부하는 것을 묘사하는 데 사용되는 용어인 "벼락치기"는 효과가 없었다. 이 기억 방법을 사용하여, 많은 사람들은 심지어 (B) 집중적으로 공부한 직후 시험을 보았음에도 회상과 인지 테스트에서 처참한 성적을 받았다. 더욱이 벼락치기는 중기간이나 장기간 기억이라면 남아 있었을 정보들을 거의 전해주지 못한다. 반면 간격을 둔 방식은 피실험자들로 하여금 훨씬 장기간 동안 중요한 세부 사항들을 기억하는 데 도움을 준다.

01	02	03	04	05	06	07	08	09	10										
①	③	①	①	④	①	①	④	②	③										

01

 정답 ①

(A) 첫 번째 문장에서 남녀 모두에게 육아를 위한 휴가를 지원할 수 있는 회사 정책이 있으나, 두 번째 문장에서 극소수의 아버지들만이 사용할 뿐이라는 내용이 나오므로 역접 접속부사인 'However'가 적절하다.

(B) 'Indeed' 이하 문장에서 육아 휴직에 대한 남자들의 낮은 참여도의 원인을 짚고, 이어 오는 문장에서 그 해법을 제시하므로 결과를 나타내는 접속부사인 'Therefore'가 적절하다.

| 해석 |

> 대부분 회사들은 남자나 여자 중 한 명이 아이들을 돌보기 위해 경력단절을 할 수 있도록 하는 정책을 가지고 있다. (A) 하지만, 극소수의 아버지들이 실제로 그러한 기회를 이용했을 뿐만 아니라, 그렇게 했던 일화에서 보듯이, 그들의 경력은 평생 '끝'이라는 것을 암시한다. 사실, 남자들이 그러한 제도에 저조한 참여도를 보이는 원인이 이러한 인지에 있는 것이다. (B) 그러므로 회사들은 직업의 유연성을 높일 수 있는 구조를 확립할 필요가 있을 뿐만 아니라, 일반적으로 전통적인 방식으로 남아 있는 태도를 바꿀 필요가 있다.

| 어휘 |

• policy : 정책
• anecdotal : 일화
• flexible : 유연한
• traditional : 전통적인

02

정답 ③

미디어의 장점에 대해 앞서 설명하고 있고, 빈칸 뒤 문장에도 미디어의 또 다른 긍정적 영향을 설명하고 있으므로 빈칸에는 'In addition(게다가)'이 들어가는 것이 자연스럽다.

| 해석 |

> 신문, 대중 잡지, 라디오, 텔레비전은 소비자에게 도움을 준다. 미디어는 지역적으로 행해지는 사기에 대해 사람들에게 경고하는 중요한 역할을 한다. 그들은 또한 투자, 건강, 영양, 주택 그리고 소비자들에게 특별한 흥미를 주는 다른 주제들에 대한 유용한 조언을 제공한다. 게다가 미디어는 사람들이 소비자 불평을 해결하도록 도와준다. 소비자 혼자서 행동하는 것을 무시하는 기업도 기자들이 관여할 때 빠르게 그리고 우호적으로 반응한다. 이것은 그들이 비우호적인 평판들을 피하기를 원하기 때문이다.

03

정답 ①

제시문에서는 많은 전자 기기를 소유하면서 가진 것이 많은데도 해야 할 일들이 끝없다고 이야기하면서, 빈칸 앞에서는 그 결과 명백한 시간 부족으로 이어졌다고 했고, 빈칸 뒤에서는 그것이 풍부한 선택권을 위해 치르는 대가라고 하였다. 따라서 빈칸에는 ①의 내용이 들어가는 것이 가장 적절하다.

[오답분석]

② 위험에 노출되는 것
③ 심화되는 세대 차이
④ 편리함에서 오는 따분함
⑤ 사회 집단들 간의 경제적 불균형

과거 세대와 비교해 볼 때, 우리는 꽤 유복하다. 지난 50년 동안 평균 구매력은 세 배 이상 증가했다. 우리는 생활을 더 쉽게 만들 목적으로 고안된 많은 전자 기기들을 소유하고 있지만, 사회학자들이 열심히 지적하듯이, 여전히 우리의 일상생활에서 해야 할 일들의 목록은 끝이 없다. 우리는 우리의 조부모들이 그랬던 것만큼 열심히 일을 하는데, 그 결과는 무결점이지 자유로움은 아니다. 커튼의 끝자락에는 때가 없고, 벽 위의 그림 액자 걸이는 제자리에 튼튼하게 박혀 있으며, 달걀은 우리가 좋아하는 대로 만들어져 나온다(요리된다). 우리는 더 많은 것을 가질수록 더 많은 것을 원한다. 그 결과는 할애할 충분한 시간이 있는데도 불구하고, 해가 지날 때마다 심각해지는 것 같은 딜레마인, 명백한 시간 부족이다. <u>시간의 압박을 느끼는 것은 우리가 풍부한 선택권을 위해 치르는 대가이다.</u>

04

정답 ①

제시문문에서는 개인에 대한 이야기를 쓸 때는 경험과 교훈을 과장하지 말고 사실에 근거하여 명확하게 써야 한다고 말하고 있다.

| 해석 |

당신이 개인 업적에 대한 대입 논술을 쓸 때 경험과 배운 교훈을 <u>과장하는</u> 오류를 범하지 말라. 대신 그것이 재미없게 보일지라도 주제에 대해 비판적으로 생각하고, 어째서 그 경험이 가치 있었는지 이해하고 명확하게 설명하려고 하라. 사실에 근거하지 않은 너무 장황한 문제를 피하라. 당신이 스스로를 부풀리려고 하면 할수록 입학 사정관들의 눈에 덜 솔직하게 보일 것이다. '사실에 근거한 글쓰기'를 고수하면 경험을 꾸며 내지 않고도 더욱 인상 깊고 기억에 남는 논술을 쓸 수 있을 것이다.

| 어휘 |

- fall into the trap of : ~하는 오류를 범하다
- mundane : 재미없는, 일상적인
- long-winded : 장황한
- puff up : 자랑하다
- embellish : 꾸미다

05

정답 ④

주어진 문장은 국가의 인구가 빠르게 증가한다는 내용인데, 인구가 빠르게 증가하려면 출산율은 높고 사망률은 낮아야 한다. 따라서 주어진 문장을 ④에 넣어야 자연스럽게 연결된다.

| 해석 |

한 나라의 발달 과정과 인구 구조 사이에는 재미있는 상관 관계가 존재한다. 인구 변동 이론에 따르면 국가들은 여러 단계의 발달 단계를 거친다. 가장 초기 단계는 높은 출산율과 사망률, 그리고 느린 성장으로 특징지어진다. 발달하기 시작하면서 출산율은 높은 상태로 남아 있지만 사망률은 떨어진다. <u>그 결과, 인구가 빠른 증가의 시기로 진입하게 된다.</u> 그런 다음 산업화가 최고조에 이르면서 출산율이 떨어져 사망률과 비슷해지기 시작한다. 결국 오늘날 유럽의 많은 국가에서 볼 수 있는 매우 완만한 성장의 단계에 도달하면서 인구 증가는 극도로 느려진다.

| 어휘 |

- transition : 변동
- characterize : 특색을 이루다
- industrialization : 산업화
- approximate : 가까워지다
- modest : 완만한

06

제시문은 모든 종류의 단체 운동을 함으로써 신체적 한계를 시험해 보는 어린 시절과 달리, 성인기에 도달하면 신체적 부상의 위험이나 스트레스가 적은 운동을 하는 경향이 있음을 설명하는 글이다.

| 해석 |

우리는 흔히 모든 종류의 단체 운동을 함으로써 신체적 한계를 시험해 보면서 어린 시절을 보낸다. 고등학생이 되면 두, 세 개의 단체 운동에 참여하기까지도 한다. 그것은 우리가 충분한 신체적 강인함을 가지고 있기 때문이다. 그러나 성인기에 도달 하면 우리 중 절반이 넘는 사람이 여전히 운동하는 것을 즐기지만, 아주 적은 수의 사람들만이 최고 수준에서 경쟁할 수 있다. 다시 말해, 우리는 신체적으로 어린 시절만큼 강하지 않다는 것을 알게 된다. 자연스럽게 우리는 미식축구, 축구, 혹은 농구와 같이 (신체적) 충돌을 필요로 하는 단체 운동에서 벗어나 신체적 부상의 위험이 적거나, 몸에 스트레스를 더 적게 주는 운동으로 옮겨가게 된다. 사실 많은 사람들이 개인 운동으로 방향을 돌린다. 따라서 성인 세계에서는 단체 운동을 조직하 는 것이 더 어려워진다.

07

빈칸 앞의 문장은 Karsh가 사진을 찍기 전, 그 대상과 소통하고 대상을 연구했다는 내용이며, 뒤에서는 그가 소통하고 연구한 방법들을 소개하고 있다. 따라서 실제 그가 했던 일을 설명하고 있으므로 빈칸에는 'In fact'가 들어가는 것이 적절하다.

| 해석 |

Yousuf Karsh는 그의 대상의 마음을 포착해 그의 사진에 담는 재능을 갖고 있었다. 그는 예전에 "모든 남성과 여성 속에는 비밀이 숨겨져 있고, 제가 해야 할 일은 그것을 드러내는 것입니다."라고 말했다. 그 숨겨진 비밀을 드러내기 위해서, Karsh는 사진을 찍기 전에 그의 대상들과 소통하고 그들을 연구했다. <u>사실</u>, 그가 한 음악가의 사진을 찍을 때, 그는 그나 그녀의 음악을 모두 들었다. 그가 소설가를 찍을 때, 그는 그 작가의 모든 저서를 다 읽었다. 그 결과로 작품을 보는 사람들은 마치 그들이 유명한 사람의 삶의 일부분을 정말로 본 것처럼 느끼게 되었다.

08

제시문은 사회적 기준의 영향력에 관한 연구를 예로 들어 평균에 가까워지려는 사람들의 경향에 대해 설명하면서, 대상의 현재 행동이 사회적 기준보다 더 낫다고 알려 주면 대상의 행동은 악화될 것이고, 사회적 기준보다 더 못하다고 알려 주면 대상의 행동이 더 개선될 것이라고 하였다. 따라서 빈칸에 들어갈 내용으로 가장 적절한 것은 ④이다.

[오답분석]

① 그들의 이력에 영향을 미친다.
② 다른 이들의 불편함을 낳는다.
③ 그들의 이웃이 불쾌함을 느끼도록 만든다.
⑤ 그들이 경험한 것과 관계가 있다.

| 해석 |

캘리포니아 산 마르코스의 약 300세대를 대상으로 한, 사회적 기준의 영향력에 관한 연구를 살펴보자. 모든 세대는 이전 주까지의 에너지 사용량에 대한 정보를 제공받았다. 또한 그들은 이웃의 다른 세대가 사용한 평균 에너지 사용량에 대한 정보를 받았다. 이것이 행동에 미친 영향은 명확하면서도 놀라웠다. 그다음 주에는 평균치 이상의 에너지 사용자들이 에너지 사용량을 많이 줄였고, 평균치 이하의 에너지 사용자는 에너지 사용량을 많이 늘렸다. 후자의 연구 결과는 부메랑 효과라고 불리고 그것은 중요한 경고를 한다. 만약에 당신이 사람들을 사회적으로 바람직한 행동을 하도록 유도하려면 그들이 현재 행동이 <u>사회적 기준보다 더 낫다</u>고 알려 주어서는 안 된다.

09

(A) 빈칸의 바로 앞 문장에서 'Nothing of the kind'라고 나와 있으므로 (A)에는 '반대'라는 의미의 'opposite'이 들어가야 한다.
(B) 'Yet, … better'라는 문장을 통해 말다툼이 주는 또 하나의 긍정적 효과를 알 수 있다. 따라서 'advantage'가 빈칸에 들어갈
말로 가장 적절하다.

| 해석 |

가족 간의 갈등에 대처하는 데 가장 좋은 처방 중 하나를 아는가? "I'm sorry."라는 두 단어이다. 몇몇 사람들이 그 말을
하는 것을 얼마나 어려워하는지는 놀랍다. 그들은 그것이 약함이나 패배를 의미한다고 생각한다. 전혀 그렇지 않다. 사실,
정확하게 (A) 반대이다. 갈등을 덜어 주는 또 다른 좋은 방법은 말다툼이다. 바다는 폭풍 후에 훨씬 더 잔잔해진다. 말다툼은
또 다른 (B) 이점을 갖고 있다. 화가 날 때, 입 밖에 내지 않은 진실이 일반적으로 나오게 된다. 그것들은 특히 그 순간에
약간 감정을 상하게 할 수도 있다. 그러나 끝에 가서는 서로를 조금 더 잘 알게 된다. 마지막으로 아이들 간의 갈등과 싸움의
대부분은 자연스러운 것이다. 그것들이 지속적인 것처럼 보일 때조차, 현명한 부모는 지나치게 걱정하지 않는다.

10

제시문은 전반적으로 자연적 환경에 있는 사람이 스트레스를 덜 받고 더 열정적이라고 서술하고 있다. 따라서 빈칸에는 'Contact
with nature'가 들어가는 것이 적절하다.

오답분석

① 충분한 휴식이나 수면
② 규칙적인 운동
④ 긍정적인 사고
⑤ 조화로운 사회생활

| 해석 |

많은 전문가들은 자연과 접촉하는 것이 좋은 기분을 형성하는 데 기여한다고 생각한다. 런던 출신의 50세 Ray Castle은
어렸을 때부터 원예를 즐겼다. "내가 기분이 나쁠 때 원예는 항상 나를 격려해 준다." 그는 "밖에 있거나 식물로 둘러싸인
온실에 앉아 있으면 바로 편안해진다."라고 말한다. 만약 밖에 있는 것이 가능하지 않다면 풀과 나무가 보이는 창문 근처에서
시간을 보내는 것만으로도 도움이 된다. 자연적 환경이 있는 사무실에 있는 근로자는 주차장이 내려다보이는 사무실에 있는
근로자보다 더 열정적이며 스트레스를 덜 받는다는 연구 보고가 있다.

01	02	03	04	05	06	07	08	09	10										
①	④	④	①	②	①	③	③	②	②										

01

정답 ①

제시문의 'Do not handle firearm such as burning rice fields and incinerating garbage near forests.' 부분을 통해 산불조심 기간에는 논밭 두렁 태우기 자체를 금지하고 있다는 사실을 알 수 있다.

| 해석 |

최근 봄철의 날씨로 인해 산불이 자주 일어날 위험이 높아지고 있다. 이를 대비하기 위하여 서울소방서는 봄철 산불조심기간 부주의로 인한 산불예방을 위해 대응태세 강화에 나섰다고 전했다. 산불조심기간은 2월 1일부터 5월 15일까지로, 건조한 날씨의 영향으로 대형 화재 위험이 높은 시기이다. 이에 소방서에서는 등산 전 등산로 폐쇄 여부를 확인하고, 등산 시 성냥이나 라이터 등 화기물을 소지하지 말 것을 당부한다. 당연히 지켜야 할 것을 지키지 않는 사람들이 많아 보호해야할 산이 불에 타서 사라지기도 한다. 산림과 인접된 곳에서 논밭 두렁 태우기와 쓰레기 소각을 비롯한 화기 취급을 금한다. 담뱃불을 함부로 바닥에 버리지 않기 등 다양한 방안을 추진하고 있다. 건조한 봄철에는 사소한 부주의가 대형 산불로 이어질 수 있으므로 특히 산행 시 위험한 행동을 하지 않는 것이 가장 중요하다.

| 어휘 |
• incinerate : 소각하다

02

정답 ④

Joni의 조랑말은 너무 작아 Joni는 비가 와서 불어난 하천에 쓸려 내려갈 위기에 처해 있는 상황이다. 따라서 Joni는 무척 '겁이 나' 있을 것이라 추측할 수 있다.

| 해석 |

Joni는 자신의 언니들과 승마를 하러 갔다. 그녀의 조랑말은 언니 말들의 절반 크기라서 언니들에게 보조를 맞추느라 힘들었 다. 큰 말들을 탄 언니들은 가장 깊은 부분에서 하천을 건너는 것이 재미있다고 생각했다. 그들은 Joni의 작은 조랑말이 조금 더 깊이 빠지는 것을 결코 알아차리지 못한 것처럼 보였다. 그 주 초에 비가 와서 하천은 갈색이고 물이 불었다. 자신의 조랑말이 하천의 한가운데로 걸어 들어가면서, Joni는 소용돌이치는 강물이 자신의 조랑말 다리를 세차게 흘러 돌아가는 것을 응시하며 창백해졌다. 그녀의 심장은 빨리 뛰기 시작했고, 입은 말라갔다.

03

정답 ④

제시문은 세계 각국의 음식과 식사 전통을 체험할 수 있는 행사에 대하여 안내하고 있는 글이다.

| 해석 |

정찬 모임에 참여하신 것을 환영하고 감사드립니다. 저희 모임은 독특한 식사 경험을 제공합니다. 여러분들은 전 세계의 음식 을 먹어 보게 되는데, 더 중요한 것은 각 국가의 식사 전통과 관습을 경험할 수 있는 기회를 가지게 된다는 것입니다. 예를 들어, 인도에서는 손을 사용해 음식을 먹습니다. 여러분이 포크와 나이프를 사용하는 데 익숙하시다면 이는 도전이 될 것입니 다. 프랑스에서는 코스 요리로 식사를 하므로 프랑스식 식사를 위해서는 반드시 충분한 시간을 잡아 놓도록 하세요. 일본에서 는, 국물을 수저로 먹지 않으니 사발째 직접 마셔야만 합니다. 이러한 것들은 8월 말까지 매주 토요일 저녁에 여러분들이 경험할 것들의 일부입니다. 저희는 여러분들이 식사 체험을 즐기시기를 희망합니다.

- unique : 독특한
- customs : 관습
- be used to : ~에 익숙하다
- challenging : 도전해 볼 만한
- adventure : 모험

04

정답 ①

제시문은 19세기 초 전설적인 프랑스 셰프 Auguste Escoffier가 획기적으로 당시 요리 관습을 변화시킨 내용으로, 그가 운영하던 식당의 성공 비결보다는 그가 가져온 변화에 초점이 있으며, 그의 시도에 대한 대중의 반응도 혁명적으로 받아들였다는 것일 뿐, 글의 주된 내용은 아니다.

| 해석 |

19세기 초에는 화려해 보이기만 한다면 요리의 맛은 중요하지 않았다. 요리들은 먹을 수도 없는 예쁜 고명으로 장식되었다. 더욱이 식사는 100가지가 넘는 다른 요리들로 구성된 큰 뷔페식으로 주로 차가운 상태로 제공되었다. 1846년에 태어난 Auguste Escoffier는 전설적인 프랑스 요리사로서 당시의 요리 트렌드를 간소화시켰다. 그는 음식은 보기 위한 것이 아니라 먹는 것이라고 믿었다. 음식을 서빙하는 것에 대해서도 그는 큰 뷔페 스타일 식사의 관습을 바꾸었다. 식사는 코스로 나뉘어서 한 번에 한 요리만 제공되었다. 대규모 뷔페와는 달리 각 코스는 주방에서 신선하게 제공될 수 있었다. 이것은 요리의 역사에서 혁명적인 일이었다. Escoffier 스타일의 또 다른 장점은 음식이 따뜻한 상태로 제공될 수 있다는 것이다. 이것은 차가운 뷔페에 익숙해져 있던 사람들에게 흥분되는 변화였다. Escoffier는 요리가 따뜻하게 제공될 때, 요리의 풍미가 더 강하다고 생각했다. 이것은 고객들의 미각뿐만 아니라 후각도 즐겁게 만들었다. 음식의 냄새는 우리가 또한 요리를 즐길 준비를 하는 데 도움을 주었다. 우리가 음식을 한입 맛보기 전에, 우리는 냄새를 통해 그것을 경험한다.

05

정답 ②

②는 마카롱에 대한 이야기를 하고 있다. ②가 삭제될 경우, 이전 문장에서 온도 조절기가 없다는 내용과 다음 문장에서 온도 조절기가 없어서 사용한 반죽이 쿠키의 기원이 되었다는 내용이 유기적으로 연결되므로 ②를 삭제하는 것이 더 자연스럽다.

| 해석 |

제빵사에 의해 처음으로 구워진 쿠키는 식용이 아닌 테스트용이었다. 7세기 페르시아의 왕실 제과점에서는 오븐에 온도 조절기가 없었다. (마카롱은 16세기 이탈리아로부터 프랑스에 처음 왔다.) 그래서 마카롱이 왕실을 위해 구워질 시간이 되었을 때, 제빵사들은 오븐의 온도가 충분히 뜨거운지 확인할 수 있는 방법을 찾아야만 했다. 그들은 케이크 반죽을 조금 떼어서 오븐 안에 넣는 방법을 고안했다. 만약 그것이 곧바로 구워진다면 케이크를 오븐에 넣어도 되는 때라는 것이었다. 사람들은 곧 오늘날 대부분의 쿠키 크기인 그 작은 테스트용 케이크들이 실제로 꽤 맛있고 버려져서는 안 된다는 것을 깨달았다. 그렇게 쿠키가 탄생하게 되었다. 지구상에는 많은 다양한 쿠키들이 존재하고, 각각은 다른 맛, 크기, 색, 그리고 식감을 갖는다. 심지어 주재료가 비슷한 때에도 각 지방에서 온 쿠키들은 그들에게 특별한 맛을 나게 하는 현지 재료를 포함하고 있다.

PART 4

06

같은 행동을 통해 하나됨을 보여 주려는 인간의 잠재 의식이 사람들을 비슷하게 걷게 했고, 무의식적으로 상사의 버릇이나 행동을 따라하게 하는 이유라고 제시하는 글이다. 따라서 제시문의 제목으로는 'Why People Mimic Others(왜 사람들은 다른 사람들을 모방하는가)'가 가장 적절하다.

오답분석

② 당신의 건강을 위해 걸어라
③ 상관을 대하는 훌륭한 예절
④ 좋은 동료 관계가 주는 이점들
⑤ 인간과 동물 간의 차이점들

┃해석┃

동물학자이자 인간 행동 (분야)의 전문가인 Desmond Morris는 사람들이 서로 비슷하게 걷기 시작한 이유가 그들이 동료들에게 동의하고 있고 그들과 조화를 이루고 있다는 것을 그 동료들에게 보여 주기 위한 잠재 의식적 욕구를 지니고 있기 때문이라고 말한다. 이것은 또한 '우리는 함께 있고, 하나처럼 행동하고 있다.'는 점을 다른 사람에게 전하는 신호이기도 하다. 다른 연구는 우리가 다른 사람들과 같은 방향으로 다리를 꼬는 것처럼, 동료, 특히 윗사람의 (무의식적인) 버릇을 취하기도 한다는 점을 밝히고 있다. 한 예로 회의 중에 상사가 자기 코를 문지르면, 회의석에 있는 다른 사람들이 무의식적으로 그를 따라하는 것을 종종 보게 된다.

07

눈 오는 밤, 나무에 둘러싸인 오두막들 사이에서 아기를 어르는 부드러운 목소리가 들려오고 있다. 따라서 제시문에서 묘사된 정경은 평화로우며 고요하다.

┃해석┃

겨울이며 밖의 밤하늘은 어둡고 별들로 가득 차 있다. 오늘밤은 바람도 없고, 다른 밤들처럼 깊게 고요하다. 막 내린 눈으로 된 두터운 담요는 대지를 덮고 나뭇가지들을 굽히게 만든다. 공기는 새로운 냄새가 난다. 키 큰 가문비나무들에 둘러싸여서 자작나무 껍질로 된 오두막들이 있다. 그 안에는 각각 불이 타고 있고, 난로 불빛은 나무껍질을 통해 빛나며 주변 나무와 눈에 오렌지 빛을 은은하게 비춘다. 어느 집에선가 아기를 재우는 부드럽고도 나이든 목소리만이 희미하게 들려온다.

08

제시문은 3가지 이유로 사람들이 왜 지도자가 되고 싶어 하는지 설명하는 글이다. 특별한 정보를 먼저 접할 권리, 매력적인 보상, 대중의 인정이라는 3가지 근거를 통해 지도자가 되려는 사람들의 동기를 설명하고 있다.

┃해석┃

리더십은 엄청난 책임을 동반한다. 리더십은 또한 일이 잘못되었을 때 한 사람을 비난에 노출시킨다. 이 두 가지 부담을 고려해 볼 때 문제는, '왜 사람들은 리더가 되고 싶어 하는가?'이다. 첫 번째로 몇몇 사람들은 리더라는 자리가 특별한 정보를 접할 수 있기 때문에 리더가 되고 싶어 한다. 조직의 그리고 협회의 리더들은 다른 사람보다 먼저 무엇이 발생할지 안다. 둘째로, 일들이 잘 풀릴 때 리더들은 보통 공훈을 얻고 칭찬은 항상 매력적인 보상을 가져온다. 하지만 리더가 되기를 열망하는 사람들은 자신이 다른 사람보다 더 일을 잘 할 수 있을 것이라고 생각하는 경향이 있다. 예를 들어 한 강사는 그 혹은 그녀가 필요하다고 생각하는 개혁을 하기 위해 학장이 되고 싶어할 수 있다. 그렇지만 동의는 리더십에 대한 또 다른 동기이다. 개인적으로 성공적이라고 느끼지 않는 사람들은 때때로 그들의 직업에서 리더가 되는 것이 타인의 인정을 받게 할 것이라고 스스로를 납득시킨다. 마지막으로 어떤 사람들은 그들이 대중의 인정을 받고 싶기 때문에 리더가 되기를 원한다. 그 점에 대해서 한 회사나 학부모회의 회장이 되는 것은 대중의 관심을 보장한다.

09

제시문은 아무리 애를 써도 업무상 약속을 못 지킬 수 있고, 약속을 못 지켰을 때는 먼저 사과를 하고 잘못된 것을 인정하고 고객이 원하는 것을 찾으려고 노력하라는 내용이다. 따라서 업무상 약속 불이행 시 대처하는 방법을 조언하려고 쓴 글임을 알 수 있다.

| 해석 |

때로는 굳건한 믿음 속에 한 약속도 지켜질 수 없을 때가 있다. 비록 실수가 없도록 노력한다고 할지라도, 문제가 발생하는 것은 피할 수 없다. 당신과 함께하는 고객의 경험에 영향을 미치는 모든 것을 당신이 통제할 수 있는 것은 아니다. 그 서비스 약속이 깨질 때 당신은 어떻게 해야 하는가? 약속이 깨졌음을 알게 되거나 약속이 깨졌음을 지적받았을 때, 가장 먼저 해야 할 일은 사과하는 것이다. 자신과 회사와 또는 고객을 비난하면서 시간을 낭비하지 말라. 무언가가 잘못되었다는 사실을 인정하고 즉시 고객이 필요로 하는 것이 무엇인지를 찾아라.

10

예배당의 종소리와 새들이 감미롭게 지저귀는 소리가 울려 퍼지는 평화로운 주변 분위기가 잘 드러나 있으므로 'calm and peaceful(차분하고 평화로운)'이 적절하다.

| 해석 |

그 도시에는 예배 장소들이 몇 개 있었고, 그들의 낮은 종소리가 아침부터 저녁까지 마을에 울려 퍼졌다. 태양은 밝고 기분 좋게 빛났고 공기는 따뜻했다. 시냇물이 물거품을 내며 흘렀고 새들의 감미로운 노래가 도시 저편 들판에서 울려 퍼졌다. 나무들은 이미 잠에서 깨어났고 푸른 하늘이 그들을 감싸고 있었다. 이웃 주변의 모든 것들, 나무들, 하늘, 그리고 태양은 너무도 젊고 친밀해 보여서 영원히 지속될 마법을 깨뜨리려 하지 않았다.

01	02	03	04	05	06	07	08	09	10										
③	⑤	③	②	⑤	①	①	②	⑤	⑤										

[1~2]

| 해석 |

> Jin : 아직 학교에 오지 않았니? 네게 물어볼 게 있어. 혹시 작년에 경영학 수업을 들었니?
>
> Rome : 응, 들었어. 아마 교수님이 Miss. Chan이셨던 걸로 기억이 나. 무슨 일이야?
>
> Jin : 이번에 내 여자친구가 그 수업을 듣게 되었어. 혹시 네가 공부하던 공책을 빌릴 수 있을까?
>
> Rome : 미안해. 지금 다른 친구가 그 공책을 빌려가서 사용하고 있어.
>
> Jin : 그러면 혹시 잠시만 시간을 주면 그 공책을 복사해도 될까? 대신 내가 너에게 식권 10장을 선물로 줄게.
>
> Rome : 네가 필요하다면 알겠어. 대신 다른 친구에게 먼저 물어볼게. 언제쯤 네게 주면 될까?
>
> Jin : 점심시간 지나고 한 시간만 빌려줘. 점심시간이 13시부터 14시 맞지? 네가 수업 듣는 동안 바로 복사하고 네 친구에게 돌려줄게.
>
> Rome : 알았어! 그럼 점심시간 이후에 보자!

01

정답 ③

제시문을 통해 Rome의 노트는 이미 다른 친구에게 빌려줬기 때문에 Jin에게 빌려줄 수 없다고 거절하는 것을 알 수 있다.

02

정답 ⑤

그들은 점심시간이 끝난 이후에 만나기로 약속했으므로, 점심시간인 13:00 ~ 14:00 이후에 만날 것임을 예측할 수 있다.

[3~4]

| 해석 |

> 돌고래에 대한 많은 과학적인 연구는 그들이 생각하고, 이해하고, 여러 가지를 신속하게 배울 수 있다는 것을 보여 주었다. 그러면, 그들은 인간처럼 영리할까? 아니면 개나 고양이 정도일까? 돌고래는 그들의 두뇌를 사람과는 다르게 사용한다. 그러나 과학자들은 돌고래의 지능과 인간의 지능이 어떤 점에서는 비슷하다고 말한다. 어떻게 말인가? 인간과 마찬가지로 모든 돌고래는 자신만의 "이름"을 가지고 있다. 이 이름은 특별한 휘파람 소리이다. 각각의 돌고래는 보통 첫 생일쯤에 자기 스스로 특정한 휘파람을 선택한다. 사실 과학자들은 돌고래들이 사람처럼 그들의 나이, 감정, 음식 찾기 같은 많은 것에 대해 서로 "이야기"한다고 생각한다. 또한, 돌고래는 인간처럼 의사소통을 위해 소리 시스템과 몸짓을 사용한다. 그럼에도 불구하고, 인간이 그들의 대화를 이해하는 것은 쉽지 않다. "돌고래의 언어로 말하는" 사람은 아직 없지만, 일부 과학자들은 배우려고 한다. 돌고래도 사회적인 동물이다. 그들은 'pods'라고 불리는 그룹을 지어 살고, 게임을 하며 재미있게 놀기 위해 다른 'pods'의 돌고래들을 만난다. 사람처럼 말이다. 사실, 함께 노는 것은 오직 지적인 동물만이 하는 것이다.
>
> 돌고래와 인간은 또 다른 방식에서 비슷하다. 둘 다 그들이 원하는 무언가를 얻기 위해 계획을 세운다. 예를 들어, 브라질 남부 바다의 돌고래는 먹이를 얻기 위해 흥미로운 전략을 사용한다. 물고기가 배 가까이에 있을 때, 돌고래들이 어부들에게 물속에 그물을 넣도록 신호를 보낸다. 이 방법을 사용하여 사람들은 많은 물고기를 잡을 수 있다. 돌고래를 위한 이익은 무엇일까? 왜 그들이 사람들을 도울까? 어부들이 돌고래에게 그들의 물고기의 일부를 공유하는 것이다.

03

정답 ③

돌고래들은 휘파람 소리로 각자 이름을 짓고, 그들만의 언어로 서로 대화한다. 사람들처럼 사회적인 활동을 하며, 돌고래들끼리 함께 놀기도 한다. 또 어부들이 물고기를 잘 잡을 수 있게 도와주는 대가로 물고기를 얻어먹기도 한다. 이러한 모습들은 돌고래들이 총명하다는 것을 증명한다.

오답분석
① 돌고래들은 인간들이 가장 좋아하는 동물이다.
② 돌고래들은 홀로 삶을 사는 경향이 있다.
④ 돌고래들은 많은 다른 기후 속에서 산다.
⑤ 돌고래들은 물고기를 잡는 독특한 방식을 가지고 있다.

04

정답 ②

두 번째 문단을 참고하면, 돌고래는 특정 휘파람 소리로 자신의 이름을 직접 정한다. 그리고 소리와 몸짓을 통해 많은 것에 대하여 이야기를 하는데, 인간이 그들의 대화를 이해하는 것은 쉽지 않다. 마지막 문단을 보면, 어부들이 물고기를 잡을 수 있도록 돌고래들이 도와주는 것은 맞지만 'pods'를 보호하기 위함이 아니라 어부들이 잡은 물고기의 일부를 얻기 위한 행동이다.

오답분석
① 돌고래는 엄마 돌고래로부터 이름을 얻는다.
③ 돌고래들은 휘파람 소리를 내지만, 몸짓 언어는 사용하지 않는다.
④ 돌고래 대화는 인간이 이해하기에 쉽다.
⑤ 돌고래들은 그들의 무리를 보호하기 위해 어부들이 물고기 잡는 것을 돕는다.

[5~6]

Ⅰ해석Ⅰ

(A) 지난번 제가 길을 따라 걷고 있는 동안 저는 작은 갈색 가죽 지갑이 인도에 떨어져 있는 것을 발견했습니다. 저는 그것을 주워 들었고 소유주의 이름을 확인할 수 있도록 열었습니다. 안에는 아무것도 없었고 그저 몇 개의 잔돈과 꽤 오래된 사진이 있었습니다. (a) <u>한 여성</u>과 12살 정도 된 작은 소녀의 사진이었는데, 그 여인의 딸처럼 보였습니다.

(D) 저는 그 사진을 집어넣고 지갑을 경찰서에 가지고 가서 한 경사에게 맡겼습니다. 제가 떠나기 전에 그 경사는 만약 지갑의 (e) <u>소유자</u>가 저에게 감사를 표할 것을 대비하여 제 이름과 주소를 적었습니다.

(C) 그날 밤, 저는 제 삼촌과 숙모와 저녁을 먹으러 갔습니다. 그들은 다른 사람도 초대했습니다. (c) <u>젊은 여성</u>이었고, 그래서 탁자에는 4명이 있었습니다. 그 젊은 여성의 얼굴은 친숙했지만 저는 제가 어디서 보았는지 기억할 수 없었습니다. 저는 우리가 이전에 만난 적이 없다고 확신했었습니다. 하지만 대화하던 와중, 그 젊은 여성은 그녀가 그날 오후 그녀의 지갑을 잃어버렸다고 언급하였습니다. 저는 동시에 제가 어디에서 그녀의 얼굴을 보았는지 기억했습니다. 그녀는 비록 이제 꽤 나이가 들었음에도 불구하고 사진 속의 (d) <u>젊은 소녀</u>였던 것입니다.

(B) 물론 그녀는 제가 그녀의 지갑을 그녀에게 묘사할 때 상당히 놀랐습니다. 그리고 저는 제가 발견한 지갑 속 사진에서 그녀의 얼굴을 알아봤다고 설명했습니다. 제 삼촌은 지갑을 찾기 위해 즉시 경찰서로 가자고 했습니다. 경사는 그것을 건네주면서 그는 제가 지갑뿐만 아니라 그것을 잃어버린 (b) <u>사람</u>도 찾았다며 놀라운 우연이라고 말했습니다.

05

정답 ⑤

(A) 보도에 떨어진 지갑을 발견함
(D) 지갑 속 사진을 확인하고 지갑을 경찰서에 맡김
(C) 지갑의 소유주를 만남
(B) 그 사람과 함께 경찰서로 가서 지갑을 되찾음

06

(a)는 (b) ~ (e)가 가리키는 젊은 여성(과거 12살 정도 즈음의 소녀)의 어머니로 추정되는 사람이다.

[7~8]

│해석│

지하 시설의 위치를 찾는 것은 중요하지만, <u>그것만으로는 충분하지 않다.</u> 그것들을 고치는 것은 그 일의 대부분이다. 도시의 지하 시설을 고치고 갱신하는 것은 매우 복잡하다. 그것은 단지 땅에 구멍을 파고, 잘못된 파이프를 꺼내고, 괜찮은 파이프를 설치하는 문제가 아니다. 그 도시와 이웃 도시들은 파이프를 고치는 몇 달 동안 기능을 유지해야 한다.

Insituform이라는 이름의 회사는 땅을 파지 않고도 파이프가 고장 나기 전에 그 내부를 고치는 기능을 개발해 왔다. 그들은 튜브를 끈적끈적한 물질인 특별한 종류의 수지로 채우고, 튜브를 뒤집어 파이프를 통해 그것을 보낸다. 그리고 그들은 파이프 속의 물을 데운다. 그 수지는 밖으로 팽창하여 파이프의 내부 표면에 닿고 나서 단단해진다. 이것은 낡은 파이프 안에 새 파이프를 생성한다.

이 회사는 사실 미국에서 가장 유명한 빌딩 중 하나인 워싱턴 D.C.의 백악관 아래에 있는 하수관에 이 기술을 사용했다. 그 파이프는 세계 대전(1800년대 중반)쯤부터 있었고 대규모의 수리가 필요했다. 보안 문제로 정부는 잔디를 파지 않고 대신 여행객들의 발 아래 지하에서 일하기로 결정했다.

│어휘│

• locate : 위치를 찾다
• substance : 물질
• turn inside out : 뒤집다
• interior : 내부
• sewer : 하수관
• extensive : 대규모의
• lawn : 잔디

07

제시문에서는 땅을 파지 않고 파이프를 수리하는 기술에 대해 설명하고 있다. 따라서 제시문의 제목으로는 '지하의 파이프를 수리하는 효과적인 기술'이 가장 적절하다.

08

지하 시설 위치를 찾는 것도 중요하지만 그것들을 고치는 것이 작업의 대부분을 차지하므로, 지하 시설 위치를 찾는 것만으로는 충분하지 않다는 말이 빈칸에 들어가기에 가장 적절하다.

[9~10]

│ 해석 │

(C) 체육 선생님이 교실로 들어와 내가 Matt와 싸우고 있는 것을 알아차렸다. 그는 우리를 육상 트랙으로 내보냈다. 그는 얼굴에 미소를 띠며 우리를 따라와서 말했다. "나는 너희 둘이 서로 손을 잡고 트랙을 달렸으면 한다." 학급 반장은 갑자기 크게 웃었고 우리는 매우 당황스러웠다. 주저하면서 나의 적과 나는 뛰기 시작했다. 바로 방금 전 주먹이었던 것이 이제 어색한 악수로 연결되어 있었다.

(B) 우리 둘 다 분노를 느끼며 강제로 뛰던 미니 마라톤 코스 내내, 나는 내 옆에 있던 그 큰 녀석을 쳐다보았던 것이 기억난다. 그의 코에서는 여전히 피가 조금 흐르고 있었다. 그의 눈은 눈물로 차 있었다. 그의 거대한 몸이 그의 속도를 늦추었다. 그 순간 갑자기 여기 나와 그렇게 다르지 않은 한 사람이 있다는 생각이 나에게 들었다. 나는 마지못해 뛰는 그 애도 같은 생각을 하고 있었다고 생각한다. 왜냐하면 우리 둘 다 서로를 쳐다보고 웃기 시작했기 때문이다. 이내, 우리는 좋은 친구가 되었다.

(A) 나는 이제 더 이상 그 큰 애를 같은 방식으로 보지 않았다. 내가 오랫동안 미워했던 멍청한 소년 대신에, 여기에 외적인 어떤 것을 훨씬 넘어서는 내적인 가치를 가진 나와 같은 누군가가 여기에 있었다. 내가 누군가와 강제로 손을 잡고 뛰면서 배웠던 것은 놀라웠다. 내 생애의 나머지 동안에 나는 다른 사람을 때리려고 손을 올린 적은 없었다.

09

정답 ⑤

친구와 싸우던 필자와 Matt를 체육 선생님이 목격하고 억지로 손을 잡게 해서 운동장을 뛰는 벌칙을 받는 부분인 (C)가 첫 번째 순서이고, 덩치 큰 친구의 힘들어하는 모습을 보며 서로가 다르지 않은 같은 사람이라는 생각에 쳐다보고 웃는 부분인 (B)가 두 번째 순서이고, 그 이후로 친구의 내면을 보며 평생 친구가 되었다는 (A)가 마지막 순서이다.

10

정답 ⑤

제시문이 시사하는 바는 마지막 단락인 (A)에서 '외적인 어떤 것을 훨씬 넘어서는 내적인 가치를 가진 나와 같은 누군가가 여기에 있었다.'에 잘 나타나 있다.

절대로 고개를 떨구지 말라. 고개를 치켜들고 세상을 똑바로 바라보라.

– 헬렌 켈러 –

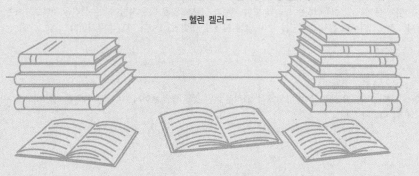

PART 5

최종점검 모의고사

01	02	03	04	05	06	07	08	09	10	11	12	13	14	15	16	17	18	19	20
⑤	⑤	①	②	①	④	④	①	④	④	②	③	①	②	③	④	②	③	②	②
21	22	23	24	25	26	27	28	29	30	31	32	33	34	35	36	37	38	39	40
④	①	⑤	⑤	⑤	③	④	②	④	③	④	③	③	⑤	③	④	③	③	①	⑤

01
정답 ⑤

(마)는 공포증을 겪는 사람들의 상황 해석 방식과 공포증에서 벗어나는 방법이 핵심 화제이다. 공포증을 겪는 사람들의 행동 유형은 나타나 있지 않다.

02
정답 ⑤

첨가물별로 평균 체중 청소년의 1일 평균 섭취량과 섭취 허용량을 구하면 다음과 같다.

(단위 : mg)

바닐린	섭취량	300(사탕)
	허용량	$10 \times 50 = 500$, 따라서 허용량을 초과하지 않는다.
푸마르산	섭취량	15(사탕)+2,000(햄버거)=2,015
	허용량	$4 \times 50 = 200$, 따라서 허용량을 초과한다.
글리세린	섭취량	600(음료)+800(스낵)=1,400
	허용량	$30 \times 50 = 1,500$, 따라서 허용량을 초과하지 않는다.
식용색소 적색3호	섭취량	12(사탕)+8(스낵)=20
	허용량	$0.1 \times 50 = 5$, 따라서 허용량을 초과한다.
식용색소 황색4호	섭취량	300(음료)+160(스낵)=460
	허용량	$10 \times 50 = 500$, 따라서 허용량을 초과하지 않는다.

따라서 1일 섭취 허용량을 초과하는 첨가물은 푸마르산, 식용색소 적색3호이다.

03
정답 ①

자동차의 용도별 구분을 보면 비사업용 자동차에 사용할 수 있는 문자 기호는 'ㅏ, ㅓ, ㅗ, ㅜ' 뿐이다. 따라서 '겨'라고 한 ①은 옳지 않다.

04

정답 ②

84배 7895는 사업용인 택배차량이다.

오답분석

①·③·④·⑤ 비사업용 화물차량이다.

05

정답 ①

T주임이 이동할 거리는 총 12km+18km=30km이다. T주임이 렌트한 H차량은 연비가 10km/L이며, 1L 단위로 주유가 가능하므로 3L를 주유하여야 한다. H차량의 연료인 가솔린은 리터당 1.4달러이므로 총 유류비는 3L×1.4달러=4.2달러이다.

06

정답 ④

T주임이 시속 60km로 이동하는 구간은 18km+25km=43km이고, 시속 40km로 이동하는 구간은 12km이다.

따라서 첫 구간의 소요 시간은 $\frac{43\text{km}}{60\text{km/h}}$=43분이며, 두 번째 구간의 소요 시간은 $\frac{12\text{km}}{40\text{km/h}}$=18분이다. 그러므로 총이동시간은 43+18=61분, 1시간 1분이다.

07

정답 ④

5만 미만에서 10만~50만 미만까지의 투자건수 비율을 합하면 된다. 따라서 28+20.9+26=74.9%이다.

08

정답 ①

100만~500만 미만에서 500만 미만까지의 투자건수 비율을 합하면 11.9+4.5=16.4%이다.

09

정답 ④

미주가 집에서 출발해서 동생을 만나기 전까지 이동한 시간을 x시간이라고 하면, 미주가 이동한 거리는 $8x$km이고, 동생은 미주가 출발한 후 12분 뒤에 지갑을 들고 이동했으므로 동생이 이동한 거리는 $20\left(x-\frac{1}{5}\right)$km이다.

$$8x=20\left(x-\frac{1}{5}\right) \rightarrow 12x=4$$

$$\therefore x=\frac{1}{3}$$

따라서 미주와 동생은 $\frac{1}{3}$시간 즉, 20분 후에 만나게 된다.

10

정답 ④

직업생활에서의 목표를 단지 높은 지위에 올라가는 것이라고 생각하는 것은 잘못된 직업관으로, 입사 동기들보다 빠른 승진을 목표로 삼은 D는 잘못된 직업관을 가지고 있다.

바람직한 직업관
• 소명의식과 천직의식을 가져야 한다.
• 봉사정신과 협동정신이 있어야 한다.
• 책임의식과 전문의식이 있어야 한다.
• 공평무사한 자세가 필요하다.

11

정답 ②

B대리는 상대방이 제시한 아이디어를 비판하고 있다. 따라서 브레인스토밍에 적절하지 않은 태도를 보였다.

> **브레인스토밍**
> • 다른 사람이 아이디어를 제시할 때는 비판하지 않는다.
> • 문제에 대한 제안은 자유롭게 이루어질 수 있다.
> • 아이디어는 많이 나올수록 좋다.
> • 모든 아이디어가 제안되고 나면 이를 결합하고 해결책을 마련한다.

12

정답 ③

제시문의 내용을 살펴보면 K전자는 성장성이 높은 LCD 사업 대신에 익숙한 PDP 사업에 더욱 몰입하였으나, 점차 LCD의 경쟁력이 높아짐으로써 PDP가 무용지물이 되었다는 것을 알 수 있다. 따라서 K전자는 LCD 시장으로의 사업전략을 수정할 수 있었지만, 보다 익숙한 PDP 사업을 선택하고 집중함으로써 시장에서 경쟁력을 잃는 결과를 얻게 되었다.

13

정답 ①

제시문에서는 천재가 선천적인 재능뿐만 아니라 후천적인 노력에 의해서 만들어지는 존재라고 주장하고 있기 때문에 ①은 적절하지 않다.

오답분석

②・③・④ 제시문에서 언급된 절충적 천재(선천적 재능과 후천적 노력이 결합한 천재)에 대한 내용이다.
⑤ 영감을 가져다주는 것은 신적인 힘보다도 연습이라는 내용이므로 제시문과 같은 입장이다.

14

정답 ②

전체 고용인원의 절반은 $16,178 \div 2 = 8,089$명이다. 태양광에너지 분야에 고용된 인원은 8,698명이므로 전체 고용인원의 절반 이상을 차지한다.

오답분석

① 폐기물에너지 분야의 기업체 수가 가장 많다.

③ 전체 매출액 중 풍력에너지 분야의 매출액이 차지하는 비율은 $\dfrac{14,571}{113,076} \times 100 ≒ 12.89\%$이므로 15% 미만이다.

④ 전체 수출액 중 바이오에너지 분야의 수출액이 차지하는 비율은 $\dfrac{506}{40,743} \times 100 ≒ 1.24\%$로 1% 이상이다.

⑤ 전체 매출액 대비 전체 투자액의 비율은 $\dfrac{7,966}{113,076} \times 100 ≒ 7.04\%$로 7.5% 미만이다.

15

정답 ③

'1권 이상'의 성인 독서율은 2022년 대비 2023년 사례 수 증가율만큼 증가한다. 빈칸 (가)의 50대 성인 독서율의 경우, 2022년 대비 2023년 사례 수는 $\dfrac{1,200-1,000}{1,000} \times 100 = 20\%$ 증가하였다.

따라서 50대의 '1권 이상'의 성인 독서율 (가)에 들어갈 수치는 $60 \times 1.2 = 72$가 된다.

16

정답 ④

행낭 배송 운행속도는 시속 60km로 일정하므로, A지점에서 G지점까지의 최단거리를 구한 뒤 소요 시간을 구하면 된다. 우선 배송 요청에 따라 지점 간의 순서 변경과 생략을 할 수 있으므로 거치는 지점을 최소화하여야 한다. 이를 고려하여 최단거리를 구하면 다음과 같다.

A → B → D → G ⇒ 6+2+8=16 ⇒ 16분($\because$ 60km/h=1km/min)

따라서 대출신청 서류가 A지점에 다시 도착할 최소시간은 16분(A → G)+30분(서류작성)+16분(G → A)=62분=1시간 2분이다.

17

정답 ②

- (총공급전력량)=8,600만+(150만×3)=9,050만kW
- (최대전력수요)=7,300만×(1-0.03)=7,081만kW
- (전력예비율)=$\dfrac{9{,}050만-7{,}081만}{7{,}081만}\times100 = 27.81\%$

따라서 전력예비율이 정책목표인 30%에 미치지 않으므로 적절하지 않은 정책 대안이다.

오답분석

① • (총공급전력량)=8,600만+(150만×1)=8,750만kW
  • (최대전력수요)=7,300만×(1-0.1)=6,570만kW
  • (전력예비율)=$\dfrac{8{,}750만-6{,}570만}{6{,}570만}\times100 = 33.18\%$

③ • (총공급전력량)=8,600만+(150만×6)=9,500만kW
  • (최대전력수요)=7,300만×(1-0.01)=7,227만kW
  • (전력예비율)=$\dfrac{9{,}500만-7{,}227만}{7{,}227만}\times100 = 31.45\%$

④ • (총공급전력량)=8,600만+(150만×8)=9,800만kW
  • (최대전력수요)=7,300만kW
  • (전력예비율)=$\dfrac{9{,}800만-7{,}300만}{7{,}300만}\times100 = 34.25\%$

⑤ • (총공급전력량)=8,600만kW
  • (최대전력수요)=7,300만×(1-0.12)=6,424만kW
  • (전력예비율)=$\dfrac{8{,}600만-6{,}424만}{6{,}424만}\times100 = 33.87\%$

18

정답 ③

제시된 직원 투표 결과를 정리하면 다음과 같다.

(단위 : 표)

여행상품	1인당 비용(원)	총무팀	영업팀	개발팀	홍보팀	공장1	공장2	합계
A	500,000	2	1	2	0	15	6	26
B	750,000	1	2	1	1	20	5	30
C	600,000	3	1	0	1	10	4	19
D	1,000,000	3	4	2	1	30	10	50
E	850,000	1	2	0	2	5	5	15
합계		10	10	5	5	80	30	140

⊙ 가장 인기 높은 여행상품은 D이다. 그러나 공장1의 고려사항은 회사에 손해를 줄 수 있으므로, 2박 3일 여행상품이 아닌 1박 2일 여행상품 중 가장 인기 있는 B가 선택된다. 따라서 750,000×140=105,000,000원이 필요하므로 옳다.
ⓒ 공장1의 A, B 투표 결과가 바뀐다면 여행상품 A, B의 투표 수가 각각 31, 25표가 되어 선택되는 여행상품이 A로 변경된다.

오답분석
ⓛ 가장 인기 높은 여행상품은 D이므로 옳지 않다.

19
정답 ②

투자 여부 판단 조건에 대한 인과 및 상관관계를 추가로 정리하면 다음과 같다.
• ii)를 근거로 ㉯가 나타나지 않으면 ㉱는 나타나지 않는다.
• iii)을 근거로 ㉯ 또는 ㉰가 나타나지 않으면 ㉲는 나타나지 않는다.
조건에 따라 이상 징후 발견 여부를 정리하면 다음과 같다.

구분	㉮	㉯	㉰	㉱	㉲
A	○		○	×	×
B	○	○	○	○	
C	○	×	○	×	×
D	×	○	×		
E	×	×	×	×	×

따라서 투자 부적격 기업은 4개 이상의 징후가 발견된 B이다.

20
정답 ②

제시문에서는 환경오염이 급격한 기후변화의 촉매제 역할을 하고 있으며, 이는 농어촌과 식량 자원에 악영향을 미치고 있다고 이야기하고 있으므로 ②가 제시문의 주제로 가장 적절하다.

21
정답 ④

제시문에 따르면 우리나라는 식량의 75% 이상을 해외에서 조달해 오고 있다. 이러한 특성상 기후변화가 계속된다면 식량공급이 어려워져 식량난이 심각해질 수 있다.

오답분석
① 기후변화가 환경오염의 촉매제가 된 것이 아니라, 환경오염이 기후변화의 촉매제가 되었다.
② 알프스나 남극 공기를 포장해 파는 시대가 올지도 모른다는 표현은 그만큼 공기질 저하가 심각하다는 것을 의미한다.
③ 한정된 식량 자원에 의한 굶주림이 일부 저개발 국가에서 일반화되었지만, 저개발 국가에서 인구의 폭발적인 증가가 일어났다고는 볼 수 없다.
⑤ 친환경적인 안전 먹거리에 대한 수요가 증가하고 있지만 일손 부족 등으로 친환경 먹거리 생산의 대량화는 어렵다. 따라서 식량난의 해결방법이 될 수 없다.

22
정답 ①

성희롱 문제는 개인적인 문제일뿐만 아니라 사회적인 문제이기 때문에 제도적인 차원에서의 제재도 필요하다. 따라서 사전에 방지하고 효과적으로 처리하는 방안이 필요하다.

23

2022년 2분기부터 2023년 1분기까지 차이가 줄어들다가, 2023년 2분기에 차이가 다시 늘어났다.

[오답분석]

① 제시된 자료에서 확인할 수 있다.

② 2022년 4분기의 한국과 일본, 일본과 중국의 점유율 차이는 각각 10.2%p이다.

③ 한국과 중국의 점유율 차이가 가장 적었던 시기는 2023년 3분기로, 이때 점유율의 차이는 39.3−23.7=15.6%p이다.

④ 2020년 2분기 중국과 일본의 차이는 38.4−13.1=25.3%p, 2023년 3분기의 차이는 26.0−23.7=2.3%p이다. 따라서 2.3×10= 23%<25.3%이므로 옳은 설명이다.

24

델파이 기법은 반복적인 설문 조사를 통해 의견 차이를 좁혀 합의를 도출하는 방식이다.

25

제시문의 '이것'은 기업의 사회적 책임(CSR)을 말한다. 기업이 자사의 직원 복지에 투자하는 것은 기업의 사회적 책임과 관련이 없으며, 사회적 상생을 위한 투자나 지역 발전을 위한 투자 등이 사회적 책임에 해당한다.

26

월요일에는 세미나에 늦지 않게만 도착하면 되므로, 서울역에서 8시에 출발하는 KTX를 이용한다. 수요일에는 최대한 빨리 와야 하므로, 사천공항에서 19시에 출발하는 비행기를 이용한다. 따라서 소요되는 교통비는 다음과 같다.
65,200(∵ '서울 – 사천' KTX 비용)+22,200(∵ '사천역 – 사천연수원' 택시비)+21,500(∵ '사천연수원 – 사천공항' 택시비)+ 93,200(∵ '사천 – 서울' 비행기 비용)×0.9(∵ 10% 할인)=192,780원

27

입사 예정인 신입사원이 총 600명이므로 볼펜 600개와 스케줄러 600권이 필요하다.

A, B, C 세 업체 모두 스케줄러의 구매가격에 따라 특가상품 구매 가능 여부를 판단할 수 있으므로 스케줄러의 가격을 먼저 계산해야 한다.

• A업체 : 25만 원×6=150만 원
• B업체 : 135만 원
• C업체 : 65만 원×2=130만 원

세 도매업체 모두 특가상품 구매 조건을 충족하였으므로 특가상품을 포함해 볼펜의 구매가격을 구하면 다음과 같다.

• A업체 : 25.5만 원(볼펜 300개 특가)+(13만 원×2SET)=51.5만 원
• B업체 : 48만 원(볼펜 600개 특가)
• C업체 : 23.5만 원(볼펜 300개 특가)+(8만 원×3SET)=47.5만 원

업체당 전체 구매가격을 구하면 다음과 같다.

• A업체 : 150만 원+51.5만 원=201.5만 원
• B업체 : 135만 원+48만 원=183만 원
• C업체 : 130만 원+47.5만 원=177.5만 원

따라서 가장 저렴하게 구매할 수 있는 도매업체는 C업체이며, 구매가격은 177.5만 원이다.

28

정답 ②

제시문은 사회보장제도가 무엇인지 정의하고 있으므로 글의 제목으로는 '사회보장제도의 의의'가 가장 적절하다.

오답분석

① 사회보험과 민간보험의 차이점을 언급하고 있지만 글 내용의 일부이므로 글의 전체적인 제목으로는 적절하지 않다.
③ 우리나라만의 사회보장에 대한 설명은 아니므로 적절하지 않다.
④ 대상자를 언급하고 있지만 글 내용의 일부이므로 글의 전체적인 제목으로는 적절하지 않다.
⑤ 소득보장에 대해서는 언급하고 있지 않다.

29

정답 ④

H공사가 아스트로마사와 '차세대 CO_2 분리막 상용화 개발' 협약을 체결하였다는 (라)가 가장 먼저 오고 분리막 생산 공장에 대한 설명을 하는 (다), H공사가 개발하고 있는 분리막 기술에 대한 설명을 하는 (가), 분리막 기술의 장점과 전망을 이야기하고 있는 (나)의 순서로 나열해야 한다.

30

정답 ③

고객이 A/S를 문의한 시간은 14:40이고 30분 후에 센터에 도착하므로, 고객이 A/S를 접수하는 시간대는 15:00 ~ 17:00이다. 즉, 평균 15분의 대기시간이 걸린다. A/S 절차에 따라 소요시간을 구하면 다음과 같다.

• 접수 : 5분
• 수리기사 배정 : 3분
• 대기 : 15분
• 제품 진단 : 5분
• 제품 수리 : 5분(액정교체)
• 제품 인도 : 5분

따라서 총소요시간은 5+3+15+5+5+5=38분이다.

31

정답 ④

원가 절감을 위해 해외에 공장을 설립하여 가격 경쟁력을 확보하는 것은 약점을 보완하여 위협을 회피하는 WT전략이다.

오답분석

①・② SO전략은 강점을 활용하여 외부환경의 기회를 포착하는 전략이므로 적절하다.
③ WO전략은 약점을 보완하여 외부환경의 기회를 포착하는 전략이므로 적절하다.
⑤ WT전략은 약점을 보완하여 외부환경의 위협을 회피하는 전략이므로 적절하다.

32

정답 ③

김과장은 2주 차 월요일에 단식을 했기 때문에, 1주 차 토요일과 일요일은 반드시 세 끼 식사를 해야 한다. 또한, 목요일은 업무약속으로 점심식사를 했으므로 단식을 할 수 없다. 이를 토대로 1주 차 식사 정보를 정리하면 다음과 같다.

구분	월요일	화요일	수요일	목요일	금요일	토요일	일요일
아침	○		○	○	○	○	○
점심				○		○	○
저녁				○		○	○

• 월요일에 단식을 했을 경우
  화・수요일은 세 끼 식사를 해야 한다. 그러면 금요일이 단식일이 되는데, 이 경우 네 번째 조건을 만족하지 못한다.
• 화요일(아침에 식사)에 단식을 했을 경우
  월・수・목요일은 세 끼 식사를 해야 한다. 그러면 금요일이 단식일이 되는데, 이 경우 네 번째 조건을 만족하지 못한다.

• 화요일(저녁에 식사)에 단식을 했을 경우

  월·수·목요일은 세 끼 식사를 해야 한다. 그러면 금요일이 단식일이고, 아침에 식사를 했으므로 모든 조건을 만족한다.

33

남성 합격자 수는 1,003명, 여성 합격자 수는 237명이다. 여성 합격자 수의 5배는 237×5=1,185명이므로 남성 합격자 수는 여성 합격자 수의 5배 미만이다.

오답분석

①·② 제시된 자료를 통해 알 수 있다.

④ (경쟁률)=$\dfrac{(지원자 수)}{(모집정원)}$×100이므로, B집단의 경쟁률은 $\dfrac{585}{370}$×100≒158%이다.

⑤ • C집단 남성의 경쟁률 : $\dfrac{417}{269}$×100≒155%

　 • C집단 여성의 경쟁률 : $\dfrac{375}{269}$×100≒139%

　 따라서 C집단에서는 남성의 경쟁률이 여성의 경쟁률보다 높다.

34

공식집단의 예로 제시되어 있는 동아리는 비공식집단이며, 비공식집단의 예로 제시되어 있는 임시 위원회는 공식집단의 예이다. 임시 위원회는 지속 기간의 차이에 따라 상설과 임시로 나누어질 뿐이며, 조직의 공식 목표를 위해 조직에서 만든 위원회이므로 공식집단에 속한다.

35

'(가) 비서실 방문'은 브로슈어 인쇄를 위해 미리 파일을 받아야 하므로 '(라) 인쇄소 방문'보다 먼저 이루어져야 한다. '(나) 회의실, 마이크 체크'는 내일 오전 '(마) 업무보고' 전에 준비해야 할 사항이다. 또한, '(다) 케이터링 서비스 예약'은 내일 3시 팀장회의를 위해 준비하는 것이므로 24시간 전인 오늘 3시 이전에 실시하여야 한다. 따라서 업무순서를 정리하면 (다) − (가) − (라) − (나) − (마)가 되는데, 이때 (다)가 (가)보다 먼저 이루어져야 하는 이유는 현재 시각이 2시 50분이기 때문이다. 비서실까지 가는 데 걸리는 시간이 15분이므로 비서실에 갔다 오면 3시가 지난다. 그러므로 케이터링 서비스 예약을 먼저 하는 것이 적절하다.

36

오답분석

㉠·㉢ 외부로부터 강요당한 근면에 해당한다.

37

자기계발 과목에 따라 해당되는 지원 금액과 신청 인원은 다음과 같다.

구분	영어회화	컴퓨터 활용	세무회계
지원 금액	70,000×0.5=35,000원	50,000×0.4=20,000원	60,000×0.8=48,000원
신청 인원	3명	3명	3명

교육프로그램마다 3명씩 지원했으므로, 총지원비는 (35,000+20,000+48,000)×3=309,000원이다.

38

정답 ③

연도별 영업이익과 이익률을 포함한 표는 다음과 같다.

(단위 : 억 원)

구분	2019년	2020년	2021년	2022년	2023년
매출액	1,485	1,630	1,410	1,860	2,055
매출원가	1,360	1,515	1,280	1,675	1,810
판관비	30	34	41	62	38
영업이익	95	81	89	123	207
영업이익률	6.4%	5.0%	6.3%	6.6%	10.1%

39

정답 ①

맛과 음식 구성, 그리고 가격의 점수를 환산하면 다음과 같다.

구분	맛	음식 구성	합계
A호텔	3×5=15점	3×5+1×3=18점	33점
B호텔	2×5+1×3=13점	3×5=15점	28점
C호텔	2×5=10점	3×5+1×3=18점	28점
D호텔	2×5+1×3=13점	3×5=15점	28점
E호텔	3×5+1×3=18점	2×5+1×3=13점	31점

맛과 음식 구성의 별의 개수를 보면 A호텔과 E호텔이 7개로 가장 많음을 알 수 있다. 따라서 A호텔과 E호텔의 점수만 계산하면 된다. A호텔은 33점, E호텔은 31점으로 그 차가 3점 이하이다. 따라서 가격 점수를 비교하면 A호텔 18점, E호텔 15점으로 A호텔이 선택된다.

40

정답 ⑤

200만 원 내에서 25명의 식사비용을 내려면 한 사람당 식대가 200만÷25=8만 원 이하여야 한다. 이 조건을 만족하는 곳은 A, D, E호텔이고 총식사비용은 각각 다음과 같다.
- A호텔 : 73,000×25=1,825,000원
- D호텔 : 77,000×25=1,925,000원
- E호텔 : 75,000×25=1,875,000원

가장 저렴한 A호텔과 E호텔의 가격 차이가 10만 원 이하이므로 맛 점수가 높은 곳으로 선정한다. 따라서 18점으로 맛 점수가 높은 E호텔이 선정된다.

41	42	43	44	45	46	47	48	49	50	51	52	53	54	55	56	57	58	59	60
②	①	③	②	④	③	④	②	①	④	④	①	①	③	③	④	②	③	②	②

41

정답 ②

고구려의 최전성기를 이끌었던 광개토대왕은 최초로 영락이라는 독자적인 연호를 사용하였다. 선비족과 부여, 말갈을 정벌하여 고구려의 영토를 요동 지방까지 크게 확장하였으며, 신라의 요청을 받아 신라를 공격한 백제와 왜를 격퇴하였다.

오답분석

① 고구려의 소수림왕은 교육 기관인 태학을 설립하여 인재를 양성하였고(372), 율령 반포를 통해 국가 조직을 정비하였다(373).
③ 고구려의 소수림왕은 중국 전진으로부터 불교를 받아들여 불교를 통해 왕실의 권위를 높이고자 하였다(372).
④ 고구려는 영류왕 때 당의 공격에 대비하여 동북에 부여성에서 발해만의 비사성까지 이르는 천리장성을 축조하였다.
⑤ 광개토대왕의 뒤를 이어 왕위에 오른 장수왕은 평양으로 천도하고, 남진 정책을 추진하였다(427).

42

정답 ①

• (가) 고구려의 장수왕은 한성을 공격하여 백제의 개로왕을 죽이고 한강 유역을 장악하였다(475).
• (나) 금관가야는 전기 가야 연맹을 이끌었으나 신라에 의해 멸망하였고, 일부 왕족들이 신라의 진골로 편입되었다.
따라서 (가)와 (나) 시기 사이에는 백제의 문주왕이 고구려에 의해 한성이 함락되자 웅진으로 천도한 사건이 들어가야 한다.

43

정답 ③

백제가 멸망한 이후 복신과 도침 등은 왕자 풍을 왕으로 추대하고 주류성과 임존성을 거점으로 백제 부흥 운동을 전개하였다(660). 나당 연합군의 공격에 백제 부흥군은 왜에 원병을 요청하여 왜의 수군이 백강에 도달하였으나, 나당 연합군의 공격을 받아 큰 피해를 입으면서, 백제 부흥 운동도 실패로 끝나게 되었다(663). 그 후 나당 연합군의 공격으로 평양성이 함락되면서 고구려가 멸망하였다(668).

오답분석

① 상주 출신 군인 견훤은 세력 기반을 확대하여 완산주에 도읍을 정하고 후백제를 건국하였다(900).
② 신라는 매소성·기벌포 전투에서 승리하여 한반도에서 당의 세력을 몰아냈다(676). 당은 안동 도호부를 요동으로 옮겼다.
④ 후백제를 세운 견훤은 중국의 오월과 후당에 외교 사절을 보내 국교를 맺었다.
⑤ 견훤은 신라의 금성을 습격하여 경애왕을 살해하고 경순왕을 즉위시켰다.

44

정답 ②

진흥왕 때 국가적인 조직으로 정비된 신라의 화랑들은 원광의 세속 5계를 생활 규범으로 삼아 명산대천을 찾아다니며 수련하였다. 대표적인 화랑으로 김유신이 있다.

오답분석

① 고구려의 장수왕은 지방에 경당을 세워 청소년들에게 한학과 무술을 가르쳤다.
③ 신문왕은 유학 교육 기관인 국학을 설치하여, 유교 정치 이념을 확립하고 인재 양성을 통해 왕권을 강화했다. 이후 경덕왕은 국학을 태학감으로 고치고 박사와 조교를 두어 유교 경전을 가르쳤다.
④ 백제는 귀족들의 정사암 회의를 통해 국가의 중요한 일을 결정하였다.
⑤ 신라는 귀족 합의체인 화백 회의를 통해 만장일치제로 국정을 운영하였다.

45

정답 ④

고려의 성종은 신라 6두품 출신의 유학자들을 중용하여 유교 정치 이념을 실현하고자 하였다. 중앙의 5품 이상의 관리들에게 그 동안의 정치에 대한 비판과 정책을 건의하는 글을 올리게 하였는데, 이에 최승로는 시무 28조를 올려 불교 행사의 억제와 유교의 발전을 요구하면서 역대 왕들의 치적에 대한 잘잘못을 평가하여 교훈으로 삼도록 하였다(982). 성종은 최승로의 의견을 받아들여 다양한 제도를 시행하고 통치체제를 정비하였다. 먼저 중앙의 통치 기구를 개편하여 중앙 관제를 정비하고, 12목에 지방관을 파견하여 지방 세력을 견제하였다. 또한 국자감을 설치하고, 지방에 경학박사와 의학박사를 파견하여 유학 교육을 활성화하고자 하였다. 그리고 과거 제도를 정비하고 과거 출신자들을 우대하여 인재들의 적극적인 정치 참여를 유도하였다.

오답분석

① 최충의 문헌공도를 중심으로 사학 12도가 발전함에 따라 위축된 관학 교육의 진흥을 위해 예종은 국자감을 재정비하여 전문 강좌인 7재와 장학 재단인 양현고를 설치하였다.
② 고려의 태조는 조세 제도를 합리적으로 조정하여 세율을 1/10로 경감하였으며 빈민을 구제하기 위하여 흑창을 설치하였다.
③ 고려 광종 때 후주 출신 쌍기의 건의로 과거제가 시행되어 신진 세력이 등용되었다(958).
⑤ 고려 말 공민왕은 신돈을 등용하고 전민변정도감을 설치하여 권문세족에 의해 점탈된 토지를 돌려주고 억울하게 노비가 된 자를 풀어주는 등 개혁을 단행하였다(1366).

46

정답 ③

최충헌이 설치한 교정도감은 최씨 무신 정권 시기 국정을 총괄하였던 최고 권력 기구이다.

47

정답 ④

고려는 개경에 나성을 쌓아 도성 주변 수비를 강화하고, 압록강에서 동해안 도련포에 이르는 천리장성을 쌓아 거란과 여진의 침략에 대비하였다. 또한 부처의 힘을 빌려 거란을 물리치기 위해 초조대장경을 간행하였다.

오답분석

① 고려 숙종 때 여진을 정벌하기 위해 윤관의 건의로 별무반이 조직되었다. 별무반은 신기군, 신보군, 항마군으로 구성되었으며 여진족을 토벌하여 동북 지역에 9성을 쌓았다.
② 몽골의 2차 침입 때 승장 김윤후가 이끄는 민병과 승군이 처인성에서 몽골군에 항전하여 살리타를 사살하고, 몽골군에 승리를 거두었다.
③ 최무선을 중심으로 화통도감을 설치하여 화약과 화포를 제작하였고, 화포를 통해 왜구와의 진포 싸움에서 큰 승리를 거두었다.
⑤ 공민왕 때 쌍성총관부를 공격하여 원나라에 빼앗긴 철령 이북의 땅을 수복하였다.

48

정답 ②

고려 시대 최씨 무신 정권은 몽골의 침입에 항전하기 위해 강화도를 임시 수도로 정하였고, 조선 시대 임진왜란으로 전주 사고를 제외한 모든 사고가 소실되자, 실록을 다시 인쇄하여 춘추관, 묘향산, 태백산, 오대산, 강화도 마니산에 사고를 설치하고 보관하였다. 일본은 운요호 사건을 구실로 조선과 최초의 근대적 조약인 강화도 조약을 체결하였다.

오답분석

① 개항 이후 조선에서는 서울에 육영 공원을 세우고 헐버트 등 미국인 교사를 초빙하여 양반 자제들에게 영어와 신지식을 가르쳤다(1886).
③ 일제 강점기에 신분 차별을 겪던 백정들은 진주에서 조선 형평사를 조직하고 형평 운동을 전개하였다(1923).
④ 일제 강점기에 조만식 등을 중심으로 평양에서 민족 자본 육성을 통한 경제 자립을 위해 자급자족, 국산품 애용, 소비 절약 등을 내세운 물산 장려 운동이 전개되었다(1920).
⑤ 조선에 대한 러시아의 세력 확장에 불안을 느낀 영국이 거문도를 불법적으로 점령하였다(1885).

49

고려 인종의 명을 받아 김부식 등이 편찬한 『삼국사기』는 현존하는 최고(最古)의 역사서로, 유교적 합리주의 사관에 기초하여 기전체 형식으로 서술되었으며 신라 계승 의식이 반영되어 있다.

[오답분석]

② · ④ 원 간섭기인 충렬왕 때 일연이 쓴 『삼국유사』는 불교사를 중심으로 고대의 민간 설화 등을 함께 수록하였으며, 자주적 입장을 표방하여 단군의 건국 이야기를 수록하였다.

③ 조선은 국왕이 죽으면 춘추관을 중심으로 실록청을 설치하고 사관이 기록한 사초와 시정기 등을 정리하여 편년체 형식으로 실록을 편찬하였다.

⑤ 이규보의 『동명왕편』은 고구려를 건국한 동명왕의 업적을 서사시 형태로 서술하였다.

50

(나) 신문왕 때 관료전 지급으로 폐지되었던 녹읍이 경덕왕 때 부활하였다(757).

(가) 고려의 관리를 대상으로 한 토지 제도인 전시과는 관품과 인품을 기준으로 직관, 산관에게 토지를 제공하였으며, 경종 원년에 처음 실시되었다(976).

(라) 고려 말 신진 사대부들은 관리의 경제적 기반을 마련하고 국가의 재정을 유지하기 위해 과전법을 실시하였다(1391).

(다) 기존의 과전법은 전 · 현직 관리에게 지급되었고, 수신전과 휼양전의 명목으로 세습까지 가능하였다. 이로 인해 지급할 토지가 부족해지자 세조 때 직전법을 실시하여 현직 관리에게만 토지를 지급하였다(1466).

51

고려 숙종 때 삼한통보, 해동통보 등의 동전과 활구(은병)라는 은전을 만들었으나, 크게 유통되지는 못하였다. 민간에서 은병의 입구가 넓다 하여 이를 활구라 불렀다.

[오답분석]

① 조선 후기 청과의 교역 때 은을 사용하였다.

② 조선 후기 숙종 때 상평통보가 전국적으로 유통되었다.

③ 고려 성종 때 우리나라 최초의 화폐인 건원중보가 발행되었다(996).

⑤ 흥선 대원군은 경복궁 중건에 필요한 재원을 확보하기 위해 상평통보의 약 100배의 가치를 가진 당백전을 발행 · 유통시켰다.

52

[오답분석]

② 외역전은 고려 시대 향리에게 지급한 영업전이다.

③ 구분전은 하급 관리나 군인들의 유가족의 생계를 보장해주기 위해 지급한 토지이다.

④ 개정 전시과는 전 · 현직 관직자의 관품만을 고려하여 지급하였다. 관품과 함께 인품까지 고려한 것은 역분전이다.

⑤ 내장전은 왕실의 경비 마련을 위해 왕실의 재정 담당인 내장택에 속해 있던 토지이다.

53

(가) 고려 목종 12년(1009)에 강조가 목종을 폐위시킨 뒤 살해하고 현종을 옹립하였다.

(나) 12세기 초 계속되는 여진의 침입으로 윤관은 숙종에게 별무반을 편성할 것을 건의하였고, 숙종은 윤관의 건의를 받아들여 별무반을 조직하였다(1104). 윤관은 별무반을 이끌고 여진족을 물리친 후 함경도 지역에 동북 9성을 축조하였다(1107, 예종).

(다) 1170년 정중부를 중심으로 한 무신들이 무(武)를 천시하는 시대적 상황에 불만을 품고 의종의 이궁(離宮)인 보현원에서 문신들을 살해한 사건이 일어났다. 이를 계기로 무신 정변이 시작되었다.

(라) 무신정권의 군사적 기반이었던 삼별초는 배중손을 중심으로 강화도에서 진도로, 진도에서 제주도로 근거지를 옮겨가면서 1273년 여 · 몽 연합군에 의해 전멸될 때까지 항쟁을 계속하였다(1270 ~ 1273).

54

정답 ③

임진왜란 이후 조선에서는 새로운 군사 조직의 필요성을 느껴 훈련도감을 설치하였다. 훈련도감은 포수, 사수, 살수의 삼수병으로 편성되었다. 이들은 장기간 근무를 하고 급료를 받는 상비군으로, 의무병이 아닌 직업 군인의 성격을 가지고 있었다.

55

정답 ③

불을 이용하고 언어를 구사하게 된 것은 신석기시대가 아니라 구석기시대부터이다.

[오답분석]

④ 청동기시대에 벼농사가 시작되었다는 것은 여주 흔암리 유적과 충남 부여 송국리의 탄화미 유적으로 알 수 있다.

56

정답 ④

(가)는 '옥저'이고, (나)는 '동예'이다. 동예는 부족을 중요시하여 다른 부족을 침범하는 경우에는 노비와 소, 말로 변상하게 하는 책화라는 제도가 있었다.

57

정답 ②

제시된 자료에서 설명하는 인물은 장영실이다. 1434년 세종 때 장영실과 합작해 물시계인 자격루를 만들었다.
자격루는 정밀 기계 장치와 자동시보 장치를 갖춘 뛰어난 물시계였다. 이후 1437년에는 정초와 함께 앙부일구(해시계)를 제작하였는데 이는 세계에서 유일하게 반구로 된 해시계였다.

[오답분석]

① 효종 4년(1653)에 김육의 건의에 따라 시헌력을 채택했다.
③ 비격진천뢰는 선조 때 화포장 이장손 발명한 것이다.
④ 정조 16년(1792)에 정약용은 도르래를 이용한 거중기를 고안해 화성을 축조하는 데 크게 이바지했다.
⑤ 광해군 3년(1610)에 허준이 동의보감을 편찬하였다.

58

정답 ③

만주 지역에서 활동하던 독립군 부대는 1920년 봉오동에서 홍범도 등의 연합부대를 이끌고 일본 군대를 기습하여 큰 승리를 거두었다. 이어 홍범도, 김좌진 등의 연합부대가 다시 청산리 전투에서도 승리를 거두었다. 이에 대한 보복으로 일제는 만주지역 주민들을 대거 학살하는 간도 참변을 일으켰고, 결국 독립군은 자유시로 피신하였다.

[오답분석]

① 자유시로 피신했던 독립군이 만주로 복귀하자 1925년 일제가 만주 군벌과 체결한 협약이다.
② 1931년의 일이다.
④ 독립군의 자유시 집결은 사회주의 확산과 직접적인 관련이 없다.
⑤ 1910년대 후반의 일이다.

59

정답 ②

대한민국 임시 정부는 1920년대 중엽을 고비로 활동에 어려움을 겪게 되었다. 일제의 집요한 감시와 탄압으로 연통제와 교통국의 조직이 철저하게 파괴되었고, 이로 인해 국내로부터의 지원이 대폭 줄어들어 자금난과 인력난을 겪게 되었다. 또한 사회주의 사상이 유입되면서 이념의 갈등이 증폭되었고 투쟁 방법에 있어서도 무장 투쟁론, 외교 독립론, 실력 양성론 등으로 대립되었다. 이를 극복하기 위하여 상하이에서 국민대표회의(1923)가 열렸으나, 창조파와 개조파로 갈라져 대립이 심화되었다.

60

(가)는 가쓰라·태프트 밀약, (나)는 일·영 동맹, (다)는 포츠머스 조약이다. 이들 조약은 일본과 청이 맺은 시모노세키 조약과 더불어 일본의 한국 종주권을 인정하는 국제 협약들이다. 특히 (가), (나), (다)는 1904년에서 1905년 사이에 맺어지면서 을사늑약 체결의 배경이 되기도 하였다.

오답분석

① 남한 대토벌(1909)과 관련된 내용이다.
③ 대한제국(1897)과 관련된 내용이다.
④ 국권피탈(1910)과 관련된 내용이다.
⑤ 독립협회(1896 ~ 1898)와 관련된 내용이다.

PART 5

61	62	63	64	65	66	67	68	69	70	71	72	73	74	75	76	77	78	79	80
⑤	①	⑤	②	③	②	⑤	②	④	③	①	②	④	②	①	③	④	④	⑤	④

61

정답 ⑤

남자가 여자보다 수학을 잘한다는 것이 고정관념임을 밝히고 바로 역접 접속사 but이 나오므로, 뒤에는 이와 상반되는 내용이 나와야 함을 알 수 있다. 즉, '믿을만한(확실한) 증거가 거의 없다.'는 내용이 드러나야 하므로 빈칸에는 solid(단단한, 확실한)가 적절하다. 빈칸 앞의 little이 부정 부사이므로 ②·③은 오답임을 파악할 수 있다.

오답분석
① 동시의
② 의심스러운, 수상쩍은
③ 불안정한
④ 비밀스러운

| 해석 |

남자가 수학에 있어 여자보다 우월하다는 것은 전형적인 고정관념이다. 그러나 이를 설명할 <u>확실한</u> 증거는 거의 없었다.

| 어휘 |
• stereotype : 고정관념

62

정답 ①

빈칸에 들어갈 말은 역접 접속사 'but'으로 추론가능하다. but의 앞내용은 남부 인도인이 거무스름한 피부를 가졌다고 하는데, 과학자들이 인도인은 백인이 가진 특성을 지녀서 그들을 흑인 아프리카인과 구별하기 힘들다가 적절하므로 빈칸에는 reluctant(주저하는)이 가장 적절하다.

오답분석
② 반가운, 환영하다
③ 다른
④ 기꺼이 하는
⑤ 분별 있는

| 해석 |

남부 인도의 많은 사람들은 까무잡잡한 피부를 가졌다. 그러나 과학자들은 그들의 백색인종의 얼굴 특징들과 모발 형태 때문에 그들을 아프리카계 흑인으로 분류하기를 <u>주저</u>해 왔다.

| 어휘 |
• caucasoid : 코카서스 인종(의)[백색인종]

63

정답 ⑤

일단 문장의 주어인 미 소아과 학회가 부모에게 그들의 자녀와 더 많은 시간을 보내기 위해 TV시청에 대해 어떤 제안을 할지 유추해 본다면 TV시청을 curb(제한한다, 억제하다)라는 내용이 적절하다.

오답분석
① 팽배하다, 승리하다
② 완전히 이해하다, 동화되다

③ 수여하다
④ 판독하다, 해독하다

| 해석 |

> 미 소아과 학회는 더 많은 시간을 실제로 그들의 자녀들과 이야기 하도록 하기 위해 부모들이 그들 자신의 TV시청을 <u>제한할</u> 것을 제안한다.

| 어휘 |

• pediatric : 소아과(학)의

64

정답 ②

앞서 Knute Rockne가 고무적 연설로 명성이 높았다는 정보가 제공되었고 부사 likewise를 통해 Vince Lombardi도 Knute와 비슷한 이유로 유명했다는 것을 알 수 있다. 따라서 빈칸에는 pep talks과 비슷한 말이 필요하고, 빈칸 뒤에 제시되는 인용문을 통해 정답은 eloquence(웅변)임을 알 수 있다.

오답분석

① 탐욕
③ 질투, 시기
④ 전개, 배치
⑤ 압박, 억제

| 해석 |

> Notre Dame 대학의 유명한 축구 코치인 Knute Rockne(1988-1931)는, 그가 코치를 하는 것으로 유명했던 것만큼 아마도 그의 고무적인 격려 연설로도 잘 알려져 있을 것이다. 마찬가지로 Vince Lombardi는 뉴욕 자이언츠와 그린베이패커스의 코치로 저명했는데, 그의 <u>웅변</u>으로 잘 알려져 있었다. Lombardi는 현재 유명한 "이기는 것은 모든 것이 아니다, 오직 유일한 것이다."라는 말로 명성이 높다.

| 어휘 |

• pediatric : 소아과(학)의
• be well known for : ~로 잘 알려져 있다
• pep talk : 격려(응원)연설
• be credited with : ~로 명성이 높다, 인정받다

65

정답 ③

제시문은 평화롭고 편안한 사람들은 긍정적·부정적 기분이 잠깐 있다 사라진다는 점을 이해하고 '세상은 다 그러기 마련이야.'하며 지나간다는 내용이다. 이런 사람들이 지나가는 감정들은 피할 수 없다는 것을 받아들이고 있다는 의미로 inevitability(불가피함)이 가장 적절하다.

오답분석

① 복수, 앙갚음
② 게으름
④ 싫음, 꺼림
⑤ 축출, 제명, 방출

| 해석 |

> 당신이 평화롭고 편안한 사람들을 관찰해 보면, 그들은 기분이 좋을 때 매우 감사해 한다는 것을 알 수 있다. 그들은 긍정적이고 부정적인 감정들은 모두 잠깐 있다 사라진다는 것과 그들이 기분 좋지 않을 때가 올 것이라는 것도 이해한다. 행복한 사람들에게는 이것은 아무렇지도 않은 것이다. 세상은 다 그러기 마련이니까. 그들은 지나가는 감정들이 <u>불가피하다는 것</u>을 받아들인다.

• observe : 보다, 관찰하다
• grateful : 감사하는
• It's the way of things. : 그게 세상의 이치야.

66

정답 ②

vanguard는 '선봉'이라는 의미로 쓰였다. 따라서 이와 가장 유사한 단어는 '최전선'이라는 뜻을 가진 forefront이다.

| 해석 |

운동에 참여한 학생들은 그들이 혁명의 선봉에 있다고 생각하도록 기만당했다.

| 어휘 |
• turmoil : 혼란

67

정답 ⑤

제시된 단어의 의미는 '충성스러운'으로, 이와 반대되는 '불충실한'의 의미를 가진 단어는 ⑤이다.

오답분석
① 불변의
② 헌신적인
③ 짜증난
④ 성급한

68

정답 ②

제시된 단어의 의미는 '거절하다'로, 이와 반대되는 '받아들이다'의 의미를 가진 단어는 ②이다.

오답분석
① 거절하다
③ 집행하다
④ 보장하다
⑤ 훔치다

69

정답 ④

제시된 단어의 의미는 '모으다'로, 이와 반대되는 '흩뿌리다'의 의미를 가진 단어는 ④이다.

오답분석
① 모으다
② 완료하다
③ 결론을 내리다
⑤ 평가하다

70

제시된 단어의 의미는 '결핍'으로, 이와 반대되는 '풍부'의 의미를 가진 단어는 ③이다.

[오답분석]
① 선반
② 무더기
④ 비용
⑤ 공급

71

정답 ①

'결탁하다'는 의미로 가장 적절한 단어는 collaborate이다.

| 해석 |

> 정부는 제조업체들이 제품을 미성년자에게 판매하기 위해 결탁했다고 결론 내렸다.

| 어휘 |

• collaborate : 협력하다

72

정답 ②

다양한 문화가 섞여 있는 경우, 어떤 문화에서만 공유되는 추정에 대한 의존 때문에 그 문화에서는 통용되는 농담이 다른 문화에 속하는 사람에게는 매우 형편없이 전해진다고 하는 것이 옳다. 따라서 ② 'well'을 'badly'로 고치는 것이 적절하다.

| 해석 |

> 사람들은 똑같은 방식으로 웃지만, 그들이 반드시 똑같은 것에 대해 웃는 것은 아니라고 한다. 이것이 단일 공동체에 적용된다면, 다양한 사회에서 사는 사람들에게는 훨씬 더 많이 적용된다. 왜냐하면 사람들이 재미있다고 느끼는 주제와 농담을 하기에 적절하다고 여기는 경우가 문화마다 매우 다양할 수 있기 때문이다. 바보 같아 보이는 행동과 관련된 어떤 스타일의 유머는 어느 곳에서든지 웃음을 자아내는 것으로 보장된다. 그러나 공유되는 추정에 대한 의존 때문에 대부분의 농담은 매우 잘(→ 형편없이) 전해진다. 이것은 특히 언어유희가 포함된 농담의 경우에서 눈에 띈다. 그러한 농담은 어려운데, 사실 어떤 경우에는 다른 언어로 번역하기가 불가능하다. 그래서 이러한 이유 때문에 외국인에게 농담을 말하려는 사람들의 시도가 자주 종종 멍하니 응시하는 것에 부딪치게 된다.

| 어휘 |

• collaborate : 협력하다
• amusing : 재미있는
• reliance : 의지
• assumption : 가정
• noticeable : 눈에 띄는
• play on words : 말장난, 언어유희
• blank stare : 멍한 응시, 의아한 눈초리

PART 5

73

정답 ④

'비민주적'이라는 의미와 같은 맥락에서 'unselfish'는 적절하지 않다. 따라서 ④ 'unselfish'를 'selfish'로 고쳐야 한다.

| 해석 |

전통적인 미국인의 견해는 울타리가 미국의 풍경에서는 부적절하다는 것이었다. 이러한 개념은 19세기에 미국의 풍경에 대한 글에서 반복적으로 나타났다. 저자들은 잇따라 부서진 병으로 덮인 심하게 모욕적으로 냉대하는 영국인들의 큰 장벽을 비난했다. 미국의 첫 번째 근교의 조망에 상당한 영향을 끼쳤던 초기 조경사인 Frank J. Scott는 조경에서 울타리를 없애기 위해서 쉼 없이 일했다. 1870년에 쓴 글에서 그는 자연의 자유로운 우아함에 대한 이웃들의 경관을 좁히는 것이 이타적(→ 이기적)이고 비민주적이라고 주장했다. 오늘날 사실상 개방과 환영의 몸짓으로 모든 잔디가 거리에 솟아오르고 있는 미국의 근교를 운전하는 것은 그러한 경치가 얼마나 완전히 승리해 왔는지를 보는 것이다.

| 어휘 |
• landscape : 경치, 조경
• notion : 관념
• turn up : 나타나다
• insultingly : 모욕적으로
• inhospitable : 냉랭한, 푸대접하는
• out of place : 부적절한
• suburb : 교외
• tirelessly : 쉼 없이
• undemocratic : 비민주적인

74

정답 ②

| 해석 |

전화는 우리의 일상생활의 큰 부분을 차지하게 되었다. 전화로 분명하게 이야기하는 것은 좋은 예절이다. 당신이 소리를 지를 필요는 없다. 당신은 이야기를 나누고 있는 사람에게 정중해야 한다.

| 어휘 |
• daily : 매일의
• manner : 예절
• necessary : 필요한
• polite : 예의바른, 정중한

75

정답 ①

제시문에서는 근무시간 자유선택제를 설명하고 있다. 따라서 글을 쓴 목적으로는 '근무시간 자유선택제를 정의하기 위하여'가 가장 적절하다.

오답분석

③ 제시된 글에서 설명하고 있는 alternative work style은 flextime 하나뿐이므로 대체 업무 방식들을 논의하기 위한 글이 아니다.

| 해석 |

점점 늘어나는 대체 업무 방식 가운데 근무시간 자유선택제가 있다. 근무시간 자유선택제는 근로자들이 개인의 필요에 맞추기 위해 업무 시간을 조정하는 것을 허용한다. 주당 총 근무시간은 같지만 매일의 스케줄은 표준 근무시간과 다르다. 근무시간 자유선택제는 또한 4일을 10시간씩 일하거나 짧게 6일을 근무하는 것처럼 근무일수의 변화를 의미하기도 한다. 근무시간 자유선택제로 일하는 근로자들은 직업 소개인, 손해사정사, 우체국 직원, 데이터 입력 운영자를 포함한다.

76

제시문의 주제는 첫 문장으로 유추할 수 있다. 성공적인 면접은 세 가지 기본적인 단계를 따른다는 내용으로 주제는 '성공적인 면접의 3단계'이다.

[오답분석]

① 취업에 대한 당신의 헌신을 보여주는 방법
② 면접을 하는 동안의 긍정적 태도
④ 면접을 하는 동안 당신의 능력을 보여주는 것의 중요성
⑤ 눈을 마주치고 미소 짓는 방법

| 해석 |

가장 성공적인 면접은 세 가지 기본 단계들을 따른다. 만약 당신이 그 단계들을 안다면, 당신은 당신의 취업 기회를 높이는 것이다. 첫 번째 단계는 약 3분간 지속되고 당신이 처음 자신을 소개할 때 일어난다. 이 3분 내에, 당신은 당신이 다른 사람들과 친하고 편하다는 것을 보여야 한다. 이때는 굳게 악수하고, 눈을 마주치고, 그리고 미소 지을 때이다. 두 번째 단계 동안에 당신은 당신의 기술과 능력을 설명해야 한다. 이때는 당신의 고용주에게 바로 얼마나 당신이 유능한 지를 보여줄 기회이다. 세 번째 단계는 비록 그것이 단지 1분 또는 2분만 지속되더라도 그 면접의 마지막에 온다. 이 단계는 여전히 중요하다. 고용주가 "연락드릴게요."라고 말할 때, 당신은 "괜찮으시다면 며칠 후에 제가 다시 연락드리겠습니다."와 같은 말을 해야 한다. 이와 같은 언급은 취업에 대한 당신의 헌신을 나타낸다.

| 어휘 |
• demonstrate : 시범 보이다, 증명하다
• at ease : 마음이 편안한
• be in touch : 연락하다, 연락하고 지내다
• check back : 다시 연락하다

77

아인슈타인의 수학적 모델이 우주에 대한 잘못된 가정에 기초하고 있었지만, 결국 "우주 상수"라는 개념은 존재할지도 모른다는 글로 글의 후반부에 주제가 나와 있다. "우주 상수"는 비록 오류에서 비롯되었지만, 실제로 우주를 묘사하는데 한 역할을 할 수도 있다는 것이 제시문의 주제이다.

[오답분석]

① 허블의 관찰이 상대성 이론을 심각하게 손상시켰다.
② 아인슈타인의 가장 중요한 발견들 중 하나는 우주 상수이다.
③ 아인슈타인의 상대성 이론은 근본적으로 흠이 있다.
⑤ 오늘날 물리학자들은 여전히 우주를 묘사하기 위해 아인슈타인의 우주 상수를 사용한다.

| 해석 |

비록 알베르트 아인슈타인의 상대성 이론이 물리학에 변혁을 일으켰지만 그의 수학적 모델은 우주가 고정되어 있다는 – 모든 요소가 시간과 공간에 고정되어 있다는 – 잘못된 가정에 기초하고 있었다. 이 관점을 유지하기 위해, 아인슈타인의 방정식들이 우주를 흐름 속에서 예측했을 때, 그는 소위 우주의 지속성이라는 것을 유지하기 위해 "우주 상수"를 지어냈다. 10년 이내에 천문학자인 에드윈 허블은 우주가 팽창하고 있다는 것을 발견했고, 이것은 아인슈타인이 "우주 상수"라는 개념을 폐기하도록 만들었다. 거의 100년 후에, 물리학자들은 일부 알려지지 않은 힘이 분명히 우주를 떠밀어내고 있다는 것을 발견했고, 몇몇 과학자들을 아인슈타인의 "우주 상수"가 실제로 존재할지도 모른다는 결론에 이르도록 이끌어 냈다.

| 어휘 |
• revolutionize : 변혁을 일으키다
• static : 고정된, 정적인
• equation : 방정식
• flux : 유동, 흐름
• cosmological constant : 우주 상수

- constancy ： 지속성
- push apart ： 떠밀다
- derive ： 끌어내다, ~에서 비롯되다
- make use of ： ~을 이용하다

78

정답 ④

음악이 감정 전달을 통해 언어처럼 인간의 의사소통 방식이 될 수 있다는 내용이다. 하지만 ④는 음악이 감정 전달이 아닌 정보 전달을 한다는 내용이므로 부적절하다.

l 해석 l

음악이 실제로 언어냐 아니냐 하는 것이 때때로 열띤 철학적 토론의 주제이기는 했어도, 음악은 언어라고 불려 왔다. 그것은 사용되는 정의에 달려 있다. 만일 '언어'를 개념이 상징화되고 전달될 수 있는 수단을 의미한다고 여긴다면, 확실히 음악은 그렇지 않다. 음악은 '언덕 위에 있는 집에는 침실이 세 개 있다.'라는 생각을 표현할 수 없다. 하지만 음악은 그것을 작곡하고, 연주하고, 듣는 사람들에게는 대체로 일관된 감정 반응을 자아낼 수 있다. (음악이 우리 청각의 자극제이기 때문에, 음악은 정보를 전달하는 것을 할 수 있고, 필연적으로 그러한 것이 분명하다.) 그러므로 대체로 언어와 음악 둘 다 소리의 흐름을 통해 발생하는 인간의 의사소통 형식이라는 점에서 공통점이 있다. 그리고 두 가지 경우 모두, 이 흐름들은 '덩어리로 나뉘어' 인지된다.

79

정답 ⑤

가뭄으로 인해 호수의 물이 줄고, 수력 발전이 줄어들자 전기료가 인상되어 우간다 사람들은 전기를 대체할 연료로 나무를 사용하였다. 결국 지나친 벌목이 토양의 질을 하락시켜 식량 문제가 도래한 것이다. 주어진 문장은 ⑤의 앞 내용을 정리하고 있으며 ⑤의 뒤에 나오는 문장은 전체 내용을 정리하는 결론이다. 따라서 주어진 문장이 들어가기에 가장 적절한 곳은 ⑤이다.

l 해석 l

개별적인 자원 문제 이외에도, 에너지, 식량, 물 사이의 관련성이 증가하고 있다. 그 결과 한 분야의 문제들이 다른 분야로 퍼져나가, 의존성의 파괴적 순환을 만들어 낼 수 있다. 예를 들어 우간다는 2004년과 2005년에 식량 공급을 위협하는 긴 가뭄을 겪었다. 그 나라는 거대한 빅토리아 호수에서 너무 많은 물을 사용하여 수위가 1미터까지 떨어졌고, 우간다는 그 호수에서의 수력 발전을 줄였다. 전기료는 거의 두 배가 되었고, 그래서 우간다 사람들은 연료로 더 많은 나무를 사용하기 시작했다. 사람들은 숲을 심하게 벌목해 갔고, 이는 토양의 질을 저하시켰다. 식량원에 대한 위협으로 시작된 가뭄이 전기 문제가 되었고, 결국 훨씬 더 심각한 식량 문제가 된 것이다. 이런 순환은 결국에는 모든 주민에게 있어 정치 불안과 재난으로 끝날 수 있다.

80

밑줄 친 부분의 앞 문장은 그의 사업이 이익을 내지 못하고 있다는 내용이다. 따라서 그 사업은 곧 망하게 될 것이므로 'go under'의 의미를 추론할 수 있다. 이와 뜻이 가장 가까운 것은 'become bankrupt'(파산하다)이다.

오답분석

① 유명해지다
② 본전치기를 하다
③ 강조하다
⑤ 사업에 착수하다

| 해석 |

오늘날의 기업 풍토에서 당신은 다른 사람들이 아직 생각하지 못한 아이디어를 제시할 만큼 영리해져야 한다. 유기농 사과 농부인 내 친구 김씨를 보라. 5년 전 그의 사업은 이윤을 내지 못하고 있었다. 그것은 막 도산할 참이었다. 그러더니 유기농 과일이 정말로 유행했다. 갑자기 모두가 그의 유기농 사과를 사고 싶어 하는 것처럼 보였다. 그는 그 뒤 새로운 무언가를 시도할 결심을 했다. 그는 우편 주문 사업을 시작했고, 그의 고객들이 그의 사과를 집에서 주문하고 그것들을 빨리 받을 수 있게 되었다. 판매는 날아올랐고 김씨는 훨씬 더 많은 돈을 벌었다. 이제 그는 일찍 은퇴하는 것에 대해 생각하는 중이다.

| 어휘 |

• business climate : 기업 풍토
• come up with : ~을 제시하다, 찾아내다
• make a profit : 이윤을 내다
• catch on : 유행하다

01	직업능력

01	02	03	04	05	06	07	08	09	10	11	12	13	14	15	16	17	18	19	20
①	④	④	⑤	②	⑤	③	③	④	③	③	④	④	⑤	⑤	③	②	④	④	③
21	22	23	24	25	26	27	28	29	30	31	32	33	34	35	36	37	38	39	40
②	④	③	④	④	②	①	④	②	③	④	③	④	③	③	⑤	③	④	③	①

01
정답 ①

세 번째 문단에서 과거제 출신의 관리들이 공동체에 대한 소속감이 낮고 출세 지향적이었다는 내용을 확인할 수 있다.

오답분석

② 세 번째 문단에서 과거제를 통해 임용된 관리들은 승진을 위해서 빨리 성과를 낼 필요가 있었기에, 지역 사회를 위해 장기적인 전망을 가지고 정책을 추진하기보다 가시적이고 단기적인 결과만을 중시하는 부작용을 가져왔다고 하였으므로 적절하지 않다.
③ 첫 번째 문단에서 황종희가 '벽소'와 같은 옛 제도를 되살리는 방법으로 과거제를 보완하자고 주장했다는 내용을 볼 수 있다. 따라서 벽소는 과거제를 없애고자 등장한 새로운 제도가 아니라 과거제를 보완하고자 되살린 옛 제도이므로 옳지 않다.
④ 두 번째 문단에서 과거제는 학습 능력 이외의 인성이나 실무 능력을 평가할 수 없다는 이유로 시험의 익명성에 대한 회의도 있었다고 하였으므로 적절하지 않다.
⑤ 첫 번째 문단에서 고염무는 관료제의 상층에는 능력주의적 제도를 유지하되, 지방관인 지현들은 그 지위를 평생 유지시켜 주고 세습의 길까지 열어 놓는 방안을 제안했다고 했으므로 적절하지 않다.

02
정답 ④

A가 이번 달에 내야 하는 전기료는 $(200 \times 100)+(150 \times 200)=50,000$원이다. B는 A가 내는 전기료의 2배인 10만 원이므로 전기 사용량은 400kWh 초과임을 알 수 있다.
B가 사용한 전기량을 $(400+x)$kWh로 정하고 전기료에 대한 방정식을 구하면
$(200 \times 100)+(200 \times 200)+(x \times 400)=100,000 \rightarrow x \times 400=100,000-60,000$
$\therefore x=100$
따라서 B가 사용한 전기량은 총 $400+100=500$kWh이다.

03
정답 ④

ㄴ. 간편식 점심에 대한 회사원들의 수요가 증가함에 따라 계절 채소를 이용한 샐러드 런치 메뉴를 출시하는 것은 강점을 통해 기회를 포착하는 SO전략에 해당한다.
ㄹ. 경기 침체로 인한 외식 소비가 위축되고 있는 상황에서 주변 회사와의 제휴를 통해 할인 서비스를 제공하는 것은 약점을 보완하여 위협을 회피하는 WT전략에 해당한다.

오답분석

ㄱ. 다양한 연령층을 고려한 메뉴가 강점에 해당하기는 하나, 샐러드 도시락 가게에서 한식 도시락을 출시하는 것은 적절한 전략으로 볼 수 없다.

ㄷ. 홍보 및 마케팅 전략의 부재가 약점에 해당하므로 약점을 보완하기 위해서는 적극적인 홍보 활동을 펼쳐야 한다. 따라서 홍보 방안보다 먼저 품질 향상 방안을 마련하는 것은 적절한 전략으로 볼 수 없다.

04

정답 ⑤

먼저 두 번째 조건에 따라 사장은 은지에게 '상'을 주었으므로 나머지 지현과 영희에게 '중' 또는 '하'를 주었음을 알 수 있다. 이때, 인사팀장은 영희에게 사장이 준 점수보다 낮은 점수를 주었다는 네 번째 조건에 따라 사장은 영희에게 '중'을 주었음을 알 수 있다. 따라서 사장은 은지에게 '상', 영희에게 '중', 지현에게 '하'를 주었고, 세 번째 조건에 따라 이사 역시 같은 점수를 주었다. 한편, 사장이 영희 또는 지현에게 회장보다 낮거나 같은 점수를 주었다는 두 번째 조건에 따라 회장이 은지, 영희, 지현에게 줄 수 있는 경우는 다음과 같다.

구분	은지	지현	영희
경우 1	중	하	상
경우 2	하	상	중

또한 인사팀장은 '하'를 준 영희를 제외한 은지와 지현에게 '상' 또는 '중'을 줄 수 있다. 따라서 은지, 영희, 지현이 회장, 사장, 이사, 인사팀장에게 받을 수 있는 점수를 정리하면 다음과 같다.

구분	은지	지현	영희
회장	중	하	상
	하	상	중
사장	상	하	중
이사	상	하	중
인사팀장	상	중	하
	중	상	하

따라서 인사팀장이 은지에게 '상'을 주었다면, 은지는 사장, 이사, 인사팀장 3명에게 '상'을 받으므로 은지가 최종 합격하게 된다.

05

정답 ②

성과급 지급 기준에 따라 영업팀의 성과를 평가하면 다음과 같다.

구분	성과평가 점수	성과평가 등급	성과급 지급액
1/4분기	$(8 \times 0.4) + (8 \times 0.4) + (6 \times 0.2) = 7.6$	C	80만 원
2/4분기	$(8 \times 0.4) + (6 \times 0.4) + (8 \times 0.2) = .2$	C	80만 원
3/4분기	$(10 \times 0.4) + (8 \times 0.4) + (10 \times 0.2) = 9.2$	A	$100 + 10 = 110$만 원
4/4분기	$(8 \times 0.4) + (8 \times 0.4) + (8 \times 0.2) = 8.0$	B	90만 원

따라서 영업팀에게 1년간 지급된 성과급의 총액은 $80 + 80 + 110 + 90 = 360$만 원이다.

06

정답 ⑤

- 헝가리 : 서머타임을 적용해 서울보다 6시간 느리다.
- 호주 : 서머타임을 적용해 서울보다 2시간 빠르다.
- 베이징 : 서울보다 1시간 느리다.

따라서 회의가 가능한 시간은 서울 기준 오후 3 ~ 4시이다.

[오답분석]
① 헝가리가 오전 4시로 업무 시작 전이므로 회의가 불가능하다.
② 헝가리가 오전 5시로 업무 시작 전이므로 회의가 불가능하다.
③ 헝가리가 오전 7시로 업무 시작 전이므로 회의가 불가능하다.
④ 헝가리가 오전 8시로 업무 시작 전이므로 회의가 불가능하다.

PART 5

07

정답 ③

존속성 기술을 개발하는 업체의 총수는 24개, 와해성 기술을 개발하는 업체의 총수는 23개로 옳은 판단이다.

[오답분석]

① 와해성 기술을 개발하는 전체 기업은 23개이고 이중 벤처기업은 12개, 대기업은 11개이므로, 벤처기업이 $\frac{12}{23} \times 100 = 52.2\%$,

대기업이 $\frac{11}{23} \times 100 ≒ 47.8\%$으로, 벤처기업의 비율이 대기업보다 높다.

② 존속성 기술은 12개, 와해성 기술은 8개로 틀린 판단이다.

④ 10 : 10의 동일한 비율이므로 올바르지 않다.

⑤ 17 : 10으로 시장견인전략을 취하는 비율이 월등히 높다.

08

정답 ③

2021 ~ 2023년 전년 대비 가정 어린이집을 이용하는 0 ~ 2세 영유아 수는 다음과 같다.

• 2021년 : 222,332 - 193,412 = 28,920명 증가

• 2022년 : 269,243 - 222,332 = 46,911명 증가

• 2023년 : 298,470 - 269,243 = 29,227명 증가

따라서 전년 대비 가정 어린이집을 이용하는 0 ~ 2세 영유아 수는 2022년에 가장 크게 증가했다.

[오답분석]

① 2020 ~ 2023년 0 ~ 2세와 3 ~ 4세 국・공립 어린이집 이용 영유아 수는 꾸준히 증가하고 있다.

② 2020 ~ 2023년 부모협동 어린이집과 직장 어린이집을 이용하는 영유아 수는 모든 연령대에서 꾸준히 증가하고 있다.

④ 법인 어린이집을 이용하는 5세 이상 영유아 수는 매년 감소하고 있다.

⑤ 3 ~ 4세 영유아가 가장 많이 이용하는 곳을 순서대로 나열한 상위 3곳은 매년 '민간 어린이집, 국・공립 어린이집, 법인 어린이집' 순서이다.

09

정답 ④

• 2020년 전체 어린이집 이용 영유아 수의 합 : 501,838 + 422,092 + 211,521 = 1,135,451명

• 2023년 전체 어린이집 이용 영유아 수의 합 : 739,332 + 455,033 + 154,364 = 1,348,729명

따라서 2020년과 2023년 전체 어린이집 이용 영유아 수의 차는 1,348,729 - 1,135,451 = 213,278명이다.

10

정답 ③

[오답분석]

ㄱ. 사람에 따라 인사법을 다르게 하는 것은 적절하지 않다.

ㄴ. 악수를 할 때는 너무 꽉 잡아서는 안 되며 적당한 세기로 잡아야 한다.

11

정답 ③

회의의 내용으로 보아 의사결정방법 중 브레인스토밍 기법을 사용하고 있다. 브레인스토밍은 문제에 대한 제안이 자유롭게 이어지고, 아이디어는 많을수록 좋으며, 제안한 모든 아이디어를 종합하여 해결책을 내는 방법이다. 따라서 다른 직원의 의견에 대해 반박을 한 D주임의 태도가 적절하지 않다.

12

정답 ④

목표의 층위・내용 등에 따라 우선순위가 있을 수는 있지만, 하나씩 순차적으로 처리해야 하는 것은 아니다. 즉, 조직의 목표는 동시에 여러 개가 추구될 수 있다.

13

정답 ④

제시문에서는 금융권, 의료업계, 국세청 등 다양한 영역에서 빅데이터가 활용되고 있는 사례들을 열거하고 있다.

14

정답 ⑤

- 관리직의 구직 대비 구인률 : $\dfrac{993}{2,951} \times 100 ≒ 34\%$

- 음식서비스 관련직의 구직 대비 취업률 : $\dfrac{458}{2,936} \times 100 ≒ 16\%$

따라서 둘의 차이는 $34-16=18\%p$이다.

15

정답 ⑤

$733 \times 4=2,932<3,083$이므로 25% 이하이다.

16

정답 ③

각 임직원의 항목 평균 점수를 구하면 다음과 같다.

(단위 : 점)

성명	조직기여	대외협력	기획	평균	순위
유시진	58	68	83	69.67	9
최은서	79	98	96	91	1
양현종	84	72	86	80.67	6
오선진	55	91	75	73.67	8
이진영	90	84	97	90.33	2
장수원	78	95	85	86	4
김태균	97	76	72	81.67	5
류현진	69	78	54	67	10
강백호	77	83	66	75.33	7
최재훈	80	94	92	88.67	3

따라서 상위 4명인 최은서, 이진영, 최재훈, 장수원이 해외연수 대상자로 선정된다.

17

평균점수의 내림차순으로 순위를 정리하면 다음과 같다.

(단위 : 점)

성명	조직기여	대외협력	기획	평균	순위
최은서	79	98	96	91	1
이진영	90	84	97	90.33	2
최재훈	80	94	92	88.67	3
장수원	78	95	85	86	4
김태균	97	76	72	81.67	5
양현종	84	72	86	80.67	6
강백호	77	83	66	75.33	7
오선진	55	91	75	73.67	8
유시진	58	68	83	69.67	9
류현진	69	78	54	67	10

따라서 오선진은 8위로 해외연수 대상자가 될 수 없다.

18

정답 ④

'KS90101-2'는 아동용 10kg 이하의 자전거로, 109동 101호 입주민이 2번째로 등록한 자전거이다.

오답분석

① 등록순서를 제외한 일련번호는 7자리로 구성되어야 하며, 종류와 무게 구분 번호의 자리가 서로 바뀌어야 한다.
② 등록순서를 제외한 일련번호는 7자리로 구성되어야 한다.
③ 자전거 무게를 구분하는 두 번째 자리에는 L, M, S 중 하나만 올 수 있다.
⑤ 등록순서는 1자리로 기재한다.

19

정답 ④

마지막의 숫자는 동일 세대주가 자전거를 등록한 순서를 나타내므로 해당 자전거는 2번째로 등록한 자전거임을 알 수 있다. 따라서 자전거를 2대 이상 등록한 입주민의 자전거이다.

오답분석

① 'T'를 통해 산악용 자전거임을 알 수 있다.
② 'M'을 통해 자전거의 무게는 10kg 초과 20kg 미만임을 알 수 있다.
③ 104동 1205호에 거주하는 입주민의 자전거이다.
⑤ 자전거 등록대수 제한에 대한 정보는 나와 있지 않다.

20

정답 ③

자동화와 같이 과학 기술의 이면을 바라보지 못하고 장점만을 생각하는 것을 고정관념이라고 한다. 구구단의 경우 실생활에 도움이 되며, 그것이 고정관념이라고 할 만한 뚜렷한 반례는 없다.

오답분석

① 행복은 물질과 비례하는 것이 아닌데 비례할 것이라고 믿고 있는 경우이다.
② 저가의 물건보다 고가의 물건이 반드시 질이 좋다고 할 수 없다.
④ 경제 상황에 따라 저축보다 소비가 미덕이 되는 경우도 있다.
⑤ 아파트가 전통가옥보다 삶의 편의는 제공할 수 있지만 반드시 삶의 질을 높여 준다고 보기는 힘들다.

21

정답 ②

제시문에서는 기계화·정보화의 긍정적인 측면보다는 부정적인 측면을 부각하고 있으며, 이것은 기계화·정보화가 인간의 삶의 질 개선에 기여하고 있는 점을 경시하는 것이다.

22

정답 ④

상대방의 부탁을 거절할 때는 빠를수록 좋다. 결정이 늦어질수록 상대방은 긍정적인 답변을 기대하게 되고, 그렇게 되면 시간이 지날수록 거절하기 더욱 어려워지기 때문이다.

23

정답 ③

소비자물가를 연도별로 계산해 보면 다음과 같다. 서비스는 존재하지 않기 때문에 재화만 고려한다.

연도	소비자물가	소비자물가지수
2021년	$120 \times 200 + 180 \times 300 = 78{,}000$원	100
2022년	$150 \times 200 + 220 \times 300 = 96{,}000$원	123
2023년	$180 \times 200 + 270 \times 300 = 117{,}000$원	150

보리와 쌀이 유일한 재화이므로, 물가지수는 보리와 쌀의 가격으로 구할 수 있다.

기준 연도의 물가 : 기준 연도의 물가지수＝해당 연도의 물가 : 해당 연도의 물가지수이므로,

2023년 물가지수를 x로 두면,

$78{,}000 : 100 = 117{,}000 : x$

$\therefore x = 150$이 된다.

따라서 2023년도 물가상승률은 $\dfrac{150-100}{100} \times 100 = 50\%$이다.

24

정답 ④

서번트 리더십은 다른 사람을 섬기는 사람이 리더가 될 수 있다는 내용의 이론으로, 전통적 리더십과의 차이점은 다음과 같다.

요소	전통적 리더십	서번트 리더십
관심영역	• 일의 결과 • 추진과정과 방법 • 최종결과 중심의 평가	• 일 추진 과정의 장애요소 • 일 추진 시 필요한 지원과 코칭 • 노력에 대한 평가
가치관	• 자기중심적	• 타인을 믿고 수용하는 개방적인 가치관 • 긍정적 마인드
인간관	• 여러 자원 중 하나 • 과제가 우선	• 가장 중요한 자원 • 사람이 우선
리더 - 직원 간의 인식	• 복종	• 존중, 관심 • 공동체 이미지 추구
경제에 대한 시각	• 내부경쟁을 조장 • 리더를 중심으로 부하의 수행방식을 요구	• 지나친 개인경쟁을 지양 • 구성원의 성공전략을 모색
생산성	• 양적인 척도 • 결과 중심의 사고	• 과정 중심의 사고

25

정답 ④

제시된 일화는 민주 시민으로서 기본적으로 지켜야 하는 의무와 생활 자세인 '준법정신'에 대한 사례이다. 사회가 유지되기 위해서는 준법정신이 필요한 것처럼 직장생활에서도 조직의 운영을 위해 준법정신이 필요하다.

[오답분석]
① 봉사(서비스)에 대한 설명이다.
② 근면에 대한 설명이다.
③ 책임에 대한 설명이다.
⑤ 정직과 신용에 대한 설명이다.

26

정답 ②

X산지와 Y산지의 배추의 재배원가에 대하여 각 유통 과정에 따른 판매가격을 계산하면 다음과 같다.

구분	X산지	Y산지
재배원가	1,000원	1,500원
산지 → 경매인	$1,000\times(1+0.2)=1,200$원	$1,500\times(1+0.1)=1,650$원
경매인 → 도매상인	$1,200\times(1+0.25)=1,500$원	$1,650\times(1+0.1)=1,815$원
도매상인 → 마트	$1,500\times(1+0.3)=1,950$원	$1,815\times(1+0.1)=1,996.5≒1,997$원

따라서 X산지에서 재배한 배추를 구매하는 것이 좋으며, 최종적으로 H마트에서 얻는 수익은 $3,000-1,950=1,050$원이다.

27

정답 ①

업체들의 항목별 가중치 미반영 점수를 도출한 후, 가중치를 적용하여 선정 점수를 도출하면 다음 표와 같다.

(단위 : 점)

구분	납품품질 점수	가격경쟁력 점수	직원 규모 점수	가중치 반영 선정 점수
A업체	90	90	90	$(90\times0.4)+(90\times0.3)+(90\times0.3)=90$
B업체	80	100	90	$(80\times0.4)+(100\times0.3)+(90\times0.3)=89$
C업체	70	100	80	$(70\times0.4)+(100\times0.3)+(80\times0.3)=82$
D업체	100	70	80	$(100\times0.4)+(70\times0.3)+(80\times0.3)=85$
E업체	90	80	100	$(90\times0.4)+(80\times0.3)+(100\times0.3)=90$

선정 점수가 가장 높은 업체는 90점을 받은 A업체와 E업체이며, 이 중 가격경쟁력 점수가 더 높은 A업체가 선정된다.

28

정답 ④

제시문은 우리 몸의 면역 시스템에서 중요한 역할을 하는 킬러 T세포가 있음을 알려 주고, 이것의 역할과 작용 과정을 차례로 설명하며 마지막으로 킬러 T세포의 의의에 대해 이야기하는 글이다. 따라서 (라) 우리 몸의 면역 시스템에 중요한 역할을 하는 킬러 T세포 → (가) 킬러 T세포의 역할 → (마) 킬러 T세포가 작용하기 위해 거치는 단계 → (다) 킬러 T세포의 작용 과정 → (나) 킬러 T세포의 의의 순으로 연결되어야 한다.

29

정답 ②

발효된 파리기후변화협약은 3년간 탈퇴가 금지되어 2019년 11월 3일까지는 탈퇴 통보가 불가능하다는 내용을 통해 해당 협약은 2016년 11월 4일에 발효되었음을 알 수 있다. 따라서 파리기후변화협약은 2015년 12월 제21차 유엔기후변화협약 당사국총회에서 채택되었을 뿐, 2015년 12월 3일에 발효된 것은 아니다.

① 파리기후변화협약은 2020년 만료 예정인 교토의정서를 대체하여 2021년부터의 기후변화 대응을 담은 국제협약이므로 교토의
   정서는 2020년 12월에 만료되는 것을 알 수 있다.
③ 파리기후변화협약에서 개발도상국은 절대량 방식의 감축 목표를 유지해야 하는 선진국과 달리 절대량 방식과 배출 전망치 대비
   방식 중 하나를 채택할 수 있다. 우리나라의 감축 목표는 2030년 배출 전망치 대비 37%의 감축이므로 개발도상국에 해당하는
   것을 알 수 있다.
④ 파리기후변화협약은 채택 당시 195개의 당사국 모두가 협약에 합의하였으나, 2020년 11월 4일 미국이 공식 탈퇴함에 따라
   현재 194개국이 합의한 상태임을 알 수 있다.
⑤ 파리기후변화협약은 온실가스 감축 의무가 선진국에만 있었던 교토의정서와 달리 환경 보존에 대한 의무를 전 세계의 국가들이
   함께 부담하도록 하였다.

30   정답 ③

각각의 조건에서 해당되지 않는 쇼핑몰을 체크하여 선지에서 하나씩 제거하는 방법으로 푸는 것이 좋다.
- 철수 : C, D, F는 포인트 적립이 안 되므로 해당 사항이 없다(②, ④ 제외).
- 영희 : A에는 해당 사항이 없다.
- 민수 : A, B, C에는 해당 사항이 없다(①, ⑤ 제외).
- 철호 : 환불 및 송금수수료, 배송료가 포함되었으므로 A, D, E, F에는 해당 사항이 없다.

31   정답 ④

음료수의 생산 과정을 줄인 것은 작업 절차를 간소하게 한 것이므로 단순화인 (나)에 해당하고, 휴대전화와 충전 장치의 연결 방식을
같은 형식으로 통일한 것은 표준화인 (다)에 해당한다. 또한, 자동차 바퀴의 조립작업을 한 사람에서 두 사람으로 분업화한 것은
전문화인 (나)에 해당한다.

32   정답 ③

오전 9시에 B과 진료를 본다면 10시에 진료가 끝나고, 셔틀을 타고 이동하면 10시 30분이 된다. 이후 C과 진료를 이어보면 12시
30분이 되고, 점심시간 이후 바로 A과 진료를 본다면 오후 2시에 진료를 다 받을 수 있다. 따라서 가장 빠른 경로는 B − C −
A이다.

33   정답 ④

2022년 증가율은 2021년 대비 낮다.

연도	2013년	2014년	2015년	2016년	2017년	2018년	2019년	2020년	2021년	2022년	2023년
대수 (만 대)	1,794	1,844	1,887	1,940	2,012	2,099	2,180	2,253	2,320	2,368	2,437
증가 (만 대)	−	50	43	53	72	87	81	73	67	48	69
증가율 (%)	−	2.8	2.3	2.8	3.7	4.3	3.9	3.3	3.0	2.0	2.9

34

경영은 경영목적, 인적자원, 자금, 전략의 4요소로 구성된다.

ㄱ. 경영목적
ㄴ. 인적자원
ㅁ. 자금
ㅂ. 전략

오답분석

ㄷ. 마케팅
ㄹ. 회계

35

경영활동은 조직의 효과성을 높이기 위해 총수입 극대화, 총비용 극소화를 통해 이윤을 창출하는 것과 관련된 외부경영활동과, 조직내부에서 인적, 물적 자원 및 생산기술을 관리하는 내부경영활동으로 구분할 수 있다. 인도네시아 현지 시장의 규율을 조사하는 것은 시장진출을 준비하는 과정으로, 외부경영활동에 해당된다.

오답분석

① 잠재적 고객인 인도네시아 시장의 고객들의 성향을 파악하는 것은 외부경영활동으로 구분된다.
② 중국 협력업체의 가동률 급락으로 인해 대안이 되는 협력업체로서 국내 업체들과의 협력안을 검토하는 것 역시 내부 생산공정 관리와 같이 생산관리의 일환으로, 내부경영활동에 해당된다.
④ 내부 엔진 조립 공정 개선 시 생산성을 증가시킬 수 있다는 피드백이 있으므로, 이를 위한 기술개발에 투자하는 것은 생산관리로, 내부경영활동에 해당된다.
⑤ 설문조사에 따르면 유연근무제 도입을 원하는 직원이 많은 만큼, 능률적인 인력 관리를 위하여 유연근무제의 일환인 탄력근무제를 도입하는 것은 내부경영활동에 해당한다.

36

일을 하다가 예상하지 못한 상황이 일어났을 때 그 이유에 대해 고민해 보는 것은 필요하다. 같은 상황을 다시 겪지 않도록 대처해야 하기 때문이다. 그러나 그 이유에 대해 계속 매달리는 것은 시간과 에너지를 낭비하는 것이다. 최대한 객관적으로 이유를 분석한 뒤 결과를 수용하고 신속하게 대책을 세우는 것이 바람직하다.

37

㉠ 각 팀장이 매긴 순위에 대한 가중치는 모두 동일하다고 했으므로 1, 2, 3, 4순위의 가중치를 각각 4, 3, 2, 1점으로 정해 네 사람의 면접점수를 산정하면 다음과 같다.
  • 갑 : 2+4+1+2=9
  • 을 : 4+3+4+1=12
  • 병 : 1+1+3+4=9
  • 정 : 3+2+2+3=10
면접점수가 높은 을, 정 중 한 명이 입사를 포기하면 갑, 병 중 한 명이 채용된다. 갑과 병의 면접점수는 9점으로 동점이지만 조건에 따라 인사팀장이 부여한 순위가 높은 갑을 채용하게 된다.
㉢ 경영관리팀장이 갑과 병의 순위를 바꿨을 때, 네 사람의 면접점수를 산정하면 다음과 같다.
  • 갑 : 2+1+1+2=6
  • 을 : 4+3+4+1=12
  • 병 : 1+4+3+4=12
  • 정 : 3+2+2+3=10
따라서 을과 병이 채용되므로 정은 채용되지 못한다.

ⓒ 인사팀장이 을과 정의 순위를 바꿨을 때, 네 사람의 면접점수를 산정하면 다음과 같다.

- 갑 : 2+4+1+2=9
- 을 : 3+3+4+1=11
- 병 : 1+1+3+4=9
- 정 : 4+2+2+3=11

즉, 을과 정이 채용되므로 갑은 채용되지 못한다.

38

2022년 7월부터 2023년 12월까지 매출액은 1,520−510=1,010만 원 감소했으므로, 평균적으로 매달 약 60만 원 정도 감소하였다.

① · ② K국 여행자가 감소하는 2022년 7월 이후 매출이 줄어들고 있으므로 옳다.
③ 여행자 수 그래프가 거의 평행하게 변화하므로 옳다.
⑤ 그래프를 보고 2023년 2 ~ 3월 K국 여행자들이 급감했음을 알 수 있다.

39

주어진 임무는 행사와 관련하여 모두 필요한 업무이므로 성과 발표 준비는 가장 오래 걸리는 과정이 끝났을 때 완성된다. 따라서 가장 오래 걸리는 과정인 A → C → E → G → H 과정과 A → C → F → H 과정이 모두 끝나는 데는 8일이 소요되며, 여기서 E → G 과정을 단축하게 되더라도 A → C → F → H 과정이 있으므로 전체 준비 기간은 짧아지지 않는다.

40

부패방지교육은 넷째 주 월요일인 20일 이전에 모두 끝나고, 성희롱방지교육은 마지막 주 금요일인 31일에 실시되므로 5월 넷째 주에는 금연교육만 실시된다.

② 마지막 주 금요일에는 성희롱방지교육이 실시되므로 금연교육은 금요일에 실시될 수 없다.
③ 부패방지교육은 수요일과 목요일(8, 16) 또는 목요일과 수요일(9, 15)에도 실시될 수 있다.
④ 성희롱방지교육은 5월 31일 금요일에 실시된다.
⑤ 5월 첫째 주는 공단의 주요 행사 기간이므로 어떠한 교육도 실시할 수 없다.

41	42	43	44	45	46	47	48	49	50	51	52	53	54	55	56	57	58	59	60
③	①	④	⑤	⑤	③	③	④	①	①	③	①	⑤	③	①	⑤	⑤	⑤	⑤	⑤

41

정답 ③

후한의 반고가 편찬한 전한 왕조 1대의 역사를 기록한 한서 중 한 편인 『한서지리지』에는 고조선의 기본법인 8조법 중 3개 조목이 전해지고 있으며 나머지 5개 조목은 다른 역사서에서 추측한 내용을 토대로 복원되었다. 이 8조법을 통해 고조선이 당시 사유재산제의 사회이자 계급사회로서 개인의 생명을 중시하 고, 가부장적인 가족제도가 확립되었음을 확인할 수 있다.

> **8조법**
> • 사람을 죽이면 그 즉시 죽음으로 갚는다.
> • 사람을 상해하면 곡식으로 갚는다.
> • 도둑질한 자는 적몰하여 남자는 그 집의 종이 되고 여자는 계집종을 삼는다.
> • 소도(성역)을 훼손하는 자는 가두어 둔다.
> • 예의를 잃은 자는 군에 복무시킨다.
> • 근면히 일하지 않는 자는 공공작업에 부역시킨다.
> • 음란한 짓을 하는 자는 태형에 처한다.
> • 사기를 치는 자는 훈방한다. 스스로 속전코자 하는 자는 비록 공표되는 것은 면하지만 백성들의 풍속이 오히려 그를 수치스럽게 여겨 (딸을) 시집보내려 해도 팔려갈 곳조차 없었다.

42

정답 ①

바하이즘(Bahaism)은 이슬람교 종파의 하나인 바비즘에서 전화한 새로운 종교 운동이자 교의로 1863년에 바브(Bab)의 제자 미르자 후사인 알리가 창시했다.

[오답분석]
② 조상 숭배 : 신석기 시대의 매장형태인 동침신전앙와장(東枕伸展仰臥葬)을 토대로 태양 숭배, 내세 신앙을 유추할 수 있다.
③ 샤머니즘 : 무당이 초자연적인 존재와 직접 교류하면서 예언하거나 질병을 치료할 수 있다고 믿는 고대 신앙이다.
④ 영혼 숭배 : 인간이 죽어도 영혼은 불멸한다고 믿어 조상을 숭배하는 고대 신앙이다.
⑤ 토테미즘 : 씨족적 집단의 구성원이나 기원과 관련하여 매우 특별한 혈연관계를 맺고 있다고 믿으며, 특정한 동식물 등의 자연물을 신성하게 여기는 고대 신앙이다.

43

정답 ④

통일 신라는 수도인 금성이 정치·문화의 중심으로, 5소경이 지방 문화의 중심으로 발달하였다.

44

정답 ⑤

㉠은 한성 시대, ㉡은 사비 시대에 있었던 일이다. 웅진 시대에 동성왕은 신라 소지왕과 결혼동맹(493)을 맺고, 탐라를 복속(498)하였고, 무령왕은 지방의 22담로에 왕족으로 파견하여 왕권을 강화하였다.

45

정답 ⑤

⑤는 『동국통감』에 대한 설명이다. 『동국통감』은 자주적 사관에 입각하여 고조선부터 고려 말까지의 역사를 정리한 편년체 통사로서, 서거정 등이 편찬하였다.

46

정답 ③

사료는 신돈이 권력을 잡은 후 죽는 내용으로, 밑줄 친 왕은 고려 공민왕이다. 국자감을 성균관으로 개편한 것은 충렬왕 때이다.

[오답분석]

① 1356년 원의 고려 내정 간섭 기구인 정동행성 중서성 이문소를 폐지하였다.
② 1356년 무력으로 원에 빼앗겼던 쌍성총관부를 수복하였다.
④ 1352년 무신 정권기에 설치된 정방을 폐지하였다.
⑤ 1356년 원의 연호를 폐지하고, 관제를 복구하였으며 몽고풍을 폐지하는 등 반원 자주 정책을 펼쳤다.

47

정답 ③

소금 전매제는 충선왕 때 시행되었다.

[오답분석]

① 흥왕사의 변은 권문세족과 결탁한 김용이 공민왕을 죽이려고 흥왕사 행궁을 침범한 변으로 최영 등이 진압하였다.
② 공민왕은 원의 연호를 폐지하고 명의 연호를 사용하였으며, 명에 사신을 보내는 등 친명 정책을 표방하였다.
④ 공민왕은 고려 정치를 간섭하는 정동행성 이문소를 폐지하고, 쌍성총관부를 공격하여 되찾았다.
⑤ 공민왕은 승려 신돈을 등용하였고, 신돈은 전민변정도감을 설치하여 개혁정치를 추진하였다.

48

정답 ④

국자감은 성종 때 설치된 국립교육기관으로 고려 최고의 교육기관이다.

[오답분석]

① 현종 때 전국을 5도(행정적, 안찰사 파견)와 양계(국경선 부근, 병마사 파견)로 개편하였다.
② 주현공거법은 주현마다 과거 합격자를 할당하는 제도로 향리의 자제가 과거에 응시할 수 있게 되었다.
③ 주창수렴법은 주마다 창고를 설치한 것으로 구휼제도인 의창을 확대하였다.
⑤ 초조대장경은 거란의 침입을 불심으로 막고자 조판하였다.

49

정답 ①

보기의 자료는 '만적이 노비들을 불러 모아 왕후장상의 씨가 따로 없다고 연설한 격문'과 공주 명학소의 소민이었던 망이·망소이의 난에 대한 기록이다. 무신 집권기에는 신분 해방 운동의 성격을 띤 하층민에서의 반란이 많았다.

[오답분석]

③ 조위총의 난에 대한 설명이다.
④ 김사미·효심의 난에 대한 설명이다.

50

정답 ①

제시된 자료는 1170년에 일어난 보현원 사건(무신정변)에 대한 사료이다. 보현원 사건은 정중부를 중심으로 한 무신들이 무(武)를 천시하는 시대적 상황에 불만을 품고 의종의 이궁(離宮)인 보현원에서 문신들을 살해한 사건이다.
무신집권기의 대표적 봉기인 만적의 난은 최초의 천민 해방 운동이었다(1198). 최충헌의 사노비였던 만적은 사람이면 누구나 공경 대부가 될 수 있다고 주장하며 신분 해방 운동을 펼쳤다.

[오답분석]

② 고려 인종 때 왕실의 외척이었던 이자겸은 십팔자위왕(十八子爲王, 이 씨가 왕이 된다)을 유포하여 왕위를 찬탈하고자 난을 일으켰다(1126).
③ 고려의 장수 윤관은 별무반(기병인 신기군, 보병인 신보군, 승병인 항마군)을 편성해 여진족을 몰아내고 동북 9성을 개척하였다 (1107).
④ 의천은 송나라에서 유학하고 돌아와 교종 중심의 해동 천태종을 세웠다(1097).

⑤ 거란은 소손녕을 앞세우고 고려를 침입했는데, 이때 고려의 서희가 외교 담판으로 강동 6주의 영유권을 획득하고 압록강 주변까지 영토를 넓혔다(993).

51

정답 ③

제시문은 비변사에 대한 사료이다. 비변사는 16세기에 왜구의 침략에 대비하기 위해 설치한 임시 기구로 출발하여 임진왜란을 거치며 실질적 최고 기구가 되었다. 전란 후에도 나라의 복구와 사회·경제적 혼란에 효율적으로 대처하고 붕당의 이해관계 조절을 위해 구성과 기능은 그대로 유지되었다.

52

정답 ①

제시된 자료는 정약용에 대한 설명이다. 정약용은 조선 후기의 대표적인 실학자로, 유배 생활 중에 목민관이 지켜야 할 지침을 밝히는 책인 『목민심서』를 저술했다.

53

정답 ⑤

호조는 국가의 재정을, 예조는 제사와 음악, 교육을 담당한다. 병조는 오늘날의 국방부이며, 형조는 재판과 형벌을 결정하는 기관이다.

54

정답 ③

제시된 내용은 홍문관에 대한 설명이다. 성종 때 집현전을 대체하여 설치된 기구로 옥당, 옥서, 영각 등으로 불렸으며, 사헌부, 사간원과 함께 삼사로 일컬었다. 홍문관의 역할은 왕의 정치 자문, 경연과 서연을 담당하는 것이었다. 왕과 대신들이 참여하는 경연을 주최하였고, 정책 자문과 협의를 통해 정책을 결정하였다. 특히, 성종 때에는 정승을 비롯한 주요 관리도 다수 경연에 참여하였는데, 이로써 경연이 단순한 왕의 학문 연마를 위한 자리가 아니라, 왕과 신하가 함께 모여 정책을 토론하고 심의하는 중요한 자리가 되었다.

55

정답 ①

비변사에 대한 설명이다. 비변사는 변방에 일이 발생할 때마다 임시로 설치되었으나, 명종 때부터 상설기구로 자리 잡았다. 임진왜란을 겪으면서 기능이 확대·강화되어 의정부를 대신하여 국정 전반을 총괄하였으나 고종 때 흥선대원군에 의해 폐지되었다.

56

정답 ⑤

제시문은 국채 보상 운동에 관한 내용이다. 국채 보상 운동은 일본이 조선에 빌려 준 국채를 갚아 경제적으로 독립하자는 운동으로 1907년 2월 서상돈 등에 의해 대구에서 시작되었다. 대한매일신보, 황성신문 등 언론기관이 자금 모집에 적극 참여했으며, 남자들은 금연운동을 하였고 부녀자들은 비녀와 가락지를 팔아서 이에 호응했다. 일제는 친일 단체인 일진회를 내세워 국채 보상 운동을 방해하였고, 통감부에서 국채보상회의 간사인 양기탁을 횡령이라는 누명을 씌워 구속하는 등 적극적으로 탄압했다. 결국 양기탁은 무죄로 석방되었지만 국채보상운동은 좌절되고 말았다.

57

제시문은 운요호 사건에 대한 내용이다. 일본은 1876년 무력을 앞세워 운요 호 사건을 벌이고, 조선과 강화도 조약을 맺어 강제로 문호를 개방하도록 강요했다. 이 조약에는 부산・원산・인천 등 3개 항구를 개항하는 조항, 해안측량권과 치외법권을 허용하는 불평등 조항이 포함되었다.

오답분석

① 조선 후기 숙종 때는 금위영의 설치로 5군영(훈련도감・총융청・수어청・어영청・금위영) 체제가 갖추어졌다.
② 조선은 일본 에도 막부의 요청에 따라 통신사라는 이름의 외교 사절을 일본으로 보냈다.
③ 흥선 대원군은 척화비를 세우는 등 통상 수교 거부 정책을 펼쳤다(1871).
④ 프랑스군은 문수산성을 침입하여 관아와 민가에 불을 지르는 등의 만행을 저질렀다. 이에 한성근, 양헌수 군대가 한 달 만에 프랑스군을 격퇴하였다(1866).

58

제시된 내용은 대한 매일 신보에 대한 설명이다.
1904년(대한제국 광무 8) 7월 18일 영국인 베델을 발행인 겸 편집인, 양기탁을 총무로 하여 창간한 항일 신문이다. 1910년 일제의 손에 넘어가기 전까지 외국인의 치외법권을 이용하여 꾸준히 대중을 계몽하고 항일사상을 고취시키는 등 민족지로서의 역할을 하였다.

59

(라) 4・19 혁명(1960) → (다) 독일에 광부, 간호사 파견(1963~1980) → (가) 야간 통행금지 해제(1982) → (마) 금 모으기 운동(1998) → (나) 남북정상회담(2000)

60

제시된 내용은 흥사단에 대한 설명이다. 흥사단은 1913년 5월 13일 도산 안창호 선생이 미국 샌프란시스코에서 유학 중인 청년 학생들을 중심으로 조직한 민족운동 단체로, 설립 목표는 민족 부흥을 위한 실력 양성이었다.

오답분석

① 의열단은 1919년 11월 만주 지린성에서 조직된 무력 독립운동 단체로, 1920년대에 일본 고관 암살과 관공서 폭파 등의 활발한 활동을 하였다.
② 대한 광복회는 1915년 7월 대구에서 결성된 독립운동 단체로, 1910년대 독립을 목적으로 무장투쟁을 전개해 독립을 달성하려 했던 대표적인 국내 독립운동 단체이다.
③ 신민회는 1907년 조직된 항일 비밀결사 조직으로, 전국적인 규모로서 국권을 회복하는 데 목적을 두었다.
④ 한인 애국단은 1931년 상항이에서 조직된 항일 독립운동 단체로, 일본의 주요인물 암살을 목적으로 하였다.

61	62	63	64	65	66	67	68	69	70	71	72	73	74	75	76	77	78	79	80
④	④	③	②	④	④	①	①	①	①	④	①	⑤	②	④	①	①	④	⑤	④

[61~63]

| 해석 |

몇 년 전 나는 딸아이 학교의 사친회 모임에서 Phil이라는 이름의 남성을 만났다. 그를 만나자마자 아내가 Phil에 관하여 나에게 한 말이 생각났다. "그 사람은 모임에서 정말 골치 아픈 사람이에요." 나는 아내가 무슨 뜻으로 말했는지 금방 알게 되었다. 교장 선생님이 새로운 독서 프로그램을 설명하고 있을 때 Phil이 끼어들어 자기 아들이 어떻게 그것으로부터 이득을 얻을 수 있는지 물었다. 그 모임의 후반에 Phil은 다른 학부모의 관점을 고려하지 않고 논쟁을 벌였다. 집에 돌아와서 나는 아내에게 말했다. "Phil에 관해서 당신이 옳았어. 그는 무례하고 오만한 사람이야." 아내는 의아한 표정으로 나를 바라보았다. "Phil은 내가 당신에게 말한 사람이 아니에요."하고 아내는 말했다. "그 사람은 Bill이었어요. Phil은 실제로 아주 좋은 사람이에요." 무안해져 그 모임을 되짚어 생각해 보니, Phil이 다른 이들보다 더 많이 사람들의 말에 끼어들거나, 논쟁을 벌인 것은 아니었을지도 모른다는 점을 깨달았다. 더욱이, Phil이 교장 선생님의 말씀에 끼어들었다는 것도 그다지 분명하지는 않다는 것을 깨달았다. 내가 한 해석은 바로 그런 것, 그러니까 여러 가지 해석이 가능한 행동에 대한 무의식적인 해석이었던 것이다. 그릇된 정보에 기초하고 있을 때조차도 첫인상의 힘은 강하다는 것은 잘 알려진 사실이다. 그다지 분명하지 않은 것은, 적응 무의식이 그 해석 행위를 하는 정도이다. Phil이 교장 선생님의 말씀에 끼어드는 것을 보았을 때, 나는 객관적으로 무례한 행동을 보고 있는 것처럼 느꼈다. 나의 적응 무의식이 Phil의 행동을 해석하여 나에게 현실로서 제시하고 있다는 것을 몰랐다. 그러므로 나는 내 자신의 예상을 인지하고 있었지만, 이 예상이 그의 행동에 대한 나의 해석에 얼마나 많은 영향을 끼치는지는 알지 못했다.

| 어휘 |

• parent-teachers' organization : 사친회
• quizzically : 의아한 표정으로
• sheepishly : 수줍게, 쑥스럽게
• be open to : ~에 대하여 열려 있다, ~이 가능하다
• extent : 범위, 정도

61

정답 ④

빈칸에는 '옳지 않은 정보'라는 의미의 단어가 들어가야 하므로 ④ 'faulty information'이 적절하다.

62

정답 ④

필자의 아내가 부정적으로 얘기한 사람은 Phil이 아니라 Bill이므로 ④ '필자의 아내는 Phil에 대해 부정적으로 이야기했다.'는 언급은 글의 내용으로 적절하지 않다.

63

정답 ③

편견에 근거한 첫인상의 힘에 관한 내용이므로 ③ '옳지 않은 정보에 근거하더라도, 그 첫인상의 힘은 강하다.'가 주제로 적절하다.

64

마지막 문장에 글의 요지가 담겨 있다. 즉, ② '어린이에게 책임감을 기를 수 있는 기회를 갖게 하라'는 것이 글의 요지가 된다.

[오답분석]

① 아이들이 그들의 숙제를 하는 것을 도와라.
③ 당신의 아이들의 이익을 위해 엄격한 규칙들을 세워라.
④ 아이들이 도움이 필요한 그들의 이웃을 돕도록 가르쳐라.
⑤ 아이들이 먼저 지저분한 것들을 경험하도록 허락하라.

| 해석 |

아이들은 성장하여 집을 떠난다. 우리가 보고 있지 않는 동안 그들은 무력한 아기에서 성숙한 어른이 된다. 비결은 그들과 함께 노력하고 그들의 보조에 맞춰 주는 것이다. 우리는 그들을 위해 모든 것을 해 주려는 충동에 저항해야 하며 그들이 혼자 힘으로 달걀 프라이를 하거나 쓰레기통에 페인트칠을 하게 내버려 둬야 한다. 그들이 사춘기에 다다를 무렵에, 우리는 그들이 처음으로 그들의 방을 깨끗이 정돈할 수 있기를 기대할 것이다. 그러나 그들은 전에 결코 그것을 해 본 적이 없다. 그들은 그것을 하는 방법을 배워야 하며 그 배우는 과정의 일부는 그것을 해내는 게 아니라 형편없게, 혹은 우리가 그것을 하는 방식과 다르게 하는 것이다. 성장은 성가신 일이다. 우리의 일은 그들을 돕는 것이다. 즉, 그들에게 천천히, 조금씩 책임을 넘겨주는 것이다.

| 어휘 |

• adolescence : 사춘기
• helpless : 무력한
• nature : 성숙한
• keep pace with : ~와 보조를 맞추다
• urge : 충동
• tidy : 단정한
• messy : 어질러진, 성가신
• bit by bit : 조금씩, 점차로

65

제시된 단어의 의미는 '확장시키다'로, 이와 같은 의미를 가진 단어는 ④이다.

[오답분석]

① 수축시키다
② 감소시키다
③ 견디다
⑤ 설득하다

66

제시된 단어의 의미는 '비슷한'으로, 이와 비슷한 의미를 가진 단어는 ④이다.

[오답분석]

① 쉬운, 수월한
② 다른, 차이가 나는
③ 몇몇의
⑤ 분리된

67

제시된 단어의 의미는 '막대한', '거대한'으로, 이와 같은 뜻을 가진 단어는 ①이다.

오답분석

② 최대의
③ 가벼운, 부드러운
④ 따뜻한, 훈훈한
⑤ 힘든, 거친

68

(A) 첫 문장에서 감정은 상황적이라고 언급하였다. 따라서 감정 자체가 그것이 일어나는 상황과 연결되어(tied) 있다고 하는 것이 자연스럽다.

(B) 처한 상황에서 벗어나면, 그 상황과 연결되어 있던 감정은 사라지게(disappear) 된다.

해석

대부분의 사람에게 있어 감정은 상황적이다. 현 시점의 무언가가 여러분을 화나게 한다. 그 감정 자체는 그것이 일어나는 상황과 (A) 연결되어 있다. 그 감정의 상황 속에 남아 있는 한, 여러분은 화가 난 상태에 머물기 쉽다. 여러분이 그 상황을 벗어나면, 정반대가 사실이 된다. 여러분이 그 상황에서 벗어나자마자 그 감정은 (B) 사라지기 시작한다. 그 상황에서 벗어나게 되면 그 감정은 여러분을 붙잡지 못한다. 상담자는 내담자에게 그들을 괴롭히고 있는 그 어떤 것과 어느 정도 감정적 거리를 두라고 자주 충고한다. 그것을 이행하는 한 가지 쉬운 방법은 본인 화의 근원으로부터 여러분 자신을 지리적으로 떼어놓는 것이다.

69

과거에는 완벽한 단백질인 줄 알았던 동물성 단백질이 사실은 지나친 콜레스테롤과 지방 함량으로 인해 사실 건강에 좋지 않다는 내용이다. 반면 콩 단백질로 대표되는 식물성 단백질은 콜레스테롤 함량이 높지 않다. 따라서 글의 마지막 부분은 동물성 단백질을 식물성 단백질로 대체해야 한다는 내용이며, '대체하다'의 의미를 가진 'replace'가 정답이다.

해석

과거에 동물성 단백질들은 단백질 함유량이 가장 높기 때문에 우수하다고 인식되었다. 오늘날 많은 전문가들은 동물성 단백질이 건강한 상태에 비해 너무 많은 단백질을 갖고 있다고 믿는다. 왜냐하면 그것이 체내에 독소나 지방의 형태로 저장되기 때문이다. 동물성 단백질은 꼭 필요한 아미노산을 공급해 주는 완벽한 단백질이라고 생각되었다. 이제 우리는 이것이 또한 건강에 좋지 않은 무기산도 포함하고 있다는 것을 안다. 동물성 단백질은 많은 철분과 아연을 공급해 주는 것 같았지만, 지금은 콜레스테롤, 지방과 칼로리도 공급하는 것으로 보인다. 휴스턴에 있는 Baylor 의과 대학의 중요한 연구에 따르면, 콩 단백질이 높은 식단을 섭취하는 남자는 동물성 단백질이 높은 식단을 섭취하는 남자와 비교해 콜레스테롤이 떨어지는 것을 경험했다. 그 연구는 남성이 반드시 그들의 육류 단백질 섭취를 식물성 단백질로 50%까지 대체해야 한다고 결론 내렸다.

70

미국과 한국에서 아이들의 교육에 대한 서로 다른 부모님들의 견해를 이야기하고 있으므로 글의 주제로 '아이들의 교육에 대한 다른 견해들'이 가장 적절하다.

[오답분석]

② 부모님을 위해 최선을 다하기
③ 좋은 부모가 되는 법
④ 옛날과 오늘날의 부모
⑤ 미국과 한국의 소년 · 소녀들

| 해석 |

미국에서는 소년 · 소녀들이 독립적으로 되는 것이 중요하다. 부모들은 자녀들에게 다른 사람들의 도움 없이 일을 하도록 노력하라고 말한다. 한국에서는 사람들이 다른 사람들과 함께 일하는 데 능숙하며, 부모들은 자녀들에게 단체나 가족 속에서 최선을 다하라고 말한다.

| 어휘 |

• independent : 독립적인
• be good at : ~에 능숙하다
• do one's best : 최선을 다하다
• view : 견해

71

인간은 각자가 다른 과거의 경험을 갖고 있고, 그것이 어떤 동일한 경험에 대해 서로 다른 의미를 부여하도록 영향을 끼친다는 내용이므로, 글의 요지로 '과거의 경험에 따라 동일한 상황을 다르게 인식한다.'가 가장 적절하다.

| 해석 |

인간의 의사소통에서 가장 중요한 측면들 가운데 한 가지는 과거의 경험들이 여러분의 행동에 영향을 끼치기 마련이라는 것이다. 여러분이 친구와 어떤 일에 대해 의논하기 시작할 때조차, 여러분은 인식의 차이가 존재한다는 것을 곧 발견할 것이다. 여러분이 지루하다고 생각하는 것을 여러분의 친구들은 재미있다고 생각할지 모른다. 여러분이 무의미하다고 생각하는 것을 그들은 의미 있게 생각할 수도 있다. 여러분이 받아들이는 메시지는 여러분 각각에게 같을지도 모른다. 그러나 각자 고유의 인성과 배경을 갖고 있기 때문에 다양한 감정과 기분을 느끼게 된다. 여러분은 각각 그 일에 서로 다른 배경을 가져와, 결과적으로 공유한 경험에 각자 다른 의미를 부여한다.

[72~73]

┃해석┃

내가 처음으로 강의를 시작했을 때, 나는 신임 교수들을 위한 워크샵에 초대 받았다. 대학에서 강의를 하는 대부분의 사람들처럼, 나는 가르칠 것을 배우는 데는 아주 오랜 시간을 보냈었지만, 어떻게 그것을 가르칠지를 배우는 데는 전혀 시간을 쓰지 않았다. 어쨌든, 내가 속한 대학은 능숙한 교수들과 함께 보내는 일주일이 이러한 부분을 채워 줄 거라고 기대하는 것처럼 보였다. 나의 동료들은 그들이 교실에서 사용하는 방법들에 대한 잘 만들어진 강의를 제공해 주었다. 나는 그들이 한 발표에는 흥미가 있었지만, 그들이 말한 것은 하나도 기억나지 않는다.

우리가 다음 회의에 소집되었을 때, 그는 그의 컵을 내려 놓았고, 나는 그의 컵 안에 커피 자국이 전혀 없다는 것을 알아 차렸다. 나는 그것이 좀 이상하다고 생각해서, 이상하다고 말했다. "의사 선생님께서 커피를 끊으라고 제게 말했습니다."라고 그가 설명했다. "그래서 저는 항상 빈 컵을 사용해 왔습니다. 그렇다고 달라질 것은 없습니다." 나는 그의 아이디어를 비어 있지 않은 잔을 가지고 내 수업 시간에 사용해 보기로 결심했다.

나는 월요일 아침 수업에 커피 한 잔을 가져갔다. 그것은 도움이 되었다. 커피를 마시는 동안 잠시 멈춘 것은 나의 학생들에게 내가 말한 것에 대해서 생각할 시간을 주었을 뿐만 아니라, 나에게도 다음에 내가 무엇을 말할 것인지에 대해 생각할 시간을 준 것이다. 나는 이렇게 잠시 멈춘 것이 나의 학생들이 내가 방금 말한 것에 대해서 어떻게 반응하는지를 알아보기 위해 교실을 둘러보았다. 그들이 주의가 산만해지면, 나는 그들을 다시 집중시키기 위해 노력했다. 내가 이미 설명했다고 생각하는 어떤 개념에 대해서 그들이 난해하면, 나는 추가 설명을 해 주었다. 내 강의는 체계적이거나 화려해지지는 않았지만, 학생들은 내 말을 더 잘 이해하는 것처럼 보였다.

내가 지금도 기억하는 한 가지의 일은 휴식 시간에 일어났다. 혼자 있다는 것을 깨닫고, 나는 근처에 서 있었던 한 수학 교수에게로 향했다. 나는 그에게 그가 가장 좋아하는 수업 방법이 무엇인지 물어보았다. "커피 한 잔입니다."라고 그가 말했다. 나는 그것을 어떻게 사용하느냐고 물어보았다. "글쎄요."라고 그가 말했다. "저는 교실에서 말을 너무 빠르게 많이 합니다. 학생들은 종종 제 수업을 따라오는 데 어려움을 겪곤 합니다. 그래서 저는 가끔 학생들이 고민해 보기를 원하는 뭔가를 말하고 나서, 잠시 멈추고 커피 한 모금을 마십니다. 이것이 내가 말한 것을 학생들에게 각인시켜 줍니다."

┃어휘┃

- somehow : 어쩐지, 어떻게든
- experienced : 경험이 많은, 숙련된
- well-crafted : 잘 만들어진, 잘 다듬어진
- presentation : 발표
- trace : 자국, 흔적
- odd : 이상한, 확률, 가능성
- pause : 멈춤, 휴지, 중단
- wander : 방황하다
- puzzled : 난처한
- concept : 개념
- organized : 조직된
- brilliant : 빛나는, 훌륭한
- nearby : 근처에
- every once in a while : 때때로, 가끔
- tip : 한 모금, 홀짝임

72

정답 ①

커피 한 잔은 학생들에게 생각할 시간을 주었을 뿐만 아니라, 교수에게도 무엇을 말할 것인지에 대해 생각할 시간을 주었고 했으므로 ① '강의 및 학습을 돕는 도구'가 정답이다.

73

정답 ⑤

수학 교수가 커피 아이디어를 생각해 낸 것은 자신 스스로가 수업 시간에 너무 말을 빠르게 한다고 생각했기 때문이다.

74

②

여성이 경제 활동에 진출하고, 남성은 분만 교실에 참여하고 보육에 책임을 져야 한다고 했으므로, 남성의 가족에 대한 정서적인 연대가 더 '중요해졌다'고 볼 수 있다.

| 해석 |

> 1970년대와 1980년대에 수많은 직장 여성들은 남성이 더 이상 유일한 가장이 아니라는 것을 의미했다. 아버지의 가족과의 정서적인 연대도 더욱 <u>중요해졌다</u>. 40년 전에는 아내가 출산할 때 분만실에 있는 남편은 거의 없었다. 오늘날에는 일반적으로 남편들이 분만 교실에 참여하고, 출산할 때 옆에 있으며, 그들의 아버지나 할아버지보다 보육에 더 책임을 지는 것이 당연하다.

| 어휘 |
- breadwinner : 가장
- involvement : 개입
- delivery room : 분만실
- childbirth : 분만
- rearing : 양육

75

④

'의향, 경향'의 뜻을 가진 단어 inclination이 가장 유사하다.

| 해석 |

> 그의 인생에서 더 좋은 것을 향한 그의 <u>기호</u>는 그의 가산 탕진으로 이어졌다.

| 어휘 |
- aptitude : 적성
- reproach : 비난하다
- extravagance : 사치

76

①

밑줄 친 'that'이 속한 문장에서 'accept'는 타동사인데 바로 뒤에 'from'이라는 전치사가 나와 있다. 따라서 'that they find useful'이 'accept'의 목적어 역할을 해야 하는데, 'that'이 관계대명사일 때 선행사를 포함할 수 없으므로 'what'으로 고쳐야 한다.

| 해석 |

> 어느 지식 분야에서든 연구 주제의 발전은 경제 시장과 매우 유사하다. 학자들은 서로 협력하는데, 협력이 서로에게 유익하다는 것을 알고 있기 때문이다. 그들은 서로의 연구로부터 자신들이 유용하다고 생각하는 것을 받아들인다. 그들은 언어적 의사소통, 발간되지 않은 논문 배포, 학술지와 서적 발표를 통해 자신들의 연구 결과를 교환한다. 협력은 경제 시장에서처럼 세계적이다. 동료 학자들의 존경이나 인정은 금전적 보상이 경제 시장에서 하는 것과 똑같은 기능을 한다. 그런 존경을 얻고자 하는, 자신들의 연구가 동료들에게 인정받기를 원하는 그 열망은 학자들이 자신들의 활동을 과학적으로 효율적인 방향으로 나아가도록 이끈다. 한 학자가 다른 학자의 연구를 기반으로 할 때 전체는 그것의 부분들의 합보다 더 크다. 결과적으로 그의 연구는 더 심화된 발전을 위한 기반이 된다.

제2회 최종점검 모의고사 • **123**

77

(A) 전치사 'for'는 '~ 동안'이라는 의미로 시간과 관련되어 사용한다. 따라서 'for a few seconds'는 '몇 초 동안'이라고 해석할 수 있다.

(B) 'with'는 수단의 의미로 쓰여 '~ 로, ~ 을(를) 사용해서'라고 해석한다. 'a sound'를 'with a maximum of 151 decibels'가 수식하면서 '최대 151 데시벨을 가지는 소리'라고 해석한다. 비슷한 예시로는 'a house with a big backyard'를 들 수 있으며, 이때 'with'가 이끄는 전치사구가 뒤에서 'a house'를 수식하여 '큰 뒷마당을 가진 집'이라고 해석한다.

(C) 'in all directions'는 관용구로 '사방팔방으로'라는 뜻이다.

| 해석 |

> 우리는 소리를 무기로 사용할 수 있을까? 용의자가 너무 빨리 달아나서 경찰관이 그를 체포하지 못하는 상황을 상상해보자. 그 경찰관은 용의자를 그의 총으로 쏘고 싶지 않지만, 그녀는 용의자가 도망치게 놔둘 수는 없다. 이제 그녀는 총알 대신 소리로 용의자를 몇 초간 멍하게 만들 수 있는 총을 사용할 수 있다. 이 특별한 장치는 최고 151 데시벨의 소리를 만든다. 이 소리는 한 사람을 일시적으로 귀가 먹먹하게 만들기 충분할 정도로 고통스럽다. 여러 방향으로 이동하는 일반 음파와는 달리, 이 기기에서 발사되는 음파는 마치 레이저 광선처럼 조준이 가능하다. 이 고통스러운 소리는 목표가 된 사람에게 닿게 만든다. 이 소리가 최대 500미터까지 닿을 수 있다는 점은 이 장치를 강력한 무기로 만들어 준다.

78

산악인이 높은 봉우리를 오를 때, 어느 지점까지 오른 뒤에 며칠을 쉬어 주는 것은 고산병에 걸리지 않으려는 하나의 방책이다. 'get'은 고산병에 걸린다고 해석되므로 쓰임이 적절하지 않다.

| 해석 |

> 당신이 높이 올라갈수록 대기 속의 산소의 양은 감소한다. 저지대 사람들이 고지대 지역을 방문할 때는 고산병을 겪을 수도 있다. 산소의 부족은 그들을 피곤하고 어지럽고 아프다고 느끼게 만든다. 고지대에 살고 있는 사람들은 그들의 몸이 산소의 부족에 적응되어 있기 때문에 정상적으로 호흡할 수 있다. 고지대에 사는 운동선수들이 저지대에서 뛰어난 기량을 발휘할 수 있는 것도 같은 이유이다. 산악인들은 높은 봉우리를 오르려고 할 때, 어느 지점까지 오르고 며칠을 쉬어 줌으로써 고산병에 걸린다(→ 피한다). 이것은 그들에게 훨씬 높은 곳을 오르기 전에 몸이 산소의 부족에 적응할 시간을 준다.

79

극장을 폐쇄하는 것만으로는 사람들의 욕구를 없앨 수 없었고 가장 지속적인 효과는 빈칸이었다고 서술하면서 빈칸 뒤에는 so that 구문으로 빈칸에 대한 결과가 쓰여 있다. 그러므로 연극하는 이들이 관중을 찾아 돌아다녀야 했던 이유로 '연극하는 사람들의 직장을 빼앗아 버렸다.'는 것이 문맥상 가장 적절하다.

오답분석

① 연극하는 사람들을 축제에 참가시키는 것

② 엔터테이너들을 축제에 고용하는 것

③ 사람들이 게을러지지 않게 가르치는 것

④ 연극하는 사람들에게 새로운 윤리를 제공하는 것

| 해석 |

> 중세 사람들은 오락(사람들이 돈을 내야 한다고 예상하는 것)과 누구나 축제 때 참여할 수 있는 종류의 일반적인 떠들썩함을 구분하지 않았다. 그들은 둘 다 일과 반대되는 의미의 놀이로 여겼으며, 엔터테이너들을 연극하는 사람들(player)이라고 불렀다. 교회에서는 게으름은 죄이고, 연극하는 이들은 게으르며, 그들을 보는 것도 게으름이라고 가르쳤다. 그러나 로마 시대에 극장의 폐쇄는 코미디와 마술, 음악에 대한 사람들의 욕구를 없앨 수는 없었다. 가장 지속적인 영향은 연극하는 사람들에게서 직장을 빼앗는 것이었고, 그 결과 그들은 관중을 찾기 위해 돌아다녀야만 했다.

| 어휘 |
• merriment : 유쾌하게 떠들썩함
• idleness : 게으름, 나태
• take away : 없애다
• wander : 돌아다니다, 헤매다

80

정답 ④

빈칸 앞에서는 충치의 원인을 줄일 수 있는 백신이 곧 인체 실험을 위해 준비될 것이라고 했다. consequently는 글의 결론 앞에 쓰이는 접속사이므로 빈칸에는 '장기적인 충치 예방책이 곧 시중에 나올 것'이라는 내용이 들어가는 것이 가장 자연스럽다.

오답분석
① 충치 예방 프로그램이 곧 없어질지도 모른다.
② 실험 동물들의 예방 주사는 더 이상 필요하지 않을 것이다.
③ 아이들은 달콤한 음식과 음료들을 더 소비할 수 있게 될것이다.
⑤ 충치와 관련된 미생물들은 그 백신에 반응하지 않을 것이다.

| 해석 |

면역, 예방 주사치의학 연구원들에 의하면, 충치의 원인이 된다고 여겨지는 미생물의 수를 상당히 감소시킬 수 있는 백신이 곧 인체 실험을 위해 준비될 것이라고 한다. 따라서 충치에 대항하는 장기적인 보호책이 곧 시중에 나오게 될 것이다.

| 어휘 |
• microorganism : 미생물
• cavity : 충치
• trial : 실험, 재판
• eliminate : 없애다, 제거하다

PART 5

미래는 자신이 가진 꿈의 아름다움을 믿는 사람들의 것이다.

– 엘리노어 루즈벨트 –

한국산업인력공단 필기시험 답안카드

1	① ② ③ ④ ⑤	21	① ② ③ ④ ⑤	41	① ② ③ ④ ⑤	61	① ② ③ ④ ⑤
2	① ② ③ ④ ⑤	22	① ② ③ ④ ⑤	42	① ② ③ ④ ⑤	62	① ② ③ ④ ⑤
3	① ② ③ ④ ⑤	23	① ② ③ ④ ⑤	43	① ② ③ ④ ⑤	63	① ② ③ ④ ⑤
4	① ② ③ ④ ⑤	24	① ② ③ ④ ⑤	44	① ② ③ ④ ⑤	64	① ② ③ ④ ⑤
5	① ② ③ ④ ⑤	25	① ② ③ ④ ⑤	45	① ② ③ ④ ⑤	65	① ② ③ ④ ⑤
6	① ② ③ ④ ⑤	26	① ② ③ ④ ⑤	46	① ② ③ ④ ⑤	66	① ② ③ ④ ⑤
7	① ② ③ ④ ⑤	27	① ② ③ ④ ⑤	47	① ② ③ ④ ⑤	67	① ② ③ ④ ⑤
8	① ② ③ ④ ⑤	28	① ② ③ ④ ⑤	48	① ② ③ ④ ⑤	68	① ② ③ ④ ⑤
9	① ② ③ ④ ⑤	29	① ② ③ ④ ⑤	49	① ② ③ ④ ⑤	69	① ② ③ ④ ⑤
10	① ② ③ ④ ⑤	30	① ② ③ ④ ⑤	50	① ② ③ ④ ⑤	70	① ② ③ ④ ⑤
11	① ② ③ ④ ⑤	31	① ② ③ ④ ⑤	51	① ② ③ ④ ⑤	71	① ② ③ ④ ⑤
12	① ② ③ ④ ⑤	32	① ② ③ ④ ⑤	52	① ② ③ ④ ⑤	72	① ② ③ ④ ⑤
13	① ② ③ ④ ⑤	33	① ② ③ ④ ⑤	53	① ② ③ ④ ⑤	73	① ② ③ ④ ⑤
14	① ② ③ ④ ⑤	34	① ② ③ ④ ⑤	54	① ② ③ ④ ⑤	74	① ② ③ ④ ⑤
15	① ② ③ ④ ⑤	35	① ② ③ ④ ⑤	55	① ② ③ ④ ⑤	75	① ② ③ ④ ⑤
16	① ② ③ ④ ⑤	36	① ② ③ ④ ⑤	56	① ② ③ ④ ⑤	76	① ② ③ ④ ⑤
17	① ② ③ ④ ⑤	37	① ② ③ ④ ⑤	57	① ② ③ ④ ⑤	77	① ② ③ ④ ⑤
18	① ② ③ ④ ⑤	38	① ② ③ ④ ⑤	58	① ② ③ ④ ⑤	78	① ② ③ ④ ⑤
19	① ② ③ ④ ⑤	39	① ② ③ ④ ⑤	59	① ② ③ ④ ⑤	79	① ② ③ ④ ⑤
20	① ② ③ ④ ⑤	40	① ② ③ ④ ⑤	60	① ② ③ ④ ⑤	80	① ② ③ ④ ⑤

※ 본 답안지는 마킹연습용 모의 답안지입니다.

한국산업인력공단 필기시험 답안카드

	①	②	③	④	⑤		①	②	③	④	⑤		①	②	③	④	⑤		①	②	③	④	⑤
1	①	②	③	④	⑤	21	①	②	③	④	⑤	41	①	②	③	④	⑤	61	①	②	③	④	⑤
2	①	②	③	④	⑤	22	①	②	③	④	⑤	42	①	②	③	④	⑤	62	①	②	③	④	⑤
3	①	②	③	④	⑤	23	①	②	③	④	⑤	43	①	②	③	④	⑤	63	①	②	③	④	⑤
4	①	②	③	④	⑤	24	①	②	③	④	⑤	44	①	②	③	④	⑤	64	①	②	③	④	⑤
5	①	②	③	④	⑤	25	①	②	③	④	⑤	45	①	②	③	④	⑤	65	①	②	③	④	⑤
6	①	②	③	④	⑤	26	①	②	③	④	⑤	46	①	②	③	④	⑤	66	①	②	③	④	⑤
7	①	②	③	④	⑤	27	①	②	③	④	⑤	47	①	②	③	④	⑤	67	①	②	③	④	⑤
8	①	②	③	④	⑤	28	①	②	③	④	⑤	48	①	②	③	④	⑤	68	①	②	③	④	⑤
9	①	②	③	④	⑤	29	①	②	③	④	⑤	49	①	②	③	④	⑤	69	①	②	③	④	⑤
10	①	②	③	④	⑤	30	①	②	③	④	⑤	50	①	②	③	④	⑤	70	①	②	③	④	⑤
11	①	②	③	④	⑤	31	①	②	③	④	⑤	51	①	②	③	④	⑤	71	①	②	③	④	⑤
12	①	②	③	④	⑤	32	①	②	③	④	⑤	52	①	②	③	④	⑤	72	①	②	③	④	⑤
13	①	②	③	④	⑤	33	①	②	③	④	⑤	53	①	②	③	④	⑤	73	①	②	③	④	⑤
14	①	②	③	④	⑤	34	①	②	③	④	⑤	54	①	②	③	④	⑤	74	①	②	③	④	⑤
15	①	②	③	④	⑤	35	①	②	③	④	⑤	55	①	②	③	④	⑤	75	①	②	③	④	⑤
16	①	②	③	④	⑤	36	①	②	③	④	⑤	56	①	②	③	④	⑤	76	①	②	③	④	⑤
17	①	②	③	④	⑤	37	①	②	③	④	⑤	57	①	②	③	④	⑤	77	①	②	③	④	⑤
18	①	②	③	④	⑤	38	①	②	③	④	⑤	58	①	②	③	④	⑤	78	①	②	③	④	⑤
19	①	②	③	④	⑤	39	①	②	③	④	⑤	59	①	②	③	④	⑤	79	①	②	③	④	⑤
20	①	②	③	④	⑤	40	①	②	③	④	⑤	60	①	②	③	④	⑤	80	①	②	③	④	⑤

※ 본 답안지는 마킹연습용 모의 답안지입니다.

성 명

지원 분야

문제지 형별기재란

( ) 형 Ⓐ Ⓑ

수 험 번 호

⓪	①	②	③	④	⑤	⑥	⑦	⑧	⑨
⓪	①	②	③	④	⑤	⑥	⑦	⑧	⑨
⓪	①	②	③	④	⑤	⑥	⑦	⑧	⑨
⓪	①	②	③	④	⑤	⑥	⑦	⑧	⑨
⓪	①	②	③	④	⑤	⑥	⑦	⑧	⑨
⓪	①	②	③	④	⑤	⑥	⑦	⑧	⑨
⓪	①	②	③	④	⑤	⑥	⑦	⑧	⑨

감독위원 확인

(인)

한국산업인력공단 필기시험 답안카드

성명

지원 분야

문제지 형별기재란

( )형

Ⓐ Ⓑ

수험번호

⓪ ① ② ③ ④ ⑤ ⑥ ⑦ ⑧ ⑨

감독위원 확인

(인)

1	① ② ③ ④ ⑤	21	① ② ③ ④ ⑤	41	① ② ③ ④ ⑤	61	① ② ③ ④ ⑤
2	① ② ③ ④ ⑤	22	① ② ③ ④ ⑤	42	① ② ③ ④ ⑤	62	① ② ③ ④ ⑤
3	① ② ③ ④ ⑤	23	① ② ③ ④ ⑤	43	① ② ③ ④ ⑤	63	① ② ③ ④ ⑤
4	① ② ③ ④ ⑤	24	① ② ③ ④ ⑤	44	① ② ③ ④ ⑤	64	① ② ③ ④ ⑤
5	① ② ③ ④ ⑤	25	① ② ③ ④ ⑤	45	① ② ③ ④ ⑤	65	① ② ③ ④ ⑤
6	① ② ③ ④ ⑤	26	① ② ③ ④ ⑤	46	① ② ③ ④ ⑤	66	① ② ③ ④ ⑤
7	① ② ③ ④ ⑤	27	① ② ③ ④ ⑤	47	① ② ③ ④ ⑤	67	① ② ③ ④ ⑤
8	① ② ③ ④ ⑤	28	① ② ③ ④ ⑤	48	① ② ③ ④ ⑤	68	① ② ③ ④ ⑤
9	① ② ③ ④ ⑤	29	① ② ③ ④ ⑤	49	① ② ③ ④ ⑤	69	① ② ③ ④ ⑤
10	① ② ③ ④ ⑤	30	① ② ③ ④ ⑤	50	① ② ③ ④ ⑤	70	① ② ③ ④ ⑤
11	① ② ③ ④ ⑤	31	① ② ③ ④ ⑤	51	① ② ③ ④ ⑤	71	① ② ③ ④ ⑤
12	① ② ③ ④ ⑤	32	① ② ③ ④ ⑤	52	① ② ③ ④ ⑤	72	① ② ③ ④ ⑤
13	① ② ③ ④ ⑤	33	① ② ③ ④ ⑤	53	① ② ③ ④ ⑤	73	① ② ③ ④ ⑤
14	① ② ③ ④ ⑤	34	① ② ③ ④ ⑤	54	① ② ③ ④ ⑤	74	① ② ③ ④ ⑤
15	① ② ③ ④ ⑤	35	① ② ③ ④ ⑤	55	① ② ③ ④ ⑤	75	① ② ③ ④ ⑤
16	① ② ③ ④ ⑤	36	① ② ③ ④ ⑤	56	① ② ③ ④ ⑤	76	① ② ③ ④ ⑤
17	① ② ③ ④ ⑤	37	① ② ③ ④ ⑤	57	① ② ③ ④ ⑤	77	① ② ③ ④ ⑤
18	① ② ③ ④ ⑤	38	① ② ③ ④ ⑤	58	① ② ③ ④ ⑤	78	① ② ③ ④ ⑤
19	① ② ③ ④ ⑤	39	① ② ③ ④ ⑤	59	① ② ③ ④ ⑤	79	① ② ③ ④ ⑤
20	① ② ③ ④ ⑤	40	① ② ③ ④ ⑤	60	① ② ③ ④ ⑤	80	① ② ③ ④ ⑤

※ 본 답안지는 마킹연습용 모의 답안지입니다.

한국산업인력공단 필기시험 답안카드

성 명	

지원 분야	

문제지 형별기재란	Ⓐ Ⓑ
형 ( )	

수 험 번 호

⓪	①	②	③	④	⑤	⑥	⑦	⑧	⑨
⓪	①	②	③	④	⑤	⑥	⑦	⑧	⑨
⓪	①	②	③	④	⑤	⑥	⑦	⑧	⑨
⓪	①	②	③	④	⑤	⑥	⑦	⑧	⑨
⓪	①	②	③	④	⑤	⑥	⑦	⑧	⑨
⓪	①	②	③	④	⑤	⑥	⑦	⑧	⑨
⓪	①	②	③	④	⑤	⑥	⑦	⑧	⑨

감독위원 확인	
(인)	

번호	답란	번호	답란	번호	답란	번호	답란
1	① ② ③ ④ ⑤	21	① ② ③ ④ ⑤	41	① ② ③ ④ ⑤	61	① ② ③ ④ ⑤
2	① ② ③ ④ ⑤	22	① ② ③ ④ ⑤	42	① ② ③ ④ ⑤	62	① ② ③ ④ ⑤
3	① ② ③ ④ ⑤	23	① ② ③ ④ ⑤	43	① ② ③ ④ ⑤	63	① ② ③ ④ ⑤
4	① ② ③ ④ ⑤	24	① ② ③ ④ ⑤	44	① ② ③ ④ ⑤	64	① ② ③ ④ ⑤
5	① ② ③ ④ ⑤	25	① ② ③ ④ ⑤	45	① ② ③ ④ ⑤	65	① ② ③ ④ ⑤
6	① ② ③ ④ ⑤	26	① ② ③ ④ ⑤	46	① ② ③ ④ ⑤	66	① ② ③ ④ ⑤
7	① ② ③ ④ ⑤	27	① ② ③ ④ ⑤	47	① ② ③ ④ ⑤	67	① ② ③ ④ ⑤
8	① ② ③ ④ ⑤	28	① ② ③ ④ ⑤	48	① ② ③ ④ ⑤	68	① ② ③ ④ ⑤
9	① ② ③ ④ ⑤	29	① ② ③ ④ ⑤	49	① ② ③ ④ ⑤	69	① ② ③ ④ ⑤
10	① ② ③ ④ ⑤	30	① ② ③ ④ ⑤	50	① ② ③ ④ ⑤	70	① ② ③ ④ ⑤
11	① ② ③ ④ ⑤	31	① ② ③ ④ ⑤	51	① ② ③ ④ ⑤	71	① ② ③ ④ ⑤
12	① ② ③ ④ ⑤	32	① ② ③ ④ ⑤	52	① ② ③ ④ ⑤	72	① ② ③ ④ ⑤
13	① ② ③ ④ ⑤	33	① ② ③ ④ ⑤	53	① ② ③ ④ ⑤	73	① ② ③ ④ ⑤
14	① ② ③ ④ ⑤	34	① ② ③ ④ ⑤	54	① ② ③ ④ ⑤	74	① ② ③ ④ ⑤
15	① ② ③ ④ ⑤	35	① ② ③ ④ ⑤	55	① ② ③ ④ ⑤	75	① ② ③ ④ ⑤
16	① ② ③ ④ ⑤	36	① ② ③ ④ ⑤	56	① ② ③ ④ ⑤	76	① ② ③ ④ ⑤
17	① ② ③ ④ ⑤	37	① ② ③ ④ ⑤	57	① ② ③ ④ ⑤	77	① ② ③ ④ ⑤
18	① ② ③ ④ ⑤	38	① ② ③ ④ ⑤	58	① ② ③ ④ ⑤	78	① ② ③ ④ ⑤
19	① ② ③ ④ ⑤	39	① ② ③ ④ ⑤	59	① ② ③ ④ ⑤	79	① ② ③ ④ ⑤
20	① ② ③ ④ ⑤	40	① ② ③ ④ ⑤	60	① ② ③ ④ ⑤	80	① ② ③ ④ ⑤

2024 최신판 SD에듀 All-New 한국산업인력공단 6급
NCS + 한국사 + 영어 + 모의고사 5회 + 무료NCS특강

개정5판1쇄 발행	2024년 06월 20일 (인쇄 2024년 05월 16일)
초 판 발 행	2019년 10월 10일 (인쇄 2019년 09월 27일)
발 행 인	박영일
책 임 편 집	이해욱
편 저	SDC(Sidae Data Center)
편 집 진 행	김재희 · 강승혜
표지디자인	박수영
편집디자인	김경원 · 곽은슬
발 행 처	(주)시대고시기획
출 판 등 록	제10-1521호
주 소	서울시 마포구 큰우물로 75 [도화동 538 성지 B/D] 9F
전 화	1600-3600
팩 스	02-701-8823
홈 페 이 지	www.sdedu.co.kr

I S B N	979-11-383-7205-3 (13320)
정 가	25,000원

한국산업
인력공단

6급

NCS + 한국사 + 영어 + 모의고사 5회

최신 출제경향 전면 반영

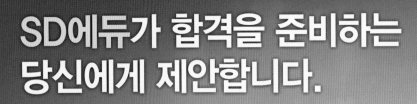

SD에듀가 합격을 준비하는 당신에게 제안합니다.

결심하셨다면 지금 당장 실행하십시오.
SD에듀와 함께라면 문제없습니다.

성공의 기회!
SD에듀를 잡으십시오.

NEXT STEP!

기회란 포착되어 활용되기 전에는 기회인지조차 알 수 없는 것이다.

– 마크 트웨인 –